RÉVÉLATIONS NOUVELLES

UNE PAGE
D'HISTOIRE RÉGIONALE

DANS

Les Bouches-du-Rhône, le Var, les Basses-Alpes,
les Hautes-Alpes, les Alpes-Maritimes et l'Hérault.

SIX MOIS DE DICTATURE

MARSEILLE

CHEZ TOUS LES PRINCIPAUX LIBRAIRES

1875

RÉVÉLATIONS NOUVELLES

UNE PAGE
D'HISTOIRE RÉGIONALE

DANS

Les Bouches-du-Rhône, le Var, les Basses-Alpes, les Hautes-Alpes, les Alpes-Maritimes et l'Hérault.

SIX MOIS DE DICTATURE

MARSEILLE

TYPOGRAPHIE MARIUS OLIVE
RUE SAINTE, 39.

1875

PRÉFACE

La *Gazette du Midi* vient de publier un ensemble de documents inédits qui sont de nature à jeter un jour nouveau sur les faits et gestes des administrateurs *improvisés* dont la Révolution du 4 Septembre nous gratifia. Il nous semble intéressant de réunir dans un volume ces articles épars.

Rien de plus édifiant et de plus instructif à la fois que la lecture de ces pièces ; elles montreront une fois de plus à nos lecteurs ce que valent les coryphées du parti démagogique et leurs acolytes. On verra que, sous prétexte de défense nationale, ces *prétendus* patriotes ne se préoccupaient que médiocrement de la guerre contre les Prussiens, qu'ils plaçaient constamment la République avant la France et qu'ils songeaient surtout, en paraissant combattre la réaction, à satisfaire, par des révocations arbitraires, leurs rancunes personnelles et à faire de la propagande électorale en faveur de leurs propres candidatures.

PREMIÈRE PARTIE

LE GOUVERNEMENT DU 4 SEPTEMBRE
DANS LES BOUCHES-DU-RHONE

Documents, Pièces et Dépêches officielles inédits

CHAPITRE Ier
LE DOSSIER DE LA MAGISTRATURE

L'Œuvre Judiciaire de M. Thourel

> *Je remplace procureurs généraux, procureurs impériaux, je fauche les juges de paix. Tout ce qui s'est signalé parmi les magistrats amovibles, je le renverse.....*
> (*Crémieux à Esquiros* — 30 septembre 1870.)
> (*Télégramme* n° 547.3)

§ Ier. — **M.** Crépon remet le service du parquet à l'un de ses substituts. — Immixtion constante de M. Esquiros dans les mutations judiciaires. Il invite le ministre à ratifier la révocation de MM. Crépon, Sagot Lesage, Sauvé et Tollon, et demande leur remplacement par MM. Maurel, Bouchet et Laurens, ce dernier alors substitut à Embrun. — L'administrateur supérieur insiste pour obtenir la nomination de M. Thourel au poste de procureur général à Aix. Les avocats Daumas et Gasquy sont proposés par lui, l'un comme procureur et l'autre comme substitut à Tarascon.

Augias-Crémieux, de *grotesque* mémoire, s'étant donné pour mission de désorganiser la magistrature française, fut puissamment secondé dans cette œuvre par M. Thourel, l'avocat perpétuel, quoique peu féroce, de toutes les causes radicales, mais ancien condamné du complot de Lyon, dont la république venait de faire un procureur général à Aix.

A voir le zèle « dévorant » qu'il déploya dans cette circonstance, on se demande si l'ancienne magistrature était l'une des plus grandes entraves à l'œuvre de la défense nationale.

Le rapport de l'honorable M. de Sugny nous a déjà donné un léger aperçu du sans-façon avec lequel ce magistrat *improvisé* dépeuplait les parquets de son ressort pour y placer des créatures de son choix. — (Voir pages 446, 447, 448, 449, 450 et 451. — Télégrammes n. 691, 702, 712, 716, 718, 725, 729, 732, 762, 764, 759, 775, 777, 5656, 5847, 5717, 5307, 5663.)

C'était une véritable course au clocher : chacun voulait *caser* les siens.

Les documents abondent à l'appui de notre assertion, et nous n'avons véritablement que l'embarras du choix. Mais, avant de les reproduire, il convient de signaler l'immixtion constante de l'autorité administrative dans la plupart des nominations judiciaires.

Elle se manifesta à Marseille dès la première heure, et nous vimes, le 7 septembre, M. Labadié, quittant son commerce de draps, révoquer de sa propre autorité le procureur impérial Crépon et le remplacer par un commis-greffier du Tribunal de commerce.

(De Sugny, page 18. — Télégramme n° 2848. — 7 sept., 12 h. 40 m.)

Il est vrai que, deux jours auparavant, M. Crépon, devenu depuis procureur général à Lyon, avait remis le service du Parquet de Marseille à l'un de ses substituts, ainsi que le prouve la dépêche suivante :

N° 2771.
Marseille, 5 sept. 1870, 1 h. 50.

Le premier substitut remplissant les fonctions de chef du Parquet à Marseille, à Monsieur le ministre de la justice, Paris.

M. Crépon m'avise à l'instant qu'il me remet le service. — Je reste à mon poste pour le maintien de l'ordre.

Félix CLAPPIER, *substitut* (1).

De son côté, à peine arrivé à Marseille, l'administrateur supérieur Esquiros, s'empressait d'inaugurer la série des hécatombes judiciaires, témoins les télégrammes ci-après :

Marseille, le 8 sept. 1870, 11 h. du matin.
N° 2906.

Administrateur supérieur, Bouches-du-Rhône, à justice, Paris.

Révocations et nominations *à ratifier*. — Crépon, procureur au Tribunal de Marseille, Sagot Lesage, Sauvé, Tollon, substituts révoqués.
Maurel Jules, avocat à Marseille, nommé procureur de la République, à Marseille ; Bouchet (Émile), avocat à Marseille ; Laurens (Charles) (2), substitut à Embrun, nommés substituts du procureur de la République, à Marseille.

A. ESQUIROS.

Marseille, le 9 sept. 1870, 9 h. 55 m,
N° 2943.

Administrateur supérieur à justice, Paris.
Propositions très-urgentes :

Granier, procureur à Tarascon (Bouches-du-Rhône) ; Gendarme de Bevotte, substitut au même siège,

(1) M. Clappier, actuellement avocat général à Aix, avait déjà été proposé pour ce poste, par M. Thourel. (*Télégramme, n° 702. — Voir de Sugny, p. 447*) M. Joseph Clappier, frère du précédent, remplit aujourd'hui les mêmes fonctions au parquet de Nîmes.
(2) Actuellement substitut à Lyon.

à *relever immédiatement de leurs fonctions* (1). Proposés à nominations : Daumas (Honoré), avocat, à Marseille, comme procureur de la République (2), à Tarascon ; Gasquy (Léonce), avocat à Marseille, substitut (3) au même siége.
Réponse immédiate.
A. Esquiros.

Marseille, 12 sept. 1870, 7 h. 45 soir.

N° 3,084.

Administrateur supérieur à justice, Paris.

Mon cher Crémieux................. Je vous ai télégraphié trois fois au sujet de Thourel ; *je vous en conjure.* Une décision immédiate. On est scandalisé de voir à la tête du Parquet d'Aix M. Reybaud (4).
A. Esquiros.

On se rappelle que le Parquet de la Cour d'Aix fut, le premier, l'objet des plus violentes attaques, et qu'elles furent surtout dirigées contre le premier président Rigaud (*de Sugny, pag.* 25 *et suiv., pag.* 446, 447, 448 *et* 449). Nous aurons, d'ailleurs, occasion de revenir sur ce sujet, à propos de certain télégramme Thourel, dont il sera question ultérieurement.

Occupons-nous maintenant de l'œuvre judiciaire de ce dernier : elle vaut, certes, la peine d'être connue dans ses moindres détails.

(1) Voir sur cette double révocation les télégrammes n° 3972 et 4131, adressés par M. Esquiros au ministre de la justice, les 28 septembre et 1er octobre. (de Sugny, P. 31 et 32). Idem télégramme n° 733, du 29 septembre (de Sugny, P. 449), et télégramme n° 5147, du ministre de la justice, sous la date du 1er octobre, (Idem. P. 450).
(2) Nommé par décret du 3 octobre 1870.
(3) Idem.............
(4) A la date du 12 septembre, M. Reybaud n'était plus ou ne devait plus être à la tête du Parquet, puisque le décret de nomination de M. Thourel avait paru à l'*Officiel*, du 11. Comment se fait-il donc que M. Esquiros n'en eût pas été informé ?

L'ŒUVRE JUDICIAIRE DE M. THOUREL.

La curée des places et le népotisme républicain apparaissent ici dans tout leur éclat.

Messieurs les radicaux, voilez-vous la face et ne venez plus désormais pousser des cris d'indignation, vous qui avez élevé alors le *favoritisme* à la hauteur d'un principe.

A cette époque fortunée, être l'ami d'un Esquiros, d'un Delpech ou d'un Naquet, paraissait un titre plus que suffisant pour occuper les plus hauts emplois. Quant aux titulaires dont on convoitait la place, ils n'étaient plus, disait-on, que de *vils réactionnaires*, bons à peine à aller se faire tuer, pendant que les *frères et amis*, mobilisables pour la plupart, se prélassaient dans leurs sinécures, loin des balles prussiennes. Les meneurs ne se moquaient pas mal de l'ennemi : avant de songer aux Allemands, ils songeaient à obtenir des postes bien rétribués. Pour eux la République qui leur donnait des places était tout, et la France envahie, rien.

Casons les amis, telle était la devise du moment ! Nous allons voir de quelle façon le nouveau Procureur général d'Aix s'acquitta de cette patriotique besogne.

Les pièces sont là : elles parlent assez par elles-mêmes pour qu'il nous suffise pour la plupart de les citer sans les faire suivre d'aucun commentaire.

Lisez et jugez :

Aix, 15 septembre 1870, 4 h. 50 s.

N° 625.

Procureur général à Crémieux, ministre de la Justice, Paris ou Tours.

Si temps encore, en raison de circonstances graves, conviendrait épargner Desclozeaux et nommer Guibert et Maglione, substituts, en remplacement des deux Corses (1) Laurelli et Lepidi. Installé aujourd'hui, *écrirai par poste demain.*

Le procureur général,

THOUREL.

La veille, M. Esquiros avait télégraphié au ministre :

Marseille, 12 septembre 1870, 8 h. 5 s.

N° 3167.

Administrateur supérieur à Justice, Paris.

Cher Crémieux. — Thourel a conservé Desjardins et Boissard, mais il propose de remplacer Desclozeaux par Guibert, avocat et conseiller municipal à Marseille, et Lepidi, substitut, par Maglione. Il regarde ces changements comme *absolument nécessaires* ; vous savez qu'il s'agit d'Aix.

A. ESQUIROS.

Il est difficile d'imaginer un gâchis pareil : tantôt il s'agit de révoquer l'avocat général Desclozeaux, tantôt au contraire, pour des *raisons graves,* son maintien est jugé nécessaire. — Le 14 septembre, par exemple, c'est un magistrat à la mer ; le 15, au contraire, il mérite d'être épargné. Le 25 et le 26, M. Thourel change de nouveau d'avis et télégraphie au ministre qu'il est maintenant *convaincu* que le maintien de Desclozeaux est *impossible.* Comment expliquer toutes ces fluctuations ? Peut-être y avait il là-dessous quelqu'un de ces *loups affamés* dont parle l'ex-maire d'Arles, M. Tardieu, dans une lettre restée célèbre.

Mais il y a plus : le procureur général est aussi indécis sur le successeur qu'il pourra donner au magistrat Desclozeaux. Une première fois, il désigne l'avocat Guibert (télégramme n. 69). De Su-

---

(1) Ces deux magistrats étaient Corses, partant on les croyait dévoués à l'Empire déchu, et l'on trouvait dans cette seule circonstance un motif suffisant pour briser leur carrière.

gny, p. 447), le lendemain, il pose la candidature du substitut Clappier (télégramme n. 702, *ibidem*). Comme on le voit, les changements s'opéraient à vue. On se croirait presque dans une féerie, tant les magistrats défilaient vite. Tel débutait à Aix qui, la semaine après, se retrouvait, avec avancement, à Marseille. Tel autre fut l'objet de trois ou quatre nominations successives dans l'espace du même mois.

Mais poursuivons :

Marseille, 20 septembre, 5 h
N° 3506.

Procureur général à Crémieux, ministre Justice.
Tours.

Supplie ne pas nommer magistrats de mon ressort sans avoir reçu mon *travail général de présentation* que j'expédie : spécialement présentés pour Tarascon (1), procureur Daumas d'Alléon (Honoré); pour substitut, Gasquy (Léonce); pour Nice, procureur Maglione (Edouard) (2), tous *excellents choix*; substitut à la Cour, à la place de Laurelly, Guibert, avocat, adjoint au maire de Marseille.

Le procureur général,
THOUREL.

Après Nice et Tarascon, vient le tour des parquets de Draguignan et de Brignolles :

Aix, 23 sept., 10 h. m.
N° 675

Procureur général à Crémieux, ministre de la justice, à Tours.

Très-urgent de remplacer le procureur de Draguignan, M. Royer, démissionnaire depuis le 5 septembre, et qui insiste pour partir. — Je propose avec confiance et insistance M. Michel (Réné), né le 12

---

(1) Voir également télégrammes numéros 3972 et 4131. — De Sugny, p. 31 et 31.)
(2) Nommé à ce poste par décret du 3 octobre 1870. (Voir relativement à cette présentation un autre télégramme du 25 septembre. (De Sugny, p. 447.)

novembre 1840, avocat des plus distingués de Carpentras, bon républicain et d'une moralité éprouvée (1).

A la place de M. Julien, procureur à Brignolles, incapable et bonapartiste ardent, je propose avec la même insistance M. Granet (Antoine-Edmond-Victor), déjà très-occupé à Marseille (2), jurisconsulte et économiste, de plus républicain de la veille; il m'est connu et m'est recommandé par le préfet du Var, qui réclame le renvoi de M. Julien.

Son substitut, Labat, a suivi ses voies, et je propose pour le remplacer le fils du conseiller Seymard, lequel est très-libéral, capable ; il a nom Seymard (Marc-Paul), né le 1er octobre 1842.

Tout ceci des plus urgents, A CAUSE DES PROCHAINES ÉLECTIONS.

Dans peu d'heures, par télégraphe, présentations pour Bouches-du-Rhône, remaniées par vos nominations du 18.   THOUREL.

Ne résulte-t-il pas de cette dépêche avec la dernière évidence que le procureur général Thourel, dans toutes ces nominations, se préoccupait surtout de la question politique? « Tout cela, écrit-il, des *plus urgents*, A CAUSE DES ÉLECTIONS. »

Et ce sont ces mêmes hommes qui réclamaient

---

(1) A la même époque, le préfet Poujade proposait cet avocat pour procureur à Avignon. (*Télégramme n° 568. — Préfet de Vaucluse au secrétaire général de la justice, Paris 15 septembre, 9 h. 45 m. — Télégramme, n° 615 au ministre de la justice, — 20 septembre, 7 h. 30 s.*)
De son côté, Alfred Naquet sollicitait pour lui la place de procureur à Orange, celle d'Avignon ayant été déjà donnée à l'un des parents de Crémieux. (*Télégramme n° 633, au ministre de la justice, — 21 septembre, 9 h. 5 m.*)
Mais à la nouvelle que M. Thourel lui destinait le poste de Draguignan (afin de pouvoir envoyer à Orange un substitut de Nîmes et d'assurer ainsi la nomination de *son neveu* à la place de ce dernier) ; à cette nouvelle disons-nous, le préfet de Vaucluse s'associant à cette manœuvre, télégraphiait au ministre pour recommander vivement la candidature Michel (*Télégramme n° 650. — Avignon, 21 septembre, 11 h. 20 s.*) Un décret en date du 24 septembre 1870 l'appelle, en effet, à la tête du parquet de cette dernière ville, mais il ne tarda pas à échanger ce poste contre celui de président du Tribunal de Grenoble.

(2) Nommé par décret du 29 septembre 1870. Devenu plus tard juge de paix du 4me arrondissement de Marseille.

sous l'empire, avec un louable acharnement, que la magistrature ne s'occupât plus de politique Les voilà bien ! Ils ne se sont pas plus tôt adjugé une part du pouvoir qu'ils recommencent, en les aggravant encore, tous les errements du régime impérial. Mais il fallait songer à l'établissement de la République : comment supposer d'ailleurs que l'ancien condamné du complot de Lyon, un *républicain de vieille souche*, eût pu se soustraire à cette préoccupation politique ? Pouvait-il oublier à ce point le *culte de toute sa vie* ?

Constatons de nouveau que M. Thourel est un prodige de *mobilité* et qu'il change d'avis avec une facilité *inconcevable*. Avec lui, tel est présenté pour magistrat à 10 heures, qui se voit éliminé à 10 heures 45. Les télégrammes se succèdent comme une véritable avalanche :

N° 676.
Aix, 23 sept, 10 h. 45 m.

Procureur général à Crémieux, ministre, Tours.

En complément de ma dépêche de tout à l'heure, je propose en remplacement de M Seymard comme substitut à Brignoles, M. Coirard (1), avocat de mérite et d'*opinions avancées*, (Paul-Louis-Ferdinand), *excellent attaché à mon parquet.*

Le procureur général,
Thourel.

Quelques jours plus tard, nouveau télégramme ainsi conçu :

N° 724.
Aix, 28 sept, 7 h. 30 m.

Procureur général à Crémieux, ministre, Tours.

25. Propose Coirard, avocat attaché au parquet, pour substitut à Sisteron, en remplacement de M. Seymard, nommé à Brignoles.

A. Thourel.

(1) **Nommé substitut à Sisteron par décret du 29 septembre 1870.**

Opinions avancées..... cela dit tout. Il est vrai qu'au point « *de vue des électeurs* » cette nuance valait peut-être mieux que le « *libéralisme* » du substitut Seymar.

Les demandes de révocation s'accumulent ; c'est le Parquet du tribunal civil d'Aix qui est cette fois-ci sur la sellette :

Aix, 23 septembre, 4 h. 45.

N° 680.

Procureur général à Crémieux, ministre, à Tours.

Candidats proposés en remplacement des magistrats à révoquer dans les Bouches-du-Rhône :

Malavialle (Gustave), substitut à Alby, avocat depuis douze ans, premier prix de concours pour le doctorat (Toulouse 1860), docteur en droit en 1861, et lauréat (deuxième prix), au concours ouvert entre tous les lauréats devant l'académie, en remplacement de M. Perrotin, procureur au tribunal civil d'Aix (1), *peu capable*, nommé et décoré *en raison de son zèle*.

Guizol (2), avocat à Marseille, instruit et bien posé, âgé de 28 ans, en remplacement de Poutier, *peu capable*, substitut au même tribunal d'Aix.

Le procureur général,

THOUREL.

M⁰ Thourel aurait bien pu se contenter de déposséder ces honorables magistrats, sans formuler encore sur leur compte des appréciations aussi fantaisistes, aussi inexactes et surtout aussi intéressées.

Il fallait également « faucher les juges de paix. » En effet, comment sans cela aurait-on pu donner des places aux comparses du 4 septembre qui, eux aussi, avaient des appétits faméliques ? Et puis, ne fallait-il pas avoir la main sur la justice comme sur tout le reste ?

(1) Nommé à ce poste par décret du 29 sept. 1870.
(2) Idem.

N 708.

Aix, 26 sept., 8 h. 15 m.

*Procureur général à Crémieux, Ministre
de la Justice.*

Tours.

Candidats en remplacement nécessaire et urgent de juges de paix du ressort, tous *agents politiques* :

BOUCHES-DU-RHÔNE.

Trets. — Ricard (François), licencié en droit, président de la Commission provisoire, en remplacement d'Augard.

Lambesc. — Etienne (Théodore), en remplacement de Teissier.

Lambesc. — Mourier, notaire ; Paulin Teissier, suppléant, en remplacement de Moulin et de Tronc.

Salon. — Simon (Jean-Marie), ancien notaire, en remplacement de Mourret.

Eyguières. — Michel (Alphonse), ancien avoué, en remplacement de Brun.

Peyrolles. — Martin (André), docteur-médecin, en remplacement de Gras.

Berre. — Jullien, ancien greffier à Aix attaché au parquet, en remplacement de Sicard.

Tarascon. — Gariel, avocat à Marseille, en remplacement de Dalmas.

Istres. — Brun, ancien notaire, en remplacement de Girard.

Aubagne. — Joseph (Victor), ancien avoué à la cour de Nîmes (1), en remplacement de Bonnet.

Martigues. — Trévan, ancien avoué à Aix, en remplacement de Fagnet.

VAR.

Le Beausset. — Barbaroux, ancien directeur de l'Ecole supérieure de Manosque, instituteur à Ollioules, en remplacement de Revert (2).

---

(1) Voir également au sujet de cette présentation le télégramme n° 733, en date du 29 septembre, 2 h. 40 m. (De Sugny, p. 449.)

(2) Nous verrons plus tard ce que pensait de l'indignité de ce candidat le sous-préfet de Toulon, peu suspect en pareille matière.

BASSES-ALPES.

Les Mées. — Faudon, avocat, suppléant, en remplacement du titulaire Challet.
Lamotte. — Payan, juge de paix de Volonne, en remplacement du titulaire décédé.

ALPES-MARITIMES.

Vence. — Eyssautier, juge de paix à Noyers, en remplacement de Malinez.

Attends renseignements sur Alpes et Var. Impatience hostile pour autres changements proposés ; dans proposition Padoa, avais pris date inscription : pour âge.

Que décidez-vous pour évocation, sur arrestation du Tribunal ?

Songez à mon neveu ?

Le Procureur général,

THOUREL.

Pour une première hécatombe M. Thourel n'y allait pas de main morte !

Enfin, la question du neveu apparaît pour la première fois dans cette dépêche, indépendante de celles qui ont été antérieurement publiées par M. de Sagny.

Le procureur général d'Aix est un peu égoïste : il consent bien à s'occuper des autres, mais il n'entend pas négliger les siens. Au fait, pourquoi n'en caserait-il pas un ou deux dans cette terre promise de la République ? *Prima sibi caritas.*

Cette question du *neveu* le préoccupe tellement qu'elle devient, en quelque sorte, le *post-scriptum* inévitable de tous ses télégrammes, c'est le *nec plus ultrà* du népotisme.

Avant d'aller plus loin, relevons curieusement, pour l'édification de nos lecteurs, tout ce qui a trait à cet incident. « Les nominations judiciaires plus urgentes que jamais dans le barreau de Nîmes. »

« Songez à mon neveu, télégraphiait-t-il le 27 septembre. (Télégramme, n· 716) ; il est méritant à tous égards. »

« N'oubliez pas neveu. » (Télégramme n· 726, au ministre de la justice. — Aix, 22 septembre, 2 h. 30 m.)

« La combinaison pour amener vacance du substitut à Nîmes, arrêtée (1) avec Poujade, préfet à Avignon, a abouti.....

« La place est libre et promise à mon neveu qui la mérite à tous égards, la lui refuserez-vous? (Télégramme n· 5762, au ministre de la justice. — Aix, 6 octobre, 2 h. 30.)

« Et mon neveu ? (Télégramme n· 5784, au ministre de la justice. — Aix, 9 octobre 1870). (2).

« Ne pourrez-vous placer Henri Thourel à Nîmes, où la cour entière et le barreau l'acclament et le réclament : si motif exclusion, dites franchement. » (Télégramme n· 5818, au ministre de la justice. — Aix, 14 octobre 1870).

---

(1) Voici en quoi consistait cette ingénieuse combinaison : Michel René, avocat de Carpentras, que Poujade avait proposé pour procureur, à Orange, devenait procureur à Draguignan ; le poste d'Orange dont le titulaire, M. Lacheysserie, était révoqué, passait au substitut de Nîmes Leroux, et la place de ce dernier devenait ainsi vacante pour le neveu.

La dépêche suivante nous donne, en partie, le secret de cette stratégie :

Avignon, 21 septembre, 11 heures 20 soir.
N· 650.

Préfet de Vaucluse à ministre justice, Tours.

3256. — M. Michel René, avocat, sera proposé demain pour procureur de la République, à Draguignan. Je recommande vivement ce choix.

Je propose dernière et urgente révocation, celle de M. Lacheysserie, procureur à Orange. M. Thourel, procureur général, proposera lui-même son remplaçant.

POUJADE.

(2) Plusieurs des dépêches qui précèdent ont été publiées par M. de Sugny ; nous croyons devoir les indiquer de nouveau pour donner plus de clarté aux télégrammes inédits.

Plus tard, M Thourel neveu, était encore présenté comme juge au tribunal civil de Nîmes (1) : d'abord, il n'avait été question que de le nommer substitut, mais entre temps on s'était ravisé, et comme en somme la République pourrait bien n'être pas éternelle, les siéges inamovibles paraissent les plus enviables. Là, du moins, on est à l'abri des secousses de la révolution, de toutes les vicissitudes et fluctuations politiques.

Détail piquant : cette place vacante, à Nîmes, était en même temps convoitée par un autre parvenu du 4 septembre, le préfet de l'Hérault, *Lisbonne*, qui, lui, la réclamait pour son frère. Voici le morceau :

Montpellier, 18 janvier 1871.

Procureur général à secrétaire général justice, Bordeaux.

Vous écris pour recommander Lisbonne, frère de notre préfet pour remplacer Viguié, juge à Nîmes.

Le procureur général,
Agnel.

Mais comme entre fonctionnaires de même nuance, on se doit des égards, la candidature Lisbonne fut retirée devant la candidature Thourel, moyennant une compensation. On devait bien cela au frère du proconsul de Montpellier.

Montpellier, 19 janvier 1871.

Procureur général à secrétaire général justice, Bordeaux.

Lisbonne apprend que Thourel neveu se présente pour juge à Nîmes : il retire la candidature de son frère.

Je vous écris pour demander compensation.

Le procureur général,
Agnel.

(1) En remplacement de M. Viguié, juge à ce tribunal.

Touchant accord ! O généreux désintéressement !

Autres dépêches du même cru :

Montpellier, 20 janvier 1871.

Procureur général à justice.

Bordeaux.

Massé suffisamment capable et intelligent pour faire un excellent juge à Nîmes (1), caractère honnête et indépendant.

Lisbonne sera très bien à Marseille.

Le procureur général,
Agnel.

—

Montpellier, 20 janvier 1871.

Préfet à justice. Bordeaux.

Merci de tout cœur...

Lisbonne.

---

(1) Massé est cet ancien juge d'instruction de Perpignan, qui a été pris à partie dans l'affaire de Pia, et interpellé par le président du conseil de guerre, le colonel de Beaufort.

On lit, en effet, dans le compte rendu des débats (audience du 1er octobre 1874) :

M. le président. — Accusé Carrère, répétez vos paroles d'avant-hier ?

L'accusé Carrère, d'une voix claire. — En 1870, lorsque je fis ma déposition devant lui, M. Massé m'a « arrêté et m'a « dit que, dans l'intérêt du parti républicain, il ne fallait « pas se contredire les uns les autres, et que, par consé- « quent, comme Pey avait déposé qu'il avait fait deux ar- « restations en ma présence, il était de l'intérêt du parti ré- « publicain que je ne le contredise pas. »

M. Massé. — Je nie formellement avoir tenu ce propos.

L'accusé Carrère se levant de nouveau — M. Massé m'a poussé « à dire quelque chose de bien plus grave. Il m'a « dit de dire que j'avais commandé à Salettes de faire des « patrouilles. » (Sensation.)

D. Vous entendez ? C'est bien précis. Qu'avez-vous à répondre ?

R. Rien, c'est une invention.

Enfin cette comédie fut cloturée par cet autre télégramme qui trahissait les impatiences de Lisbonne et les angoisses du procureur général. Il paraît que ces gens-là n'aiment pas à attendre.

Montpellier, 23 janvier 1871.

Procureur général à Leven, secrétaire-général justice, Bordeaux.

Moniteur ne porte pas encore nomination Lisbonne à Marseille. Mon ami est ici impatient et inquiet. Soyez assez obligeant pour nous rassurer télégraphiquement.

Le procureur général,
AGNEL.

Après cette digression, nous avons hâte de revenir à l'œuvre judiciaire de M. Thourel, pour continuer à l'étudier dans ses moindres détails.

Les décrets de révocation se faisaient attendre, malgré l'extrême urgence, qui était devenue à cette époque la formule consacrée de tous les télégrammes. — M. Thourel n'y tient plus et il redemande à cors et à cris les révocations proposées (1):

Aix, 30 sept. 1870, 6 h. 5.

N· 744.

Procureur général à Crémieux, ministre, Tours.

Votre dépêche 9,549 est pour moi inintelligible

---

(1) Veuillez surtout presser les nominations des magistrats proposés, ceci serait une première satisfaction donnée à l'opinion publique
(Procureur général à Crémieux. — Télégramme n. 691. Aix, 25 sept., 4 h. 1's.)
.... Surtout je vous en conjure, accueillez mes propositions qui vous permettraient de satisfaire l'opinion publique.....
(Procureur général à Crémieux.— Télégramme n. 712. — Aix, 26 sept, 12 h. 31 m.)
.. .. Télégraphiez les nominations attendues avec fiévreuse impatience
(Procureur général à Crémieux.— Télégramme n. 726. — Aix, 28 sept.. 2 h. 30 m.)

en l'état des miennes successives où je proposais d'urgence :

Guibert, avocat, adjoint au maire, très-capable et très-énergique, déjà nommé substitut à la Cour, poste au-dessous de son talent et de sa position, Maurel refusant de rester, ce Parquet est désorganisé. C'est déplorable.

Clappier, substitut à Marseille depuis 5 ans, aurait remplacé Desclozeaux comme avocat général ici ; c'était justice, il a plus de droits et de talent, et la faveur seule lui a enlevé une place qui lui revenait.

Albert Padoa, avocat, israélite, né le 24 septembre 1845, aurait remplacé Clappier au parquet de Marseille ; c'est le plus distingué, et de beaucoup des avocats de son âge. — Serait acclamé. (1)

Maglione, déjà substitut ici, réalise le mieux possible, pour le parquet de Nice, où un mouvement séparatiste se prononce d'une manière inquiétante (2). Pemsa est incapable et sans caractère. Maglione est le contraire, 45 ans de barreau, propriétaire à Nice, très instruit, plein de courage et d'ardeur, et parlant l'italien et le niçard.

Pour Tarascon, où les retards de réformation du parquet compromettent la justice (3), je propose, en

(1) Nommé substitut à Marseille par décret du 3 octobre 1870. (Voir également e télégr. n. 702 du 25 septembre 1870. (Le Sugny, p 447)

(2) Voir également télégramme n. 691 du 25 septembre et 733 du 29 septembre, 2 h. 40 m. (De Sugny, p. 447 et 449) Le décret de nomination porte la date du 3 octobre.

(3) Les audiences du Tribunal y avaient été suspendues par M. Esquiros « pour éviter, télégraphiait celui-ci, que les « anciens juges ne fussent chassés de leurs sièges à coups « de fusil ou à coups de bâton » (Télégr. n. 3972. — Administrateur supérieur au ministre de la justice, 28 septembre, 10 h.)

...... Mes substituts (de Marseille) sont découragés et impuissants faute d'un chef à Tarascon où la population est soulevée « contre le parquet très-justement « attaqué. » (Télégr. n. 733. — Procureur général à Crémieux, 29 septembre, 2 h. 40 m)

« Ce que je vous demande au moins, c'est de changer le parquet de Tarascon. » (Télégr 4131. — Du même au même, 1er octobre, 9 h. 35)

Le même jour le ministre de la justice télégraphiait à M. Esquiros :

« Envoyez-moi donc les noms des membres du Parquet

remplacement de Garnier et de Gendarme Bévotte, Daumas dit Dalléon, procureur, Gasquy, substitut, tous deux avocats à Marseille, très-capables.

Dans le mouvement des élections, ces parquets ne sauraient rester sans chefs ; je le dis avec une conviction profonde.

A. THOUREL.

Les dernières lignes peignent bien l'homme : ce sont toujours les mêmes préoccupations politiques qui le guident dans des nominations où pourtant elles n'avaient rien à voir. En vérité, le moment était bien choisi pour faire ainsi de la politique au détriment de la justice.

Notons en passant le faible de M. Thourel pour les israélites et surtout pour ses anciens secrétaires, qu'il recommande aux préférences de l'Israélite M. Crémieux.

D'ailleurs, d'après lui, tous les candidats sont des gens d'élite : malheureusement l'expérience nous a prouvé ce que valait cette pléiade de *prétendues* illustrations du barreau.

Quant à l'*incapacité* des titulaires qu'il s'agit de remplacer, il n'y a plus à s'y arrêter ; c'est le cliché habituel.

Entre temps, le procureur Maurel s'était démis de ses fonctions, faisant lui-même au ministre, avec une modestie beaucoup trop exagérée, et fort rare dans le parti républicain, l'aveu de son *insuffisance* et de *son manque d'énergie*.

Marseille, 24 septembre 1870, 5 h. 5 s.

N° 3260

Procureur de la République au Garde des sceaux, Tours.

Je vous prie instamment d'aviser d'urgence à mon

de Tarascon que vous voulez révoquer et les noms des remplaçants. » (Télégr. n. 5447.)

Le décret de révocation ayant paru à l'*Officiel* du 3 oct., M. Esquiros se décida à rapporter son arrêté de suspension. (Télégr. n. 5611. — Administrateur supérieur à Justice. - 9 oct., 6 h. 50 s.)

remplacement. C'est pour moi une question de tempérament et de santé. La situation très-tendue exige *une nature fort énergique*. Le procureur général me fait espérer qu'il me *proposera pour d'autres fonctions*. Pour que le décret ne fasse pas *supposer une destitution*, vous pourriez, si vous le jugez convenable, employer la formule d'usage en pareil cas. C'est *l'intérêt public même qui me force à reconnaître mon insuffisance*.

Jules MAUREL.

La question du choix de son successeur constitue l'un des épisodes les plus curieux de la comédie judiciaire dont nous fumes alors plus d'une fois les témoins indignés.

L'embarras, dans lequel on était à cet égard, n'avait d'égal que le gâchis qui régnait à tous les degrés et dans toutes les branches de l'administration civile ou judiciaire.

Dès le 25, M. Thourel avait proposé l'un de ses nouveaux substituts, M. Guibert (1).

Le 26, nouvelle dépêche au ministre où nous lisons : « Il faut absolument que le parquet de Marseille ait un chef expérimenté et immédiatement. » (Procureur général à Crémieux — Télégramme n 712. — Aix, 26 sept., 12 h. 34 m.)

Et ailleurs : « Maurel, procureur, implore son remplacement, sa position insoutenable. »..... Nomination de Guibert acclamée d'avance... (Procureur général à Crémieux. —Télégramme n° 726. — Aix, 28 sept., 2 h. 30)

La nomination n'arrive pas : l'impatience fébrile de M. Thourel ne connait plus de bornes, et vite il revient à la charge.

« ... Le parquet de Marseille est désorganisé faute d'un chef unique, ferme et connu. Nommez

---

(1) Je présente Jules Guibert. substitut ici, fut-il déjà nommé avocat général 18 ans de belle postulation — Adjoint au maire, républicain ferme et modéré, aimé à Marseille. (Procureur général à Crémieux — Télégramme n. 702 — 25 sept. 1870.)

et avisez. Il est plus que temps. (Procureur général à Crémieux — Télégramme n° 729. — Aix, 29 sept., 11 h. 12 m.)

On le voit, M. Thourel n'ose plus, cette fois, désigner son candidat. Il semblait craindre que le ministre ne partageât nullement son enthousiasme à l'endroit de la candidature proposée. Il avait deviné juste :

Tours, 30 sept. 1870.

N° 5068.

Justice à Procureur général, Aix.

Je n'ai pas l'homme que je voudrais pour le parquet de Marseille ; Paris m'est fermé et je ne trouve pas ce que vous désirez. Je télégraphie à Esquiros ma tristesse et mon mécontentement ; il me semble que je dois laisser passer ce détestable orage que j'espère bientôt conjurer. Nous convoquons aujourd'hui pour le 16 les collèges électoraux : nous aurons une assemblée qui sera le pouvoir définitif, et nous pourrons alors diriger toutes les excentricités contre l'ennemi de la patrie ou dominer la situation.

CRÉMIEUX.

« Je ne trouve pas ce que vous désirez. » Le ministre, par ces mots, faisait sans doute allusion « au chef expérimenté » (télégramme n° 712), « au chef ferme et connu » (télégramme n° 716) dont parlait son subordonné. Il jugeait donc que l'avocat Guibert ne réunissait pas ces qualités. Est-il permis d'en douter, en présence de cette autre déclaration ?

« Je cherche vainement à vous envoyer pour Marseille un procureur de la République digne de ce nom. (Télégramme n° 5,473. — Justice à Esquiros. — Tours, 30 septembre 1870).

..... « J'espère avoir un bon procureur de la République pour Marseille. J'attends l'acceptation de celui que je désire. (Télégramme, n° 5,447. — Justice à Esquiros. — 1er octobre 1870).

D'ailleurs, la candidature Guibert était combattue par la préfecture : M. Delpech, notamment reprochait à ce dernier son indécision (1), et lui préférait le substitut Bouchet qu'il représentait comme énergique, lisez : *bon républicain.*

Les femmes même se mêlaient de cette nomination :

Marseille, le 3 octobre 1870, 3 h. 50 soir.
N· 5,248.

Crémieux, ministre justice, Tours.

Poste procureur Marseille vacant, démission : prière d'attendre ma lettre avant nomination.

Augusta GLEIZE-CRIVELLI.

Boulevard Longchamp, 11.

Il nous est bien permis de demander en vertu de quel privilége on transmettait ainsi par voie officielle des dépêches d'intérêt purement privé ? Nous verrons par la suite qu'on généralisa ce procédé peu dispendieux et si contraire à de récentes et nombreuses circulaires ministérielles.

Cette dépêche arriva trop tard : la nomination avait, en effet, déjà paru à l'*Officiel.*

L'avocat Guibert, en dépit de son indécision, l'avait emporté sur M. Bouchet, et à défaut de ce bon procureur, qu'il n'avait pu découvrir, le ministre Crémieux, cédant aux pressantes sollicitations de son procureur général, s'était résigné à subir ce choix.

Mais la difficulté n'avait été qu'à moitié résolue ; il fallait maintenant s'occuper de replacer son prédécesseur à qui, « vu sa belle conduite » M. Thourel avait promis de l'appeler prochainement

---

(1) Guibert, proposé par Thourel, aussi indécis que le démissionnaire.
Bouchet, proposé par Esquiros, énergique : c'est ce qu'il faut en ce moment (Télégramme n 5,317. 7 octobre, 7 h. 40)

à d'autres fonctions. (Télégramme n° 702, procureur général à Crémieux, 25 sept., 12 h. 35 s.) (Télégramme n° 3,260. — Procureur Maurel au même, 24 sept., 5 h. s.)

Comment y parvenir ? On imagina d'abord de mettre à la retraite l'honorable président du tribunal, M. Luce. Le préfet Labadié avait déjà préparé les voies en adressant à ce magistrat, quelques jours auparavant, une lettre demeurée célèbre par son inconvenance (1). De son côté, M. Esquiros facilitait la tâche en suspendant les audiences du tribunal, et en demandant plus tard comme compensation pour le retrait de son arrêté, la révocation « de deux ou trois des juges de Marseille (2). » (Télégramme n° 4,131. — Administrateur supérieur à justice, 1er oct., 9 h. 35.)

Mais on ne s'entendait guère sur le poste qu'il convenait d'assigner à l'ex procureur Maurel.

M. Thourel voulait d'abord en faire un simple juge. Dans cette hypothèse, M. Luce aurait eu pour successeur M. Gamel qui aurait été remplacé par M. Giraud et ce dernier par M. Maurel (3).

Simple juge ! Mais la dignité de l'ex-procureur ne pouvait s'accommoder d'un poste qui ressemblait à une disgrâce.

Aussi, tout en félicitant son successeur, qui se

---

(1) On y lisait : « Je dois vous dire que la continuation de vos fonctions passerait pour un défi à l'opinion publique. Je ne doute pas que, si vous écoutez le langage de la froide raison, vous n'hésiterez pas à me remettre votre démission... » (M. Labadié.—Marseille, 21 sept.)

(2) ..... « Donnez-moi le nom des deux juges à suspendre..... (Télégramme n. 5447. Justice à Esquiros 1er octobre), en réponse au télégramme n. 4131 de ce dernier, sous la date du 1er oct. 9 h. 35 m.)

(3) ..... « Esquiros déjà revenu depuis notre dernière entrevue, mais pour que tout finisse au mieux, il faut le mouvement Luce par Gamel, Gamel par Giraud, Giraud par Maurel, ce dernier chargé de l'instruction..... Attends dépêche de vous annonçant cela et lundi réglerai tout à Marseille. Il serait des plus imprudents de rouvrir les audiences avec l'ancien personnel. » (Télégramme n 5777. — Procureur général à ministre de la justice, 8 octobre.)

trouvait alors à Tours, il lui adresse cette dépêche où il exprime son désir personnel :

N. 5345.
Marseille, 5 oct. 1870, 5 h. 45 s.

Procureur de la République à M. Guibert, nommé procureur à Marseille, à Tours, ministère de la Justice.

Votre nomination connue ce matin, compliments. Guillibert se recommande à vous. Je vous prie d'insister pour ma nomination à la vice-présidence à Marseille ; l'opinion s'élève contre le choix qui, d'abord, avait été indiqué par Thourel.

Jules MAUREL.

MM. Delpech et Esquiros s'étaient, eux aussi, mis en campagne pour obtenir l'élimination de M. Giraud (1) en faveur de l'ex procureur (2)

A son tour, M. Thourel, dont l'indécision ressortait de la plupart des dépêches déjà connues, se laissait circonvenir par les clameurs intéressées de ses coreligionnaires politiques de Marseille, et, pour ne pas leur déplaire, se ralliait *in extremis* à la candidature de leur protégé.

Les dépêches que voici nous édifient pleinement à ce sujet :

N. 5784
Aix, 9 octobre 1870.

Procureur général à Crémieux, ministre. Tours

40. — Reçois communications importantes Marseille relativement a la vice-présidence et au mau-

---

(1) Mon cher Laurier. Thourel nous fait des bêtises. Il fait des propositions plus qu'extraordinaires. — Il propose Giraud, un jésuite ...., pour vice-président du Tribunal...... .. Jamais on n'a rien vu de semblable en République. Dites à Crémieux de faire attention et de retarder toute nomination jusqu'à nouvelle information. (Télégramme n. 5562. Delpech à Laurier, 8 octobre. 10 h. 20 s.)

(2) ... . On vous prie instamment de nommer Maurel vice président. (Télégramme n. 5621. — Administrateur supérieur à Justice, 9 octobre 1870, 6 h. 50 s.)

vais effet public que produirait la nomination de Giraud dont le côté faible est son cléricalisme ; en avais fait une question hiérarchique, aujourd'hui elle est toute politique et d'opportunité, peut-être de nécessité ; donc vous demande d'omettre Giraud et de nommer Maurel vice-président, pour que la réouverture soit acclamée. Il est savant et consciencieux Sa retraite est un acte de modestie à récompenser ; mais que votre dépêche, en quelques mots, arrive ce soir à Marseille au Luxembourg ou demain avant midi.

Et mon neveu ? Giraud est résigné.

A. THOUREL.

Chaque mot de cette dépêche mériterait d'être noté. C'est le cléricalisme de l'honorable M. Giraud qui motive son élimination du poste auquel il a droit hiérarchiquement, mais qu'importe la hiérarchie, quand surgit la question politique ? A ce prix « la réouverture des audiences sera acclamée. »

Et ce neveu qui arrive là on ne sait trop pourquoi ; et cette résignation de M. Giraud par laquelle se termine la dépêche, tout cela est d'un grotesque achevé.

Passons, nous ne sommes pas encore au bout :

Aix, 9 octobre 1870.

N° 783.

Procureur général à Crémieux, Ministre Justice.
Tours.

39. — Demain, enverrai propositions détaillées pour les cinq justices de paix du Var, quelques-unes pour Basses-Alpes et Bouches-du Rhône. Voudrais que préfets s'adressassent d'abord à moi (1) comme

---

(1) M. Thourel qui se plaint maintenant de l'immixtion des Préfets dans les nominations judiciaires, la trouvait toute naturelle lorsqu'il s'était agi, quelques jours auparavant, de le faire nommer à Aix. (Télégramme, n° 3084. — Esquiros à Justice. — 12 sept. 1870.)

Quand c'est lui ou son neveu que l'on case, c'est bien mais quand ce sont les autres, c'est tout différent, et, alors

ceux des Bouches-du-Rhône et des Basses-Alpes ; autrement circuit et parfois conflit inutiles. — Vais à Marseille ce soir pour régler avec Esquiros reprise des audiences. Echouerai si ne puis dire le mouvement du personnel et le congé d'Autran, sinon sa suspension, l'attends ce soir et demain jusqu'à midi, hôtel Luxembourg Marseille, ceci est de la dernière urgence.

THOUREL.

Il est au moins singulier de voir le procureur général d'Aix, solliciter un congé pour l'honorable M. Autran, ou *même au besoin sa suspension* (1). C'était là une nouvelle satisfaction donnée au proconsul de Marseille. M. Autran avait été victime, sur son siége, d'une brutale arrestation, et au lieu d'en poursuivre les auteurs, on demandait de l'envoyer en congé ou même de le suspendre. Amère dérision ! Etrange époque que celle là où les victimes payaient pour les coupables ! M. Thourel va plus loin Il propose (*Télégramme n° 5775, 7 oct.*, 1 *h. 25 s.*) d'ajourner l'*honorariat* M Luce, afin que sa présence à l'audience de reprise n'occasionne pas des démonstrations fâcheuses.

M. Labadié, avouons-le, n'eût pas tenu un autre langage. — Pauvre justice, tu étais désormais à la merci du radicalisme dont tes chefs s'étaient fait les dociles instruments!

il télégraphe au ministre : « L'immixtion des Préfets et sous préfets quant aux magistrats ne saurait être admise. — J'en ai eu raison dans tout le reste du ressort aidez-moi dans ce sens. » (Télégramme n° 5759. — Procureur général à Crémieux. 6 octobre, 10 h 45 m.)

(1) ..... « Esquiros comprend qu'il faut que les audiences reprennent à Marseille : il n'attend pour cela que les nominations proposées et la suspension d'Autran ou le congé qu'il sollicite. Ces actes tiennent les esprits en suspens, et doivent être accomplis au plus tôt : ils feront cesser des souffrances et des plaintes innombrables. — Voudrais avant dimanche quatre heures.
.... (Télégramme n° 5775. - Procureur général à Crémieux — 7 oct. 1870, 1 h. 25 s.)
— « Congé à Autran : attends dépêche de vous, annonçant cela... (Télégramme n° 5777. — Procureur général à Crémieux. — 8 oct.

Autres dépêches non moins édifiantes :

Aix, octobre 1870.

N° 5802.

Procureur général à Crémieux,
ministre, Tours.

Hier, séjourné à Marseille, Esquiros complètement d'accord avec moi, sur votre dépêche a fait reprendre audiences à Tarascon, mais ne se peut à Marseille, où chambre des vacations, seule compétente, est présidée par Autran et où figure de Rossi, les plus en haine à tous : il y aurait des troubles graves. Attends donc avec une anxieuse impatience vos décrets sur le mouvement préparé pour ce tribunal et pour les deux substituts de la Cour (1).

Ceci est d'une urgence inouïe.

Ai officiellement informé Esquiros que, en l'absence de crime ou de délit, le parquet renonçait à donner aucune suite à cette affaire et laissait sous sa responsabilité le maintien des incarcérés (2). Les laïques étant mis en liberté, il veut les expulser comme les Jésuites

THOUREL.

(1) Les deux substituts en question étaient Bouchet et Poilroux, mais M. Bouchet ayant préféré conserver sa situation au parquet de Marseille, M. Fernand Bouteille fut présenté à sa place :
— « Nous venons de nous mettre d'accord avec Esquiros pour vous présenter comme substitut à la Cour, M. Émile Bouchet, substitut à Marseille, qui accomplit ses fonctions avec beaucoup d'intelligence et d'énergie : ses opinions républicaines sont sûres et ne datent pas d'hier. »
« Je serais heureux de vous voir remplacer au plus tôt : Guibert par Poilroux ; Maglione par Bouchet. » (Télégramme n. 764. Procureur général à Crémieux—6 octobre, 5 heures 5 au soir.)
— « A l'instant reçois dépêche d'Esquiros mandant que Bouchet veut rester au parquet de Marseille, je propose pour 2e substitut à la Cour, M Fernand Bouteille, avocat, incontestablement très-distingué autant par le talent que par le caractère, âgé de 39 ans et dont le père est mort conseiller à la Cour . . . (Télégramme n. 5775. — Procureur général à Crémieux, 7 oct. 1870, 1 heure 25 soir.)

Les avocats Poilroux et Fernand Bouteille furent, en effet, nommés substituts à la Cour par décret du 13 octobre.

(2) Il s'agit de l'arrestation des Pères de la Compagnie de Jésus effectuée le 25 septembre, et contre lesquels M. Esquiros prit un arrêté d'expulsion sous la date du 15 octobre suivant.

Mais à quoi ont servi, à cette époque, les parquets, puisqu'ils restaient inactifs en présence des attaques et des outrages les plus odieux prodigués à d'honorables magistrats ? Quelle singulière attitude pour un Procureur général que d'épouser ainsi les animosités et les haines de la populace contre les membres d'un tribunal.

Passons encore !

Aix, 14 octobre 1870.

N· 5818.

Procureur général à Crémieux, ministre, justice.
Tours.

Obtenu hier d'Esquiros révocation de son arrêté suspendant audiences tribunal de Marseille. Aujourd'hui audience sera tenue par Gamel, Gillet-Roussin et Rousset. Guibert et Padoa seront installés. — Démarches insensées pour contraindre Esquiros à nommer à Marseille le plus fanatique et le plus incapable des conseillers, Breton, maire en remplacement de Bory qui ne peut être remplacé que par Labadié, ancien préfet, ferme et éclairé.

Hâtez les nominations de Marseille. Ne pourrez-vous placer Henri-Thourel à Nîmes, où la Cour entière et le barreau l'acclament et le réclament? Si motif exclusion, dites franchement.

THOUREL.

Il est toujours édifiant de voir en quelle singulière estime se tiennent les républicains et comment ils s'apprécient entr'eux.

Enfin, l'oncle reparaît ici pour glisser à propos sa petite réclame en faveur du neveu Henri. O puissance de la parenté, voilà bien de tes coups !

Un dernier détail inédit sur l'histoire de cette vice-présidence. Il s'agit encore de la candidature Gleize-Crivelli. Nous avons cité plus haut la dépêche adressée par Mlle Gleize-Crivelli au ministre de la justice pour le prier de ne pas nommer un procureur à Marseille avant d'avoir reçu sa lettre.

La nomination était déjà faite lorsque cette missive parvint à Tours. Ce contre-temps ne découragea pas le procureur d'Avignon, qui, le 6 octobre, télégraphiait au ministre :

Avignon, 6 octobre 1870.

Procureur de la République d'Avignon à ministre de la justice, à Tours.

Reçu lettre de ma fille. — Annonce dépêches et lettres adressées à vous.

Au moment où j'envoie dépêche, j'apprends que poste vice-président à Marseille est demandé. — Il est donc vacant.

Je me recommande à votre amitié.

Sous peu enverrai à Mme Crémieux ce qu'elle sait.

Le procureur de la République,
GLEIZE-CRIVELLI.

On sait ce qu'il advint de cette candidature, qui ne pouvait guère avoir de chance, étant donnés les puissants appuis qui soutenaient la candidature rivale, celle de M. l'ex-procureur de la république Maurel.

Nous allons nous borner à transcrire les autres dépêches qui se réfèrent à cette première partie de notre travail :

Aix, 11 octobre 1870.

N. 5805.

Procureur Général à Crémieux, Ministre justice, Tours.

41. — Trompé par prétendu comité sur Dalmas juge de paix (1) Tarascon, ai demandé et obtenu refus d'acceptation de Gariel nommé à sa place, qui pourra être placé plus tard. Je demande donc la révocation du décret du 27 septembre, qui nommait ce dernier en remplacement de Dalmas.

Envoyé par poste ce soir même le refus de Gariel, avec autres présentations.

(1) La révocation « comme agent politique » avait été demandée par télégramme cité plus haut (N. 708), du 27 septembre, 8 h. 15 minutes.

Préfet du Var a raison pour le juge de paix de la Roque-Brussanne (1), par poste proposition pour le remplacer.

J'approuve le choix (2) de Rougon (Frédéric) en remplacement de De Fresquière, juge de paix, St-Maximin.

THOUREL.

Un bon point à M Thourel pour la façon ingénue avec laquelle il reconnait avoir été induit en erreur par le prétendu comité de Tarascon. Nous sommes d'ailleurs habitués à le voir se déjuger d'un jour à l'autre et parfois même à quelques minutes d'intervalle.

Autre dépêche relative au juge de paix de Saint-Maximin et qui est encore une nouvelle preuve de la désinvolture avec laquelle M. Thourel faisait ses propositions ou ratifiait les choix imposés par d'autres fonctionnaires :

Procureur Général à Crémieux
Ministre, Tours

Reçu l'ordonnance de nomination de Rougon pour juge de Paix à St-Maximin, et cependant ai présenté pour ce poste Garnier, juge à Baremme. C'est que ai appris par procureur de Brignoles, que Rougon, n'ayant que 27 ans (3), sa proposition par le Sous-Préfet devait être retirée, il y a donc lieu de retirer l'arrêté et de nommer Garnier, d'accord avec procureur de la république.

(1) Chabert (télégramme N. 982. Préfet du Var à justice. 9 octobre 1 h. 35).

(2) Le choix avait été fait par le Préfet Cotte, ainsi que cela résulte d'un télégramme de ce fonctionnaire, que nous reproduirons plus loin (N. 98', 9 octobre 1 h. 35) M. Thourel admettait donc dans cette circonstance l'immixtion des Préfets contre laquelle il avait protesté naguères.

(3) Ce cas ne fut pas isolé. Dans plusieurs ressorts on nomma des juges de Paix ne réunissant pas les conditions d'âge prescrites par la 'oi. Ainsi, Muston, pasteur protestant à Bordeaux, nommé juge de paix de Romans (Drôme), par décret du 16 novembre 1870, n'était âgé que de 24 ans. (Télégramme N. 5556, Préfet de Vaucluse à Alfred Naquet, 16 décembre 12 h. 10 s.

Rien n'est plus désagréable pour le bien du service que l'immixtion des préfets dans les nominations de juge de Paix, quand les procureurs généraux ne se mêlent en rien des maires ou des Sous-Préfets.

THOUREL.

En vérité, monsieur le procureur général, vous avez bien mauvaise grâce à jeter ainsi feu et flammes contre l'immixtion des préfets, vous qui devez votre nomination à l'immixtion d'un Esquiros! D'ailleurs, est-il bien sûr que vous ne vous soyez jamais mêlé en rien des maires, vous qui patronniez, le 14 octobre 1870, l'ancien préfet Labadié, pour la mairie de Marseille (Télégramme n° 5848, cité plus haut) où l'on voulait placer, disiez-vous, « l'incapable et le fanatique » Breton ?

Il est vrai que, quand il s'agit de M. Labadié, M. Thourel ne recule pas devant les contradictions les plus flagrantes. Au fait, pourquoi n'aurait-il pas soutenu M. Labadié, lorsqu'on voyait M. Esquiros en arriver, sur la demande de ce dernier, jusqu'à recommander, pour un poste d'avancement, un ancien pourvoyeur de commissions mixtes, *proh pudor*! Mais que vont penser les coréligionnaires politiques de M. Esquiros, lorsqu'ils vont apprendre une semblable monstruosité ?

Voici la pièce :

Aix, 13 octobre 1870, 2 h. 11 s.

N° 5851.

Administrateur supérieur à Justice,
Tours.

M. Payan-Dumoulin (1), conseiller à la Cour à Aix, demande à être nommé président de chambre à Grenoble où il y a un poste vacant : il m'est recom-

---

(1) Compris dans le fameux décret du 14 janvier 1871, qui déclarait 14 magistrats déchus de leurs siéges et exclus de a magistrature.

mandé par M. Labadié, ex-préfet de Marseille sous la République.

ESQUIROS.

M. Esquiros patronant une pareille candidature...
Tu quoque : c'est à ne pas y croire.

Nous comprenons maintenant que l'ancien sous-préfet de Brignolles, l'incomparable Bruno Chabrier, se soit cru en droit de télégraphier un jour au ministre de l'intérieur :

« Choix judiciaires généralement peu goûtés, car encore incroyable népotisme dans le ressort de la cour d'Aix, et malheureux favoritisme au profit de magistrats réactionnaires ».

La naïveté de ce sous-préfet est vraiment admirable : il a cru que, sous la République, le favoritisme et le népotisme devaient disparaître. Mais où diable a-t-il donc vécu pour ignorer que la République n'a jamais été autre chose qu'une course effrénée aux emplois et l'épanouissement sous toutes ses formes du favoritisme le plus éhonté et le plus scandaleux? D'ailleurs à quoi servirait-elle sans cela ? Demandez-le plutôt à MM. Labadié, Esquiros, Delpech, Thourel et *tutti quanti*.

Reprenons maintenant le dépouillement du dossier de nos dépêches :

Aix, 14 octobre 1870.
N. 5820.

Procureur-général Aix à Crémieux, ministre justice, Tours.

Collègue Reybaud (1) parti pour Bastia sans avoir reçu décret de nomination, ni mention au *Moniteur*,

---

(1) Il est bon de rappeler ici dans quels termes la nouvelle de cette réintégration fut accueillie par M. Esquiros
.......La nomination de Reybaud à un autre poste a été considérée ici comme une provocation et un défi..... (Télégramme n. 3972, Administrateur supérieur à justice. 28 septembre, 10 h.)

désire qu'ayez la bonté de transmettre d'urgence à Bastia l'un ou l'autre, afin d'entrer en fonctions de suite.

M'empresse de solliciter, ce soir de vous.

THOUREL.

Aix, 15 oct. 1870.

N. 825.

Procureur général a Crémieux, Ministre, Tours.

Dans le décret nommant les substituts de mon parquet, remplacer les noms (1) Fernon Boutegille par Fernand Bouteille.

THOUREL.

Aix, 16 octobre 1870.

N. 831.

Procureur général à Crémieux, ministre, Tours.

43. — Dernières nominations accueillies avec enthousiasme ; à celle du substitut Poilroux, dans le décret si possible, ou par décret postérieur, indispensable d'accorder dispense (2), comme fils du président Poilroux, réponse très-urgente. Audiences de Marseille reprises avec dignité et faveur.

Après-demain travail complémentaire sur juges de paix d'accord avec préfets.

THOUREL.

Décidément le procureur général d'Aix avait l'enthousiasme par trop facile.

(1) Simple bagatelle. On en fit de bien plus fortes au ministère de la justice ; que de fois il arriva de révoquer des juges de paix décédés ou qui n'étaient plus en fonctions. Un jour on poussa la facétie jusqu'à nommer une commune aux fonctions de juge de paix. Nous garantissons le fait que nous tenons d'un des employés du cabinet Crémieux.

(2) Ces dispenses demandées à la date du 16 octobre figurent à l'*Officiel* comme ayant été accordées par décret du 13 octobre. Explique qui pourra cette anomalie. Il est juste de reconnaître que les décrets ne paraissaient souvent à l'*Officiel* que quinze jours et même plus après leur signature. De là sans doute l'ignorance où se trouvait M. Thourel relativement à ces dispenses.

Mais poursuivons ; nous ne sommes pas au bout : il restait encore des amis à caser, et, par ci par là, quelques procureurs ou substituts à culbuter. Ah ! si l'on avait pu toucher aux inamovibles, quelles hécatombes en aurait faites le chef du parquet d'Aix ! Sa dépêche du 12 octobre à l'Administrateur supérieur nous a édifiés pleinement à ce sujet (1).

Aix, 17 octobre 1870.

N. 5837.

Procureur général à Crémieux, ministre Justice, Tours.

45. — Conseiller Fleury, né 31 octobre 1800, est à la fin de ce mois atteint par la limite d'âge ; pour lui éviter une rentrée inutile, le 3 novembre, décret à signer le 30, jour où 70e année accomplie. Présente pour le remplacer Anastay, juge au tribunal civil d'Aix, placé 25 ans à la tête du barreau d'Apt ; juge ici depuis trois ans, déjà présenté comme conseiller, et désigné par l'opinion unanime de la Cour et du barreau. Tavernier (2), président du Tribunal de Brignoles, pourrait être présenté en seconde ligne, à distance (3).

En remplacement d'Anastay présente Vallabrègue actuellement substitut à Saint-Marcelin.

THOUREL.

(1) . . . . . Pourquoi nous interdit-on de toucher aux inamovibles ? (Télégramme n 5847. — Procureur général à Esquiros. — 12 octobre, 1 h. 30.)
(2) Nous verrons plus tard, quand nous arriverons aux dépêches du sous-préfet de Brignolles, que ce magistrat était traité d'ultra-clérical par ce fonctionnaire à l'occasion d'un jugement d'incompétence rendu sous sa présidence, par le tribunal correctionnel de cette ville. (Poursuites contre un maire révoqué pour outrages envers un maire de création septembriste.)
(3) Un troisième candidat était présenté par le Préfet de Vaucluse :
« 2963 — Place vacante, conseiller à la Cour d'Aix. » Je recommande très-chaleureusement M. Daniel, juge d'instruction à Carpentras — mérite à tous égards — (Télégramme numéro 5997 — Poujade à ministre justice pour L.ven — 20 octobre, 2 h. 30 s)

Aix, 28 octobre 1870.

N° 5838.

Procureur général à Crémieux Ministre, Tours,

46. — Urgence extrême d'un avis sur Jésuites Aix, qui seraient expulsés demain matin, ou objets de manifestations fâcheuses que j'ai empêchées déjà plusieurs fois.

THOUREL.

N° 840.

Procureur général à Crémieux, Ministre, Tours.

47. — Dessaud, nommé procureur Barcelonnette (1), vient d'être choisi pour sous-préfet à Sisteron. Je présente pour Barcelonnette Silbert (2), avocat très-distingué à Toulon depuis plus de 12 ans, persécuté politique, frère du docteur inspecteur des eaux ici, 44 ans.

Le conseil départemental Marseille, par un arrêté d'hier, expulse les Jésuites d'Aix, et charge le procureur de Marseille et les sous-préfets d'Aix et d'Arles de l'exécution.

Quand finira cette confusion des pouvoirs?

Réponse immédiate s'il vous plaît.

Persécuté politique... cela dit tout et tient lieu de tout titre. On conçoit que M Thourel, en sa qualité d'ancien condamné du complot de Lyon, dut avoir une prédilection marquée pour ce genre de candidats.

Il faut cependant lui rendre cette justice qu'il protesta contre la nomination, à Roquevaire, du sieur Cros.

M. Poujade expliquait dans une dépêche antérieure (télégramme numéro 5985 — 19 octobre, 3 h. 5) que ce magistrat méritait de l'avancement « comme libéral et suspect sous l'Empire. »

(1) Nommé à ce poste par décret du 15 oct. 1870.
(2) Un décret du 22 octobre l'appela à la tête du parquet de cette ville qu'il abandonna, le 10 nov. suivant, pour devenir juge-de-paix du 1er arrondissement de Marseille.

Aix, 18 octobre 1870.

N. 5855.

Procureur général à Crémieux, Ministre Tours.

50. — Cros est présenté par l'administrateur supérieur et son conseil, sur mon refus de présenter un homme . . . . . incapable, qui avait provoqué la révocation illégale de Filippi, excellent (1) juge de paix — ne le connaissait pas — s'il y a lieu à remplacement, je propose Gautier, récemment Juge de Paix à la Seyne, remplacé sur la demande du Préfet du Var (2) que vous m'avez transmise, mais qui se recommande par d'excellents et longs services et est appuyé chaudement par Liouville, procureur à Toulon — détails par poste.

THOUREL.

M. Thourel parlant de révocations illégales, et reprochant aux autres des actes de cette nature, lui qui proposera plus tard au ministre de toucher aux inamovibles et de suspendre des juges du tribunal de Marseille ! Et ce sont ces mêmes hommes qui vont crier à l'illégalité ! Nous savons par une douloureuse expérience comment ils entendent le respect de la loi.

Retenons cette autre dépêche relative au juge d'instruction de Tarascon, et qui n'est que la confirmation de celle adressée, le 12 octobre précé-

---

(1) Delpech, qui devait s'y connaître, était d'un autre avis; on n'a pas oublié sa fameuse dépêche à Laurier : « Thourel nous fait des bêtises.. Il protège Filippi, un corse affreux, pour Juge de Paix. . (Télégramme numéro 5562. — Préfet à Laurier, 8 octobre, 10 h. 20 s.)

(2) La demande de suspension faite par le Préfet du Var, figure sous la date du 8 octobre (télégramme numéro 970) Elle était motivée sur ce fait que M Gautier s'était compromis par son zèle contre les républicains en 1851.

— Le Procureur général d'Aix, au contraire, fait valoir « ses longs et excellents services » et le Procureur de Toulon appuie chaudement sa réintégration. · Voilà de quelle singulière façon s'entendent les républicains, quand ils sont au pouvoir !

dent, par le procureur général d'Aix à l'administrateur supérieur, Esquiros : (1)

Aix, 19 oct. 1870.

N· 5846.

Procureur général à Crémieux, ministre.
Tours.

48. — Plaintes graves arrivent à Esquiros et à moi sur le mode de procéder de Ravel d'Esclapon, juge d'instruction à Tarascon ; propose de lui enlever l'instruction et de la confier à Proal, excellent suppléant, très-estimé. (2) Thourel.

Il eut été bon de préciser en quoi consistaient ces plaintes graves. Certes des accusations de cette nature valent la peine d'être justifiées par des faits probants et indiscutables. M. Thourel ne connaissait pas de tels scrupules, il suffisait qu'on lui dénonçât un magistrat, comme réactionnaire, pour qu'il n'hésitât pas à le sacrifier aux rancunes de la populace. — Peut-être Ravel n'était-il pas aussi bien pensant, (républicainement parlant) que le suppléant Proal. A cette époque, la question politique primant toutes les autres, il fallait se débarasser des réactionnaires. D'ailleurs, le parquet et le tribunal de Tarascon ne furent pas épargnés : ils occupent une large place dans la série des hécatombes judiciaires, et ce n'est pas la faute du sous-préfet d'Arles, si le nombre des victimes ne fut pas plus considérable (3).

(1) ... Télégraphie à Tours pour obtenir si possible, c'est-à-dire d'enlever l'instruction à Ravel d'Esclapon pour la confier au juge suppléant Proal, capable et bien pensant. (Télégramme n· 5847. Thourel à Esquiros. 12 oct. 1 h. 30).
(2) Nommé plus tard substitut à Forcalquier par décret du 29 nov. 1870.
(3) Ce fonctionnaire télégraphiait en effet au ministre de la justice sous la date du 30 oct. (3 h. s).
« Population Tarascon scandalisée de voir au tribunal des juges tels que Fornier, de Violet et deux autres juges. Je vous en prie, pour l'ordre et la paix du pays, faites cesser un état de choses qui pourrait amener graves résultats « (Télégramme n. 5663).

Vient ensuite la proposition pour le poste de substitut à Castellane, de M. Abram, l'un des attachés de M. Thourel — notons que c'est le deuxième attaché pourvu par lui d'un poste depuis son entrée en fonctions. La dépêche qui le concerne et que voici, est une véritable curiosité.

Aix 24 octobre 1870.

N. 5778. — *Procureur général à Crémieux, Ministre. Tours*

38. — Lenoel est le substitut de Castellane, dont je vous ai demandé le remplacement par Abram (1), mon attaché, sur les vives instances du préfet ; venu du nord à l'appel de Merville, habitudes aristocratiques, ignorance du langage et des mœurs du pays: peut, à tout prendre, obtenir de l'avancement partout ailleurs, ne peut pas rester à Castellane.

Colonna a présenté mon neveu seul pour Nîmes, si le nommez, télégraphiez-moi : mes deux présentations pour substitut à la cour de Poilroux et de Fernand Bouteille, soupçonnées ici, y excitent non l'approbation, mais l'enthousiasme.

THOUREL.

Cette peinture du substitut Lenoël est un petit bijou : mais est-ce là un langage digne d'un procureur général ? Tout cela est d'un grotesque qui ne se discute pas. Et cependant, tout compte fait, il estime que ce magistrat peut obtenir de l'avancement... mais ailleurs. Il tient, paraît-il, essentiellement à se débarrasser de lui, cela se comprend : ne fallait-il pas caser l'attaché Abram, encore un juif celui-là. Décidément tous les avocats juifs y passeront. Padoa, Vallabrégue, etc., etc.

Quatrième, mais non dernière réapparition du neveu. Un mot encore sur cet enthousiasme dont parle en terminant M. Thourel. Il abuse par trop de

---

(1) Nommé successivement à Castellane (Décret du 2 nov 1870) et à Brignolles (Décret du 16 nov. 1870).

cette expression que l'on retrouve invariablement dans toutes ses dépêches.

Mais comment les nominations pouvaient-elles n'être que soupçonnées, alors que, neuf jours auparavant, il télégraphiait au ministre pour corriger une erreur commise par le décret dans l'orthographe du nom de Bouteille ? (Voir télégramme n° 825, cité plus haut.)

Enfin, M. Thourel revient à la charge, relativement à la nomination du successeur à donner au conseiller Fleury, dont il a été déjà question dans une dépêche antérieure.

Aix, 4 novembre 1870.

N. 5909.

Procureur général à Crémieux, ministre.
Tours.

En présence de l'exaspération extraordinaire produite par derniers événements, nomination de conseiller au profit de Tavernier, légitimiste et clérical prononcé et connu, serait un défi porté à opinion qui le relèverait de façon ou d'autre, comme pour tout choix non républicain, que le peuple considère comme trahison. La présentation à distance avait été obtenue comme espérance d'avenir pour d'autres temps.

THOUREL.

Toujours le même système : faire des choix exclusivement républicains, afin de donner satisfaction à l'opinion (mais quelle opinion ?). Pareil fait s'était déjà produit, à l'occasion du juge de Marseille, M. Giraud, éliminé de la vice-présidence à cause de son cléricalisme. (Télégramme n. 5784 du 9 octobre.)

C'est à présent le tour de M. Tavernier, président du tribunal de Brignolles; celui ci est légitimiste et clérical. En voilà plus qu'il n'en faut pour le rendre indigne de devenir conseiller. Ne fallait-il pas, en effet, empêcher « le bon peuple » de crier à la trahison; et c'est là surtout ce qui paraît préoccuper le procureur général d'Aix.

Le sous-préfet de Brignolles allait encore plus loin, lorsqu'il demandait la destitution du président Tavernier, toujours pour cause de cléricalisme.

Signalons également le cas du vice président Ducoin à qui l'on avait offert un poste dont l'importance nous est demeurée inconnue :

Aix, 26 nov. 1870, 4 h. 10 s.
N. 5671.

*Procureur général à Crémieux, ministre,
Tours.*

Voici dans son texte la réponse du vice-président Ducoin :

« Il y a huit ans, étant substitut ici, on m'a offert le fauteuil de conseiller à Caen ; depuis j'ai été procureur à Alger, promu ensuite vice-président, l'offre actuelle m'humilie. »

J'ai causé ensuite avec lui et j'ai pu m'assurer qu'il accepterait volontiers même provisoirement la place de procureur général à Alger, en attendant que M. Chevillotte, retenu à Paris, pût s'y rendre, persuadé que vous lui trouverez ensuite un emploi convenable, debout ou assis.

Demain, rapport important sur Toulon et Nice, où tout périclite en absence de président, et où tout pourrait s'arranger.

Attendez rapport, je repars.

Le procureur général,
THOUREL.

Voici une nouvelle série de présentations où se trouvent confondus pêle-mêle des juges de paix et des suppléants de tribunal. Quel gâchis, cela ne laisse rien à désirer !

Aix, 10 décembre 1870.
N. 226.

Procureur général à Crémieux, ministre, Bordeaux.

Dernière urgence à nommer d'Arnaud (Paul-Honoré), avocat, juge-suppléant, chargé de l'instruction à Tarascon, en remplacement de Proal, nommé substitut à Forcalquier.

Autre urgence.— Deux juges-titulaires, MM. André et Lachaud étant sous les armes, il faut absolument nommer au plus tôt au moins un suppléant au tribunal de Digne (Basses-Alpes), qui en comporte quatre, et n'en a qu'un qui ne siége jamais. Je propose M. Rigal (Léon), en remplacement de M. Fortoul, avocat général, nommé en 1852.

THOUREL.

Encore un attaché au parquet d'Aix, M. Rigal Léon, dont on éprouvait le besoin de faire un juge-suppléant à Digne, il s'agit de le nommer en remplacement de M. Fortoul, alors que deux juges titulaires étaient sous les armes.

Aix, 21 décembre 1870

N. 7336.

Procureur-géneral Aix à Crémieux, ministre, justice, Bordeaux.

Avez oublié décret nommant Roux-Martin, avoué d'appel, premier suppléant juge de paix Aix (sud), dont nomination annoncée par dépêche en remplacement de Vaillant. — Roux-Martin s'engage à la mobilisation.

Et avez envoyé seulement celle de Roux (Marius), deuxième suppléant même canton, qui ne veut pas. — Retient ce dernier décret pour que puissiez annuler sans formes.

THOUREL.

M. Thourel ne partageait nullement, à l'endroit du conseiller Payan-Dumoulin, l'enthousiasme de M Labadié qui, lui, ainsi que nous l'avons dit plus haut, faisait recommander ce magistrat par M. Esquiros pour une présidence de chambre à Grenoble. (Télégramme précité. N° 5851 — 13 octobre 1870).

Comme première mesure, il n'hésitait pas à

rayer son nom de la liste des présidents d'Assises :

N. 343.
Aix, 22 décembre 1870.

Procureur-général à Crémieux, ministre, Bordeaux.

En suite de l'éclat produit par la lettre de réponse du préfet de la Drôme (1) à conseiller Payan-Dumoulin et par faits y consignés, sans parler d'autres, estime impossible de maintenir Payan parmi les présidents de 1871, sauf mesures ultérieures.

THOUREL.

Sauf mesures ultérieures... On voit poindre là-dessous le fameux décret du 14 janvier.
Encore une dernière dépêche du procureur général d'Aix : elle brille, à défaut de toute autre chose, par la diversité des sujets qui y sont traités :

N. 5362.
Aix, 23 décembre 1870.

Procureur-général Aix à Crémieux, ministre justice, Bordeaux.

Le *Spahis* chargé d'aller ramener Si Thaor (2) arrivé ce matin a reçu mes ordres et en outre des

---

(1) Ce préfet était M. Peigné-Crémieux, gendre du ministre de la justice, ancien avoué, ancien sous-préfet de Pontoise en 1848.

(2) Il existe une autre dépêche de M. Thourel relative à ce mystérieux personnage, ainsi conçue :

Aix, 21 décembre 1870
N. 387.

Procureur général à Crémieux, Ministre.
Bordeaux.

Le *Spahis* chargé de ramener de l'île Ste-Marguerite Si Tahor-Ben-abi-Taied, est débarqué avec lui, et s'est mis immédiatement en route pour vous le ramener à Bordeaux, malgré le mauvais temps, le commandant Deel a suivi vos ordres avec le plus grand empressement.

THOUREL.

instructions formelles, il part à l'instant dix heures du matin.

En vertu de votre dépêche du 15 courant mentionnant nominativement les notaires que, sur ma présentation, avez dispensés de la mobilisation, leur ai écrit une lettre pour la présenter au conseil de recensement. La préfecture des Alpes-Maritimes a refusé de reconnaître mon droit et le vôtre ; soyez assez bon pour résoudre ce conflit qui ne peut être qu'un malentendu.

On craint sérieusement à Marseille ; ici les délégués des comités sont venus respectueusement me présenter des protestations énergiques contre le congé de Roque, et celui qu'on a dit promis à Rigaud, la magistrature est leur objectif, l'agitation est grande, ils voudraient que tous les magistrats fussent soldats, le gouvernement pourrait faire quelque chose à l'égard des suppléants.

THOUREL.

Pardon, M. Thourel ! Pensez-vous qu'il n'y eût rien à faire à l'égard des attachés mobilisables, que vous aviez bombardés substituts ? C'est de ceux-ci que vous auriez dû vous occuper d'abord, avant de songer aux autres.

Hâtons-nous d'ajouter qu'une dépêche aussi alarmante émut vivement le ministre de la justice qui s'empressa de télégraphier qu'il ne comprenait pas « que les esprits dans le ressort de la Cour d'Aix n'eussent pas encore retrouvé tout leur calme. » Il se plaignait de voir amèrement, au milieu d'aussi graves préoccupations, soulever des questions aussi inopportunes ; il promettait pour plus tard une réforme judiciaire et faisait appel au concours le plus actif de M. Gent, auquel il demandait de communiquer sa dépêche. (Télégramme n° 5302, 24 décembre 1870.)

La communication demandée eut en effet lieu, et M. Gent, loin de se montrer satisfait de ces explications, adressa au Ministre cette verte réponse, qui se passe de tout commentaire.

Marseille, 26 décembre 1870, 10 h. 50 m.
N. 5673.

*Préfet à Justice, Bordeaux, et
Thourel, Procureur Général, Aix.*

Thourel me communique votre dépêche du 24, et quelque pénible qu'il me soit de me trouver en désaccord avec vous, je ne saurais blâmer le mouvement des esprits contre lequel vous vous élevez un peu trop amèrement, à mon avis; et il est bon que justice publique soit faite, en attendant et pour hâter le moment où vous pourrez l'accomplir légalement : à cet égard, je suis heureux de me trouver d'accord, contre vous-même, avec votre gendre. Il ne faut pas vous dissimuler que beaucoup de nominations judiciaires ont excité étonnement et mécontentement dans ressorts du midi, et ce ne sera pas celle de Roussel (1) à Montpellier qui les calmera ; ajoutez à cela que certains magistrats contre lesquels, pressé par cette même opinion publique, vous aviez pris des mesures provisoires de suspension, annoncent hautement que vous allez régulariser leur position et transformer leur suspension en congés appointés, qu'ils en ont promesse, quand on espérait de votre juste sévérité que la même mesure provisoire serait appliquée à un homme plus coupable qu'eux peut-être, et vous déciderez dans votre équité si tout cela est fait pour faire retrouver à nos populations impressionnables comme vous, et comme moi, tout leur calme. Je puis bien dire au vieil ami de se rappeler le sonnet d'Oronte ; du reste, comptez sur nous pour faire prendre patience, si longue et pénible qu'elle soit.
A. Gent.

Vient ensuite une édifiante dépêche d'Albert Baume, de jacobine mémoire. Celui-ci n'y va pas par quatre chemins : il demande la révocation,

---

(1) Procureur à Carpentras au moment de la révolution du 4 septembre. — Circonstance à noter. — Le Préfet d'Avignon qui n'était pas suspect en pareille matière, s'était borné à demander son déplacement avec équivalence dans la magistrature assise. — (Télégramme N. 568. — Préfet de Vaucluse à Secrétaire Général de justice. 15 septembre 9 h. 45).

dans les Basses-Alpes, de tous les anciens parquets impériaux, « afin d'avoir, dit-il, des élections passables. » Tant il est vrai de répéter que ces gens-là ne songeaient qu'à leurs élections, et que la satisfaction de leurs petites rancunes personnelles les préoccupait bien plus que la situation désastreuse dans laquelle se trouvait notre malheureux pays :

Marseille, 22 sept. 1870, 6 h. 55 m. du soir.

N· 3653.

*Baume, chef cabinet Esquiros à Laurier,
représentant ministre Intérieur,*
Tours (visée).

Très-connu (1) dans les Basses-Alpes, je reçois nombreuses lettres protestant contre le maintien des parquets impériaux qui ont asservi le pays depuis vingt ans. Urgence de donner pouvoirs au préfet, si VOUS VOULEZ DES ÉLECTIONS PASSABLES.

A. BAUME.

A son tour, M. Gent intervient pour obtenir que le procureur de Florac soit nommé en la même qualité à Périgueux :

Marseille, 16 nov. 1870, 1 h. 30.

N· 5363.

*Le Préfet du département des Bouches-du-Rhône
à Ministre Justice.*
Tours.

M. Mallet est un excellent choix pour la place de procureur de la République à Périgueux. Il lui a été formellement promis par moi de votre consentement qu'il ne resterait pas à Florac. Je vais bien, Marseille de même. Amitiés.

A. GENT.

(1) C'est sans doute pour ce motif que M. Esquiros, à la date du 8 septembre (télégramme n. 2912), avait proposé au Ministre de l'Intérieur de nommer Albert Baume commissaire délégué dans le département des Basses-Alpes.

Voilà pourtant à quoi servait l'amitié d'un grand homme ! Simple substitut à Avignon (1) au 4 septembre, M. Mallet, dans l'espace de moins de deux mois, devenait successivement procureur à Florac, et plus tard (*gratiâ Gentis*) à Périgueux.

L'amitié du citoyen Naquet valait encore mieux. Celui-ci distribuait maintenant à ses amis des places d'avocat-général, après avoir commencé par faire nommer son frère Eliacin, substitut à la cour de Lyon.

Bordeaux, 8 janvier 1871.

Naquet à Gautier, docteur en droit, sur le Cours, à Aix, (Bouches-du-Rhône).

Oui ou non, acceptez-vous le poste d'avocat général à Bastia ? Télégraphiez-moi de suite, rue Vital-Carlis, 30. Alfred NAQUET.

Reproduisons encore cette dépêche non moins instructive, de M. Mengin, avocat :

Marseille, 11 janvier 1871, 11 h. 13 m.
N° 7551.

Ministre de la Justice, Bordeaux.

Remerciements sincères pour moi — pour ami — avais surtout considéré le côté politique. — Est le plus honorable et capable de nos avocats républicains de Marseille. — Nommé par vous juge de paix suppléant sur présentation de Thourel. Très-jeune lors du procès à Tarascon, avais cru passé de 16 ans expié. MENGIN.

Toujours le même système : la question politique avant tout.

---

(1) On lit, en effet, dans un télégramme n° 59,614, adressé le 17 oct., (10 h 50 m.), par le procureur de la République d'Avignon, au Ministre de la Justice :

« Veuillez suspendre nomination de Mallet, substitut à Avignon, comme procureur à Florac. — Lettre explicative vous arrivera demain. » GLEIZE CRIVELLI.

Terminons par ce double télégramme relatif à la présentation de M. Brémond, grand dignitaire de la franc-maçonnerie aixoise (30ᵉ degré), pour le poste de procureur général à Lyon, laissé vacant par la démission du F.·. Le Royer.

Lyon, 3 octobre 1870, 1 h. 20 soir.

N· 529.

Procureur général à justice, Tours.

Décret fixant au 16 les élections à la constituante, j'ai l'honneur de vous donner ma démission de procureur général. Veuillez l'accepter et nommer mon successeur. Je propose à votre choix M. Brémond, avocat à Aix (Bouches-du-Rhône).

Le procureur général, Le Royer.

Lyon, 5 octobre, 10 h. 55 m.

N· 5208.

Le préfet de Lyon à garde des sceaux, Tours.

Cher maître. — Le Royer recommande comme procureur général, M. Brémond, avocat à Aix. — Vous devez le connaître mieux que nous. On ne m'indique personne dans le barreau de Lyon. L'avocat Caillaud, membre du Conseil municipal, vous parlera de cela à Tours.

Le préfet du Rhône, Challemel-Lacour.

Nous allons nous occuper de la curée ; mais auparavant nous demandons la permission, comme actualité, de faire une petite tournée à Nice où nous verrons à l'œuvre l'un des plus merveilleux produits du radicalisme marseillais, l'illustre Spatar-Petrus Baragnon.

CHAPITRE II

LA QUESTION DE NICE

Encore la question séparatiste. — Un dernier mot sur la proposition Pollonais, protestant des sentiments français de la population niçoise. — Le cas de M. Pierre Baragnon, conseiller général des Bouches-du-Rhône et ex-préfet de Nice après le 4 septembre. — Ce que pensaient à cette époque, de ses procédés administratifs, M. Senard et son correligionnaire politique, M. Laurier. — Sa fameuse protestation au sein du Conseil général de Marseille contre la motion Pollonais, votée à l'unanimité par ses collègues des Alpes-Maritimes. — Le maire Raynaud et l'ex-préfet Villeneuve de Bargemont.

L'agitation qui, sous le masque du séparatisme, s'était produite dans le département des Alpes-Maritimes, pendant la dernière période électorale, est enfin calmée.

On se rappelle que, parmi les candidats alors en présence, deux étaient accusés de tendances sécessionnistes.

On n'a pas non plus oublié que les bruits malveillants répandus à cette époque par la presse radicale sur les prétendus sentiments anti-français qui auraient régné dans les arrondissements annexés des Alpes-Maritimes, prirent une telle consistance que le Conseil général, sur la proposition de l'un de ses membres, l'honorable M. Pollonais, crut devoir protester contre les calomnies dont ces contrées « sincèrement attachées à la France » avaient été l'objet. Cette protestation fut accueillie à l'unanimité et aux cris de :
« *Vive la France!* »

Afin d'imprimer plus de retentissement à cette manifestation solennelle des sentiments français et patriotiques de ces populations, le président du Conseil général, M. Malausséna, s'était empressé de donner communication de cette délibération aux autres conseils généraux de France.

Il s'est trouvé, à Marseille, un conseiller général (radical, cela va sans dire), le citoyen Pierre Baragnon, qui a osé proposer à ses collègues de protester contre l'esprit qui, d'après lui, aurait dicté cette délibération. L'élu de La Ciotat n'a vu là qu'un acte de diplomatie destiné à sauvegarder les situations menacées du préfet et du maire. Libre à lui de formuler d'aussi fantaisistes appréciations, mais ce qui dépasse toutes les bornes, c'est de voir cet ancien fonctionnaire de la dictature du 4 septembre pousser la hardiesse jusqu'à faire l'apologie de son attitude pendant son court passage à la préfecture de Nice.

Pour l'édification de nos lecteurs, voici trois documents inédits sur les embarras diplomatiques que la façon d'administrer de cet étrange proconsul suscita alors au gouvernement. On y verra le cas que les membres de la délégation faisaient de ses services, services dont il se targue maintenant avec une désinvolture par trop radicale. Jugez en plutôt :

Tours, octobre 1870.

Gouvernement à préfet, Nice.

Vous n'êtes point commissaire général revêtu des pouvoirs civils et militaires. — Vous êtes préfet des Alpes-Maritimes (1). — Fussiez-vous commissaire

---

(1) Ce télégramme fut adressé au citoyen Baragnon, à la suite d'une dépêche transmise au gouvernement par le Commissaire de la défense M. Blache et où ce dernier dénonçait à la délégation de Tours, la conduite de M. Baragnon, comme constituant « une véritable insurrection contre le gouvernement » Voici cet étrange document :

N° 915.

Commissaire de la défense des Alpes-Maritimes à Laurier, ministre de l'intérieur, Tours

Je vous transmets copie de la dépêche qui m'est adressée

général muni de pleins pouvoirs civils et militaires, que vous devriez être soumis et subordonné au gouvernement. Prétendez-vous avoir le droit de détenir un pouvoir quelconque malgré nous? Ce point ne comporte aucune ambiguïté. Répondez-immédiatement et catégoriquement.

M. Blache, commissaire à la Défense, nommé par nous, est un républicain notoire et éprouvé.

Vous ne pourriez pas fermer votre département à un simple citoyen ; il est inadmissible que vous prétendiez en exclure un fonctionnaire.

Nous craignons qu'il n'y ait au fond de cela quelque conflit personnel. En un tel moment, il faut mettre de telles choses sous vos pieds. Votre premier devoir est de ne pas nous créer d'embarras.

Vous abusez dans vos dépêches du nom de M. Gambetta. Il y a là un manque de tact regrettable, et nous vous invitons à être extrêmement réservé de ce côté.

par le préfet de Nice. Cette dépêche est une véritable insurrection contre le gouvernement. Vous avertis que je rentre demain à Nice, que j'ai quittée pour me rendre à Draguignan où m'appelait le préfet Cotte. Avisez aux moyens à prendre, et répondez-moi immédiatement à Draguignan. BLACHE.

Voici la dépêche de M. Baragnon, dont il est question dans le télégramme de M. Blache :

Commissaire général des Alpes-Maritimes à Blache, Puget de Cuers (Var).

Mon cher Blache,

Le mouvement dangereux que votre présence a produit ici, dans les esprits, m'impose le devoir comme commissaire général de la République, revêtu, en date du 6 septembre, de pleins pouvoirs civils et militaires, par le Gouvernement de la Défense nationale, de vous inviter, avant de rentrer dans le département, à vous rendre à Tours, où l'on sait que je me refuse absolument à me départir des pouvoirs que j'exerce depuis mon arrivée dans le département. Je ne dois pas vous cacher qu'en agissant ainsi, je cède aux vives instances de Gambetta, d'Alphonse Karr, de Tavernier qui est mon cousin, et de toutes les personnes influentes qui ont été inquiétées du bruit que votre arrivée a produit en ville. Quant à mon concours pour les élections, vous le savez, et je vous le réitère, il vous est entièrement acquis.

BARAGNON.

Sur votre réponse, nous aviserons ; nous l'attendons immédiate.

     CRÉMIEUX,
     GLAIS-BIZOIN,
     FOURRICHON,
     LAURIER.

Avouez qu'il est difficile de traiter plus durement un fonctionnaire. Ah ! si un fonctionnaire de l'ordre moral venait jamais à être tancé aussi vertement, avec quelle unanimité touchante vous entendriez les organes radicaux applaudir au langage du ministre ! Parions que dans l'espèce ils prendront la défense de ce pauvre M. Baragnon contre ces infâmes réactionnaires, Crémieux, Glais-Bizoin, Laurier et Fourrichon !

Autre télégramme encore plus significatif :

     Tours, 7 octobre 1870.

  Gouvernement à Préfet.
      Nice.

Vous nous créez du côté de l'Italie des complications et des embarras. Depuis que vous êtes à Nice, le ministère des affaires étrangères s'en plaint vivement. Jamais l'Italie n'a eu l'intention de reprendre Nice ; sur ce point, elle s'en est expliquée, dès les premiers jours, avec la plus grande netteté et la plus grande franchise. En supposant au gouvernement italien des intentions qu'il n'a certainement pas, et en suscitant toutes sortes d'agitations et de manœuvres contre des dangers absolument imaginaires, vous gênez au plus haut degré notre politique internationale. Veuillez vous abstenir.

    CRÉMIEUX,
    GLAIS-BIZOIN,
    FOURRICHON,
    Comte DE CHAUDORDY, secrétaire général, délégué pour les affaires étrangères.

Et cet autre, n'est-il pas le coup de grâce de cet ex-préfet :

Tours, 7 octobre 1870, 8 h.

Ministre de l'intérieur à préfet, Nice (particulière).

M. Senard vient d'envoyer une dépêche par laquelle il demande qu'on vous retire immédiatement votre préfecture à cause des embarras très-grands que votre façon d'administrer suscite à la politique française à Florence. Il insiste à tel point qu'il faut que vous partiez sur le champ pour venir ici vous expliquer. Voilà où vous ont conduit votre prétention à la dictature et votre inconcevable agitation d'esprit. Vos dépêches dans lesquelles vous vous targuez de pouvoirs que vous n'avez jamais eus, et où vous ramenez sans cesse le nom de Gambetta de la façon la plus compromettante pour notre ami, avaient fortement indisposé le gouvernement. La dépêche de Senard a mis le comble à tout cela. Je tâcherai encore de vous sauver par quelque moyen, mais j'ai bien peur que, où qu'on vous mette, vous ne sachiez ni vous contenir ni vous maintenir. Gardez toutes ces vérités pour vous, et avisez-moi de votre départ. Surtout pas d'esclandre, vous savez que je n'en supporterai point. LAURIER.

Prétention à la dictature !... Inconcevable agitation d'esprit !... J'ai peur que, où que l'on vous mette, vous ne sachiez ni vous maintenir, ni vous contenir. Tout cela est des plus édifiants, et le radical Baragnon ne peut que se montrer très-fier de pareils compliments, émanant d'une source aussi peu suspecte.

A la réception du télégramme, M. Baragnon télégraphia à M. Thiers, pour protester contre sa mise en disponibilité, témoin la dépêche ci-après :

Nice, 8 octobre 1870, à minuit.

Baragnon à M. Thiers.

Florence.

« Illustre maître ! Le parti séparatiste de Nice avait conquis la place, quand la république a été proclamée. J'ai repris la position en arrivant aujourd'hui, Nice est en paix complète. L'état de siége est levé ; mais l'intrigue vaincue ici s'est transportée à Florence et à Tours. Vous connaissez ma modération : si l'on désavoue et qu'on ne maintienne pas mes pouvoirs, je demande à être entendu à Florence, et non à Tours, et je me réserverai plus tard d'écrire comment la République a perdu le comté de Nice. Profond respect. »

On comprend que, quand on a été révoqué par M. Laurier, et cela sur la demande même de M. Senard, le fameux diplomate que l'on sait, l'on soit autorisé à venir aujourd'hui jeter feu et flammes contre un préfet qui a eu une façon d'administrer qui ne ressemble en rien à celle-là !

A propos de M. de Villeneuve-Bargemont, on s'est demandé par quel renversement d'idées on avait pu l'accuser d'être l'homme du parti italien. Il est tombé victime de l'hostilité systématique et bruyante des radicaux. Mais il a emporté dans sa retraite les sympathies de la saine majorité de la population. Ce n'est pas d'ailleurs la première fois que le radicalisme s'acharne après lui : pendant la guerre, au moment où il fut appelé à la direction de la société Internationale de secours aux blessés, le préfet de Marseille, M. Gent, ne trouva rien de mieux que de le dénoncer au ministre. (Enquête parlementaire. — Rapports sur Marseille. Page 467), « comme la fine fleur du légitimisme doctoral ou civil » (*sic*).

Un dernier mot sur l'agitation séparatiste, à laquelle on a prêté de fabuleuses proportions : elle est loin d'avoir l'importance qu'on lui donne et les vrais agitateurs dans les Alpes-Maritimes, comme ailleurs, sont les radicaux qui sèment partout l'esprit de résistance aux autorités.

CHAPITRE II.

LA CURÉE

Comment les Républicains Marseillais pratiquèrent le népotisme.

M. Esquiros propose de nommer le républicain M. Cotte, préfet des Basses-Alpes, et M. Albert Baume, commissaire délégué dans le même département.— Il informe le ministre que les provinces du Midi réclament pour lui le titre de commissaire extraordinaire dans le Var, les Alpes-Maritimes, les Basses-Alpes et Vaucluse.— Changement du consul M. Benedetti. — M. Esquiros signale M. Paul Borde comme pouvant remplir, avec énergie et succès, le rôle de commissaire général dans les Basses-Alpes.—La candidature de M. Brochier au poste de receveur général des Bouches-du-Rhône. — Protestation de M. Esquiros contre la nomination possible du citoyen Rabuel à la sous-préfecture d'Aix.— Révocation du pilote major et son remplacement par M. François Réalle. — La démission de M. Labadié.—Il persiste dans sa détermination, malgré les instances du gouvernement, et supplie celui-ci de le relever immédiatement de ses fonctions.—M. Esquiros se fait auprès de M. Crémieux l'interprète des vœux des républicains toulonnais, demandant la destitution immédiate de leur préfet maritime, l'amiral Chopard.—La préfecture de Marseille est offerte à M. Cyprien Chaix.—Motifs de son refus.— Le cas de la sous-préfecture d'Aix et l'avoué Hallo.— M. Jacques Dumas est nommé portefaix de la manutention, en récompense des services rendus à la République.

Marseille, le 8 septembre 1870, 3 h. 5, s.

N° 2912.

*Admistrateur supérieur Bouches-du-Rhône
à Intérieur, Paris.*

Département des Basses-Alpes sans commissaires. Emotion extrême. — Gardes mobiles menacés par gendarmerie. — On propose les républicains Cotte comme préfet, et Albert Baume, comme commissaire délégué. — Décision urgente.

A. ESQUIROS.

Marseille, 8 septembre, 10 h. m.

Administration supérieure à Intérieur, Paris.

Ordre parfait à Marseille. Mauvaises nouvelles de la Corse ; il faudrait envoyer quelqu'un ; on propose ici Louis Nyer, avocat, ancien maire à Ajaccio, ayant la notoriété nécessaire pour remplir un poste Décidez.

A. ESQUIROS.

Marseille, le 8 septembre 1870, 3 h. s.

N° 2913.

*Administrateur supérieur Bouches-du-Rhône
à Intérieur, Paris.*

De tous cotés de la Provence demandes incessantes et urgentes pour nomination du citoyen Esquiros comme commissaire extraordinaire (1) des provinces du Midi, Var, Basses-Alpes, Alpes-Maritimes, Vaucluse : anciens fonctionnaires résistent aux municipalités démocratiques : sommes en mesure à cet effet.

A. ESQUIROS.

---

(1) Le Ministre refusa de souscrire à cette prétention. (Voir de Sugny. P. 130. note).

Marseille, le 9 septembre 1870, 11 h. 3.

N° 2947.

Esquiros à affaires étrangères, Paris.

On propose au choix du ministre, M. Henri Guibert, négociant à Cadix, en remplacement de M. Benedetti, consul (1).

Marseille, le 10 sept. 1870, 6 h. s.

N° 3007.

Administrateur supérieur à Intérieur.
Paris.

Tout le monde se préoccupe ici de la situation des Basses-Alpes à cause de la proximité des Bouches-du-Rhône.

Je crois que M Paul Borde remplirait avec énergie et succès le rôle de commissaire général.

A. Esquiros

Marseille, le 15 sept., 12 h. 5 du soir.

N° 3201.

Administrateur supérieur à Finances.
Paris.

Conseil départemental me propose le citoyen Brochier, conseiller général des Bouches-du-Rhône, comme trésorier-payeur général du département en remplacement de M. Gamot.

Je vous prie d'accepter immédiatement cette nomination. — Réponse urgente, attendu qu'il faut plusieurs mois pour la reddition des comptes (2)

A. Esquiros.

(1) Il est bon de faire remarquer qu'à la même époque le préfet de Lyon demandait également la révocation en bloc de tous les consuls, notamment ceux de Nice et de Gênes.

(2) Voir encore, sur cette nomination, les télégrammes n. 3740 reproduits plus lo n. n. 3479 et n. 3971 (Rapport de Sugny, p. 43, *in fine*, et 459.

Marseille 15 sept., 1 h. 35 s.

Administrateur supérieur à Intérieur.
Paris.

2963. — Delpech exerce fonctions de sous-préfet à Aix ; nous vous en avons averti et vous avons prié de le nommer officiellement.

Ne nous envoyez pas M. Rabuel. (1)

—

Marseille, le 16 septembre 1870, 9 h. 30 m.

Administrateur supérieur à intérieur,
Paris.

5606. — Les pilotes lamaneurs de Marseille demandent énergiquement le changement de leur pilote major. Ils proposent de le remplacer par François Réale, actuellement en activité et capitaine au long-cours.

Veuillez, je vous prie, obtenir cette nomination immédiatement du ministre de la marine, autrement il y aurait grève et désordre sur le port.

A. Esquiros.

—

Marseille, le 17 septembre 1870, à 7 heures 15 m. du soir.

N. 3358.

Administrateur supérieur à intérieur,
Paris

N'acceptez pas, je vous prie, la démission de Labadié ; il est nécessaire ici pour maintenir l'équilibre (2), nul autre ne pourrait le remplacer.

A. Esquiros.

(1) Est-ce le même Rabuel qui, devenu après le 4 septembre sous-préfet de Mostaganem, a été plus tard compromis dans la Commune et condamné à la déportation simple ?

(2) Le lendemain, le ministre de l'intérieur télégraphiait à M. Labadié pour faire appel à son dévouement et le prier de

Marseille, le 19 septembre 1870, à 2 heures 40 m. du soir.

N. 3437.

Préfet à intérieur, Paris.

3120. — Je remercie le gouvernement de sa marque de confiance, mais je suis forcé de persister dans ma détermination; mes lettres des 17 et 18 vous expliquent mes motifs. Esquiros se présentant pour la Constituante il est urgent d'envoyer, sans délai, un administrateur qui prenne sa place et la mienne. Je ne songe pas aller à la Constituante.

A. LABADIÉ.

—

Marseille, 19 septembre, 8 h. 50 s.

N. 3463.

Administrateur supérieur à citoyen Crémieux, représentant du gouvernement républicain, Tours.

Républicains Toulonnais réclament instamment destitution (1) immédiate de Chopart, préfet maritime Sinon troubles à craindre. Agissez ou renseignez-vous auprès de Blache, maire.

A. ESQUIROS.
Les membres du Conseil départemental.

—

Marseille, 20 septembre, 2 h. 15 m.

N. 3488.

Préfet à délégué ministre intérieur, Tours.

J'insiste pour que ma démission soit immédiatement acceptée : la situation pourrait s'aggraver ici, il est urgent d'envoyer mon remplaçant. Je suis dans l'impossibilité absolue de continuer mes fonctions.

A. LABADIÉ.

conserver la Préfecture de Marseille « où il était jugé indispensable pour maintenir l'équilibre. » (Télégr. n 515, Paris 18 sept. De Sugny, p. 443) — C'est en réponse à ce télégr. que M. Labadié adressa la dépêche n. 3,437.

(1) Nous reviendrons ultérieurement sur cette question, lorsque nous nous occuperons des dépêches relatives au département du Var.

Marseille, 22 septembre, 9 h. 50 m.

N. 3593.

Préfet à Intérieur, Tours.

J'ai donné ma démission depuis plusieurs jours : je demande instamment qu'elle soit acceptée, sans aucun délai, étant candidat au Conseil municipal. Je ne peux conserver davantage ces fonctions, d'autres motifs déjà donnés m'empêchent aussi.

Marseille, le 23 sept. 1870, 2 h. 48.

N° 3680.

Préfet à Intérieur, Tours.

Cyprien Chaix n'acccepte point la préfecture de Marseille (1); il est urgent de choisir sans délai un autre préfet (2), attendu que je serai candidat pour la Constituante dans les Bouches-du-Rhône.

A. LABADIÉ.

—

Marseille, 24 sept., 7 h. 40 m.

N° 687.

Préfet à intérieur, Tours.

Pour éviter compétitions dangereuses ou ridicules, nommez sous-préfet d'Aix au plus tôt.

(1) Voici dans quels termes le préfet des Hautes-Alpes informait, lui-même, le ministre des motifs de son refus :
N. 696.

Gap, 22 septembre, 9 h. 45.

Préfet des Hautes-Alpes, à Ministre intérieur, Tours.

Ma démission était écrite pour incompatibilité électorale ; accepterais poste d'honneur à Marseille, si pas d'autres soldats pour le remplir ; mais parti républicain Alpes peu nombreux, a besoin porte-drapeau élections.
Ma présence est nécessaire ici, dans un pays perverti par Garnier. Duvernois. Parti démocratique débandé si je pars. — Prie me remplacer à Marseille.

(2) A la même date, M. Esquiros proposait pour ce poste M. Delpech, alors sous-préfet à Aix, « comme étant le seul qui put concilier à Marseille les divers groupes de la démocratie. » (Voir de Sugny, p. 443.)

Hallo (1) veut pas.

Je n'ai personne à vous indiquer. Choisissez au mieux. Nécessaire homme fait, ayant sens politique. Arrondissement difficile.   Delpech.

N° 7740.   Marseille, 24 sept. 1870, 2 h. 20 s.

Administrateur supérieur à intérieur, Tours.

5125. — Télégraphié trois fois au sujet de Brochier; sans réponse, il est pourtant urgent d'aviser ; le Conseil municipal vient de voter emprunt 10 millions. Il est indispensable d'avoir un receveur actif et intelligent à la Trésorerie générale pour préparer les bases de cette opération. Il importe surtout que le nouveau trésorier-payeur général soit un républicain; je vous propose donc derechef le citoyen Brochier.

N. 3814,   Marseille, le 25 septembre 1870, 11 h. s.

Administrateur supérieur à intérieur, Tours.

4597. — Jacques Dumas a rendu depuis plusieurs années à la République des services qu'on ne doit point oublier.

Comme récompense et comme acte de justice, je vous demande pour lui la place de portefaix de la Manutention dépendant de l'Intendance militaire.

Le titulaire actuel est un nommé Durbec dont la démocratie marseillaise réclame le changement.

     A. Esquiros.

Marseille, le 25 septembre 1870,
11 h. 20 m., soir.

N. 3815:

Administrateur supérieur intérieur, Tours.

Il faut un sous-préfet à Aix, Je vous propose Paul

---

(1) **Hallo**, avoué à Aix. Il a fait partie de la commission départementale (canton d'Istres), nommée par arrêté de M. Gent, en date du 14 janvier 1871.

Giraud, conseiller de préfecture. Le choix est dicté à la fois par le mérite de la personne et par des motifs politiques (1). (Urgence.)   A. ESQUIROS.

Marseille, le 30 sept. 1870, 10 h. 50 s.

N. 4424.

Préfet à intérieur, Tours.
(Confidentielle.)

9549. — Le choix proposé (2) est excellent ; je l'approuve de tout cœur. Bonne pensée.

§ II.

M. Jean Saint-Martin, avocat d'Apt, est proposé pour conseiller de préfecture. — **MM.** Delpech et Garcin appuient chaleureusement sa candidature. — Ce que pensaient de sa valeur et de son mérite. **MM.** Elzéar Pin et Poujade. — Le personnel de l'administration préfectorale dans les Bouches-du-Rhône, à la date du 26 octobre 1870. — Révocation des commissaires de surveillance aux gares de Marseille, comme agents politiques et électoraux de la pire espèce. — Encore les agents consulaires. — Démarches pressantes auprès de **M.** Gambetta pour obtenir la nomination au grade

---

(1) Nous savons ce que pensait de ce candidat le préfet Delpech, alors qu'il télégraphiait à son cher Laurier qu'il aurait fallu envoyer à Aix un bon bougre, et que Paul Giraud n'en était pas un. (Télégramme n. 4063.— Préfet à intérieur, 29 sept., 3 h. s. — Télégramme n. 4095 — du même au même 30 sept, 11 h) M. Esquiros, lui, trouvait ce choix excellent et dicté par des motifs politiques : Son préfet, au contraire, jugeait cette nomination assez malheureuse. Touchant exemple de l'accord qui règne entre les républicains même à l'endroit de leurs amis. D'ailleurs, cet état de choses ne dura pas longtemps, et M. Delpech trouva bientôt moyen d'envoyer à Aix le citoyen Emile Martin. (Télégramme n. 5459. Sous-préfet d'Aix à Glais-Bizoin — 7 oct , 5 h. s. Idem n. 5457— Préfet Marseille à intérieur — 7 oct., 3 h. 20. — Voir de Sugny, p. 453 et 459).

(2) Il s'agit, croyons-nous de M. Alphonse Gent. (Voir de Sugny, p. 118).

de sous-lieutenant de M. Henri Brochier. — Il est question de confier la préfecture de Digne à M. Blache ou à défaut de celui-ci, à M. Auguste Cabrol, ex-rédacteur du *Démocrate* de Vaucluse. —M. Gent implore, comme une grâce, une place de sous-préfet dans les Basses-Alpes (Sisteron ou Forcalquier), pour M. Tardif, chef de cabinet de la Préfecture. — Il recommande M. Gustave Ourson, pour le poste de directeur de la succursale de la Banque d'Avignon. — Le cas de M. Brunache, proposé comme intendant en chef de l'armée du Sud-Ouest. — M. Gaston Crémieux intrigue auprès du ministre de la justice pour avoir une place. — M. Cuisinier devient préfet des Basses-Alpes.

N· 5.225.
Marseille, 3 octobre 1870, 8 h. 25 soir.

Préfet à intérieur, Tours.

Je vous prie de répondre à ma dépêche d'hier relative à mon ami Saint-Martin. Que doit-il faire? Je le mets à votre disposition. DELPECH.

N. 517.
Marseille, le 18 octobre 1870, 4 h. 25.

Garcin à Delpech, hôtel de Londres, Tours.

Poujade, préfet Vaucluse, a demandé par télégramme poste de conseiller de préfecture à Avignon, pour Saint-Martin (1). Appuyer auprès de Laurier. Des nouvelles au plus vite. Tout va bien ici.

GARCIN.

(1) Il est nécessaire pour l'édification de nos lecteurs de leur faire connaitre l'opinion du préfet Poujade sur son candidat : Rien de plus instructif.
2963 — Jean Saint Martin ne sera pas un sous-préfet sérieux. Il mérite un poste, mais pas celui-là.
(Télégramme n. 566. — Préfet Vaucluse à intérieur, 15 sept. 9 h. 40 s.)
3120 — Jean Saint Martin, avocat à Apt, absolument impossible comme secrétaire général (note fournie par M. Elzéar Pin) compromis récemment dans une rixe en public, extrêmement léger et compromettant (Télégramme n. 5802 — Préfet Vaucluse à intérieur, 3 oct. 10 h. 30 m.)

N. 524.   Marseille, 19 octobre, 9 h. 35 m.

Préfet à Intérieur, Tours.

Voici l'état exact du personnel dans mon département :

Esquiros (Alphonse), administrateur supérieur du département ;
Delpech (Louis), préfet ;
Giraud (Paul), sous-préfet à Arles ;
Martin (Emile), sous-préfet à Aix ;
Rouvier (Maurice), secrétaire général de la préfecture ;
Salvador, vice-président du conseil de préfecture.
De Fougère et Labre, conseillers.

Sauf administrateur et préfet, tous ces titulaires sont à confirmer. Il n'y a pas de vacance.

DELPECH.

Voilà donc un citoyen que le préfet Poujade déclare lui-même impossible ; il le télégraphie au Ministre par deux fois et cependant il n'hésite pas à solliciter quelques temps plus tard pour lui, un poste de conseiller de Préfecture :

Avignon, 25 oct. 7 h. 5.

N. 5957.

Préfet de Vaucluse à Ministre Intérieur, Tours.

5125. — Je propose pour conseiller de Préfecture M. Jean Saint Martin d'Apt. — Appuyé par Gent.   POUJADE.

En regard de ces dépêches, il convient de placer celles-ci, qui ne présentent pas moins d'intérêt :

« Vous avez reçu lettre de Saint-Martin, notre ami. Je vous prie très-vivement de vous occuper immédiatement de lui, très-activement. — Vous m'obligeriez infiniment. — Faudrait pour lui une sous-préfecture de première classe, non loin du département de Vaucluse. Vous estimez Saint-Martin, moi aussi, et il a bien mérité de la République. — C'est une récompense pour lui et satisfaction pour moi, ainsi que tous nos amis, vous en tête. (Télégramme n. 5886. — Raveau délégué intérimaire à la préfecture de Vaucluse à Cazot, secrétaire-général intérieur pour remettre à Alphonse Gent. 8 oct. 5 h. 36 s.)

Prière à Poujade de se joindre à Gent pour appuyer chaudement une demande de sous-préfecture de première classe dans le midi pour Saint-Martin — m'obligerez infiniment (Télégramme n. 5887 — du même au même pour être remis à Poujade, 8 oct. 5 h. 30 s.) Après cela, il faut tirer l'échelle !!!

Comme la fraternité républicaine, est une belle chose !

N. 479.   Marseille, le 25 oct. 1870, 4 h. 25.

Préfet à Intérieur, Tours.

Les changements effectués par Esquiros dans le personnel des commissaires de surveillance, aux gares de Marseille et d'Aix, ont été nécessités par les agissements antérieurs des titulaires qui n'ont jamais été que des agents politiques et électoraux de la pire espèce.

Il est important de régulariser au plus vite cette situation en sanctionnant les choix qui ont été faits, ne serait-ce qu'à titre provisoire.

Veuillez en saisir le délégué compétent à Tours, afin qu'il écrive à M. Conche à Lyon pour que nos nouveaux promus soient reconnus par l'administration locale et surtout pour que les commissariats de surveillance ne restent pas inoccupés, car les anciens titulaires sont partis, ce qui fait trop l'affaire du chemin de fer. DELPECH.

—

N. 5481.   Marseille, le 25 oct., 1870, 7 h. 50 s.

Préfet à Intérieur, Tours.

J'ai déjà signalé au gouvernement le danger qu'il y a de laisser le corps consulaire composé comme il l'est dans le bassin de la Méditerranée. Des renseignements nouveaux m'autorisent à confirmer ces avis, et à dire de nouveau que la presque totalité de ces fonctionnaires font tout ce qu'ils peuvent pour empêcher nos compatriotes de venir défendre le sol national ; quelques exemples sont absolument nécessaires pour modifier cette attitude éminemment préjudiciable. DELPECH.

—

N° 5545.   Marseille, le 26 octobre 1870, 7 h. 5 s.

*Préfet à Rouvier, secrétaire général
(Bouches-du-Rhône), Tours.*

Prie instamment Gambetta en ton nom et au mien

de nommer sous-lieutenant le frère de Brochier (1) sous-officier au 19e de ligne, à Laval. — Henri Brochier, 39 ans, engagé pour la guerre, ancien sous-officier, 7 ans de service : Italie, Crimée, Afrique, médaille militaire, 3 blessures, parlant arabe, désire entrer officier dans tirailleurs algériens.

DELPECH.

Marseille, le 28 octobre 1870, 6 h. 5 s.

N° 5652.

Administrateur supérieur à Intérieur, Tours.

Le comité de défense et nous-même signalons au gouvernement l'attitude des consuls de Gênes et d'Italie en général, qui s'opposent au départ des Garibaldiens pour la France, en refusant de signer les passeports de ces volontaires. Nous faisons remarquer au gouvernement que ces consuls d'Italie et ceux de Barcelone en particulier, sont des anciens fonctionnaires de l'Empire. A. ESQUIROS.

Marseille, 13 novembre 1870, 9 h. 10.

N° 5203.

Préfet à Gambetta, Tours.

Je vous envoie copie de la dépêche que je viens d'adresser à Cotte :

A Cotte, préfet du Var.

« Suis heureux de la satisfaction donnée à votre dévouement—Gambetta a noblement agi — sachons-lui en gré. »

Faites ce que, avec Dufraisse et tous mes autres collègues (2), je vous demande pour les Basses-Alpes.

(1) Ne pas oublier qu'à la même époque, M. Esquiros voulait faire de celui-ci le trésorier payeur général de Marseille.

(2) Tous les collègues en question demandaient le changement du préfet des Basses-Alpes, Esménard du Mazet, qu'ils accusaient de tendances réactionnaires, et à qui ils reprochaient de faire, à côté d'eux, tache au tableau. Ils

Envoyez-y Blache qui mérite, plus que jamais, cette nomination, et, s'il croit devoir la refuser, je vous demande ce poste pour Auguste Cabrol, rédacteur du *Démocrate de Vaucluse* depuis trois années, que depuis longtemps j'ai désigné à Mazure et à Spuller et qui mérite récompense de son long dévouement.

A. GENT.

N. 5280. Marseille, 15 nov. 1870, 11 5 m.

Préfet à Laurier ou Mazure (1), directeurs, intérieur, Tours.

Je vous demande une place de sous-préfet dans les Basses-Alpes, où je sais qu'il y en a actuellement de libres ou mal occupées pour J.-A. Tardif, chef du cabinet de la préfecture, nommé par Labadié, et que je ne puis conserver, quoique je reconnaisse sa parfaite honorabilité. C'est une question très-délicate pour moi et que je recommande en toute urgence à votre amitié. M. Tardif est des Basses-Alpes et très-aimé.

A. GENT.

Marseille, 16 novembre 1870, 11 h. m.

Préfet à intérieur, Tours.

Je reçois votre lettre sur Tardif, vous avez nommé Julien Sauve à Toulon ; Sisteron est donc libre. Je vous demande, comme service, d'y nommer le premier, afin de me sortir d'une situation réellement embarrassante. Il est du pays, très-aimé et très-capable.

---

ne pardonnaient pas à ce dernier son attitude énergique en face des menées de la Ligue du Midi. (Voir de Sugny, p. 304, 305 et 306.)

D'ailleurs, pour être complètement édifié sur leurs sentiments à son égard, il suffit de relire les télégrammes dont nous trouvons le texte dans le rapport de M. de Sugny, p. 137 et 138).

(1) Alors secrétaire général-adjoint du ministère de l'intérieur et actuellement rédacteur en chef du *Progrès du Nord* à Lille.

Faites cela, vous m'obligerez beaucoup.
Réponse.
A. GENT.

Marseille, 16 nov., 3 h. 05 s.

N. 5344.

Préfet à intérieur, Tours.

Ce n'est pas Sisteron qui est libre par le départ de Julien Sauve : c'est Forcalquier. Je reproduis mon instance en faveur de Tardif (1).
A. GENT.

Marseille, 17 nov., 6 h. 31 s.

N. 5352.

Préfet à intérieur, Tours

Tous les renseignements personnels que j'ai de Toulon par M. Lafaye, colonel d'artillerie, et par Cotte, me donnent la certitude que tout y est très-calme et que Sauve y est pleinement installé. Je reviens donc avec plus d'assurance à ma demande de nommer M. Tardif à la sous-préfecture de Forcalquier ; c'est une justice pour lui et un grand soulagement pour moi. Je l'attends de votre amitié (2). Tout va bien.
A. GENT.

Marseille, 17 nov. 1870, 6 h. 55 s.

N. 5395.

Préfet à justice, Tours.

Des amis d'Avignon, que je tiens beaucoup à satisfaire, me prient de vous recommander un chargé

---

(1) Le même jour, le ministre répondait à M. Gent que les vacances étant rares, il était impossible de lui donner satisfaction immédiate, mais qu'il avait été pris bonne note de sa demande. (Télégr. n. 3256. Tours, 16 nov. 1870).

(2) Le 20 novembre, le préfet Gent revenait de nouveau à la charge en faveur de M. Tardif. (Voir de Sugny, p. 454.

du ministère des finances, M. Gustave Ourson, présenté par le gouverneur de la Banque de France, pour être directeur de la succursale de la Banque ; le titulaire est décédé. Je le fais en vous certifiant que ce serait un excellent choix, c'est lui qui a été envoyé à Strasbourg après la capitulation pour défendre les intérêts de la Banque. Et maintenant merci de votre lettre, elle m'a profondément touché. Amitiés à Leven, Cartier et à vous.

A. Gent.

—

N. 5477.   Marseille, 20 nov. 1870, 3 h. 20 s.

Gaston Cremieux à justice, Tours.

Je vous ai écrit, il y a quelques jours, veuillez me donner réponse. Je suis à votre disposition.

Gaston Crémieux.

—

N. 5478.   Marseille, 20 nov. 1870, 3 h. 30 s.

Gaston Crémieux à guerre et intérieur, Tours.

Je vous ai écrit, il y a quelques jours, et vous ai fait parvenir une pièce vous appartenant. Je suis à votre disposition, donnez-moi réponse.

Gaston Crémieux.

—

N. 5572.   Marseille, le 23 nov. 1870, 7 h. s.

Préfet à Georges Perrin, commissaire à l'armée du Sud-Ouest, hôtel Boule-d'Or, Tours.

Je vous envoie copie de ma dépêche à Gambetta :
« On me charge de vous transmettre renseignements sur Brunache, proposé comme intendant en chef de l'armée du Sud-Ouest. — Il a été intendant dans l'armée, il est administrateur de la Banque et adjoint au maire de Constantine, très-riche, parfait honnête homme et bon républicain. Ce serait certainement un bon choix. »   Gent.

Marseille, le 27 novembre 1870,
5 heures 30. soir.

N. 650.

Préfet à intérieur, Tours.

J'accepte la sous-préfecture de Forcalquier pour M. Tardif, et je lui annonce sa nomination (1). — Veuillez m'en envoyer l'ampliation immédiatement et merci.
A. Gent.

—

Marseille, 29 novembre 1870,
6 heures 40. soir.

N. 1770.

Préfet à intérieur, Tours.

Je vise à l'instant une dépêche présentée par M. Secourgeon, vous demandant préfecture Basses-Alpes ou autre, et vous annonçant sa prochaine arrivée : faites de lui ce que vous voudrez pour les autres, mais pour les Basses-Alpes, oh, non ! Si vous vous êtes enfin décidé à prendre une résolution, je persiste dans les propositions que naguère je vous fis : *primo* Blache, *secundo* Cabrol (Auguste); maintenant vous ferez ce que vous voudrez.

A. Gent.

—

Marseille, le 30 novembre 1870,
9 heures 30, matin.

N. 1183.

Préfet à intérieur, Tours.

Je vous félicite et vous remercie de la décision que

(1) Nous constaterons plus loin qu'à la nouvelle de cette nomination, le préfet des Basses-Alpes, M. Esménard du Mazet, s'empressa de se démettre de ses fonctions (Télégramme n. 323 du 26 novembre 1870, et télégramme n. 324 du 27 novembre.).

vous avez prise (1), Cuisinier est en effet un bon choix et un bon ami. Dites-lui que je l'attends à bras ouverts, n'oubliez pas Blache dans la magistrature ou ailleurs ; quant à Cabrol en temps et lieu, je vous le rappellerai. Brissy est en effet très-capable pour un commandement supérieur, et veillez surtout à ce que intendance ou guerre ne lui en veuille pas d'actes qui me sont exclusivement personnels, et dont il vous porte la preuve écrite ; ici tout va bien et je ne m'occupe plus qu'à faire et qu'à vous envoyer des canons et des canons ; la grande mobilisation va nous donner bien de la peine, mais nous nous en tirerons à votre satisfaction. Je vous recommande de ne m'envoyer ici aucun militaire supérieur sans me le faire connaître à l'avance. — Vous avez fait à Toulon un choix déplorable et je m'efforce d'ici d'en corriger le très-mauvais effet. Qui donc vous a fait nommer dans nos contrées si faciles à s'émouvoir un président plébiscitaire ?

Amitiés à Spuller et à vous ; j'apprends à l'instant que vous avez changé le général à Toulon ; je vous en félicite bien sincèrement.

§ III.

Recommandation de M. Gent en faveur du sous-officier Martial Angely, neveu « de l'un de ses plus anciens amis. » — Le préfet de Marseille demande le déplacement du procureur de Saint-Marcellin, sous prétexte qu'il gêne l'action républicaine de son frère, alors sous-préfet de cet arrondissement. — L'avocat Gensoul est proposé pour un poste dans la magistrature. — La sous-préfecture d'Aix et le cas de M. Émile Zola, recommandé par M. Mazure, secrétaire-général-adjoint du ministre de l'intérieur.—Plusieurs compétiteurs

(1) Cette dépêche fut transmise en réponse à un télégramme du même jour, signé Gambetta, et par lequel ce dernier annonçait au préfet de Marseille la nomination de Cuisinier et la présentation de M. Blache pour un poste dans la magistrature. (Télégramme n. 5285. — Voir de Sugny, p. 455.)

convoitent la succession de M. Maurice-Rouvier.
— Le ministre de la justice patronne la candidature de M. Gaston Crémieux qui est combattue énergiquement par M. Gent. — Ce dernier sollicite une place de percepteur à Marseille pour le conseiller municipal M. Jullien. — M. Gustave Naquet devient préfet de la Corse et demande à avoir ses coudées franches, afin d'assurer le succès de sa mission. — M. Gent insiste auprès du ministre pour obtenir que son attaché Fouquier lui soit donné pour secrétaire général. — Il se plaint amèrement à M. Crémieux de ce qu'il ait communiqué aux intéressés plusieurs de ses dépêches confidentielles, notamment celles relatives à M. Gaston Crémieux. — Ses admonestations au ministre de la justice au sujet de sa « timidité » à faire les destitutions nécessaires et les nominations que comporterait le nouvel ordre de choses.
— Le cas du fils de M. Bory et de M. Léonce Jean, directeur de l'asile des aliénés.

Marseille, le 2 déc. 1870, 5 h. 5 m. s.

N. 5679.

Préfet à Freycinet, guerre, Tours.

Un des plus anciens amis de Bancel et de moi vous recommande son neveu Martial Angely, adjudant sous-officier au 36e de marche, armée de l'Ouest, pour avancement sur lequel j'appelle votre bienveillante attention. A. GENT.

Marseille, 2 déc. 1870, 9 h. 10 s

N. 5688.

Préfet à justice, Tours.

Je demande à votre amitié le déplacement de M. Lavande, procureur de la république à Saint-Marcelin (Isère), et pour le remplacer, choisissez-moi un homme ferme et dévoué : Mon frère a besoin urgent de cette mutation (1).   A. Gent.

N. 5969.   Marseille, 11 déc. 1870, 4 h. 12 s.

Préfet à Leven, justice, Bordeaux.

Mon cher Leven,

Cherchez-moi une place de substitut d'ordre ou de procureur de la république pour M. Gensoul, avocat au barreau de Marseille, homme de valeur, de conviction et de confiance, à qui j'ai promis dès les premiers jours de mon arrivée à Marseille, pour sa patriotique attitude, non pas de demander, mais d'obtenir pour lui.   A. Gent.

N. 6223.   Marseille, 17 déc. 1870, 7 h. 40 s.

Préfet à intérieur, Bordeaux. — Ami Mazure.

La vacance dont vous me parlez, et je le regrette fort, n'existe pas : si le fait eût été vrai, mon intention arrêtée était de vous proposer votre recommandé ; vous voyez que même à distance, nous nous entendons toujours et sans rien dire. Merci de votre confiance et de votre amitié : bon souvenir à tous.

N. 6224.   Marseille, le 17 décembre 1870, 3 h. 41 s.

Zola, hôtel Meautier, rue Montesquieu, Bordeaux.

Allez voir Mazure (2), qui vous communiquera ré-

---

(1) Cette demande de mutation éveilla les susceptibilités du préfet de l'Isère : c'est à cette circonstance que M. Gent fait allusion dans sa dépêche à M. Leven, n° 5876 (8 décemb, 10 h. 8 m.) : reproduite par M. de Sugny, p. 472 : « Le déplacement, est-il dit dans ce document, était nécessité par ce fait que « ce magistrat gênait l'action très-républicaine du frère de Gent, sous-préfet de Saint-Marcellin..... »
(2) M. Mazure, par télégr. n. 5679. sous la date du 16 déc., avait recommandé à M Gent pour le poste de sous-

ponse de Gent, et vous verrez combien ce dernier vous apprécie.

CABROL.

—

Marseille, le 29 décembre 1870, à 12 heures 31 du soir.

N. 7771.

Préfet à guerre et Freycinet, Bordeaux.

Je reçois la nomination de M. Gensoul, avocat, mobilisé, à l'emploi de secrétaire du conseil d'administration au camp des Alpines ; mais je n'y trouve pas la régularisation du grade de capitaine dans l'armée auxiliaire que je lui ai donné par décret publié et affiché sous sa date; aussi, d'accord avec M. le commandant du camp, je vous prie de régulariser immédiatement cette nomination.

A. GENT.

—

Marseille, le 2 janvier 1871, à 6 heures 30 du soir.

N. 771.

Préfet à intérieur, Laurier, Mazure, Bordeaux.

On m'assure que vous êtes très-réclamés pour le poste de secrétaire général que laisse Rouvier, puisque Justice elle-même m'en écrit (1). Je vous supplie de le laisser vacant jusqu'à nouvel ordre, et jusqu'à proposition que je vous ferai quand le moment sera opportun. Amitié à vous et à tous.

A. GENT.

préfet d'Aix, son ami, M. Emile Zola. C'est à la suite de cette démarche que furent échangées les dépêches ci-dessus.

(1) Le ministre de la justice avait, en effet, télégraphié à M. Gent, le même jour, pour lui demander si M Gaston Crémieux pourrait être nommé secrétaire général à la place de M. Rouvier. (Télégr. chiffré n. 3120. Voir de Sugny, p. 457.) La réponse de M. Gent fut défavorable.

Marseille, 2 janvier 1871, 8 h. 15 s.

N· 775.

Préfet à Crémieux Justice, Bordeaux.

Mon cher maître, faites vous représenter une dépêche en partie chiffrée adressée par moi à intérieur le 30, et vous y trouverez la réponse que vous désirez dans votre chiffrée 3120, et dans les conclusions de laquelle je persiste malgré les sollicitations et presque promesses dont l'écho est venu jusqu'ici.

Faites pour l'homme (1), ailleurs ce que vous voulez, mais ici et pour la fonction, croyez-moi bien, abstenez-vous, c'est du reste ce que m'a répondu Intérieur d'une façon formelle.

Amitiés et commencement de félicitations. *Macte animo.*

A. GENT.

—

Marseille, 12 janvier 1871, 9 h. 30 s.

N· 7667.

Préfet à Gambetta, Bordeaux.

Je vous demande d'intervenir auprès de finances pour faire remplir la vacance qui existe dans une perception de Marseille, en faveur de M. Julien fils, présenté en première ligne, conseiller municipal et l'un de nos bons amis.

On m'a répondu qu'on voulait laisser l'*interim* subsister pour ne pourvoir que très-lointainement. Je vous le demande. (Suivent quatorze mots chiffrés qui sont restés pour nous inintelligibles.)

A. GENT.

---

(1) Il s'agit toujours de Gaston Crémieux, que le ministre de la justice persistait à vouloir faire nommer secrétaire général à Marseille. M. Gent lui avait déjà répondu une première fois, quelques heures auparavant (télégramme n. 747, 2 janvier 1871, 5 h. 40 s.), qu'il ne fallait pas songer à ce candidat pour Marseille, et que ce serait lui rendre un mauvais service. (De Sugny, p. 456.)

Marseille, 13 janvier 1871, 12 h. 12, soir.

N. 7699.

Préfet à intérieur, Bordeaux.

Je vous propose de continuer la vice-présidence du conseil de préfecture à M. Salvador du service duquel je suis satisfait.

A. GENT.

—

Marseille, 14 janvier 1871, 2 h. 40, s.

N· 7723.

Gustave Naquet, préfet Corse à justice Crémieux, Bordeaux.

Je vous prie très instamment de suspendre toute nomination judiciaire en Corse jusqu'à mon arrivée.

Il est urgent de me laisser mes coudées franches pour assurer le succès de ma mission.

Gustave NAQUET.

—

Marseille, 16 janvier 1871, 9 h. soir.

N· 7830.

Préfet à intérieur (Gambetta et Laurier), Bordeaux.

Je vous prie de me donner pour secrétaire général, M. Henri Fouquier qui, comme attaché à mon cabinet, m'a rendu de bons services et montré d'excellentes qualités. Dans la situation qui m'est faite, il me faut comme aide un marseillais intelligent, un homme sûr, un ami dévoué et je crois fermement trouver en lui tout cela réuni.

A. GENT

—

Marseille, 17 janvier 1871, 4 h. s.

N° 7874

Préfet à justice Crémieux, Bordeaux.

(Sans confidence.)

Mon cher Maître.

Je reçois à l'instant une lettre de Gaston Crémieux qui se plaint très amèrement de la dépêche confidentielle que je vous ai adressée le 2 janvier, laquelle, dit-il, lui a été remise dès réception et pour me le prouver, il m'en a cité les termes qui sont parfaitement exacts : d'un autre côté, Mme Expilly a connaissance complète des dépêches confidentiellement demandées, relatives à son mari.

La confidence devient véritablement trop cruelle, et je vous prie, mon cher maître, de ne pas vous étonner si je n'en abuse pas à l'avenir, non pas pour vous, mais pour vraiment je ne sais pas qui.

Marseille, le 22 janvier 1871, 4 h. 40 s.

Préfet à Justice Crémieux, Bordeaux.

Que voulez-vous, mon cher maître, je pense avec M. le maire de Cassis, dont vous me donnez la citation, que ce n'est pas une recommandation sous la République que d'avoir été impérialiste compromis : je pense encore qu'il s'est opéré en France un petit changement de choses devant logiquement entraîner un petit changement de personnes et que nos petites localités ne se croiront jamais certaines d'être définitivement sous la République, tant qu'elles verront les impérialistes conservés et les républicains exclus ; enfin, je pense que la quotité du traitement importe peu, quand il s'agit de faire des destitutions nécessaires et des nominations légitimes. Tout le monde ne peut pas avoir dix mille francs d'appointement, et il faut songer aux petits et aux pauvres, tout aussi bien qu'aux grands et aux riches, et ce qu'il y a de plus fort, c'est que je crois que mon maître et ami Crémieux pense exactement comme le maire de Cassis et comme moi, mais malheureusement, je sais à mes dépens, qu'il en reste presque toujours aux bonnes intentions et qu'il a toujours une inépuisable réserve de charité pour laisser à leurs postes les influents plus ou moins pauvres. Je ne suis pas parfaitement sûr que ce soit là de l'excellente politique.

Amitiés.   A. Gent.

Marseille, le 22 janvier 1871, 3 h. 51.

N° 7177.

Préfet à Bory, fils, hôtel Périgord, Bordeaux.

L'opinion de votre père et la mienne est que vous devez accepter le poste de sous-lieutenant, en sollicitant, en notre nom comme au vôtre, de la justice de M. le général Thoumas, que ce grade soit donné dans l'armée active, au lieu de l'armée auxiliaire, dans laquelle il nous semble que vous auriez droit par vos services à un grade supérieur. A. GENT.

Marseille, le 26 janvier 1871, 11 h. 10 s.

N° 7440.

Le Préfet à Ministre Intérieur, Bordeaux.

Tant qu'il n'aura pas été résolu sur les poursuites formées contre Léonce (Jean) pour tentative de meurtre, avec ou sans provocation, je crois qu'il ne convient pas de lui retirer les fonctions de directeur de l'asile des aliénés auxquelles il avait été appelé par Esquiros ou Delpech. On pourrait considérer cette mesure prématurée comme une déclaration officielle de sa culpabilité.

J'ai pourvu à l'intérim qui, quoique M. Jean ait été mis en liberté sous caution, sera très-convenablement pourvu jusque là par le secrétaire.

Alors, je vous soumettrais diverses propositions très-recommandables entre lesquelles vous déciderez. — Mais, d'ores et déjà, je dois vous dire que je ne connais pas de Briami, avocat à Marseille. — Donc attendons. A. GENT.

Marseille, 7 février 1871, 11 h. 30 m.

N° 7870.

Trésorier payeur général à Ministre des finances, Bordeaux.

Préfet fait communiquer dépêche suivante :

Bordeaux, le 6 février, 6 heures du soir.
Gent, Marseille.

M. Desvoyes est révoqué. Le gouvernement l'a décrété. LAURIER, ARAGO.

Desvoyes est ici : rapport part ce soir. Préfet fait insister pour que je retire immédiatement service à Desvoyes (1) sans quoi il agira lui-même. Je réponds qu'en vertu de votre dernier télégramme je surseois, et vous télégraphie.   GAMOT.

---

§ IV.

Le secrétaire général, Fouquier, communique au Ministre ses impressions sur la nomination éventuelle d'un préfet à Marseille. Il le prévient notamment que l'arrivée d'un préfet clérical pourrait amener des troubles.

Marseille, 25 février 1871, 3 h. 40 s.

N° 7276.

Préfet à Intérieur, Bordeaux, chiffre spécial.

Le bruit court que l'on veut envoyer à Marseille pour préfet Gaillard ou Cochin, ou même, ce qui stupéfait le public, du Mazet. — Le bruit de ma nomination court également (2). Il ne m'appartient pas de vous dire qu'il est bien accueilli. — Vous savez qu'on peut, quand on le veut, créer à son profit toutes sortes de manifestations. Je m'en abstiens et si quelques avis vous sont parvenus, ils sont au moins spontanés. Mais je regarde comme un devoir sérieux de vous avertir que la nomination d'un homme ouvertement clérical amènerait, à Marseille, des troubles ou tout au moins une désaffection profonde. — En votant pour certains candidats de la *Gazette du Midi*, on a voté pour la paix, mais rien de plus. Ce serait une dangereuse illusion d'optique

---

(1) Voir relativement aux prétendus motifs de cette révocation le télégramme n° 7802 (de Sugny, p. 458) M. Desvoyes était alors percepteur à Berre.

(2) Quelques jours auparavant, le maire Bory avait demandé le maintien du préfet Gent, en laissant l'intérim provisoire au secrétaire général. (Télégramme n. 7949. — De Sugny, p. 474).

de croire que le parti clérical possède ici la majorité. Il faut rester avec lui dans les termes de la légalité, mais il ne faut pas lui appartenir, sans cela plus de conciliation possible avec les radicaux et cette conciliation est l'attache principale d'un préfet ici.

L'anniversaire d'hier s'est bien passé ; j'ai fait, malgré des résistances, afficher le discours de M. Thiers. La *Gazette du Midi*, organe clérical, a constaté que l'administration était aujourd'hui régulière. Il ne faut pas leur accorder davantage.

Je vous parle à cœur ouvert, comme je ferais à Picard.

Vous apprécierez, mais pour moi, autant je quitterai sans regrets un poste difficile et peut-être dangereux, autant je serai forcé de dégager, sur l'heure même, ma responsabilité des aventures que pourraient amener les hommes dont on parle.

J'ai à Bordeaux mon secrétaire. Il s'appelle Fabre. Il demeure hôtel Fonteneau. Il a une lettre détaillée pour Picard. Priez-le, à son retour, de le faire appeler ; mais ce que je dis à Picard est aussi pour vous, et c'est à vous deux ensemble que je m'adresse pour que vous sachiez bien la vérité sur la situation.

Souvenirs cordiaux. H. FOUQUIER.

CHAPITRE IV.

Dépêches officielles inédites relatives aux journées des 4, 5, 6 et 7 Septembre 1870.

Le Procureur général et le premier Président, dans la matinée du 4 septembre, font connaître au Gouvernement la situation politique de Marseille. — Proclamation de la République.—Le préfet Levert et le général d'Aurelles en informent le ministre de l'intérieur. — Mise en liberté des détenus politiques. — La levée de l'état de siège résultait-elle du simple changement de gouvernement ? —Arrivée de M. Esquiros.— Prétendue inquiétude de la population au sujet du retard apporté par ce dernier à se rendre à son poste. Des télégrammes sont, à cette occasion, expédiés dans toutes les directions. — M. Pierre Baragnon rend compte au ministre des manifestations enthousiastes dont l'arrivée de M. Esquiros a été l'objet à Tarascon et à Marseille.— Ce qu'était, à cette époque, d'après ce dernier fonctionnaire, la situation véritable de **notre cité**.

N· 2734.   Marseille, 4 septembre, 10 h. 25 m.

Le Procureur général à M. le Garde des sceaux.
Paris.

Le Premier Président et moi, sommes chez Préfet à Marseille. Rien n'indique que l'ordre matériel doive et puisse être troublé. La physionomie de la cité est celle de la consternation. — Aucun cri n'est poussé par les groupes lisant la proclamation. — Le général espère n'avoir à sévir contre aucune manifestation.

Le procureur général,
Emile REYBAUD.

Marseille, le 4 septembre 1870, 10 h. 20 s.

N. 2748

Le général commandant la 9me division militaire au citoyen Gambetta, ministre de l'intérieur, Paris.

Quinze condamnés pour délit politique jugés par le conseil de guerre sont dans un fort à Marseille, le peuple demande leur mise en liberté.
Je consulte le Ministre. (1)
Répondre par le télégraphe.

d'AURELLES.

Marseille, le 4 septembre 1870, 11 h. 36 m. soir.

N. 2749.

Préfet à Intérieur, Paris.

République proclamée à Marseille: vive effervescence, mais aucun trouble réel.

LEVERT.

Marseille, 5 sept. 1870, 3 h. 40 s.

Le général de division commandant la 9me division militaire au citoyen Gambetta ministre de l'intérieur, Paris. — Très urgent.

La République a été proclamée à Marseille; le Conseil municipal a nommé un de ses membres, M. Labadié, commissaire provisoire du gouvernement pour remplacer le Préfet, qui a été obligé de se cacher pour se soustraire aux violences de la foule qui a envahi la Préfecture et s'est emparée d'un dépôt d'armes qui s'y trouvait placé.

(1) C'est à ce télégramme que répondait le Ministre par la dépêche qui figure dans le rapport de Sugny, p. 442.
Le même jour, deux autres télégrammes adressés l'un au Procureur de la République et l'autre au Préfet de Marseille, prescrivaient, le premier, l'élargissement de tous les condamnés par le conseil de guerre pour les derniers troubles, et le second, nominativement, la mise en liberté de Gaston Crémieux.

Le commissaire provisoire du gouvernement et le Conseil municipal font tous leurs efforts pour contenir cette foule, qu'il est difficile de maîtriser avec les ressources dont on dispose.

Situation très tendue et grave.

Il est urgent que le provisoire cesse le plus tôt possible.

J'informe de la situation le ministre de l'Intérieur.

Le général commandant la division,
D'AURELLES.

—

Marseille, 5 sept., 1870, 5 h.

N. 2779.

Le général commandant la 9e division militaire à M. le ministre de la guerre, Paris.

Le décret de mise en état de siége des départements des Bouches-du-Rhône, du Var et des Alpes-Maritimes est-il annulé par le fait même du changement du gouvernement ?

Par ordre : *Le chef d'état-major,*
DESHORTIES.

—

Marseille, 6 sept. 1870, 9 h.

N. 2807.

Commissaire départemental provisoire à intérieur Paris.

La nuit s'est passée sans aucun désordre.

A. LABADIÉ.

—

Marseille, 5 septembre, 12 h. soir.

Préfet, Bouches-du-Rhône, à chef gare, Paris Méditerranée.

Le citoyen Esquiros est-il parti hier soir par le train, n° 5 ? Réponse immédiate.

Le préfet : LABADIÉ.

Marseille, le 6 septembre 1870, 2 h. du soir.

N° 2,820.

Préfet des Bouches-du-Rhône, à intérieur, Paris.

Précisez l'heure exacte de l'arrivée, à Marseille, du citoyen Esquiros. Population sur pied pour l'attendre depuis ce matin. A. LABADIÉ.

—

Marseille, 6 septembre 1870, 8 h. soir.

N° 2,829.

Préfet à intérieur, Paris.

Sommes sans nouvelles d'Esquiros. Télégraphiez s'il est parti de Paris. Ville calme.

A. LABADIÉ.

—

Marseille, 7 septembre, 12 h. 31 m.

N° 2,844.

Le préfet des Bouches-du-Rhône au ministre de l'intérieur, Paris.

Les citoyens se sont portés avec empressement dans leur section, aujourd'hui, pour se faire inscrire. L'opération sera continuée demain. La tranquillité est parfaite ce soir. A. LABADIÉ.

—

Marseille, 7 sept. 1870, 12 h. 50.

PRÉFECTURE DES BOUCHES-DU-RHONE
République française.

—

2847.

Préfet au ministre de l'intérieur, Paris.

En l'absence du préfet Labadié, je réponds à votre dépêche n. 4245.

Marseille tranquille ; bonnes nouvelles du département. — Organisons enrôlement public de citoyens. — Garde nationale constituée. Officiers nommés, mauvais effet produit par la non-arrivée d'Esquiros à l'heure annoncée ; toute la population l'attendait ; aucune explication reçue jusqu'ici.

Le membre de la Commission départementale,
Gustave NAQUET.

Marseille, 7 sept., 4 h. 5 s.

Préfet Alpes-Maritimes à ministre de l'intérieur Paris.

Avons pu prendre exprès de midi. Peigné (1) est à son poste, à Valence. Esquiros, dans le train, a été salué à Tarascon et à Marseille. Serai à mon poste cette nuit ou demain à la première heure. Dispositions très-patriotiques de la vallée du Rhône.

Pierre BARAGNON.

Marseille, 7 septembre, 7 h. 35 soir.

Préfet à Esquiros, 57, rue du Faubourg-Poissonnière, Paris, et à Roberto, directeur de l'Alcazar du Havre.

Papa et moi arrivés ; tout va bien. Grande manifestation. Bien des choses. Ecrirai demain.

William ESQUIROS.

Marseille, 8 septembre 1870, 4 h. m.
N° 2908.

Administrateur supérieur Bouches-du-Rhône à Esquiros, 57, rue du Faubourg-Poissonnière, Paris.

Tout va bien : ville tranquille ; affaires s'organisent. Télégraphiez immédiatement et dites où vous êtes.

(1) Peigné-Crémieux, gendre du ministre de la justice, nommé préfet de la Drôme (décret du 6 sept. 1870).

CHAPITRE IV.

Le Camp du Pas-des-Lanciers et le Camp des Alpines.

M. Gent proteste énergiquement contre la création du camp du Pas-de-Lanciers, qu'il juge impossible et même dangereuse. — Opinion conforme du comité de défense. — Nomination d'une commission chargée de déterminer l'emplacement sur lequel sera établi le camp stratégique du Sud-Est. — Personnel de ce dernier camp. — Présentations successives faites par M. Gent. — M. Hyppolite Charlon, ancien directeur du Phœnix espagnol, est d'abord désigné par lui pour la vice-présidence. — Il fait connaître au ministre les conclusions générales de la commission. — M. Gent propose le maire d'Avignon, Bourges, pour administrateur du camp, le citoyen Blache pour vice-président, l'ingénieur Meissonnier pour chef du génie, le colonel d'artillerie Lafay pour chef instructeur, M. Viennet pour prévôt, M. Pighetti pour aide-de-camp du commandant supérieur, et les docteurs Accarias et Martin pour médecins en chef. — Il demande au ministre l'autorisation de nommer les colonels des 2e, 4e et 5e légions, en y comprenant l'adjudant-major Seignobosc et le commandant Imbert. — Conflit entre le préfet Gent et le ministre de la guerre, au sujet de la mission de M. Lagrange de Langres. — Nombreuses doléances de M. Gent qui, pour tout concilier, se résigne à confier au délégué du ministre une place en second dans l'administration ou l'intendance, son candidat, M. Bourges, demeurant administrateur en chef. — Il se plaint vivement du retard apporté dans la ratification de ses diverses propositions « faites surtout au point de vue politique », et déclare que, pour en finir, il va procéder de son chef aux nominations proposées. — Elimination de la candidature Blache pour la vice-présidence. — M. Rouvier est désigné à sa place. — Motifs qui déterminèrent le préfet des Bouches-du-Rhône à faire cette substitution. — Demande d'ouverture d'un crédit d'un million. — M. Rouvier se préoccupe de savoir quel sera son nouveau traitement. — Installation du personnel définitif du camp, augmenté de quatre ingénieurs, d'un second médecin en chef et d'un secrétaire du conseil d'administration du camp. — M. Gent exprime ses regrets à M. Laurier de ne pouvoir nommer l'un de ses protégés sous-intendant du camp des Alpines « attendu qu'il y en a déjà quatre et pas un seul mobilisé. » — Il réclame avec instance la création d'un conseil de guerre spécial pour les mobilisés du camp, qui serait établi à Digne ou Nice. — Il signale leurs habitudes invétérées d'indiscipline, et fait valoir la nécessité urgente d'y mettre un terme. — Le cas du capitaine Gallet, de la 2e légion des mobilisés.

—

Marseille, 2 déc. 1870, 7 h. 45 s.
N. 5685.

Le préfet des Bouches-du-Rhône à Gambetta et Freycinet, Tours.

Votre dépêche 2963 me prouve que vous persistez dans une résolution aussi regrettable pour cinq et dix mille que pour 250 mille campés. Le Pas-des-Lanciers est une erreur que vous regretterez amèrement, et je vous déclare que je vous laisserai instituer ce camp, sans y intervenir en rien, ne voulant accepter aucune responsabilité dans les mécontentements, les dangers, les accidents et les malheurs même qui résulteront de la création d'un camp impossible (1).

(1) On retrouve les mêmes causes d'impossibilité énumérées dans les considérants de l'arrêté pris par M. Gent, le 3 décembre 1870, en exécution d'une dépêche ministérielle, et portant nomination d'une commission spéciale chargée de désigner l'emplacement le plus favorable pour l'établissement du grand camp retranché du Sud-Est.

Je vous défie de me présenter un rapport d'un seul ingénieur civil ou militaire, qui approuve le campement de 10 mille hommes seulement sur un terrain étroit, ravagé par le mistral, privé d'eau et exposé aux émanations d'un étang, et en ce moment infecté de la variole. Pour ma part, je vous déclare que je n'y enverrai pas mes mobilisés des Bouches-du-Rhône, et pour que je vous parle ainsi, moi que vous connaissez, vous comprenez qu'il faut que ma conviction soit bien profonde et, de plus, partagée de tous.

Maintenant, faites à votre idée, mais sans moi.

A. GENT.

—

N. 5726

Marseille, 3 décembre 1870, 10 h. 55 s.

Préfet à guerre. Tours.

Je vous avise que, sur votre dépêche (1) 5125 et d'accord avec le général commandant la division militaire, j'ai nommé une commission à l'effet de déterminer d'urgence l'emplacement sur lequel doit être établi le grand camp stratégique du Sud-Est.

Cette commission (2) commencera ses travaux lundi matin, sous la présidence du colonel Quiquandon, et son rapport sera soumis à votre approbation.

A. GENT.

—

N. 5730

Marseille, 4 décembre 1870, 12 h. du m.

Comité de Défense à guerre. Tours, visée.

L'établissement d'un camp au Pas-des-Lanciers, de l'aveu des militaires et médecins des plus com-

---

(1) Cette dépêche à laquelle se réfère M. Gent, dans son arrêté précité, est sous la date du 3 décembre.

(2) Cette commission se composait de : le colonel du génie Quiquandon ; l'ingénieur des mines Meissonnier ; le docteur Bouquet ; le sous-intendant militaire Dauvergne ; le médecin Jubiot ; le lieutenant de vaisseau Pighetti ; le président du comité de Défense d'Aix, M. Bremond, et enfin M. Lagrange, de Langres, délégué du ministre.

pétents, est impraticable : manque d'eau, espace insuffisant, insalubrité des lieux, variole régnante.

Marseille, le 4 décembre 1870, à 10 h. 32 du s.
N. 5766.

Préfet à guerre de Freycinet, Tours.

J'ai besoin de réfléchir aux présentations que vous me demandez par 1710, surtout pour le vice-président civil du camp, dont je ne comprends pas bien les fonctions, mais pour administrateur intendant ; sachez si M. Hyppolite Charlon, ancien directeur du *Phénix espagnol*, chargé par Lecesne d'une mission en Espagne, et actuellement commissaire aux vivres ou attaché à l'intendance de l'armée Kératry de Bretagne, désigné par moi, veut accepter, et hâtez-vous dans ce cas de le prendre. Je garantis sa valeur, son intelligence et sa probité. Je vous répondrai du reste très-prochainement, mais avant tout faites cette démarche auprès de Charlon et avisez-moi (1).

A. GENT.

(1) Il existe une autre dépêche de M. Gent, celle-ci chiffrée, relative à ce même personnage. Elle est ainsi conçue :

Marseille, 11 janvier 1871, 11 h. 25 s.
N° 7558.

Préfet à Gambetta, Bordeaux, confidentielle.

(Chiffre spécial.)

En vous parlant de mon missionnaire, je n'avais oublié qu'une chose, c'est de vous dire son désintéressement complet, et ce n'est pas la première mission qu'il remplit ainsi. Il a été envoyé par Lecesne en Espagne pour achat d'armes ; il a été le commissionnaire aux vivres et organisateur administratif du camp de Conlie : il est en ce moment près de moi, toujours prêt à rendre service à la grande cause commune, et à lui consacrer les avantages que, par son travail et son intelligence, il s'est acquis. Il partira demain pour Bordeaux et ira prendre vos instructions. Rappelez-vous maintenant et plus tard, qu'il s'appelle Hyppolite Charlon, et vous me remercierez.

Je ne peux pas laisser partir cette dépêche, sans vous remercier une fois de plus et de votre confiance et de votre amitié, toujours les mêmes et plus grandes.

A. GENT.

Marseille, le 8 décembre 1870, à 9 h. du m.

N. 5867.

Préfet à Intérieur et guerre, Tours.

Vous recevrez dans la journée mes présentations pour administrateur intendant, médecin en chef, et vice-président civil du camp; j'ai tenu à ne vous faire que des propositions dignes de ces charges importantes. A. GENT.

—

Marseille, le 8 décembre 1870, 4 h. 25 s.

N° 5890.

Préfet à guerre, Tours.

Je vous transmets résumées les conclusions générales des travaux de la commission (1).

1° Deux annexes d'un grand camp susceptible de contenir 60 mille hommes et pouvant être immédiatement établi au confluent du Rhône et de la Durance s'appuyant l'un au Nord-Ouest sur le massif de la montagnette, l'autre au Sud-Est à la hauteur de la petite Crau, ses limites seraient une ligne d'enveloppe partant de près de Tarascon et allant à Rognonas, à Châteaurenard, à Saint-Remy, et revenant à Tarascon.—L'annexe du sud-est pourrait être poussée au-delà de la petite Crau, en remontant la Durance jusque plus loin qu'Orgon : la contenance totale serait alors de 80 à 90 mille hommes.

2. Un grand camp, aussi considérable qu'on le désirera, établi aux pieds du versant des Alpines, entre Eyguières et Mouriès, et s'étendant jusqu'à la Crau, qui servirait de champ illimité de manœuvres et de tir. Ce camp nécessiterait préalablement des travaux d'appropriation consistant en un chemin de fer de 12 kilomètres, de facile construction, et en un canal ou conduite d'eau de 8 kilomètres. destiné à amener les eaux d'une source très-abondante

(1) Voir de Sugny, page 414 et s., le rapport *in-extenso* de cette commission.

jusqu'au milieu du camp. La commission expose que ce grand camp, placé en arrière d'une chaîne très-forte par elle-même, et que des travaux de peu d'importance rendraient inexpugnable, pourrait servir de réduit assuré à toutes les troupes qui y seraient refoulées de toutes les contrées du Nord. En l'état, j'ordonne, en vertu de l'autorisation que vous m'avez donnée, de commencer immédiatement les travaux d'établissement des deux annexes, et vous prie de me faire envoyer de Montpellier sur les lieux mêmes deux compagnies du génie, composées surtout de sapeurs exercés. A. GENT.

Marseille, 8 déc. 1870, 5 h. s.

N. 5893.

Préfet à guerre, Tours.

Je vous propose choix unique et hors ligne pour intendant administrateur du camp, M. Bourges, ancien officier d'administration en Afrique et en Italie, et actuellement maire de la ville d'Avignon. Pour vice-président civil du camp, M. Blache, ancien commissaire à la défense et préfet dans les départements du Var et des Alpes-Maritimes, sur la haute valeurs et le patriotisme duquel je n'ai pas à vous édifier.

En ce qui concerne le médecin du camp, j'attends la certitude de l'acceptation d'un des médecins que je compte vous présenter pour ce poste ; mais j'ai cru devoir vous faire d'abord mes deux premières et importantes propositions en vue des travaux d'établissement du camp qui vont être immédiatement préparés. A. GENT.

Marseille, 9 déc. 1870, 9 h. m.

N. 5915.

Préfet à intérieur et guerre, Tours.

Voici, puisque vous désirez que je vous fasse les propositions pour les nominations du camp, celles que je présente à votre ratification en suivant l'article 5 du décret.

Commandant en chef du camp, M. le colonel Quiquandon, auteur du plan; chef instructeur à chercher. J'attends renseignements. Chef du génie, M. Meissonnier, ingénieur en chef des mines.

Administrateur intendant : M. Bourges, ancien officier d'administration, capitaine, maire d'Avignon; vice-président civil du camp, M. Blache, commissaire général de la défense et préfet dans le Var et les Alpes-Maritimes; médecin en chef du camp, M. le docteur Acarias, médecin-major arrivant d'Afrique, ici à la disposition du ministre de la guerre, ou M. le docteur Emile Martin, médecin distingué de notre ville. Dans les circonstances présentes, hâtez-vous de m'envoyer ces nominations réalisées.

Vu l'urgence et pour tout organiser autour de moi, autorisez-moi, par exception, à nommer les colonels des 2e, 4e, 5e légions des mobilisés des Bouches-du-Rhône, en y comprenant le capitaine adjudant-major Seignobosc, unanimément réclamé par Arles, et le commandant Imbert, que, par ma dépêche antérieure, je vous ai demandé pour commandant supérieur des cinq légions des Bouches-du-Rhône.

Je ramasse tout dans cette dépêche, pour que vous puissiez, d'un coup, par une simple autorisation générale terminer l'organisation de ce département et du camp. Les circonstances seules m'obligent à réclamer de vous cet accroissement d'autorité et de responsabilité.

Réponse impatiemment attendue.   A. GENT.

—

Marseille, le 9 décembre 1870, 7 h. 10 s.

N. 5923.

Préfet à Intérieur et Guerre, Bordeaux.

Vous ne m'avez jamais avisé ni par lettre ni par dépêche de la mission temporaire ou définitive que M. Lagrange de Langres venait remplir ici, et n'ayant eu de lui-même aucune indication à cet égard, je me trouve dans une position excessivement embarrassée : d'un côté j'ai fait, à votre sollicitation quatre fois répétée, des présentations acceptées par ceux qu'elles concernent et je semble en avoir intentionnellement exclu M. Lagrange : ce qui n'a jamais été dans ma pensée ; de l'autre, la position de M. Lagrange est pénible sans raison. Vous devriez m'autoriser à le nommer en deuxième ordre dans l'administration ou l'intendance. Je vous rappelle ma dépêche de ce matin sur le personnel du camp, au milieu de tous vos soucis que de tout mon cœur je partage. — Amitiés à notre Spuller.

A. GENT.

Marseille, le 10 décembre 1870, 4 h. 10 s.
N° 5936.

Préfet à Guerre, Bordeaux.

Vous me mettez dans un très-cruel embarras : c'est vous qui m'avez demandé à plusieurs reprises de vous faire une présentation spéciale pour l'administrateur intendant : c'est vous qui avez exigé que je m'assurasse de l'acceptation de ceux que je vous proposais, et quand j'ai agi ainsi vis-à-vis d'un homme du caractère et de la valeur de M. le maire d'Avignon, vous me citez pour la première fois le nom de M. Lagrange comme nommé depuis longtemps. Dans la position où vous m'avez ainsi placé, je maintiens la proposition que je vous ai faite à votre réquisition, et je vous demande la deuxième place dans l'intendance pour votre nouveau présenté, en laissant M. Bourges comme chef. Je suis certain que vous apprécierez le très-cruel embarras où je suis et que vous m'aiderez à en sortir dignement. Amitiés.

A. GENT.

Marseille, 11 décembre 1870, 4 h. 13, soir.
N. 5970.

Préfet à guerre, Bordeaux.

La population verrait avec un vif déplaisir les batteries envoyées à Toulon pour être chargées au lieu de recevoir ici leur chargement. Notez que nous vous livrons chargées les 20 batteries que vous nous avez commandées ainsi que toutes autres. Dites donc à Freycinet de me répondre pour le camp ; les plus hautes considérations exigent une prompte solution soit pour les nominations, soit pour les travaux, soit pour la mobilisation qui sont accrochées par ces retards.

Amitiés. A. GENT.

—

Marseille, 11 décembre 1870, 10 h. 45, s.

N. 5977.

Préfet à guerre (M. de Freycinet), Bordeaux.

J'ai reçu quatre dépêches successives des 4, 6, 7 et 8, réclamant de moi avec instance des propositions pour tous les grades supérieurs du camp, en me recommandant de m'assurer avant tout de l'acceptation de ceux que je présentais.

Après avoir bien regardé tout autour de moi, et sur promesse d'accepter, j'ai proposé pour commandant supérieur d'un camp très important à construire : M. le colonel du génie Quiquandon; pour vice-président civil, M. Blache, ex-préfet et commissaire à la défense du Var et des Alpes-Maritimes; pour chef instructeur, le colonel d'artillerie Lafay, à Toulon ; pour chef du génie, M. Meissonier, ingénieur en chef des mines du département ; pour médecin en chef, M. Acarias, médecin major, récemment arrivé d'Algérie, et pour intendant administrateur enfin, hors ligne, M. Bourges, ancien officier supérieur d'administration et maire d'Avignon.

Tous ces choix étaient faits à la fois au point de vue militaire ou spécial, et *au point de vue politique si important dans notre pays*. Jugez dans quel embarras m'a jeté votre indication si tardive de M. Lagrange, et comprenez l'insistance que j'ai mise et que je mets à vous demander, pour tout concilier, de nommer un second intendant nécessaire, à raison de l'éloignement du camp et de Marseille, où devront se faire nécessairement les approvisionnements.

Dans cette situation dont vous apprécierez les très-grands embarras, je suspends toute installation provisoire et par cela même, toute installation de travaux jusqu'à ce que toutes ces questions aient été complètement résolues. Je suis tout aussi engagé que vous, et je ne le suis que par l'ignorance où j'avais été laissé de tout choix antérieur et par l'insistance qu'on a mise à exiger de moi à la fois des présentations et des acceptations.

Je donne le moyen de tout arranger sans froissements pour personne, et je me persuade que vous m'aiderez à sortir d'une situation aussi pénible.

Je demandais en même temps que vous donnassiez l'ordre à deux compagnies de bons mineurs de Montpellier de venir pour effectuer les importants travaux de l'avant camp d'abord, du confluent de la Durance et du Rhône, et puis du grand camp des Alpines. Je vais attendre votre réponse avec une bien vive anxiété, car le temps presse grandement.

A. GENT.

Marseille, 13 décembre 1870, 6 h. 53.
N. 555.

Préfet des Bouches-du-Rhône à ministre guerre, Freycinet et Gambetta, Bordeaux.

Nous nous sommes entendus, comme vous le désiriez, avec M. Lagrange, et voici ce que nous avons très-amicalement convenu (1) :

« M. Bourges, ancien officier d'administration et maire d'Avignon, est nommé administrateur du camp, avec rang d'intendant, et chargé de tous les services relatifs aux approvisionnements, concurremment avec M. Lagrange de Langres, précédemment nommé au même poste par décret du 8 ; ce dernier sera spécialement chargé des achats sur la place de Marseille. »

Voilà donc un conflit bien désagréable arrangé au mieux, puisque vous m'annonciez que vous ne

---

(1) M. Lagrange de Langres, de son côté, rendit compte au ministre de cette combinaison par son rapport du 14 décembre 1870 (Voir de Sugny, p 422), et lui fit connaître les motifs pour lesquels il avait consenti à restreindre son action à la direction spéciale des affaires de Marseille.

feriez aucune difficulté à ce que nous réglerions amicalement. Seulement je ne voudrais pas courir la chance d'en voir naître un nouveau, et cela arriverait certainement en tout ou en partie, si je faisais, comme vous me le conseilliez hier, des nominations et des installations sous réserve, quand depuis le 8 j'ai envoyé à Gambetta et à vous ces propositions toutes acceptées par les destinataires, comme celle de M. Bourges en vertu de votre ordre exprès.

Je préfère pour cette fois, et je n'en abuse guère, faire emploi de mes pouvoirs et procéder de mon chef aux nominations que je vous ai déjà proposées.

Cette détermination m'est commandée, d'ailleurs, par l'impérieuse nécessité où je suis de procéder d'urgence aux travaux du camp et de me délivrer par ce moyen de quinze mille mobilisés qui ne me donnent pas un instant de repos ni de tranquillité pour le maintien de l'ordre.

Je suis sûr que vous m'approuverez et me ferez approuver.   A. GENT.

Marseille, 13 décembre 1870, à 11 h.

N. 560.

Préfet à Guerre, Freycinet, Bordeaux.

Comme il se pourrait que, sur ma dépêche de ce soir, vous satisfissiez à la liste de présentation que je vous ai adressée, le 8 et le 9, pour les grades supérieurs des fonctionnaires du camp, je vous avise que je suis forcé d'y faire un changement. M. Rouvier, mon secrétaire général, de qui je n'ai eu qu'à me louer extrêmement, depuis que je suis à Marseille, veut absolument se faire soldat et je ne puis pas ne pas le proposer ou le nommer pour vice-président civil du camp ; du reste, sa connaissance complète des hommes de ce département le rendra précieux dans un poste que nul ne peut mieux remplir que lui. Je le regrette pour Blache, mais entre Rouvier et lui, il ne m'est pas permis d'hésiter et quelque pénible que cela me soit, je préfère Rouvier. Prenez-en note.   A. GENT.

Marseille, le 16 décembre 1870, à 11 h. 4 du m.
N. 5154.

Préfet à Guerre, Bordeaux.

Par le courrier de ce jour, je vous envoie une demande de crédit d'un million pour pousser avec toute l'activité nécessaire les travaux du camp des Alpines dont le personnel a été installé par moi hier. Veuillez y répondre télégraphiquement, car je ne veux pas perdre un seul jour et j'ai déjà besoin de fonds, aidez-nous et je vous réponds que nous irons vite.
A. GENT.

—

Marseille, 17 déc. 1870, 6 h. 10 s.
N. 5251.

Préfet à guerre Freycinet, Bordeaux.

Veuillez obtenir immédiatement et d'urgence de M. le ministre de la marine l'autorisation nécessaire pour que M. le lieutenant-colonel de l'artillerie de marine, Lafay, nommé chef instructeur du camp des Alpines, aille occuper son poste où sa présence est indispensable pour la mise en œuvre pressante des travaux d'établissement du camp : toutes les pièces relatives à cette organisation nous ont été renvoyées par la poste, et nous voulons marcher avec une extrême activité, commandée par les circonstances politiques et autres.

—

Marseille, 22 déc. 1870, 8 h. 20 s.
N. 5551.

Préfet à guerre Freycinet, Bordeaux.

Vous ne voulez donc pas publier au *Moniteur* ou m'annoncer télégraphiquement la nomination des quatre ingénieurs (1), du second médecin en chef (2),

(1) Ces quatre ingénieurs étaient Francis Laur, Félix Martin, Deuamiel et Paul Borde (Voir arrêté de Gent du 14 décembre 1870, relatif à la constitution du camp des Alpines. Article 4.)
(2) Il s'agit du docteur Tardieu, d'Arles. (Arrêté du 14 décembre 1870. Art. 6.)

et du secrétaire (1) du conseil d'administration et comité militaire du camp. Vous savez, cher ami, que je vous ai promis une dépêche journalière et je m'imagine qu'elles finiront par vous paraître fastidieuses et que vous en viendrez à donner satisfaction complète, non à moi seulement, mais à tous ces braves collaborateurs qui passent leurs jours et leurs nuits pour vous fabriquer, en moins d'un mois, un avant-camp de soixante mille hommes, et pour nous permettre d'y envoyer dans la semaine prochaine quinze mille. Cela mériterait cependant quelque hâte dans une expédition nécessaire.

A. Gent.

Marseille, 24 décembre 1870, 6 h. 15 s.

N° 5601.

Préfet à Guerre Freycinet, Bordeaux.

Je suis chargé par mon ami, M. Rouvier, nommé vice-président civil du camp des Alpines, de vous demander quelles sont sa position, son grade et son traitement, quelle est la somme à laquelle il a droit pour son entrée en campagne, afin de le mettre à même de régulariser complètement sa situation avant de partir.

A. Gent.

Marseille, 28 décembre 1870, 5 h. 10 s.

N° 749.

Préfet à Guerre Freycinet, Bordeaux.

Vous savez que j'attends toujours avec une patience exemplaire les nominations faites par moi depuis bien longtemps pour le camp et que je vous ai réclamées tant de fois, en y ajoutant celle de M. Viennet, pour prévôt, et de M. Pighetti (2) pour aide-de-camp du général du camp. Est-ce qu'il en sera cette fois comme des chassepots des mobiles de

---

(1) Gensoul, avocat. (Arrêté précité. Art. 7.)
(2) Lieutenant de vaisseau, alors directeur des mouvements militaires du port de Marseille.

Vaucluse qui, malgré tant de solennelles promesses, n'en avaient pas encore aux dernières et récentes nouvelles ? Je voudrais n'en rien croire.

A. GENT.

Marseille, 28 décembre 1870, à 6 h. 15 s.

N° 724.

Secrétaire général à Laurier, Intérieur. Bordeaux

Il y a déjà 4 intendants ou sous-intendants pour le camp des Alpines, et pas encore un seul mobilisé. Il conviendrait d'attendre l'installation et le développement des services avant de nommer M. Lanclas. S'il y a alors une place, bonne note est prise de votre recommandé et on n'en proposera pas d'autre.

ROUVIER.

Marseille, 29 décembre 1870, 8 h. 30 du m.

N° 752.

Préfet à Guerre, Freycinet. Bordeaux.

Vous remercie d'avoir publié nos premières nominations du camp. Quant à celles demandées en plus tout récemment, c'est à la prière du commandant supérieur du camp que je vous les ai proposées. — Il se faisait scrupule de les faire lui-même, quand le camp n'était pas encore installé, et lui ferez plaisir de les ratifier immédiatement. — Pighetti, Viennet, etc. Recevez aussi mes remerciements pour la nomination de Prunier (1). Quant à mes excuses, vous ne les aurez pas, car je n'ai jamais douté de vous. Amitiés à Gambetta, Spuller et à vous.

A. GENT.

(1) Aide de camp de M. Gent (voir de Sugny, p. 406 et s,)

CAMP STRATÉGIQUE
DES ALPINES

LE GÉNÉRAL COMMANDANT

Marseille, 29 décembre 1870.

Commandant du camp des Alpines à Guerre.
Bordeaux.

Réponse au télégramme 5438 arrivé à Marseille pendant une tournée faite au camp par le commandant.

Depuis le 22 décembre, les travaux de baraquement sont suspendus par suite de la rigueur de la saison. Des quantités considérables de bois débités sont à pied d'œuvre, des milliers d'ouvriers attendent que le temps leur permette de travailler.

Le camp n'a reçu encore aucun mobilisé.

QUIQUANDON.

Marseille, le 5 janvier 1871, 12 h. 30 s.

N° 2265.

Le préfet des Bouches-du-Rhône à M. Gambetta,
Bordeaux.

Vous êtes, vous, un bon et confiant ami, et je vous en remercie de cœur. Du reste, Freycinet s'est amicalement expliqué et nous mettrons tout cela dans le coffre aux oubliettes.

Je ne vous dis rien d'ici, c'est dur quelquefois mais avec de l'énergie on s'en tire. Il a fallu, hier, faire un coup d'audace à la caserne où étaient rassemblées les deux premières légions mobilisées, pour recevoir leurs drapeaux, afin d'arrêter l'agitation de quelques mal intentionnés, toujours de la même bande. Cela a parfaitement réussi sans tumulte et sans éclat. Toujours notre mot d'ordre : prudence, mais énergie, quand il le faut.

Ce matin une demi-légion est partie pour le Camp des Alpines, et, malgré la lenteur incorrigible de ses conducteurs, chaque jour une demi-légion suivra jusqu'à épuisement complet. Je vous assure qu'alors j'aurai une lourde charge de moins, car j'en suis malade à la fois d'efforts, de travail et d'irritation.

Surtout qu'on ne vous parle pas d'éloigner de Marseille mes 300 mobiles du dépôt de Vaucluse. Ils me suffisent à tenir tête à toutes les menaces et à rester libre et maître de la situation.

Amitiés vives à Spuller, à Laurier et à vous.

A. GENT.

Marseille, 10 janvier 1871, 11 h. 15 m.

Préfet à guerre. Bordeaux.

En même temps que cette dépêche vous en recevrez une de M. le général Quiquandon, commandant supérieur du camp des Alpines, qui, comme moi, vous demande instamment l'institution dans la 9e division militaire d'un 3e conseil de guerre destiné aux infractions commises par les troupes de toutes armes dépendant du camp, et réclame en même temps que ce conseil ne soit établi ni à Marseille, ni à Avignon, ni à Toulon même, mais dans une ville plus éloignée et hors des communications faciles, Digne par exemple, ou tout au moins, Nice.

Il y a, dans les mobilisés des Bouches-du-Rhône, surtout, de telles habitudes d'indiscipline (1) et de violence même, qu'il est nécessaire d'y établir une règle sévère avec l'espérance que la menace seule suffira.

Etablir ce conseil à Marseille où fermentent toujours des agitations malsaines ou bien à Avignon à la porte du camp, ce serait s'exposer à rendre la répression dangereuse. Plus loin le fait utile existerait, sans inconvénient aucun et pour la discipline et pour l'ordre.   A. GENT.

(1) Le général de division Barral, dans son rapport sur le camp des Alpines (30 mars 1871), constate « que les légions des Bouches-du-Rhône, officiers et soldats, se sont conduites au camp d'une manière si déplorable qu'elle mérite d'être signalée, et que beaucoup d'officiers s'y sont montrés indignes de porter l'uniforme français. »

Marseille, le 11 janvier 1871, 2 h. 15.

N. 7573.

Préfet à guerre, Freycinet, Bordeaux.

Je laisse au commandant supérieur des Alpines, le soin de répondre à la dépêche que vous adressez à nous deux sur la plainte d'un capitaine de la 2e légion mobilisée qui me surprend.

Qu'il vous suffise de savoir que j'ai, depuis un mois, épuisé mon action, mes forces et ma santé même pour l'activation de ces travaux, que trois légions seulement sont parties, dont deux sont cantonnées ; que ces départs ont été faits sur l'avis exprès des chefs du camp et qu'à mon corps défendant, je suspends par raison et par force le départ des deux autres, que j'ai livré le camp à la direction et à la responsabilité des chefs des services divers, et que je ne veux intervenir dans les réclamations plus ou moins justifiées que si mon nom y était injustement mêlé. A. GENT.

—

Marseille, le 11/2 février 1871, 5 h. 35 s.

N. 5782.

Préfet à guerre, Freycinet. Bordeaux.

J'avais bien raison d'être surpris de la plainte et présence à Bordeaux du capitaine Gallet, qui en effet avait mutiné sa compagnie et abandonné son poste, je me joins à M. le commandant général pour vous prier de le faire reconduire au camp, comme coupable d'avoir provoqué à l'insubordination. Sinon, nous serons débordés. Je vous rappelle ma dépêche sur création indispensable d'un 3e conseil de guerre à Digne ou à Nice. A. GENT.

—

Marseille, 21 janvier 1871, 9 h. 32 m.

N. 713.

Préfet à guerre, Bordeaux.

En présence de l'agitation très-vive qui s'était manifestée dans les mobilisés cantonnés momentanément dans les villages environnant le camp des Alpines, et des graves désordres qui, d'après les rapports des chefs de camp, menaçaient d'en résulter, j'ai cru devoir autoriser que le pain serait donné avec le franc à celles des troupes qui sont encore dans ces cantonnements et ce, jusqu'à ce jour très-prochain où elles pourront être baraquées comme les autres ; c'était une mesure indispensable pour l'ordre, non-seulement au camp, mais à Marseille, où nous aurions eu le contre-coup de ces désordres au moment où l'apaisement se fait de plus en plus.

Aussi n'ai-je pas hésité à prendre cette disposition qui, d'ailleurs, a son grand fond d'équité, car des troupes cantonnées pour quelques jours et par suite d'accident de retard, et avec les rigueurs de la saison, ne peuvent pas être considérées comme étant en station. Je suis assuré que vous approuverez la mesure plus politique que militaire que j'ai dû prendre.
A. GENT.

—

Marseille, 22 janvier 1871, 9 h. 40.

N. 764.

Préfet à guerre, Freycinet, Bordeaux.

Votre circulaire 5125 ne me concerne évidemment pas, et ce n'est pas moi qui ai trempé dans la création du camp des Alpines qui m'élèverais contre ma part contributive dans les dépenses qu'il occasionne.

Seulement, permettez-moi de vous faire observer qu'il y a une question de voies et moyens qu'il faut faire régulariser avec le ministère de l'intérieur : le contingent des gardes mobilisés est épuisé, et il faut absolument que l'on nous autorise ou que l'on nous ouvre d'autres crédits ou d'autres ressources pour les dépenses afférentes à la construction du camp des Alpines.
A. GENT.

CHAPITRE VI.

Autorité militaire. — Démêlés Brissy et Deshorties. — Conflits incessants de la division militaire avec la préfecture des Bouches-du-Rhône. — Translation à Toulon du siége de la division. — Les généraux d'Aurelles, Darricau, Ollivier et Rose. — Quel usage entendait faire le préfet Gent de ses pleins pouvoirs civils et militaires.

§ 1ᵉʳ

M. Esquiros dénonce au ministre de l'intérieur le général d'Aurelles comme ayant tout fait pour exciter une collision grave, et le prévient que son retour à Marseille serait le signal de la guerre civile. — Le colonel Deshorties se plaint de l'encombrement produit sur les places d'Avignon et Antibes par suite des enrôlements volontaires effectués à Marseille. Il demande le départ de la garde mobile. — Ce que valaient ces prétendus enrôlés volontaires et comment et par les soins de qui s'effectua leur départ. — Indiscipline de la légion d'Antibes dont l'autorité militaire réclame la dissolution. — M. Esquiros communique au ministre de la guerre une protestation des officiers du génie maritime de Toulon, demandant la destitution de l'amiral Chopart et son remplacement par l'ingénieur Brun. — M. Delpech invite le général de Marseille à suspendre le départ des troupes de ligne dirigées sur l'Algérie. — Effectifs divers de la garnison de Marseille. — Récriminations de M. Gent contre la translation à Toulon du siége de la division militaire. — Son opinion sur la retraite d'Orléans où il voit la trahison du général d'Aurelles. — M. Gambetta offre le commandement de la 9e division militaire au général de brigade Ollivier. — Le préfet Gent se fait auprès du gouvernement l'interprête des plaintes graves qui lui parviennent contre les opérations de la remonte. — Ses démêlés avec le général commandant à Toulon, au sujet de l'arrestation du capitaine des francs-tireurs, Duchâtel. A cette occasion il se targue, vis-à-vis du ministre, de ses pleins pouvoirs civils et militaires.

—

N. 2953.   Marseille, 9 sept., 12 h. 41 m. du soir.

Préfet à Intérieur, Paris.

Le général d'Aurelles a tout fait pour exciter une collision grave ; son retour serait le signal de la guerre civile. Nous ne voulons pas intervenir dans les rapports entre le ministre de la guerre et les généraux, ni entraver la défense nationale : ce que nous demandons, c'est de conserver l'indépendance des pouvoirs qui nous sont nécessaires pour maintenir l'ordre. Une lettre a été écrite ce matin donnant détails nécessaires.   A. ESQUIROS.

—

N. 3154.   Marseille, 14 sept., 1870, 6 h. 20.

Le général commandant la 9e division militaire à M. le Ministre de la guerre, Paris.

Par suite des nombreux enrôlements qui ont eu lieu sur les places publiques à Marseille, les places d'Antibes et d'Avignon sont encombrées d'une multitude d'enrôlés pour les 1er et 2e zouaves, dont beaucoup sont renvoyés comme impropres au service ou n'ayant pas 17 ans. Les gardes mobiles ajoutent encore à cet encombrement, et il ne sera pas possible de loger en caserne les nombreux contingents de zouaves qui débarquent et vont former les petits dépôts. Les moyens d'instructions vont aussi faire complètement défaut.

Je demande vos ordres pour parer à cette difficile situation, que le départ de la garde mobile de la division simplifierait beaucoup Il y a urgence.

Par ordre : *Le chef d'état-major,*
DESHORTIES.

Marseille, 16 septembre 1870, 10 h. 10 s.

N. 3298.

*Le général commandant la 9e division militaire
à M. le ministre de la guerre, Paris.*

J'ignorais l'existence du télégramme adressé, le 12 septembre, à l'administrateur provisoire des Bouches-du-Rhône.

Je n'ai pas été consulté sur la direction à donner aux nombreux engagés volontaires qui ont choisi les trois régiments de zouaves. Les engagements ont été souscrits sur les places publiques et sur une feuille imprimée portant l'indication : la Patrie est en danger, les noms et prénoms de l'engagé et le corps qu'il choisissait. J'ai ignoré également leur mise en route qui s'est faite par les soins de l'intendance.

Le Chef d'état-major,

DESHORTIES.

—

Marseille, le 26 septembre 1870, 11 h.

N. 3904.

*Le général commandant la 9me division militaire,
à M. le ministre de la guerre, par intérim, Tours.*

La légion d'Antibes est dans un état d'indiscipline absolue. Les soldats manquent à leurs officiers, même au colonel : c'est un corps à dissoudre ; les officiers ne se soucient pas de commander à leurs hommes.

D'autre part, il n'y a pas d'armes à leur donner, soit dans la division, soit à Lyon, où j'en ai demandé. Les troupes italiennes ont désarmé la légion et les zouaves pontificaux, et d'après le rapport du commandant de Saisy, les ont indignement traités au mépris de la capitulation. Le général Bixio se serait fait remarquer par ses insultes et son mépris affecté pour la France.

Les zouaves pontificaux, d'après le rapport du commandant de Saisy, de leur corps, demandent à défendre leur pays et vont partout, si on leur conserve leur organisation séparée. Il n'y a pas de sympathie entre eux et la ligne (1).

J'ai demandé à **M. de Saisy** un rapport sur ce qui s'est passé à Rome. L'ambassade française n'aurait pas été à l'abri des insultes, non plus que notre consul à Civita, qui aurait montré une grande énergie. Les zouaves doivent débarquer demain à Toulon. Une centaine, dit-on, amenés par le *Vatican*, ont disparu pour rentrer de suite dans leurs foyers.

Par ordre :

Le Chef d'état-major,

DESHORTIES.

—

Marseille, le 28 sept. 1870, 10 h. 5 m.

N. 3973.

Administrateur supérieur, Marseille, au Ministre de la guerre, Tours.

Je crois devoir vous communiquer une protestation signée par les officiers du génie maritime de la marine et de l'artillerie se trouvant aujourd'hui à Toulon. Ils sont étonnés de ne recevoir aucun ordre de marche, ayant 5,000 hommes et trois batteries d'artillerie organisées. Ils se plaignent en outre de ce qu'on continue à envoyer des troupes et des munitions aux Antilles, en Algérie. Les troupes sont frémissantes d'indignation, et si les ordres tardent plus longtemps, les officiers ne répondent plus de les maintenir. Ils demandent énergiquement que l'amiral Choppard soit destitué comme préfet maritime et remplacé par Brun, ingénieur en chef. Je vous préviens que, si vous n'agissez point, ils agiront par eux-mêmes. Le seul moyen, disent-ils, de prévenir une révolte est une mesure énergique du pouvoir central. Décision urgente.

A. ESQUIROS.

(1) Nous ne devons rien changer au texte des dépêches ; mais on comprend que nous aurions bien des réserves à ajouter aux assertions qu'elles contiennent, s'il s'agissait de discuter.

Marseille, le 28 sept. 1870.

N. 3996.

Préfet à Guerre, Tours.

Populations très-mécontentes veulent s'opposer par la force au départ des troupes de ligne dirigées sur Algérie (1). Comité de défense craint une trahison et joint ses réclamations à celles du public.

Invitons général à suspendre le départ des détachements arrivant en gare. Donnez ordre contraire à tout embarquement urgent. DELPECH.

—

Marseille, 30 octobre, 12 h. 20 soir.

N· 5785.

Général, commandant de division militaire, à ministre guerre, Tours.

N· 103. Le général à Lyon me télégraphie : Dirigez les troupes sur Lyon, l'ennemi s'avance et je n'ai personne pour défendre la place. Envoyez-moi cartouches, chassepots ; je n'en ai pas une seule...

P. O., *le chef d'état-major :*

MOURAUX.

—

Marseille, 14 novembre, 1 heure 50 soir.

N· 5892.

A Monsieur le ministre de la guerre, Tours.

Situation par corps de troupes de la garnison de Marseille :

48e de ligne, 1,792 hommes.
92e de ligne, 875 hommes, 2 chevaux.
10e section infirmiers, 145 hommes.
5e section ouvriers d'administration, 467 hommes.

---

(1) Rappelons qu'un mois plus tard, la préfecture de Marseille émit la prétention de retenir dans cette ville, contre les ordres du ministre, les troupes régulières que le gouvernement faisait venir d'Algérie. (Voir de Sugny, P.132.)

43e régiment de marche (mobile), 259 hommes.
Garde mobile (artillerie), 21 hommes.
6e régiment de chasseurs à cheval, 16 hommes, 19 chevaux.

Par ordre, le chef d'état-major,
Le capitaine de service :
Barley.

Marseille, 4 novembre 1870, 5 h. 10 s.

N. 5900.

Le général commandant la 9me division militaire à M. le ministre de la guerre, Tours.

Situation par corps des troupes de la garnison de Marseille :

48e de ligne, 1775 hommes.
92e de ligne, 883 hommes, 2 chevaux.
10e section infirmiers, 144 hommes.
5e section, ouvriers d'administration, 471 hommes.
43e régiment de marche (mobile), 269 hommes ; artillerie mobile, 21 hommes.
6e chasseurs à cheval, 16 hommes et 19 chevaux.

Par ordre et pour le chef d'état-major :
Barley.

Marseille, 5 novembre, 1870, 11 h. 25 m.

N. 5924.

Le général commandant la 9me division militaire à M. le ministre de la guerre, Tours.

Situation par corps des troupes de la garnison de Marseille :

48e de ligne, 1794 hommes.
92e de ligne, 878 hommes, 2 chevaux.
10e section infirmiers, 146 hommes.
5e section, ouvriers d'administration, 471 hommes.

43e régiment de marche (mobile), 266 hommes ; garde mobile (artillerie), 51 hommes.
6e régiment de chasseurs à cheval, 16 hommes, 19 chevaux.
5e compagnie cavaliers et remonte, 44 hommes, 8 chevaux.

Par ordre et pour le chef d'état-major :

Le capitaine de service,
BARLEY.

Marseille, le 6 nov. 1870, 9 h. 40 m.

N° 5965.

Préfet à ministre guerre, Tours.

Avez-vous autorisé le général Rose à transporter à Toulon le siége de la division militaire, ou tout au moins son quartier général? Si oui, j'ai besoin de connaître les motifs qui vous ont décidé à prendre cette détermination, parce que je ne puis me passer ici soit de sa présence, soit de celle d'un colonel d'état-major qui soit à ma disposition. Si non, veuillez donner vous-même au général Rose, pour éviter des conflits entre nous, l'ordre de revenir à son poste. Je ne veux user que dans des cas, absolument nécessaires, des pleins pouvoirs que vous m'avez donnés.

Le préfet des Bouches-du-Rhone,
A. GENT.

Marseille, le 6 nov. 1870, 8 h. 10 s.

N° 5978.

Le général commandant la subdivision, à M. le Ministre de la guerre. Tours.

Situation par corps des troupes de la garnison de Marseille :

48e de ligne : 1,805 hommes ;
92e de ligne : 877 hommes, 2 chevaux ;
10e section : infirmiers, 147 hommes ;
5e section d'administration, 471 hommes.

43e régiment de garde mobile, 307 hommes.
Artillerie et garde mobile, 54 hommes.
6e régiment chasseurs à cheval, 16 hommes, 19 chevaux.
5e compagnie de cavaliers de remonte, 48 hommes, 28 chevaux.

   Le général commandant la subdivision,
    Par ordre :
  L'officier d'ordonnance   BARLIY.

—

    Marseille, 7 nov. 1870, 8 h. 5 m.
N· 59.

  Préfet à Guerre, Tours.

Je réclame instamment réponse à ma dépêche d'hier sur général Rose ou colonel le remplaçant ici : ma position ici est très-embarrassante. — Le général Darricau, sans m'en aviser officiellement, aurait cessé ce matin l'intérim qu'il avait conservé jusqu'ici. — La situation que cette détermination me crée ne peut durer plus longtemps. Avisez donc d'urgence, si vous ne voulez pas que je prenne un capitaine pour en faire un général.   A. GENT.

—

   Marseille, le 8 novembre 1870, 3 h. 10 soir.
N· 644.

Le général commandant la subdivision militaire à M. le ministre de la guerre, Tours.

 48e de ligne, effectif, 1.809 hommes.
 69e de ligne, effectif, 1 435 hommes.
 70e de ligne, effectif, 1.112 hommes, 1 cheval.
 92e de ligne, effectif, 884 hommes, 2 chevaux.
 95e de ligne, effectif, 771 hommes, 2 chevaux.
 10e section d'infirmiers, 145 hommes, 2 chevaux.
 5e section, d'ouvriers d'administration, 471 hommes, 2 chevaux.
 Gardes mobiles des Bouches-du-Rhône (infanterie), 387 hommes, 2 chevaux.

Gardes mobiles des Bouches-du-Rhône (artillerie), 66 hommes.

Gardes mobiles de Vaucluse (infanterie), 303 hommes.

6e régiment de chasseurs à cheval, 16 hommes, 19 chevaux.

5e compagnie cavaliers de remonte, 36 hommes, 34 chevaux.

—

Marseille, le 6 déc., 1870, 6 h. 35. s.

N. 5822.

Préfet à intérieur, Tours.

Votre seconde dépêche a calmé les très-vives inquiétudes qu'avait fait naître la première. — Ce qui indigne surtout notre population, c'est la part si sombre encore prise dans cette retraite par le général d'Aurelles qui a laissé ici de bien tristes souvenirs. Le mot de trahison (1) est dans toutes les bouches, et tout le monde attend avec une fiévreuse impatience et le résultat de l'enquête que vous avez ordonnée et l'éclatante revanche que votre dernière dépêche me présage. — Je vous envoie par la poste les quelques lignes dont j'ai fait suivre votre note, immédiatement publiée et affichée partout. Bon courage toujours.
A. GENT.

—

Marseille, le 8 décembre 1870, 10 h. 30 s.

N. 5906.

Préfet à guerre Tours.

Dans l'intérêt de la défense des troupes et de moi-même, je vous supplie de faire partir de Marseille ou du Pas-des-Lanciers le plus de soldats que vous pourrez : une grande portion est toute

---

(1) On se rappelle ce passage inique de la proclamation faite, à ce sujet, par M. Gent, le 6 décembre 1870 : « L'armée de la Loire honteuse d'avoir fui à l'ordre d'un chef que nous avons appris à connaître... »

prête et nous avons besoin de toutes les casernes pour le rassemblement de nos mobilisés : aussi avons-nous des désagréments et des conflits continuels que votre amitié m'épargnera. A. Gent.

Marseille le 24 décembre 1870, à 10 h. s.

N. 6452.

Le Préfet des Bouches-du-Rhône à M. Gambetta, Lyon.

J'ai prévenu immédiatement le général de brigade, Olivier, nommé depuis quelques jours commandant de la subdivision à Marseille. Avisez guerre Bordeaux qu'on ne nomme plus personne à ce poste, jusqu'à ce que je désigne quelqu'un de stable pour éviter ces changements successifs qui me créent ici de continuels embarras, et ce sans gêner aucunement vos exigences très légitimes.

Vous savez que j'attends réponse à moi confidentielle.

Nous sommes ici dans une situation très-cruelle par suite de la gêne de notre trésorier général qui ne peut pas payer les marchés passés pour l'habillement et équipement de nos mobilisés et retarde par suite leur disponibilité si nécessaire à tous les points de vue. A. Gent.

Marseille, le 24 décembre 1870, à 12 h. 15 m. du soir.

N. 6580.

Préfet à Guerre, Bordeaux.

Je dois vous dire que je reçois, chaque jour, les plaintes les plus graves (1) et les mieux autorisées contre les opérations de la remonte militaire. J'en ai avisé M. le général de la subdivision. Je vous en avi-

(1) Une communication analogue avait été faite par lui, le 8 novembre précédent, au ministre de l'intérieur, au sujet des actes des conseils de révision pour les mobilisables. (Télégramme n. 530—8 nov. 1870, 9 h. 21 m.) (Voir de Sugny, p. 144 in fine.)

se vous-même et fais mon devoir en vous engageant à faire procéder à une enquête : vous déciderez.

—

Marseille, le 27 décembre 1870, 5 h. 34 s.

N. 8732.

Préfet à Gambetta, Lyon.

Je vous remercie de l'accueil très-mérité que vous avez fait au général Olivier, et je vous félicite de la bonne pensée que vous avez eue de lui offrir le commandement de la division militaire qui, de cette façon, reviendra sans difficulté aucune à sa place naturelle c'est-à-dire à Marseille, que les commandants antérieurs semblent avoir mis en suspicion et en disgrâce. Prenez donc immédiatement cette détermination qui produira ici un excellent effet, et rétablira les choses comme elles auraient toujours dû être. A. GENT.

—

Marseille, le 13 janvier 1871, 6 h. 45, s.

N. 7681.

Le préfet des Bouches-du-Rhône à M. le Ministre guerre, Bordeaux.

Je réponds directement à la dépêche que vous avez cru devoir adresser au général commandant la 9e division militaire et que j'aurais espéré recevoir directement aussi, au sujet du capitaine Duchâtel. Ni vous, ni votre prédécesseur, ni vos collaborateurs, ni le ministre même ne m'aviez accoutumé jusqu'ici à ce circuit de relations et de demandes d'explications. Je le regrette, mais après avoir rétabli la position qui m'appartient, je me fais un devoir de vous donner les détails que vous désirez.

Le capitaine Duchâtel (des francs tireurs) a été arrêté par mon ordre, écroué par mon ordre et mis en liberté par mon ordre encore, sans que l'autorité militaire, proprement dite, soit intervenue en rien dans aucun de ces actes, et n'ait pratiqué aucun agissement ni aucunes poursuites, et n'ait été avertie même de tous ces faits qui lui sont restés complètement étrangers. Cette arrestation a été faite sur la réquisition du chef de la 2e brigade de l'armée des Vosges (1) et elle a été levée sur une déclaration que le même chef m'a faite verbalement d'abord et donnée par écrit ensuite.

En agissant ainsi, j'ai fait selon mon droit, sans attenter aux droits de personne et j'ai vu avec regret que l'on ait fait oubli à Toulon, et ce n'est pas la première fois depuis peu de jours, de la situation spéciale, exceptionnelle même, qui m'est faite à Marseille.

Ces pouvoirs, je les tiens de la confiance du gouvernement ; quand il croira devoir me les redemander, je les déposerai entre ses mains tous à la fois, mais jusque-là, par devoir, je ne les laisserai ni diminuer, ni contester, ni atteindre, quelque rare que soit l'usage que j'ai fais et ferai d'eux.

Je donne communication de cette dépêche à M. le ministre de la guerre.

Le Préfet des Bouches-du-Rhône, muni des pleins pouvoirs administratifs et militaires ,

A. GENT.

---

§ 2.

Le cas de l'intendant Brissy. — Le chef d'état-major Deshorties et le général Darricau protestent contre sa nomination au poste de commandant de la subdivision et de la place de Marseille. — Ils refusent énergiquement de s'associer à cette mesure contraire aux règlements militaires. — M. Brissy est désigné pour aller occuper à Lyon un autre emploi dans l'intendance. — MM. Labadié, Esquiros et le conseil départemental prennent fait et cause pour lui : ils déclarent s'opposer, malgré les ordres du gouvernement, à son départ, com-

---

(1) M. Delpech, ex-préfet des Bouches-du-Rhône.

me pouvant compromettre la tranquillité publique, et menacent de se retirer s'il n'est pas fait droit à leur demande. Ils lui intiment l'ordre de ne pas se rendre à son nouveau poste. — Nomination par M. Esquiros du général Darricau au commandement de la 9e division militaire. — Le préfet Labadié réclame la destitution du commandant Deshorties à qui il reproche de paralyser l'action du comité de la défense. — M. Esquiros, et plus tard M. Delpech, tiennent le même langage au ministre de la guerre. — Il est remplacé par le colonel de gendarmerie Fauconnet. — Le major Thévenin est proposé pour commandant de place. — M. Gent fait de nouvelles et pressantes démarches pour obtenir le maintien à Marseille du sous-intendant Brissy en qualité de commandant de place : il informe le ministre qu'il prend sous sa responsabilité de retenir ce dernier jusqu'à nouvel ordre. — L'intendant Brissy est mandé à Tours. Il demande préalablement à être confirmé dans sa situation. M. Gent télégraphie de son côté qu'il se désintéresse de cette question et laisse le ministre libre de faire de cet intendant ce que bon lui semblera. — Brissy se rend à Tours où il est reçu par le ministre. — M. Gambetta le charge, en qualité de sous-intendant de 1re classe, d'une mission devant l'ennemi.

—

Marseille, le 5 septembre 1870, à 10 heures 05 m. du soir.

N. 2799.

Ministre de l'intérieur, Paris.

J'ai révoqué le général d'Aurelles de Paladine et nommé le sous-intendant Brissy commandant de la place (1).

(1) Cette dépêche était déjà connue ; nous avons cru néanmoins devoir la transcrire ici, parce qu'elle n'a pas été reproduite *in-extenso* dans le rapport de M. de Sugny (p. 19). D'ailleurs, il était nécessaire d'en avoir le texte sous les yeux pour l'intelligence de nos autres télégrammes.

Cette mesure a calmé les esprits, tout va bien maintenant ; la tranquillité ne paraît pas devoir être troublée.

Le commissaire départemental provisoire,
Labadié.

—

Marseille, le 7 septembre 1870, 12 h. 55 m.

N. 2887.

Général de division à ministre guerre, Paris.

Le nouveau préfet des Bouches-du-Rhône a conféré au sous-intendant militaire Brissy le commandement de la division et celui de la place de Marseille.

Je ne puis accepter une pareille situation, contraire à la constitution même de l'armée, et je vous prie de me donner d'urgence les ordres nécessaires pour la faire cesser. Elle est contraire, d'ailleurs, au maintien de l'état de siége. — M. Esquiros est arrivé à Marseille.

Par ordre :
Le chef d'état-major,
A. Deshorties.

—

Marseille, le 8 sept. 1870.

N. 2917.

Le général commandant la 9me division militaire à M. le ministre de la guerre, Paris.

Un arrêté de M. Esquiros, administrateur général, me donne le commandement de la division. Le même arrêté nomme M. Brissy, sous-intendant militaire, commandant de la subdivision et de la place de Marseille. — Je ne puis donner mon assentiment à cette mesure, les membres de l'intendance n'ayant aucun droit au commandement, et M. Brissy ayant été désigné pour occuper un emploi à Lyon, sur les réclamations auxquelles sa manière de servir a donné lieu.

Je vous prie de lui donner l'ordre de rejoindre son nouveau poste d'urgence, dans l'intérêt du service et de la dignité du commandement.

Un autre arrêté confie au citoyen Marie les commandements de la garde nationale mobile et celui de la garde nationale sédentaire, avec M. Brissy comme adjoint.

Je continue, depuis le départ du général d'Aurelles, d'assurer de mon mieux le service, avec le concours inappréciable du commandant Deshorties, faisant fonctions de chef d'état-major, mais je ne me regarderai comme régulièrement investi qu'après avoir reçu votre décision relative aux arrêtés ci-dessus mentionnés.

Par ordre :

Le chef d'état-major,

Deshorties.

—

Marseille, 9 septembre, 3 h. 22 s.

N. 2959.

Préfet à intérieur, Paris.

(Chiffrée.)

Malgré avis du gouvernement de défense nationale, nous déclarons que nous ne pouvons point remplir nos devoirs, si les pouvoirs qui nous sont confiés ne s'étendent pas à l'autorité militaire. Les citoyens Brissy, commandant de la place, et Marie fils, conseiller municipal, commandant la garde nationale, nous demandent la révocation du chef d'état-major Deshorties ; nous considérons cette mesure comme indispensable ; ils menacent de se retirer si Deshorties est maintenu.

Leur retraite entraînerait la désorganisation des soldats et de la garde nationale dont ils ont toute la confiance : dans cette grave conjoncture, Esquiros et le préfet n'hésiteraient pas à vous demander à être relevés immédiatement de leurs fonctions. Sachez donc que Deshorties a servi ici pendant l'Empire sous les ordres d'Exea et s'est acquis une impopularité impossible à détruire. — A. Labadié.

Marseille, le 9 septembre 1870, à 4 heures s.

N· 2968.

Préfet à intérieur, Paris. (Chiffrée.)

Le ministre de la guerre envoie au citoyen Brissy, sous-intendant militaire à Marseille, ordre de se rendre immédiatement à Lyon.

Brissy est chargé ici du commandement de la place : son départ entraînerait les plus graves conséquences ; nous croyons donc que vous devez vous opposer énergiquement à son déplacement ; nous ne pourrions répondre de la tranquillité. Nous ne voulons pas entraver la défense nationale, mais avant tout protéger la tranquillité publique.

Réponse urgente. A. LABADIÉ.

—

Marseille, 9 septembre 1870, 9 h. 50 s.

N. 2979.

Le citoyen Brissy au ministre de la guerre, Paris.

En réponse à la dépêche de ce jour, j'adresse au ministre l'ordre que j'ai reçu :

Au nom de la République,

Le général Darricau prendra le commandement de la 9e division militaire, à partir de ce jour. — A partir du même jour, le citoyen Brissy prendra le commandement de la subdivision des Bouches-du-Rhône et celui de la place. — Il conservera en outre ses fonctions de sous-intendant militaire chargé des marchés à Marseille.

Signé : Alph. ESQUIROS.

Le commandant par intérim :

BRISSY.

—

Marseille, le 10 septembre 1870,
à 11 h. 5 m. matin.

N. 2986.

Préfet à intérieur, Paris.

Le sous-intendant Brissy est absolument indispensable pour maintenir l'ordre et assurer l'organisation des forces militaires départementales.

Sous sa direction, le travail commencé par les délégués à l'organisation de la garde mobile était terminé : tout serait à refaire.

Par ces considérations, répétons nos instances pour son maintien ici.   A. LABADIÉ.

Marseille, le 10 septembre 1870,
à 7 h. 10 m. du soir.

N. 3009.

Préfet à intérieur, Paris.

Sans réponse à notre télégramme de ce matin; sur l'avis unanime de l'administrateur supérieur, du préfet et du comité départemental, nous ordonnons au sous-intendant Brissy de surseoir à l'exécution de l'ordre qui l'appelle à Lyon, et le maintenons dans ses fonctions, dégageant ainsi sa responsabilité. Son maintien ici indispensable

     ESQUIROS. LABADIÉ, MARIE, BAUME, NAQUET. KLINGLER, DELPECH, LEROUX, ROUVIER, MOREL, BROCHIER, ETIENNE, MÉNARD.

Marseille, le 12 septembre 1870,
à 7 h. 40 m. du soir.

N. 3085.

Administrateur supérieur à intérieur, Paris.

Recevrez par poste une lettre du commandant de la place, Brissy. J'appelle toute votre attention sur le fait qu'elle signale et sur la situation qu'elle révèle. Il est indispensable que vous interveniez auprès du ministre de la guerre pour obtenir le changement du commandant Deshorties; tant qu'il sera à Marseille, il y aura perpétuel conflit entre l'autorité militaire et le conseil de défense nationale. Les efforts admirables du commandant Brissy et du colonel Marie se trouveraient paralysés.

Marseille, le 13 sept. 1870, 11 h. 50 m.

N. 3107.

Administrateur supérieur à intérieur, Paris.

Nous acceptons nomination du général Darricau en remplacement de d'Aurelles, à la condition que Brissy sera nommé sous-intendant de première classe à Marseille, pour y continuer en même temps son service de sous-intendant et ses fonctions de vice-président du comité de défense.

Nous recommandons pour commandant de place le citoyen Thévenin, major actuel ; nous reconnaissons la hiérarchie militaire et ses exigences, mais nous ne pouvons oublier les services rendus par le commandant Brissy à l'ordre public. Toute mesure à son égard qui pourrait être considérée comme une disgrâce ne saurait être acceptée par nous.

Nous persistons à demander le changement immédiat du chef d'état-major Desborties, qui entrave l'action du comité de défense nationale.

A. ESQUIROS.

Marseille, le 20 sept. 1870, 10 h. 23 m.

N. 3477,

Administrateur supérieur à intérieur, Tours.

3145. — Vous nous aviez promis la mise à la retraite de Desborties; il continue à méconnaître l'autorité du commandant de place ; il donne des ordres arbitraires, et il gêne l'action du comité de défense. C'est au nom de ce conseil que je vous demande de l'éloigner immédiatement. Les agents de l'ancienne administration cherchent à nous créer des obstacles que nous surmonterons par la fermeté.

A. ESQUIROS

Marseille, 3 oct. 1870, 9 h. 35 s.

N. 4245.

Préfet à Intérieur, Tours.

Veuillez faire connaître au ministre de la guerre

que le chef d'état-major Deshorties, continue à remplir ici les fonctions de chef d'état-major, et continue non moins de tout entraver, avec l'insolence qui caractérise ce personnage.

Je ne tiens pas assez à la position de préfet pour risquer des conflits journaliers avec un retraité, qui est indûment maintenu dans ses fonctions par le népotisme militaire.

Notre situation est très-difficile ici. Le sang n'a pas coulé, grâce à des efforts constants qui ont mis plusieurs fois ma vie en danger et aussi celle de bien d'autres. Deshorties est le personnage le plus *impopuleux* de Marseille.

Je donne ma démission, s'il reste ici avec ses fonctions. DELPECH.

—

Marseille, 3 oct. 1870, 7 h. 25 s.

N° 4267.

Administrateur supérieur à Guerre. Tours.

Le comité départemental de défense demande instamment que le colonel Fauconnet (1) soit nommé provisoirement chef d'état-major de la 9e division militaire, en remplacement de Deshorties, qui se rendra immédiatement à Tours, pour prendre les ordres du ministre de la guerre.

D'accord avec le comité, je considère cette mesure comme urgente et indispensable (2). Une dépêche,

(1) M. Fauconnet qui devait périr plus tard si héroïquement sous les murs de Dijon, succéda au commandant Deshorties (le 6 octobre 1870) et fut à son tour remplacé par le capitaine Mouraux

(2) Le gouvernement s'émut enfin de ces plaintes réitérées et consentit au déplacement du commandant Deshorties. — Le 4 octobre, en effet, (télégramme n. 5312), M. Crémieux télégraphiait à M. Delpech :

3145 — Deshorties est appelé à entrer dans l'état-major d'un corps en formation. Ici, on a nommé à sa place, M. Fauconnet, colonel de gendarmerie, selon votre désir.

CRÉMIEUX.

Le lendemain, M. Laurier télégraphiait à son tour au même fonctionnaire :

3326. — Mon cher ami. — Vous êtes débarrassé de Deshorties.... (Télégramme n. 5416).

Ajoutons que ce dernier ignorait complètement tout ce qui

en date du 13 septembre, nous avait promis l'éloignement de Deshorties.

N. 5243.

Marseille, 5 nov. 1870. 9 h. 20 m.

Préfet à Guerre, Tours.

Je demande provisoirement le maintien à la commandance de la place de Marseille de M Brissy, sous-intendant de seconde classe, appelé par dépêche télégraphique de ce jour, au 18e corps à Nevers. Si vous êtes à temps pour arrêter le départ de son remplaçant, je vous prie de suspendre son arrivée. Dans les circonstances présentes, j'ai besoin d'avoir ici un officier qui connaisse Marseille et le service qu'il a rempli jusqu'ici Mieux que moi, du reste, tout continue à bien aller. Vous recevrez dans la journée de nouvelles communications.

A. GENT.

N. 5284.

Marseille, 9 nov. 1870, 6 h. 12 soir.

Préfet à Guerre, Tours.

Malgré votre dépêche 5219, je retiens M. le sous-intendant Brissy, commandant de place, à Marseille, où je n'ai ni général, ni colonel, ni aucun officier titulaire, ou intérimaire pour m'aider dans la lourde tâche qui m'est confiée : Je fais plus, je demande formellement que M. Brissy demeure à Marseille, tout au moins jusqu'à ce que je vous dise que je n'ai plus besoin de lui : celui que vous pourriez envoyer en son remplacement, quelque zélé et capable qu'il pût être, me laisserait dans de très-grands embarras par suite de sa méconnaissance des

se tramait autour de son nom, puisque nous le voyons, à la date du 6 octobre (télégramme n. 5374) rappeler au Ministre la promesse qui lui a été faite de son envoi en Algérie et de son remplacement prochain à Marseille. Il insistait beaucoup à cette date pour qu'il fût donné suite à cette promesse.

choses de la localité. Si votre nouvelle décision prise malgré ma demande formelle et votre assentiment antérieur, était dûe à des sollicitations venues d'ici, je vous demande de la considérer comme nulle et non avenue. A. GENT.

—

Marseille, 16 nov. 1870, 9 h. 50 m.
N. 5324.

Préfet à Guerre et Intérieur, Tours.

M Rose m'ayant avisé qu'il était entré à l'hôpital, et la subdivision de Marseille, depuis huit jours, ayant passé successivement de M. Darricau à M. Quiquandon, à M. Croux, à M. de Magallon, je vous avise que, pour en finir avec cette cascade d'intérims qui me crée de continuels embarras, j'ai nommé hier commandant de cette subdivision, M. le commandant de place et sous-intendant militaire Brissy, dont j'ai eu déjà l'honneur de vous dire à plusieurs reprises que les services m'étaient nécessaires ; ce n'est pas un intérim que je pourvois, c'est un définitif que je vous demande de consacrer d'urgence et de nécessité, jusqu'à ce que vous restituiez à Marseille la division militaire qui n'aurait jamais dû en être retirée. Son transfert à Toulon a été de tous points déplorable et a produit le plus triste effet.

—

Marseille, 20 nov. 1870, 3 h. 35 s.
N. 5479.

Préfet à Gambetta, Tours.

Guerre me demande encore (1710) de faire partir le sous-intendant Brissy, sans tenir aucun compte des observations que par trois fois je lui ai adressées. Marseille se trouve déjà sans division militaire, et l'on veut qu'elle se trouve sans subdivision, et même sans commandant de place, car il n'y a ni général, ni colonel, ni personne qui, en dehors de M. Brissy, puisse m'aider quelque peu ; le colonel ne devant pas être enlevé aux travaux de la défense, comment veut-on que je fasse tout seul, sans concours aucun, car la division, même à Toulon, est régie par un vieillard. Tant que cette situation durera, à mon très grand regret, croyez-le bien, je serai forcé de désobéir. A. GENT.

—

Marseille, 28 novembre 1870, 11 h. 25 m.
N° 5722.

Commandant de la subdivision militaire à guerre et intérieur, Tours.

J'ai reçu par le télégraphe directement, le 9 novembre, l'ordre signé de Loverdo, de me rendre à Tours, et je n'ai personnellement rien reçu ni le 14, ni le 20. Aucune lettre de service ne m'est parvenue.

Après l'invitation du 9, M. le préfet des Bouches-du-Rhône, muni des pleins pouvoirs militaires, m'a donné l'ordre formel de demeurer à mon poste, où, tout en conservant ma sous-intendance, j'exerce le commandement de la subdivision, de la place, et la vice-présidence du Comité de défense, emplois qui m'ont été conférés par divers arrêtés.

Le préfet qui a reçu plusieurs dépêches à mon sujet vous a informé des ordres formels que chaque fois il m'a donnés et vous les avez sanctionnés, puisque, à ma grande surprise, le *Moniteur* du 23 novembre porte que M. Rétaux est nommé en remplacement de M. Brissy, placé en mission hors cadre.

Cette mission hors du cadre ne pouvait que me donner à penser que les désirs du préfet avaient été favorablement accueillis par vous. Au surplus, il ne pouvait m'appartenir en aucune façon de discuter les ordres du préfet muni de pleins pouvoirs militaires, et encore moins pouvais-je ne pas déférer à ses ordres. En l'état, appelé par vous et retenu par le préfet, conformément à vos autorisations successives, je me trouve dans une position d'autant plus perplexe que, de l'avis du préfet, mon maintien à Marseille est d'une urgence capitale et qu'en abandonnant aujourd'hui le poste qui m'est confié depuis la proclamation de la République, je dois craindre de laisser le préfet aux prises avec les difficultés d'une situation déjà embarrassante aujourd'hui, et qui demain peut devenir dangereuse.

Il serait donc bien nécessaire qu'un arrêté au *Moniteur* confirmât définitivement ma situation militaire qui est ici celle de commandant de la subdivision, poste auquel j'ai été appelé par le préfet, et que j'ai la conscience d'avoir rempli avec toute la fermeté et la conciliation qui sont compatibles avec les véritables intérêts de la République (1).

BRISSY.

Visée :
Alphonse GENT.

—

Marseille, 28 nov. 12 h. 50 s.

N. 5727.

Préfet à Guerre, Tours.

J'ai visé ce matin la dépêche du sous-intendant Brissy : je ne veux nullement vous contrarier. Faites ce que vous voudrez à son égard.

A. GENT.

(1) En réponse à ce télégramme, le ministre de l'intérieur s'empressa de faire connaître au préfet Gent que la situation de Brissy n'ayant pas cessé d'être irrégulière depuis le 4 septembre, il importait de le faire rentrer dans le corps de l'intendance. Il le priait de donner à ce dernier l'ordre formel de se rendre à Tours et, au besoin, de l'y expédier. (Télégramme n. 5765 — 30 nov. 1870. Voir de Sugny, p. 466.)

Trois jours après, nouvelle dépêche du ministre informant M. Gent qu'il a reçu Brissy, et qu'il vient de le nommer sous-intendant de 1re classe. (Télégramme n. 5774. Tours, 3 décembre 1870. Voir de Sugny. p 466.)

Quelques heures auparavant, M. Spuller avait télégraphié à M. Gent... « Brissy est arrivé : je crois que son affaire s'arrangera. » (Télégramme n. 5328 — 3 décembre 1870 — Spuller à Gent. Voir de Sugny, p. 455.)

Marseille, le 1er décembre 1870, à 1 h. 30 soir.
N· 5760.

Chef d'état-major de l'armée de Lyon au ministre de la guerre, à Bordeaux.

Le préfet des Bouches-du-Rhône organise en ce moment le camp des Alpines, et tient à ce qu'on ne lui prenne pas de gardes mobilisés, mais il propose de faire relever en Algérie, province de Constantine, le 43e régiment de garde mobile, des Bouches-du-Rhône, par un même effectif de gardes nationaux mobilisés. Cette combinaison pourrait être acceptée, si la concentration aux ports d'embarquement du 43e de mobile, pouvait se faire dans un très court délai. J'aurai plus de peine dans la Drôme. Le préfet m'a parlé de 3,000 hommes au moins prêts à partir.

La fabrication des engins de guerre marche rapidement. Je pourrai peut-être avoir deux batteries dans un très-bref délai. Je serai demain de très-bonne heure à Lyon.

DESHORTIES.

Marseille, 1er décembre 1870.

Préfet à directeur télégraphes, Marseille.

Monsieur le préfet demande en vertu de quel pouvoir, Monsieur Deshorties a pu communiquer avec Gambetta, sans que sa dépêche fut visée par lui.

A. GENT.

Préfet à directeur.

On m'a dit ce matin que M. Deshorties avait télégraphié à Gambetta la présence à Marseille de MM. Delpech et Cluseret. Veuillez me dire si ce fait est vrai.

A. GENT.

Marseille, 2 déc., 9 h. 30 m.

N. 5747.

Gent, préfet Marseille, à Gambetta.

M. Brissy, muni d'un congé régulier, se rend à Tours de mon consentement exprès : il vous expliquera, ce que vous paraissez ignorer, au milieu de vos occupations multiples, qu'il a été en effet trois fois demandé pour trois postes différents et avantageux, et qu'il a été trois fois retenu par moi par des ordres qui ont été portés à votre connaissance. Ce n'est donc pas lui qui a obstinément refusé de partir, mais moi qui n'ai pas voulu qu'il partît. Je ne mets nullement obstacle à ce que vous destiniez M. Brissy à un poste actif, mais je tiens par devoir de loyauté à ce qu'il ne porte pas la responsabilité d'actes qui me sont exclusivement personnels. J'ai donc garanti à M Brissy que vous l'entendriez, et puis vous disposerez de lui comme vous l'entendez. M. Brissy part ce soir.

A. Gent.

CHAPITRE VII.

Armement. — Comité de défense.— Enrôlés volontaires, mobile et garde nationale. — Légions mobilisées. — Les commandants Nicolas, Imbert, Malignon, Seignobosc, Casaubon et autres.—Rapports de l'inspecteur Pierre Baragnon sur l'état de la mobilisation dans les Bouches-du-Rhône, le Gard et l'Hérault. — Le commissaire de la défense, Francis Laur. — Marchés et fournitures. — Achats d'armes offerts au gouvernement. — La question de la dynamite. — Fabrication de canons et de batteries d'artillerie. — Réquisition des usines- — Nombreux crédits ouverts a M. Gent. — Ses démêlés avec le ministre. — Sa démission est offerte et retirée sur les instances de M. Gambetta.

§ 1er

Armement.— Comité de défense. — Enrôlés volontaires. — Mobiles et garde nationale. — Le prétendu enthousiasme militaire. — Les 5000 enrôlés volontaires de M. Esquiros.— Ce dernier réclame au ministre des fusils destinés à l'armement de la garde nationale. — D'après lui les légions sont impatientes d'aller à l'ennemi : il informe le gouvernement que les Marseillais, voulant se défendre eux-mêmes, ne reconnaissent d'autres autorités militaires que celles qui ont été créées ou approuvées par M. Labadié. — Constitution d'un comité de défense — Récriminations du préfet Poujade contre les bandes de volontaires qui lui sont expédiées de Marseille. — M. Esquiros annonce au ministre de la guerre que le patriotisme marseillais est surexcité par l'approche des Prussiens. — Travaux du Comité de défense. — Ses doléances au sujet du manque d'armes et son conflit avec l'autorité militaire, à propos du refus par celle-ci de solder le 4ᵉ bataillon des mobiles. — M. Esquiros intervient en sa faveur auprès du gouvernement.

—

Marseille, 9 sept. 1870, 9 h. 35 m.
N. 2942.
Administrateur supérieur à intérieur, Paris.

Ordre rétabli dans la rue, mais situation difficile et grave : beaucoup d'effervescence contre les anciens fonctionnaires; hier, 5,000 enrôlés volontaires. — Nous en attendons davantage aujourd'hui, manque d'armes. Prière de nous envoyer des fusils pour la garde nationale. — Répondons par la poste à la dépêche reçue ce matin. **A. Esquiros.**

—

N. 3031. Marseille, 11 sept. 1870, 9 h. 5 m.

Administrateur supérieur des Bouches-du-Rhône à intérieur, Paris.

L'ordre le plus parfait se rétablit de jour en jour à Marseille. — Une seule chose pourrait troubler la ville : le conflit entre les citoyens et l'autorité militaire. Avec le commandant Brissy et le colonel Marie, nous répondons de la tranquillité. — La défense nationale marche admirablement, les enrôlements volontaires affluent. Les légions demandent à partir : sur quel point devons-nous les diriger? La garde mobile se désorganiserait, si l'on tardait plus longtemps à lui donner une destination. Hier, fausse alarme, deux navires suspects avaient été signalés à la hauteur de Gibraltar. — L'alarme se répandit, et les mesures furent prises pour résister à un coup de main. Cet incident a eu le bon effet d'appeler l'attention sur les défenses du port qui sont dans un état pitoyable : on s'occupe activement de les améliorer et d'approvisionner les canons. L'union et la confiance règnent à Marseille, vous détruiriez l'une et l'autre en faisant appel au ministre de la guerre. Les Marseillais veulent se défendre eux-mêmes. Les seules autorités militaires qu'ils reconnaissent sont celles qui ont été créées ou approuvées par Labadié.
A. Esquiros.

Marseille, 11 septembre 1870, 7 h. 15 m.

N· 3045.

Administrateur supérieur à Guerre, Paris.

Marseille regorge de volontaires : elle ne peut plus les loger ni les nourrir. Prière d'assigner une destination à ces hommes qui désirent eux-mêmes partir (1). La position devient intolérable pour le Comité de défense qui manque d'argent et d'armes.

Réponse urgente.   A. Esquiros.

—

Marseille, 12 septembre 1870.

N° 3048.

Administrateur supérieur à Intérieur, Paris.

Ordre parfait : population a repris ses travaux et ses habitudes. L'élan pour la défense du territoire admirable : les volontaires Français, Italiens, Américains si nombreux que nous ne pouvons plus les loger ni les nourrir ; avons télégraphié, hier, au ministre de la guerre : sans réponse : urgent d'aviser et de les envoyer immédiatement sur un point de

(1) Il s'agit ici de ces bandes d'enrôlés volontaires dont il a été déjà question dans plusieurs dépêches reproduites au chapitre du dossier de l'autorité militaire. — Nous avons vu que ces enrôlés, dont beaucoup étaient impropres au service, avaient choisi les 1er et 2e zouaves, et comme tels avaient été dirigés par les soins de l'administration sur le dépôt de ces deux corps à Avignon et à Antibes. Voici ce que pensait entre autres de leur enthousiasme, le préfet de Vaucluse, Poujade :

Avignon, 15 sept., 8 h. 45 m.

N° 561.

Préfet de Vaucluse à ministre de la guerre, Paris.

.... Je reçois de Marseille des bandes de volontaires, sans chefs et sans engagements réguliers. — J'attends le dépôt du 2e zouaves qui doit les incorporer. Mais j'ai besoin qu'on cesse de m'en adresser de nouveau. Je ne répondrais plus de l'ordre.   Poujade.

Le même jour, le ministre de l'intérieur, ému de cette réclamation, en informait le préfet de Marseille, en le priant de vouloir bien désormais garder ses volontaires à Marseille sous sa garde et sous sa responsabilité. (Voir de Sugny, p. 461.)

ralliement. Comité de défense nationale constitué à Marseille : président, colonel Marie fils ; vice-président, commandant Brissy ; en tout dix membres (1).

Delpech parti hier pour Aix, comme sous-préfet ; prière d'annoncer (2) sa nomination dans le *Journal officiel*.

Marseille, 15 septembre 1870, 10 h. s.

N. 3485.

Administrateur supérieur à intérieur. Paris.

Pour dégager objets Mont-de-Piété n'avons jamais eu l'idée de recourir à la contrainte, mais à une souscription volontaire, puisque vous nous permettez d'agir nous attendrons. Les pauvres comptent ici sur ce faible bienfait de la part de la République. On commence à s'inquiéter à Marseille de la marche des Prussiens qui pourront s'étendre vers Lyon et le Midi. La délibération du Conseil municipal, qui vous a été envoyée hier, est l'expression de ces craintes ; le patriotisme est surexcité. Les ressources en hommes et en argent ne nous manqueront pas.

A. ESQUIROS.

Mais les embarras qui résultaient pour M. Poujade, de leur présence à Avignon, ne faisaient que s'accroître : « J'ai ici, télégraphiait-il de nouveau au ministre, » 2000 volontaires enrôlés pour le 2e zouaves .. « Ils sont un danger pour la ville. Pas d'habits, pas d'armes, pas de chefs. Je demande en grâce du campement, de l'habillement. Ils vont bientôt être nus. — POUJADE. (Télégramme n° 590. — Préfet de Vaucluse au ministre de la justice, 17 sept., 6 h. 55 s.)

(1) Les autres membres de ce comité étaient : MM. Hubert Gourrier, le général Darricau, Gustave Niquet, Magallon, Audiffrend, Dupont, le lieutenant Pigbetti et l'ingénieur Denamiel. — Voir une autre dépêche relative à l'organisation de ce comité dans le rapport de M. de Sugny. p. 47.

(2) En réponse à cette demande, le ministre de l'intérieur autorisa M. Esquiros à maintenir provisoirement M. Delpech à Aix, mais avec prière « de ne pas faire de cette nomination provisoire une affaire définitive qui pourrait embarrasser le gouvernement. » (Voir de Sugny, p. 453, lignes 20 et s.)

Marseille, 27 septembre, 4 h. 55 s.

N° 3940

Administrateur supérieur au ministre de la guerre à Tours.

Est-il bien nécessaire que les corps quels qu'ils soient, destinés à stationner en Algérie, soient armés de chassepots (1), lorsque les corps en voie de formation pour la défense du territoire de la République, ne sont pourvus que de fusils à percussion, complètement discrédités dans l'armée entière et notamment dans la garde nationale ?

L'administrateur supérieur,
A. ESQUIROS.

Marseille, 29 sept., 11 h. 30 m.

N° 4047.

Comité de défense du département des Bouches-du-Rhône à Commission d'armement à Tours.

Nous sommes assaillis de demandes d'armes. Ferez-vous vous même la distribution aux départements ? Quand et comment ? On s'inquiète beaucoup de n'avoir aucune indication sur une question aussi capitale (2).

Le vice-président du Comité,
BRISSY.

---

(1) Cette dépêche nous donne l'explication du télégramme qui figure dans le rapport de Sugny (P. 464.) et où l'administrateur supérieur se montre, dit-il, « disposé à laisser « passer des armes pour l'Algérie, tout en ajoutant : « l'état « de la Corse nous donne à penser que nous aurions tort « de laisser partir des armes our ce pays. »

(2) Quelques jours plus tard, M. Esquiros revenait à la charge en termes encore plus pressants. « Nous assurez-vous, télégraphait-il au ministre de la guerre, des fusils a « bref délai... Faute de réponse précise dans un délai de « 24 heures, nous reprendrons nos achats. » (12 oct. 1870. Administrateur supérieur à Ministre de la Guerre.)

Marseille, 2 octobre 1870, 4 h. 55.

N. 5189.

Administrateur supérieur des Bouches-du-Rhône au ministre de l'Intérieur, Tours.

Le comité départemental de défense avait formé et organisé à Marseille quatre bataillons de mobiles dont trois sont partis en Afrique aujourd'hui : L'autorité militaire refuse de reconnaître et de payer le 4e bataillon qui est resté dans la ville et demande à partir pour l'ennemi. Les prétentions de la place sont d'autant moins fondées que, d'après l'arrêté rendu par le gouvernement, la mobile appartient à l'Intérieur et à l'autorité civile, tout le temps qu'elle ne quitte point le département. Envoyez ordre immédiat de payement.

Ces conflits perpétuels sont désastreux et empêchent l'organisation de la défense.

Il est urgent que la garde mobile soit appelée sur le théâtre de la guerre. Nous avons 7 compagnies composées chacune de 110 hommes qui se débanderaient et se mutineraient, s'ils étaient tenus plus longtemps dans l'inaction. Donnez-nous ordre, je vous prie, de les expédier pour Tours ou pour toute autre destination. (1)   Esquiros.

—

Marseille, 2 octobre 1870, 10 h. 40 m.

N. 5206.

Administrateur supérieur à ministre de la Guerre, Tours.

Il ne s'agit point d'enquête ; il s'agit d'une quantité de poudre dont le comité départemental de défense a besoin pour son service. Si tous les moyens

(1) M. Delpech tenait au ministre le même langage, dans une dépêche portant la date du 30 octobre 1870, et qui figure au rapport de Sugny (p. 464, *in fine*).

Le préfet de Marseille demandait en outre pour ces mobiles le droit de procéder à la nomination de leurs officiers : étrange moyen, il faut en convenir, pour rétablir la discipline dans un corps dont on signalait au ministre la complète désorganisation !

de remplir sa mission lui sont refusés par le ministre de la guerre, il ne reste plus à ce comité qu'à se retirer.

A. ESQUIROS.

§ 2.

Légions mobilisées. — Les plaintes du préfet Gent, au sujet des opérations des conseils de révision, dont il réclame l'annulation.— Le capitaine Malignon et le colonel Nicolas sont proposés comme commandants de la première et de la deuxième légions des Bouches-du-Rhône. — Circulaire Cazot, prohibant de prendre des officiers de l'armée régulière pour leur confier des grades dans la garde mobilisée. — Exception sollicitée par M. Gent en faveur du capitaine Malignon. — L'ex-commissaire de police Cauvin, sur la demande du préfet de Marseille, est appelé aux fonctions d'inspecteur des services divers des corps francs et mobilisés. — Le cas du chef d'escadron Imbert, dont M. Gent réclame la nomination au titre de commandant supérieur des cinq légions des Bouches-du-Rhône « comme un acte de justice et de bonne politique ». — La légion mobilisée d'Aix et le lieutenant-colonel Casaubon. — M. Gent insiste pour obtenir la ratification de ces différents choix. — Guidé par des considérations majeures d'ordre politique, il procède lui-même à la nomination des chefs de bataillon des légions mobilisées.—La question du paiement de l'entrée en campagne. — Refus de MM. Bouchy et Seignobosc d'accepter le commandement des 4e et 5e légions : MM. Jensenbrunner et Karr sont désignés à leur place.— Le général Quiquaidon propose la création d'un conseil de guerre spécial pour juger les infractions commises par les mobilisés. — M. Gent se plaint vivement de ce qu'après avoir reçu ordre de partir pour Lyon, ses légions aient reçu contre ordre et soient condamnées à rester au camp des Alpines.

Marseille, 8 nov. 1870, 5 h. 21 s.

Préfet à Intérieur, Tours

J'ai les plaintes les plus graves contre les actes des conseils de révision pour les mobilisables, et serai forcé d'annuler et de recommencer les opérations de quelques-uns qui ont dépassé le cinquante pour cent, et agi pis que par le passé (1).

Pourquoi ne pas les annuler tous, quand il n'y a pas soutiens de famille pour mariés et veufs pères, pourquoi les avoir pour célibataires ? La justice veut mesure générale, égale, de révision nouvelle.

A. GENT.

—

Marseille, 16 nov. 1870, 6 h. 50 s.

N. 5356.

Préfet à Intérieur, Tours.

En réponse à votre dépêche 3145, je vous avise que j'ai enfin le relevé du contingent des gardes mobiles du département, s'élevant à 15,500 ; l'état de répartition se dresse, et vous sera envoyé très-prochainement. J'ai fait afficher aujourd'hui un arrêté annonçant rassemblement, pour le 27 de ce mois, de la première légion de Marseille qui pourra être ce jour là, complétement habillée, complétement

---

(1) La première partie de cette dépêche seulement, figurant dans le rapport de Sugny (P. 144), nous avons cru devoir la reproduire *in-extenso*. Il est bon également de rappeler à ce sujet les démarches faites par le sous-préfet d'Arles auprès de plusieurs membres du conseil départemental, en faveur de l'un de ses amis, appelé à passer devant le conseil de révision et que l'on recommandait tout spécialement (Voir de Sugny. P. 145.)

Des faits analogues se produisirent dans beaucoup d'autres villes notamment à Lyon. L'on vit, en effet, à la même époque, le rédacteur du *Progrès* écrire à son ami Challemel-Lacour pour lui demander le nom du médecin chargé de passer la visite des hommes de la classe de 1871.

équipée (1). Le rassemblement des autres suivra de très près : J'y donne tous mes soins ; malheureusement, malgré tous mes efforts, le manque de fusils m'incommodera beaucoup, je tâche de mon mieux d'y remédier, à l'aide du pouvoir que vous m'avez donné.

A. GENT.

Marseille, 17 novembre 1870, 1 h.

N· 5364.

Le Préfet des Bouches-du-Rhône à Ministre de l'intérieur.

En réponse à votre dépêche 3250, je vous demande de ratifier les nominations que j'ai faites de votre recommandé auprès de moi, Malignon, capitaine au 8e régiment de ligne, échappé de Metz, pour colonel de la 1re légion des mobilisés des Bouches-du-Rhône. Il est réclamé par la population, et c'est un choix on ne peut meilleur. Puis, celle de M. Etienne, secrétaire du Comité de recensement, pour major de la même légion.

Pour la seconde légion, je vous demande comme colonel, M. Nicolas, que vous connaissez également, actuellement colonel d'une légion et chef d'état-major général de la garde nationale.

Transmettez-moi par dépêche cette ratification et cette nomination que j'ai dû faire pour organiser immédiatement la prompte mobilisation. Je vous transmets des propositions pour les autres légions.

A. GENT.

---

(1) Rappelons au sujet de ce premier ban de la garde mobilisée, qu'une commission spéciale avait été instituée par M. Gent, à l'effet de procéder à l'examen et à l'acceptation des soumissions relatives aux effets de campement et d'équipement. (Arrêté du 10 nov. 1870). Elle se composait de : MM. Rouvier, docteur Isoard, capitaine Malignon, intendant Villaret, colonel Nicolas, David Bosc, Armand Elbert et Etienne ; ce dernier fut proposé plus tard pour major de cette première légion.

Marseille, 19 novembre 1870, 10 h. 5 s.

N. 5466.

Préfet à intérieur et guerre, Tours.

Vous n'avez pas répondu à ma dépêche du 17, vous demandant ratification de nominations faites pour la 1re légion de marche de la garde mobilisée, et proposition formelle de M. Nicolas, pour colonel de la seconde. Ces deux réponses sont pressantes, et dans tous les cas, je compte bien que vous ne ferez aucune nomination dans l'état-major des légions de marche, sans me consulter ; je vous dis cela, parce que je sais que l'on doit faire auprès de vous des demandes directes.

Relisez ma dépêche précitée. A. GENT.

—

Marseille, 20 novembre 1870, 5 h. 25 s.

N. 5482.

Préfet à intérieur, Tours.

Je reçois une circulaire de Cazot, prohibant de prendre des officiers de l'armée régulière pour organiser la garde mobilisée : j'en prends note, mais je réclame une exception absolue et indispensable pour le capitaine Malignon que, depuis trois jours, j'ai nommé à la demande de tous, colonel de la 1re légion de marche. J'attends réponse ratificative de mes dépêches d'hier et d'avant-hier, relatives à cette nomination et autres y contenues.

A. GENT.

—

Marseille, 20 novembre 1870, 6 h. 5 s.

N. 5483.

Préfet à intérieur, Tours.

L'organisation des volontaires et mobilisés me donne un travail auquel je ne peux suffire. — J'ai prié Poujade de me céder M. Cauvin, nommé par vous commissaire spécial de la défense nationale à

Vaucluse, avec 4800 fr. d'appointements ; du consentement des deux, je vous le demande comme inspecteur des services divers des corps francs et mobilisés, avec 5000 sur les crédits ouverts à ces chapîtres. — J'attends ratification télégraphique et nomination, je suis absorbé par cette ingrate besogne.

—

N. 5570. Marseille, 22 novembre, 12 h. 35 s.

Le préfet des Bouches-du-Rhône à intérieur et guerre, Tours.

Au nom d'un très-grand nombre de mobilisés de l'arrondissement d'Arles, je suis chargé de vous demander pour chef de la légion de cet arrondissement le capitaine Seignobosc, capitaine adjudant-major, au 2e zouaves, depuis quelques jours ; ce choix faciliterait beaucoup la mobilisation, et je ne puis que vous engager à ratifier cette présentation, et à expédier de suite pour Arles le nouveau lieutenant-colonel.   Alph. GENT.

—

N. 5667. Marseille, 26 novembre, 2 h. 55 s.

Préfet à Gambetta, Tours.

Je rassemble demain (1) la 1ère légion de la garde mobilisée, les autres suivront : je vous envoie par poste proclamation et arrêté pris à cet objet, celui-ci ayant pour but un comité de recensement définitif (2) pour donner satisfaction à des plaintes qui pourraient troubler le rassemblement.

(1) On n'a pas oublié le conflit qui s'éleva à cette occasion entre le préfet Gent et la division militaire dont le siége avait été transporté à Toulon Le conflit fut motivé par la décision prise par M Gent de faire évacuer la caserne Saint-Charles occupée par des troupes régulières, afin de l'affecter au logement des mobilisés de la première légion — (Voir à ce sujet les télégrammes n 5519 (21 novembre 1870, 6 heures 55 soir) et 5717 Freycinet à Général division, Toulon (22 novembre, 2 h. 10 s.) de Sugny: P 148 et 149.

(2) Voici la composition de ce comité: MM. Astruc (Mar-

Le feu est partout nuit et jour dans toutes les usines réquisitionnées. Je ne demande pas même d'aide, qu'on me laisse faire sans m'embarrasser, et j'agirai, je travaillerai pour tous : voyez si cela convient à tous, moi j'y tiens absolument.

A. Gent.

—

Marseille, le 7 décembre 1870, 11 h. 20 m.

N. 5839.

Préfet à Intérieur et Guerre, Tours.

Si vous voulez donner aux légions des Bouches-du-Rhône un commandant supérieur qui ait toutes les sympathies, et qui vous aide grandement dans cette organisation difficile, nommez de suite à ce poste M. Imbert, ancien capitaine commandant la 3e compagnie du 1er régiment du train, que vous venez de nommer chef d'escadron dans le 18e corps d'armée. Cette nomination serait pour moi, vieil ami de son père, un service personnel, un grand soulagement et de plus un acte de justice et de bonne politique. Je vous envoie par la poste le *Sémaphore* d'aujourd'hui : vous verrez comment a été accueilli ici l'avancement de M. Imbert. Réponse urgente, car je suis accablé par les détails de cette organisation.

A. Gent.

—

Marseille, 11 déc. 1870, 10 h. 46 s.

N. 5978

Préfet à Guerre, Bordeaux.

Je vous rappelle, au cas où cette dépêche se serait également égarée, que, depuis plusieurs jours, je vous ai demandé, avec le concours de M. le commandant de la division militaire, et au nom de la population marseillaise, pour les Bouches-du-Rhône, M. Imbert, naguère capitaine commandant la 1re compa-

celin). — docteur Bouquet — Ch. Cartoux — J. Dubouis — H Mengin — Jean Roger — A. Simon.
Notons en passant que ce comité établi à la Préfecture, était appelé à recevoir toutes les dénonciations relatives aux réfractaires. que les citoyens avaient été invités, par une proclamation spéciale, à lui adresser sous enveloppe.

gnie du 3e régiment du train, et récemment nommé chef d'escadron à l'armée de la Loire ; c'est un enfant du pays qui a laissé ici de très vives et très générales amitiés.

Je vous rappelle que, dans les mêmes conditions de popularité, je vous ai demandé pour lieutenant-colonel chef de la légion d'Arles, M. Seignobosc, actuellement capitaine au 12e bataillon de marche des chasseurs à pied. Ces deux choix sont on ne peut meilleurs, et je vous demande de les ratifier.

A. Gent.

Marseille, 12 déc. 1870, 1 h. 40 s.

N° 5995.

Préfet à Guerre, général de Loverdo, Bordeaux.

Cher général. — Ce n'est pas pour commandant en second du camp, mais pour commandant supérieur des 5 légions des Bouches-du-Rhône que j'ai demandé, il y a plusieurs jours, redemandé hier soir, et que je réclame encore aujourd'hui, de vous et de Freycinet, M. le commandant Imbert. Veuillez le faire dire à ce dernier, de qui je reçois un télégramme à l'instant.

A. Gent.

Marseille, 12 décembre 1870, 10 h. 45 s.

N° 515.

Le Préfet des Bouches-du-Rhône à Intérieur, (Cazot) Bordeaux.

Je reçois dépêche de guerre 3120, qui déclare ratifier, en ce qui le concerne, le choix du chef d'escadron, Imbert, pour commandant supérieur des légions mobilisées des Bouches-du-Rhône, et du capitaine Seignobosc pour lieutenant-colonel de la légion d'Arles, deux choix excellents et réclamés de tous. Il vous reste à confirmer définitivement ces deux nominations que je recommande particulièrement à mon ami Cazot.

Pour la légion d'Aix, on me réclame et je demande pour son lieutenant-colonel, M. Casaubon, lieutenant démissionnaire du temps de l'Empire au 76e, aujourd'hui capitaine adjudant-major au 2e bataillon des mobiles de Vaucluse du 19e corps ; c'est un officier que je connais depuis longtemps, et dont j'ai, comme instructeur remarquable, le plus grand besoin. Il ne me manquera plus que le chef de la troisième légion de Marseille, que je tiens à bien choisir comme les autres. A. GENT.

—

Marseille, 12 décembre 1870, 12 h. s.

N. 517.

Le préfet des Bouches-du-Rhône à ministre guerre, Bordeaux.

Merci de votre dépêche 3120, pour Imbert et Seignobosc. Faites même accueil pour Casaubon, capitaine adjudant major au 2e bataillon des mobiles de Vaucluse, 19e corps, que je réclame pour chef de la légion d'Aix. J'envoie dépêche à intérieur pour recommander de toutes mes forces ces trois excellentes et nécessaires nominations.

Quant à votre dépêche, même numéro et même heure, croyez bien que je ne veux pas gêner vos dépôts ultérieurs dans nos casernes ; je n'en ai besoin que pour quelques jours de mobilisation, et d'ailleurs, vous avez là près de trois mille hommes, sans compter ceux d'Arles et de Tarascon, tous prêts à partir.

Pour moi, croyez bien que ce n'est pas chose facile que de remuer quinze mille mobilisés dans un pays toujours agité, et je demande que l'on m'aide un peu, en vous assurant que je ne vous gênerai jamais. A. GENT.

—

Marseille, 13 décembre 1870, 4 h 40 du s.

N° 547.

Préfet à Cazot, intérieur, Bordeaux

Je n'ai pas présent le décret qui donne aux préfets le droit de nommer les chefs de bataillons des légions des gardes nationaux mobilisés, quelques réclamations s'élèvent. Veuillez donc me le faire connaître.

A. GENT.

—

Marseille, le 17 décembre 1870, 4 h. du soir.

N° 5,229.

Préfet à intérieur, Bordeaux.

En réponse à 3256, je vous dirai que, par des considérations majeures d'ordre politique, j'ai cru devoir nommer les chefs de bataillon de mes légions mobilisées ; si donc vous recevez à cet égard quelque protestation isolée et signée d'un nom innommable à tous les points de vue, tenez-là pour non avenue. Amitiés à vous et à Delord (1).

A. GENT.

—

Marseille, 21 déc. 1870, 2 h. 11 s.

N. 5419.

Préfet à intérieur, Bordeaux.

La mobilisation des cinq légions des gardes mobilisés des Bouches-du-Rhône est partout commencée et en bonne voie d'achèvement complet : d'ici à 8 jours, ils seront prêts à être acheminés sur le camp des Alpines où les travaux sont commencés, et se poursuivent avec une grande activité.

Ils partiront tous habillés, équipés avec de chaudes capotes, des couvertures, des souliers et toute la ferblanterie ainsi que le campement. Il ne leur manquera donc rien, et même je me suis mis à votre disposition pour mes collègues à qui quelques objets pourraient manquer. Vous savez aussi que j'ai satisfait ou suis en train de satisfaire à ce que les préfets de la Loire et de l'Aveyron m'ont demandé à votre incitation.

---

(1) Delord (Taxile) rédacteur du *Siècle*, aujourd'hui député de Vaucluse, et dont on retrouve fréquemment le nom à cette époque, surtout dans les télégrammes du préfet d'Avignon. (Télégr. 549, 618 et 667.)

Marseille, 21 décembre 1870, 2 h. 40, soir.

N. 5420.

Préfet à guerre, Bordeaux.

Je vous confirme ce que le général commandant la subdivision de Marseille a dû vous télégraphier, ce matin, après en avoir conféré avec moi, à savoir qu'il serait dangereux en ce moment de désorganiser mes légions de mobilisés qui sont en voie de rassemblement, pour compléter avec eux vos dépôts de mobiles. D'ici à dix jours au plus tard, je vous livrerai mes cinq légions complètement habillées et équipées au camp des Alpines, et vous pourrez faire d'elles ce que vous jugerez utile, sans nuire au rassemblement et à la mobilisation complète. Si vous m'en croyez, c'est au camp aussi que vous dirigeriez vos dépôts de mobiles, et rien ne serait plus facile alors que ces versements d'un corps dans un autre coin de la ville, loin des familles et à l'abri de toutes les difficultés que cette opération rencontrerait ici; c'est ce qu'a parfaitement compris M. le général, et je vous verrai avec plaisir agréer cette proposition que je vous recommande comme une mesure d'ordre. A. Gent.

—

Marseille, le 31 décembre 1870, 11 h. 30 s.

N· 7212.

Le préfet des Bouches-du-Rhône à Guerre, Bordeaux (urgent).

Nous avons payé la moitié de l'entrée en campagne aux officiers de nos légions, le jour où nous les avons déclarés mobilisés, c'est-à-dire rassemblés.

Nous avions décidé de leur payer la seconde, dès leur entrée en campagne, en considérant comme entrée leur départ pour le camp, attendu que ce n'est pas au camp qu'ils pourront se procurer les objets nécessaires pour aller plus loin, et que ces effets sont indispensables au camp même.

Si nous examinions dans sa lettre votre circulaire du 20 décembre, qui nous est parvenue, après cette décision prise et promise, nous devrions nous refuser à payer cette seconde moitié, et nous nous exposerions, non sans raison, à de grandes difficultés et à de non moins graves mécontentements.

Dans cette situation, je vous demande de ne pas vous opposer à ce que j'accomplisse ma promesse en payant l'entrée en campagne. Cela ne donnera lieu qu'à un simple virement de fonds d'intérieur sur guerre, et à côté de beaucoup d'avantages pour nous, il n'y aura nul inconvénient pour vous. Je ne vois pas d'ailleurs comment il me serait possible de retirer ces engagements formels et déclarés.

A. Gent.

—

Marseille, le 8 janvier 1871, 9 h. 40 m.

Préfet à Guerre, Freycinet, Bordeaux.

MM. Bouchy et Seignebosc, nommés par vous chefs des 4e et 5e légions de la garde mobilisée, n'ayant pas accepté cette fonction, je viens, après avoir consulté MM. les sous-préfets d'Aix et d'Arles et, par leur entremise, les officiers de ces deux légions, vous prier de nommer, pour les remplacer, M. Jensenbrunner pour la 4e et Karr pour la 5e. Ces deux officiers, tous deux anciens militaires, avaient été désignés par moi pour être majors des deux dites légions. Comme elles sont déjà rassemblées et prêtes à partir pour le camp un de ces jours très-prochain, je vous prie de m'annoncer immédiatement par dépêche leur nomination que, sans cela, je serais obligé de prononcer moi-même d'urgence, vu les circonstances. A. Gent.

—

Marseille, 10 janvier, 8 h. 25 m.

N° 7477.

Général commandant le camp des Alpines à guerre, Bordeaux.

Je demande que, pour juger les mobilisés du

camp, un conseil de guerre (1) soit établi à la limite la plus éloignée de la 9e division territoriale, à Nice par exemple, ou mieux à Digne.

Si le conseil, siégeant à Marseille, avait à prononcer un jugement sur une faute grave, il se produirait inévitablement une émotion inquiétante pour la tranquillité de la ville et pour la discipline du camp.

QUIQUANDON.

Marseille, 31 janvier 1871.

N. 7601.

Préfet à intérieur et guerre, Bordeaux.

Je n'y comprends rien : le jour même de la nouvelle de la capitulation, un ordre de vous commande le départ pour Lyon de nos cinq légions mobilisées ; trois jours après, contre ordre arrive, et elles doivent rester dans leurs cantonnements et barraquements du camp des Alpines. Je vous le déclare, ce contre ordre sera ici déplorablement interprété : on y verra non pas une mesure militaire, mais une manifestation politique d'une toute autre signification que celle que, tous, nous espérons de vous.

§ III.

Rapport de l'inspecteur M. Pierre Baragnon (2) sur l'état de la mobilisation dans les Bouches-du-

---

(1) A la même date, le préfet Gent transmettait une demande analogue au ministre de la guerre. Nous avons transcrit ce document dans le chapitre relatif au camp des Alpines. — (Télégramme n. 7489, 10 janvier 1871, 11 h 15 m.)

(2) Ex-préfet de Nice mis en disponibilité à la suite de circonstances que nous avons relatées au cours de cette publication. On y a vu comment l'administration de ce fonctionnaire était jugée par ses correligionnaires politiques, Crémieux, Laurier, Glais-Bizoin.

Nous avons vainement recherché le texte ou la date de la décision ministérielle qui l'avait investi des fonctions d'inspecteur des camps régionaux. — Un seul décret relatif à ces inspecteurs figure au *Moniteur* du 14 décembre 1870 : il est sous la date du 2 décembre, et ne désigne pour ces fonctions que l'ex-notaire Spuller, frère du secrétaire du ministre Gambetta, Cauvet et Perrin. — Il va sans dire qu'aucun de ces personnages n'avait des antécédents militaires.

Rhône, le Gard et l'Hérault. Il se plaint vivement que les départs des mobilisés sont terribles à décrocher. — Ce qu'il pensait de la discipline et de l'équipement des légions marseillaises.

Marseille, le 6 janvier 1871, 12 h. 10 s.

N. 7283.

Pierre Baragnon à intérieur et guerre,
Bordeaux.

Préfet Montpellier réclame instamment ordre départ du premier de ses bataillons dont trois sont prêts. Je me permets d'insister avec lui, car vous pouvez tenir pour acquis qu'il est absolument impossible de garder dans les départements un ou deux ou trois bataillons, quand ils sont prêts.

Le seul moyen de pouvoir expédier rapidement tous les mobilisés, jusqu'au dernier réfractaire, est de soulager les préfets dès qu'ils le demandent en prenant à mesure. La Lozère est dans le même cas. Je suis hôtel Luxembourg, à Marseille, pour les premiers départs de Gent.

Envoyez-moi un seul mot qui me montre que vous reconnaissez la nécessité de rapides évacuations.

Pierre BARAGNON.

Marseille, 7 janvier 1871, 10 h. 25 m.

N. 7330

Pierre Baragnon à Gambetta, Ministre,
Bordeaux.

Vos félicitations m'encouragent au plus haut degré : la tâche est rude : je vous seconderai malgré grandes fatigues, mais je ne veux ni abuser du télégraphe ni troubler les préfets.

Cependant, il y a loin de l'état vrai des choses

aux rapports et chiffres que vous m'avez communiqués (1).

Pour les réfractaires, que pensez-vous d'une lettre publique que vous pourriez écrire à M. de Freycinet ou aux préfets? Déjà j'estime comme d'une urgence absolue, que la guerre prenne dans un département, bataillon par bataillon, à mesure que je les lui offre.

En effet, je menace d'une échéance, elle arrive, et on laisse l'administrateur dans l'embarras, tel Lisbonne désolé et encombré. Que coûte-t-il à guerre de déterminer, selon mes télégrammes, un déplacement par bataillon sur des points intermédiaires où se compléterait au besoin chaque légion? Autrement, nous n'arriverons jamais à extraire de ma région les contingents que vous attendez, car les départs sont terribles à décrocher : songez que les mobilisables n'ont ni caserne ni dépôt, ce qui est un tort. Ici à Marseille, situation peu solide. Gent peut être débordé dans huit jours : ses mobilisés font manifestations violentes, ne voulant partir que pour le camp. Ce camp ne peut les recevoir ; un convoi encombre Avignon où j'irai lundi, ainsi qu'aux Alpines.

Pierre BARAGNON.

Marseille, 8 janvier 1871, 11 h. 55 m.

N· 7386.

Pierre Baragnon à Guerre. Bordeaux.

Le troisième départ du Gard a été bien meilleur : il s'est composé de 1043 hommes dont 250 retardataires.

Demain matin, aura lieu troisième départ des mobilisés de Marseille pour le camp des Alpines ou plutôt pour cantonnement dans les villages environnants. J'ai vu ce matin deux bataillons plus exercés que Gard et Hérault. Effets équipement médiocres, campement encore incomplet, chaussures et cuirs des gibernes détestables.

BARAGNON.

(1) Cet aveu, qui ne saurait être suspect, nous prouve une fois de plus comment la délégation de Bordeaux nous leurrait à l'aide de chiffres fantastiques et de rapports inexacts.

Marseille, 8 janvier 1871, 6 h. 40 s.

N· 7417.

Pierre Baragnon à Gambetta ministre, Bordeaux.

Résumé des départs des mobilisés, en cours d'exécution :

J'ai visité trois départements.

Département de l'Hérault : les 12, 14, 16 janvier par trains de 600, et 1,200 hommes — Direction : Lyon et Sathonay.

Département du Gard : les 3, 5, 7, 9, 11 et 13 janvier par trains de 600. 700 et 1200 hommes — Direction : Bourges et Issoudun.

Département des Bouches du Rhône : les 4, 6, 9, 12 janvier par bataillons de 1,000 à 1,200 hommes : Direction : camp des Alpines et cantonnement voisin.

J'ai visité tous ces mobilisés, mes observations sur leur équipement et armement sont relatées dans mes rapports successifs — Serai demain à Avignon où le Préfet réclame énergiquement l'envoi de 4,500 *spring fields* (1) et de ses munitions pour 7,500.

BARAGNON.

—

Avignon, 9 janvier, 4 h. 50 s.

Pierre Baragnon à Guerre, Bordeaux.

Les 1,400 mobilisés des Bouches-du-Rhône ont quitté Avignon, et sont cantonnés dans les villages autour du camp des Alpines

(1) Le retard que subit l'envoi de ces armes motiva encore de nombreuses réclamations de la part du préfet de Vaucluse qui, à bout de patience, télégraphiait :

Avignon, 21 janvier 1871.

N. 7352.

Le préfet Vaucluse à Naquet, secrétaire commission défense, 30, rue Vital-Carles, à Bordeaux.

Les *Spring fields* sont-ils enfin partis ? La place n'est plus tenable. Le manque d'armes est un supplice pour moi et un danger pour nos légions. Veillez, priez, pressez, répondez. Voyez chef de gare de Bordeaux : qu'on se hâte. — Je n'y tiens plus. POUJADE.

Le président civil du camp m'a invité à Graveson, à les visiter. Je m'en abstiens, sauf votre ordre.

Ce matin, nouveau départ de Marseille en deux trains s'est bien effectué.

Enverrai par poste mon appréciation sur équipements et armements.

Les trois départements que j'ai parcourus prennent les mesures les plus énergiques contre les réfractaires.

Suis à Avignon, Hôtel de l'Europe.

Pierre BARAGNON.

Avignon, 9 janvier, 9 h. 38 s.

Pierre Baragnon à Guerre, Bordeaux.

Je suis informé que le quatrième départ des mobilisés du Gard effectué aujourd'hui même, a souffert de véritables difficultés. A peine la moitié du bataillon habillé et armé a-t-elle pu partir, soit 602 hommes. Le Préfet espère que son prochain départ sera plus nombreux.

Je suis à Avignon plus content de Vaucluse que je ne le croyais, et prêt à me rendre à Valence.

Si vous comptiez pour le Gard sur des effectifs plus complets, et que, d'après vos informations, ma présence vous y semble bonne, télégraphiez-moi : je modifierai mon itinéraire. Pierre BARAGNON.

Avignon, 29 janvier, 3 h. 55 m.

N. 7470.

Baragnon à Guerre, Bordeaux.

Sans mettre le pied au camp des Alpines, je viens de parcourir plusieurs villages où sont cantonnés des mobilisés. Les chaussures et vareuses sont déjà dans un triste état. Les exercices sont incomplets, les réfractaires très-nombreux.

Je compte bien sur le patriotisme de notre ami Gent pour agir et organiser les départs.

Pierre BARAGNON.

§ IV

L'ingénieur Francis Laur est nommé, par M. Gent, commissaire de la défense. — Il sollicite d'abord pour lui les franchises accordées aux délégués du ministère et propose ensuite au gouvernement de l'attacher à la délégation créée le par décret du 8 novembre 1870. — Récrimination du comité républicain d'Aix au sujet des individus qui, pour échapper à la mobilisation, se font nommer dans la magistrature. — M. Gent annonce qu'il va procéder à la révision de toutes les exemptions et sursis accordés aux employés des administrations publiques.

Marseille, le 24 novembre 1870, 6 h. 40 s.
N° 5599.

Préfet Marseille à Intérieur, Tours.

Je vous avise qu'en attendant la nomination ou présentation de la commission prévue dans l'article 5 du décret du 15 novembre, relatif aux travaux d'armement effectués par l'industrie privée, j'ai nommé comme commissaire aux mêmes effets et sous ma direction, M. Francis Laur, ingénieur civil, qui m'assiste dans toutes les affaires relatives à l'armement et aux travaux et réquisitions y relatifs depuis mon installation ici. Il me serait impossible de me passer de son concours.

A. Gent.

Marseille, le 14 janvier 1871, 11 h. 35 m.
N. 7710.

Préfet à Intérieur (pour Lévy), Bordeaux.

Pouvez-vous donner à mon jeune ingénieur Francis Laur, qui m'assiste : 1. en qualité de commissaire de la défense pour la direction de toutes mes usines réquisitionnées ; 2. en qualité d'officier au camp des Alpines, l'autorisation de jouir des franchises accordées aux délégués du ministère ?

Envoyez-moi une pièce qui puisse lui permettre d'effectuer, sans ennui, tous les travaux auxquels il se dévoue et qui l'obligent à de continuels déplacements.
A. GENT.

Marseille, le 28 janvier 1871, 10 h. 45 m.

Préfet à intérieur, Bordeaux.

Pour que nous marchions toujours étroitement d'accord et nous aidant l'un l'autre dans l'œuvre commune que nous avons acceptée avec un égal dévouement et une égale activité, je crois que vous devez tenir immédiatement la promesse que vous avez faite à M. Laur, de l'attacher à la délégation créée par décret du 8 novembre (1), afin qu'il vous représente tout aussi bien que moi ; vous en aviez reconnu la nécessité, et je crois que vous devez en presser la réalisation ; cette mesure me semble urgente et mérite une solution immédiate qui nous permettrait de mieux combiner avec Toussaint la grande question de la fabrication des gargousses Reffye, la plus importante de toutes peut-être en ce moment. Appréciez et faites-moi connaître de suite ce que vous aurez décidé.
A. GENT.

Aix, décembre 1870.

N. 5627.

Sous-préfet d'Aix au ministre de la Justice et au ministre de la Guerre, Bordeaux.

Une délégation du comité républicain d'Aix et de la garde mobilisée, vient se plaindre de ce que beau-

(1) L'article unique de ce décret était ainsi conçu :
« Il est formé au ministère de la guerre une commission chargée de réunir, de contrôler et de liquider provisoirement tous les marchés passés, depuis le début de la guerre, pour fournitures faites ou à faire aux troupes, sans que les rapports de la commission puissent d'ailleurs préjudicier en rien aux décisions à rendre ultérieurement par l'autorité chargée de la liquidation définitive. »

coup de leurs concitoyens ne se font nommer substituts, juges de paix ou juges suppléants que pour échapper à la mobilisation. N'y a-t-il pas lieu de décider que les nominations faites après rassemblement de la légion sont nulles, parce que le mobilisé appartient au ministre de la guerre ?

MARTIN.

—

Marseille, 7 janvier 1871, 6 h. 35 soir.
N. 7363.

Préfet à Intérieur, Bordeaux.

En réponse à votre circulaire 5125, je vous déclare que j'ai été d'une sévérité excessive à l'égard des réclamations faites au nom des administrations publiques pour les mobilisés qu'elles demandaient à conserver, et j'ai même opposé des refus que vous n'avez pas approuvés, pour des minotiers et des brûleurs de café exigés par l'intendance militaire.

J'ai donc fait subir des retranchements nombreux aux listes d'exemptions présentées par toutes les administrations.

J'en excepte l'intendance et le chemin de fer qui, tous deux, ont porté leurs doléances jusqu'à vous.

Je vais faire passer une circulaire pour faire la révision de toutes les exemptions ou sursis accordés en vertu de votre dépêche de ce jour.

---

§ V.

Marchés et Fournitures. — Achats d'armes offerts au gouvernement. — La question de la dynamite. — Fabrication de canons et batteries d'artillerie. — Réquisition des usines. — Nombreux crédits ouverts à M. Gent. — Ses démêlés avec le ministre. — Sa démission est offerte et refusée sur les instances de M. Gambetta.

M. Gent déclare qu'il faut à tout prix qu'il se procure des armes ou par lui ou par le gouvernement. Ce dernier n'a qu'a choisir, sinon il se déclare prêt à passer outre et à acheter celles qu'on lui offre. — La question de la dynamite. — Offres faites par lui à la commission d'armement de l'achat de cinquante mille fusils Enfield ou Spingfields. — Voyage de l'ingénieur Laur à Saint-Etienne. — Le cas des fusils Burbon proposés par M. Gent, à 110 francs et achetés par Lecesne à 76 francs. — Intervention du procureur Guibert dans ces questions de marchés. — Le préfet de Marseille réclame pour ses mobilisés l'envoi de dix mille Remington. — Ses démêlés avec le ministre, au sujet des lenteurs mises à lui envoyer des plans-types de canons, mitrailleuses et affûts. — Persiflage de ses dépêches — Verte réplique du délégué du ministère, Maurice Lévy. — M. Gent se plaint amèrement à MM. Gambetta, Ranc et Spuller des lenteurs administratives des bureaux de la guerre et des tracasseries de toutes sortes qui lui sont suscitées. — Il demande à être relevé de ses fonctions. — M. Ranc intervient, mais sans succès, pour le faire revenir sur cette détermination. — Il se décide à céder aux instances de M. Gambetta, et lui demande de ne plus être désormais entravé dans ses opérations. — Réquisition des usines. — Les marchés de souliers, guêtres, hâvre-sacs, chassepots et autres.

M. Gent, se targuant de ses pleins pouvoirs administratifs et militaires, invite le ministre de la guerre à faire payer à sa requête les dix batteries de 4 qu'il vient de lui céder. Difficultés à ce sujet, tranchées par « les fortes têtes de la guerre. » — Régularisation du crédit affecté aux frais de transport et de réception avec armes des Italiens, et de plusieurs autres crédits. — Retards apportés en cette matière.—Supplications de M. Gent pour en obtenir le prompt ordonnancement. Il menace d'envoyer d'heure en heure des dépêches de rappel. Il qualifie d'imprudents les marchés faits par l'intendance et propose d'offrir à ces fournisseurs des Bons du Trésor pour les deux tiers de la valeur des marchés liquidés. — Le cas du commandant d'artillerie, Michel Roux. Ce qu'il pensait de M. Gent. — Artillerie de la garde na-

tionale mobilisée. — M. Gent réclame que le dépôt en soit établi non à Marseille, mais à Avignon ou Aix Il songe à distraire le département des Bouches-du-Rhône de la 9e division militaire.
— Ses doléances, à M. Freycinet à qui il reproche de ne lui pas avoir livré une seule arme, malgré ses promesses, et de vouloir, en outre, lui enlever celles qu'il vient de prendre au fort Saint-Jean.
— Il demande (à la date du 6 février 1871) que le travail de fabrication ne soit pas interrompu dans les usines requisitionnées par lui.

Marseille, 12 novembre 1870, 12 h. 5 m.
N· 5160.

Préfet à Intérieur, Tours.

Votre dépêche 5606 ne répond nullement à la mienne. Nul mieux que moi ne connaît le dévouement et l'activité de la Commission d'armement. J'ai vu Lecesne à l'œuvre ; mais vous me permettrez de vous dire que, mieux que vous et que lui, je connais les impérieuses nécessités du pays où vous m'avez envoyé, que la question du manque absolu d'armes dans tout le département soit la cause ou le prétexte du mécontentement, le fait est qu'il existe, et que je suis assassiné de très légitimes réclamations.

Il faut que je me procure des armes ou par vous ou par moi. Choisissez. Je vous répète que des offres très-sérieuses me sont faites et que je les accepterai, nous verrons ensuite qui paiera. C'est pour cela que je vous demande des prix exacts ; il ne faut pas être jaloux de ce qu'un autre que la Commission d'armement achètera quelques armes dont il a absolument besoin. Qu'on m'en envoie, je ne dirai rien ; mais comme on ne m'en envoie pas, j'en achèterai à moins que vous ne préfériez que, comme mes prédécesseurs, je ne saisisse au passage toutes celles qui passeront pour vous. Vous ne faites pas ou vous ne pouvez pas faire, au moins laissez moi tenter de faire moi-même ; c'est ce qu'on disait au chien du jardinier. Les élections se présentent bien : tout est calme, apaisons les rumeurs, ne réveillons pas les tempêtes, en un mot, donnons-nous raison.

A. GENT.

Marseille, 13 novembre 1870, 8 h. 40 s

N° 5401.

Préfet à Intérieur, Tours.

Donnez des instructions sur ma mission pour accréditer M. Minel auprès de moi au sujet de la dynamite. Une première dépêche adressée au lieutenant Hegelbachez a été sans réponse.

A. GENT.

Marseille, 14 novembre 1870, 10 h. 52 s.

N. 5279.

Préfet à commission d'armements, Tours.

Les cinquante mille fusils Enfield que je vous envoyais hier, offerts ferme au prix de soixante francs, le sont en réalité à quarante-deux schillings, livrables à Marseille ou tout autre port, et payables à Londres. — Voyez si cette affaire convient à vous, je ne peux pas moi multiplier mes systèmes : la même maison offre aux-mêmes conditions cinquante mille Springfields au prix de cinquante-cinq schillings. Ces derniers avec sabre-baïonnette, les premiers avec baïonnette. Veuillez répondre, je vous prie, aux cotés de prix fusils et munitions réclamées plusieurs fois de votre amitié.

A. GENT.

Saint-Etienne, 14 novembre, 11 h. 5.

Laur à préfet, Marseille.

Vogely (1) absent. — Plus de fusils à transformer

---

(1) Aujourd'hui, rédacteur du journal radical le *Réveil du Dauphiné*, et alors délégué de la Loire auprès de la Ligue du Midi.

ici. — Ai vu M. Toussaint. — Serai de retour demain matin. — Le ministre veut s'emparer des ateliers du département.
LAUR.

—

Tours, 16 novembre, 9 h. 50 s.

Lecesne à Gent, préfet, Marseille.

- erci du renseignement, mais les fusils Burbon offerts à 110 francs, ont été achetés le 10, par commission à 76 fr. avec un million de cartouches.
(f. 96, vol. 2.)
LECESNE.

—

Marseille, 17 novembre 1870, 4 h. 10 s.
N. 5385.

Procureur République à Procureur République, Tours.

Dire à Vileau, hôtel Paris à Tours, de venir à Marseille avec échantillons Chassepot. Si armes conviennent, contrat sera passé avec Zaoué, 6, Cannebière.
Le procureur de la République,
GUIBERT.

—

Marseille, 20 novembre 1870, 12 h. 55 m.
N° 5492.

Le préfet des Bouches-du-Rhône à Intérieur, Tours.

Dans l'impossibilité où je suis de traiter fusils perfectionnés en Amérique, d'abord pour satisfaire Lecesne et puis faute de pouvoir agréer et payer sur place, je suis forcé pour des raisons impérieuses d'ordre public de vous demander, ou bien de m'envoyer, pour mes mobilisés, 10 mille Remington ou chassepots, ou bien de m'autoriser immédiatement à faire prendre à Labuire 30 mille fusils à silex pour les faire transformer dans la localité système Perre sans nuire aux autres services ; en dehors de Marseille, il y a 30 mille pistons ; il n'y a pas dans tout mon département 10 mille fusils ; dans ces conditions, le rassemblement est plus que difficile et dangereux pour la tranquillité. Venez donc à mon aide et de suite.

A. GENT.

Marseille, le 22 nov. 1870, 10 h. 48 m.

N° 5568.

Préfet à Intérieur, Tours.

Marseille réclame avec trop d'insistance, à ce qu'il paraît, des plans de canons, de mitrailleuses et d'affûts qui lui sont annoncés, promis depuis nombre de jours sans qu'elle ait reçu (chose étrange) autre chose que des reproches.

Marseille se fait quemander non pas par égoïsme mais pour sa propre sûreté ou pour remplir les obligations qu'un décret lui impose à jour fixe, mais pour envoyer au loin et ses armes et celles de ceux qui ne les attendent que d'elle.

Marseille sait qu'elle possède un outillage exceptionnel et elle ne parvient pas à comprendre que Nantes plus menacée et St-Etienne qu'on évacue, soient préférées à ses usines en chômage.

Marseille sait avec quelle majestueuse lenteur, les administrations spéciales procédaient en temps calme ; mais elle s'imaginait qu'avec MM. Gambetta, Levy, Freycinet, Thoumas, etc., aujourd'hui surtout, ces temps ne pouvaient plus exister.

Se trompe-t-elle ? on le croirait.

Le fait est qu'elle a mis en réquisition, et pour tous, des usines exceptionnelles qui chôment, que les populations de la Ciotat, de la Seyne et de Marseille protestent contre l'inaction d'ouvriers dispensés de la mobilisation, pour se croiser les bras, qu'elle est accusée, à bon droit, de manquer à tous les devoirs et qu'elle s'attend, dimanche prochain, à des refus de rassemblement, et par suite, à des désordres dont elle renvoie la responsabilité aux dessinateurs des points sur les i.

Mais elle attendra cependant que l'on se rappelle

qu'elle est sur la carte de France et que, quoique en dise un de mes amis, (1), elle est bonne à quelque chose, longtemps après Saint-Etienne, Nantes et tous les autres dont elle ne mérite pas les priviléges.

Franchement je crois être bon ami, bon camarade, bon subordonné et même bon caractère, mais parfois il y aurait à devenir aussi tonnant que Gambetta, aussi narquois que Spuller, et un peu plus pressé que M. Lévy, à qui je demande pardon de cette brusque entrée en très-sympathique connaissance (2), mais il est navrant d'avoir à lutter contre tous, même contre ses meilleurs amis. A. GENT.

—

Marseille, 23 nov. 1870, 8 h. 35 s.

N. 5609.

Gent à Gambetta, Tours.

J'ai reçu, cette nuit, une dépêche de vous ainsi conçue : Intérieur à préfet. — Satisfaction entière vous sera donnée, veuillez attendre jusqu'à demain réponse. Ce soir, je reçois (3356) une dépêche signée Maurice Lévy, fort spirituelle (3), mais qui ne me donne satisfaction aucune. — Au milieu des embarras fort sérieux que, sous une forme plus ou moins sérieuse, je vous avais très-amicalement signalés, je ne me sens ni le courage ni la taille de lutter à la fois contre MM. vos ingénieurs et MM. vos généraux, et je vous prie de m'envoyer immédiatement un remplaçant. Jamais je n'ai compris si bien le pro-

(1) M. Gent fait ici allusion à M. Spuller Il exprime encore la même idée dans une autre dépêche à M. Gambetta (télégramme n° 5684, 2 déc. 1870, 7 h. 40 s), qui se termine par ces mots : « Convainquons donc notre ami Spuller que le Midi vaut quelque chose. »
(2) Le persiflage de cette dépêche eut le privilège de déplaire à M. Maurice Lévy, et nous savons, par son télégramme reproduit dans le rapport de Sugny (p. 149), en quels termes il y répondit. Il déclarait entre autres choses au préfet de Marseille qu'il serait peut-être un jour « tonnant comme Mirabeau et narquois comme Voltaire, mais que son persiflage peu de saison ne pouvait l'atteindre. » (Télégramme n° 5407, Tours, 23 nov., 5 h. 55.)
(3) Il s'agit toujours du télégramme dont il a été question ci-dessus (note 1).

verbe qu'il valait mieux avoir affaire au bon Dieu qu'à ses saints. Je reste l'ami de vous.

Marseille, 23 nov. 1870, 9 h. 20 s.

N. 5605.

Gent à Spuller, Tours (confidentielle).

Je viens d'écrire à Gambetta : Je reste l'ami de vous ; je ne veux pas que vous supposiez que je vous ai exclu : je ne veux pas surtout que vous preniez à mal un mot (1) que j'ai écrit dans ma dépêche d'hier, mais on me fait ici une position insupportable. J'ai contre moi l'hostilité secrète ou déclarée de presque tous ceux qui portent un sabre, et l'on ne m'autorise auprès d'eux que comme pouvoir civil et pour un fait spécial et passé (2) qui n'engage nullement les faits à venir.

D'un autre côté, je demande avec toutes les insistances, présentées successivement sous toutes les formes, pour des usines que l'on reconnaît exceptionnelles, des plans qui sont partout, excepté ici, et l'on me renvoie aux calendes grecques pour les avoir, après m'avoir vous promis satisfaction entière. En attendant les villes, où sont ces usines exceptionnelles, se révoltent contre la mobilisation, qui n'atteint pas les ouvriers inoccupés de celles-ci.

Marseille est exploitée par les vaincus d'hier, qui proclament cette même inégalité, et je porte la responsabilité d'actes contre lesquels je lutte de tous mes efforts. Dans cette situation, ne vous étonnez pas que je trouve la charge trop lourde, et que je laisse à de plus complaisants la tache d'attendre pa-

---

(1) C'est sans doute du mot : narquois, comme Spuller que veut parler le préfet de Marseille.

(2) Il s'agit de l'incident relatif à l'évacuation de la caserne Saint-Charles, ordonnée par M. Gent. On n'a pas oublié que M de Freycinet prit parti dans cette question contre l'autorité militaire, et adressa au général Rose, à Toulon, cette singulière dépêche :

« Veuillez cesser d'élever des conflits avec l'autorité civile, relativement au casernement des mobilisés, et régler immédiatement cette affaire, conformément au désir de M. le préfet des Bouches-du-Rhône. » (Télégramme n. 5717. Tours, 22 nov, 1870, 2 h. 10 soir.)

tiemment de futures satisfactions. Je ne vous avais pas cependant bien importuné ; mais, en présence des puissantes résistances que je prévois et subis, je sens que je deviendrai importun, tracassier même. Il vaut mieux pour vous et pour moi que je me retire et j'y suis décidé. A. GENT.

N. 370.

Marseille, 24 nov. 1870, 2 h. 35.

Gent à intérieur. Tours.

Mon cher Ranc,

J'avais déclaré à Gambetta sur sa dépêche (1) reçue ce matin, que je ne communiquerai plus avec Tours jusqu'à sa rentrée : à un homme que j'aime et que j'estime, je ne puis pas ne pas répondre (2) mais je le fais avec tristesse, parce qu'à votre insu vous ramenez un débat pénible à la même extrêmité qui m'a dicté ma démission et qui la rend plus nécessaire que jamais. Je nie qu'il y ait force majeure.

Je n'admets pas qu'il y ait eu des ordres spéciaux ou des instructions restrictives pour un département outillé, quand tant d'autres, à ma connaissance, et jusqu'à des particuliers présents ici, sont munis des plans et types que l'on refuse à mes plus instantes prières. Je sais que l'on a manqué à la promesse faite, hier matin, de me donner le jour même satisfaction entière, et dans ces conditions inconcevables je me refuse personnellement à la res-

(1) Dans cette dépêche, datée du Mans, où le dictateur se disait « occupé à réparer un accroc fait à nos opérations militaires. » Gambetta priait M. Gent de lui accorder le temps de revenir à Tours, et terminait par ces mots significatifs : « Je vous le promets ; vous verrez comment je sais régler les choses .. » (Télégramme n. 5959. — Le Mans, 24 novembre 1870, 4 h. 10 m. Voir de Sugny, p. 150).

(2) Ranc avait, en effet, télégraphié au préfet de Marseille :

« C'est par cas de force majeure que vous avez eu affaire e mon cher Gent, non pas au bon Dieu, mais à ses saints. — C'est par ordre du ministre et suivant ses instructions que je vous ai télégraphié. — Prenez de grâce patience, il n'y a de la faute de personne. — RANC. » (Télégramme n. 5596, Tours, 24 novembre 1870, 10 h. 35 m.)

ponsabilité de la patience que, sous votre couvert, l'on prétend m'imposer. Ce serait chaque jour à recommencer.

Avant hier, ce sont les généraux qui défendent d'exécuter mes ordres, et vis-à-vis desquels on me donne raison et autorité pour le passé. Hier, ce sont des plans types qui courent la France et que presque seul je ne puis avoir, en présence de réquisitions faites ou de désordres imminents. Aujourd'hui, c'est un membre de l'intendance (1) que, par décret officiel, l'on met hors cadres, parce que je persiste, malgré trois ordres successifs de la guerre, à le garder ici, où pour le moment j'ai besoin de lui. Demain ce serait quelque taquinerie ou quelque mauvaise volonté nouvelle et j'y laisserais et mon autorité et ma dignité, et ma responsabilité et ma santé. Il vaut mieux en finir tout de suite, et, je le répète, laisser les saints triompher à leur aise. Du reste, Marseille est pacifiée et si elle se trouble encore, de plus patients que moi y pourvoieront. Je vous prie de communiquer à Gambetta ma résolution persistante, en vous serrant la main de toute amitié.

A. GENT.

—

Marseille, 26 nov., 11 h. 15 m.

N° 5693.

Préfet à Gambetta, Tours.

La première journée de mobilisation commence admirablement.—Toute la garde nationale en armes accompagne à leur caserne nos mobilisés de la 1re légion, au milieu des acclamations à la République et à votre ami.—Mes publications d'hier et mon allocution de la veille aux canons et aux soldats ont produit un résultat excessivement heureux. Nous commençons bien, nous tâcherons de finir de même.

Merci de votre affectueuse dépêche 1710. A vous je donnerai tous les crédits possibles ; vous me comprenez. Je ne demande qu'une chose, c'est que l'on me laisse faire. J'ai réquisitionné les trois grandes usines du département et je veux y joindre pour

---

(1) Brissy.

concentrer toute l'action l'usine de la Seyne, et pour cela, j'agis auprès de Cotte. Je veux qu'on y travaille nuit et jour, et qu'on y produise des canons, des canons et encore des canons, non pas pour nous, je le répète encore, qui vous offrons les nôtres, quand ils sont prêts, mais pour vous, avant tout et avant tous.

Cette direction de travail, cette incessante activité se lient étroitement pour moi à la question d'ordre public et de mobilisation facile.

C'est par la force morale que je me suis imposé ici, c'est par la confiance que j'y continuerai cette œuvre, et tout mon but, c'est de pouvoir vous répéter un mot du premier jour : « Effacez Marseille de vos préoccupations. »

Pour cela recommandez à guerre de ne pas me taquiner, recommandez à vos ingénieurs de ne pas m'entraver, et que les uns et les autres aient en moi la confiance dont personnellement vous me donnez tant de preuves. Je vous jure à tous que je n'en abuserai point.

Merci d'avoir conservé le colonel Quiquandon : il est indispensable.

Ne répétez pas ici l'erreur regrettable que l'on vient de commettre à Toulon, en y envoyant M. Reybaud, général de brigade. Consultez-moi sur ceux que vous pourriez songer à envoyer ici. Il ne faudrait qu'un mauvais choix politique pour tout remettre en question. Et maintenant, merci encore, et amitiés et confiance à vous, à Spuller, à Freycinet, Loverdo, Thoumas et Lévy.   A. GENT.

—

Marseille, 29 novembre 1870, 11 h. 5 m.

N. 5712.

Préfet à président commission armement. Tours.

Mon cher Lecesne, j'ai mis en réquisition générale, entre autres établissements, l'usine de la Ciotat, et ce pour imprimer à tout une activité commandée à la fois par les besoins de la défense et par des nécessités d'ordre public ; vous pouvez être assuré que cette direction générale que j'ai cru devoir prendre n'entravera en rien la commande de 6 ou 12 batteries Reffye que vous avez faite par votre lettre du 14, et je veillerai à ce que vous soyez le premier servi pour tout ce dont vous auriez besoin dans nos usines ; adressez-vous à moi et vous savez que tout ce que je fais n'est que pour le bien commun.

A. GENT.

N° 5742.
Marseille, 3 décembre 1870, 12 h. 40 s.

Préfet à Guerre et Intérieur, à Tours.

Je vous ai fait expédier hier offre de Tellene de 40 mille souliers, et autant de guêtres d'Italie ; si vous voulez, je suivrai et traiterai cette affaire conformément à votre dépêche. Je m'occupe d'autres marchés que je vous communiquerai bientôt : autorisez-moi à faire entrer ces souliers en franchise, c'est de la plus extrême importance.

A. GENT.

N° 5750.
Marseille, 4 décembre 1870, 12 h. 25 s.

Préfet à Intérieur et Guerre, Tours.

En réponse à 5106 qui m'autorise à passer marchés d'urgence pour souliers jusqu'à neuf francs, voulez-vous que je traite cent mille paires de toute pointure, soit des trois tailles, livrables dans quinze jours ici, bonne qualité, visités, renfort au talon, avec garantie versée quinze mille francs. Réponse extrêmement urgente. J'aurais déjà traité sans l'importance de l'affaire, car je puis avoir ces souliers à sept francs cinquante. A. GENT.

N° 5773.
Marseille, 5 décembre 1870, à 12 h. s.

Préfet à Guerre et Intérieur, Tours.

J'attends réponse à ma dépêche d'hier sur cent

mille paires souliers. Le tableau réclamé sur artillerie départementale partira par courrier.

A. GENT.

Marseille, le 8 décembre 1870, 11 h. du m.
N° 5881.

Préfet à Intérieur et Guerre, Tours.

Si vous voulez des hâvre-sacs, en quelque nombre que ce soit, couverts en toile imperméable, peints ou non, je vous offre de vous les traiter directement et sans intervention des gênes de l'intendance, au prix de 13 francs et 13 fr. 50 au plus, mais il me faut une réponse immédiate.

A. GENT.

Marseille, le 15 décembre 1870, 9 h. 55 s.
N. 6142.

Préfet à Intérieur, Bordeaux.

A la dépêche 2963, par laquelle je vous annonçais que je pouvais vous acheter 40,000 hâvre-sacs d'ici au 10 janvier, j'ajoute que je puis vous fournir, de plus, en grande quantité, d'ici à la même époque, tous les objets d'habillement, équipement et campement de mobilisés, excepté couvertures, guêtres en cuir et objets de ferblanterie.

Nous remplacerons les petits bidons en fer-blanc par bidons en bois à 2 fr., avec courroie ; ils sont très-convenables et nous en avons en quantité, mais il faut vous décider de suite, pour que nous traitions ferme à livraisons fixes sous ma responsabilité et avec ouverture de crédit. A. GENT.

Marseille, 17 décembre 1870, 8 h. 55 m.
N. 5194.

Préfet à Guerre, Lecesne, Bordeaux.

Suivant vos 2963 et 5606, je viens de passer marché pour 40,000 hâvre-sacs au prix de 13 fr., livrables

2,000 par jour, à partir du 20 courant, payables comptant avec retenue convenue. Dites si je dois les expédier sur Limoges et par quelles quantités. Veuillez m'ouvrir immédiatement un crédit correspondant.
A. Gent.

—

Marseille, 17 décembre 1870, 9 h. 35 s.
N. 6265

Préfet à guerre, Bordeaux.

Tout ce que vous dites dans votre dépêche 5125 à l'égard des opérations des préfets et de leur incompétence dans les opérations qui ressortissent au ministère de la guerre est exactement vrai, et ce sont là les formes normales et habituelles, mais vous oubliez que je suis quelque chose de plus qu'un préfet, que j'ai été muni de pleins pouvoirs administratifs et militaires, qu'en cette qualité j'ai réquisitionné des usines, fabriqué des canons, passé des marchés, livré des batteries et qu'il serait vraiment étrange que je fusse laissé complètement en dehors de l'acte qui clôture ces incidents divers d'une seule et même opération.

J'ai fait, dans la situation qui m'avait été assignée, exactement ce que fait en temps normal le directeur d'artillerie, commandant, essayant, recevant les canons et à qui, dans la dépêche par vous à lui transmise, vous disiez de demander l'ouverture d'un crédit pour les payer.

Ne vous étonnez donc pas que je persiste à demander à votre bon jugement, sinon à votre confiance, puisque cela n'est pas nécessaire, l'ouverture d'un crédit nécessaire pour payer ou faire payer à ma requête les dix batteries de canons de 4 qui vous ont été cédées par nous (1).

(1) Cette question de l'ouverture d'un crédit destiné au paiement de ces batteries d'artillerie, motiva l'échange de plusieurs autres dépêches qu'il est nécessaire de rappeler ici :
Le 19 décembre (télégramme, n° 5,353, 10 h. 25 m. M. Gent, raillant agréablement le délégué civil, « M. de Freycinet, sur ses théories administratives », ajoutait : « Je ne suis pas plus le préfet que vous faisiez de moi hier que le général que vous en faites aujourd'hui. Je suis, en réalité un espèce de

Marseille, 19 déc. 1870, 12 h. s.

N. 6301.

Préfet à intérieur, Bordeaux.

Dites aux préfets qui ont besoin de nous pour des articles d'équipement ou habillement qu'ils nous adressent les quantités exactes qu'ils désirent, et nous indiquent les termes fixes des livraisons, autrement entre l'interrogation et la détermination qui se fait attendre et parfois ne vient pas, l'occasion que j'ai trouvée se perd, et les marchés peuvent me rester sur les bras, ou tout au moins je m'aliène les fournisseurs pour les marchés définitifs.

Je suis à leur disposition, mais ferme

A. GENT.

Marseille, 19 déc. 1870, 6 h. 35 s.

N. 6350.

Préfet à intérieur, Bordeaux.

J'ai traité pour la livraison de 14,000 hâvre-sacs à Saint-Etienne par tiers, demain matin, mercredi et jeudi soir, à des prix avantageux et pour des types égaux à ceux que vous livre Tellène, sauf le petit trou pour les cartouches qui ne sera exigé que pour 2,500. J'ai traité d'urgence avec le même Bouvard dont parle votre dépêche et le prix n'est que de 11 fr. 25. Je m'occupe en ce moment d'une commande

maître Jacques participant à la fois du préfet, du général qui commande, de l'intendant et du directeur d'artillerie qui passent des marchés....

Le lendemain, nouvelle dépêche du délégué de Freycinet, ainsi conçue : « Vous pensez bien que je ne suis pas l'auteur des théories administratives que je signe. Je vais réunir mes fortes têtes de la guerre et tacher d'arranger tout cela à votre entière satisfaction, car je ne veux pas vous contrarier. (Télégramme, n° 5,475, 20 décembre, 11 h. 45).

Les fortes têtes en question ne furent pas de l'avis de M de Freycinet; car le 23 décembre (Télégramme, n° 5,553, 23 décembre, 9 h. 10 s.), M Gent répondait au délégué du ministre que, puisque les fortes têtes avaient jugé bon de trancher la difficulté des canons en lui enlevant ses galons militaires, il abdiquait et paierait civilement les canons demandés par le ministère de la guerre. »

qui m'a été faite par mon collègue de Rodez ; aucun autre ne s'est adressé à moi, ferme, comme je vous le demandais ; toujours à votre disposition.

A. GENT.

—

Marseille, le 23 décembre 1870, 9 h. 15 s.

N° 6556.

Préfet à Intérieur, Bordeaux.

Gambetta m'a ouvert de Bourges, le 15 décembre, un crédit de cent mille francs pour frais de transport et de réception avec armes des Italiens. L'arrêté m'a été présenté, mais le crédit n'est pas régularisé. Le comité italien vous prie d'en hâter la régularisation. — Je vous remercie d'avoir réglé avec tant d'amical empressement la question d'un crédit que n'avez pas dû avoir grand peine à régulariser. Je veux parler de celui de mes mobilisés : merci toujours et amitiés.

—

Marseille, 24 déc. 1870, 11 h. 20.

N. 6577.

Préfet à Intérieur, Bordeaux.

Je vous avise que M. le trésorier-général, ne jugeant pas régulière l'ouverture du crédit de cent mille francs que vous m'avez fait pour le camp des Alpines et non du Pas-des-Lanciers, attendu qu'elle ne contenait pas l'indication du chapitre affecté, en a fait retour au ministère pour faire opérer cette régularisation. Il faut avouer que tous nos crédits ont du malheur. En ce moment vous en avez trois malades d'irrégularité, celui du camp, celui des dix batteries de 4 et celui des volontaires italiens. Ne sont-ce pas là ce que nous appelions, quand nous étions tous les trois avocats, des exceptions de non payer ? réclamez donc pour ne pas laisser croire ces choses-là.

A. GENT.

N. 6647.
Marseille, 25 déc. 1870, 4 h. 40 s.

Préfet à Intérieur, Bordeaux.

Veuillez m'ouvrir un crédit de 312,500 fr. pour 2,500 chassepots que j'ai achetés au prix de 125 fr., et qui sont arrivés à la gare. On en commencera après demain la réception : vous savez que c'est le premier crédit que je vous demande pour les achats d'armes que vous m'avez spécialement autorisé à faire. Je vous rappelle que vous avez plusieurs crédits à me faire régulariser par Finances, et que je ne vous ai pas jusqu'à présent coûté beaucoup d'argent ni de fusils.

—

N. 6723.
Marseille, 27 déc. 1870, 12 h. 40 s.

Préfet à Intérieur, Bordeaux.

Je vous prie de m'ouvrir d'urgence et de faire régulariser immédiatement par finances un crédit de trois cent douze mille cinq cents francs, pour prix de 2500 chassepots achetés à M. Tellenne, livrés par lui à Marseille, et dont la réception commence aujourd'hui même ; ce prix est payable moitié comptant et moitié à quinze jours de la réception. Je tiens d'autant plus à ce que le premier paiement soit promptement fait, que ces fonds doivent servir à faciliter et activer une seconde livraison. Vous remarquerez que ce crédit est le premier que je vous demande pour achat d'armes, quand nos mobilisés sont complètement dépourvus d'armes perfectionnées, au moment où ils vont partir pour le camp. J'attends donc de vous la plus prompte expédition possible pour cette affaire.

Amitiés.   A. Gent.

—

N. 6734.
Marseille, 28 déc. 1870, 12 h. s.

Le préfet des Bouches-du-Rhône à intérieur, Bordeaux.

1° Si j'ai adressé à vous ma prière pour le prompt

ordonnancement du crédit relatif aux volontaires italiens, c'est qu'il est dit dans l'arrêté même, qu'il est ouvert au ministère de l'intérieur ;

2° Pour le crédit du camp, c'est à Guerre que je me suis adressé pour l'avoir, et plus tard à vous pour en presser la régularisation, bien plus instante que celle du premier ;

3° et 4° C'est bien à Guerre que j'ai demandé les crédits et ordonnancements pour les canons et havre-sacs, et quoique de plus j'ai réclamé de vous-même cette obtention, ces deux crédits ne sont pas plus régularisés que les premiers. Je comprends les difficultés financières dans lesquelles vous vous trouvez, mais comme je suis certainement ainsi que je l'écrivais, hier, à Gambetta : « Celui de tous vos préfets qui a le moins demandé au trésor » et qu'il s'agit en définitive de dépenses qui ne me sont pas personnelles, j'aurais cru demander un tour de justice. J'en dis autant du crédit de trois cent douze mille francs pour premier achat d'armes, dont la moitié m'est absolument indispensable tout de suite, et pour lequel je réclame votre amicale intervention comme pour celle des dépenses du camp, où malgré vents et neige, des bataillons d'ouvriers travaillent.

Rendez-moi ce service urgent et communiquez à Guerre avec même instance. A. GENT.

Marseille, le 29 déc. 70, 4 h. 10 du soir.
N. 777.

Le préfet des Bouches-du-Rhône à intérieur ou guerre, Bordeaux.

Voilà plusieurs jours que je vous supplie de régulariser sans délai le crédit de six cent cinquante mille francs qui m'a été ouvert pour le prix des dix batteries de 4, qui devaient être successivement payées et dont neuf sont déjà livrées et acceptées. Je vous demande en grâce de ne pas laisser protester vos engagements et les miens et d'ordonnancer par retour de dépêche une somme de trois cent mille francs au moins à valoir sur ce crédit.

Comment voulez-vous que ce travail si urgent marche avec l'activité que nous voulons à tout prix

lui imprimer, si nous sommes arrêtés par des entraves que rien ne pouvait nous faire prévoir ?.....
J'attends de Guerre ou d'Intérieur. de Freycinet ou de Laurier, et, s'il le faut, de Gambetta, une réponse attendue avec la plus vive impatience.

A. GENT.

Marseille, le 30 déc. 1870, 12 h. 10 m.

N· 7107.

Préfet à Intérieur, Laurier, Bordeaux.

Je vous demande la régularisation :

1· D'un crédit d'un million déversé sur l'exercice de 1871, sur celui de trois millions ordonnancés sur 1870, et relatifs aux versements effectués par la ville de Marseille au trésor public à la suite de son emprunt ;

2· D'un crédit de cent mille francs à-compte de celui d'un million ouvert pour les travaux du camp des Alpines du ministère de la guerre ;

3· D'un crédit de six cent cinquante mille francs, ouvert pour paiement de 10 batteries de 4 dont neuf sont déjà livrées ;

4· D'un crédit de cinq cent vingt mille francs, ouvert pour 40,000 hâvre-sacs qui doivent m'être livrés jusqu'au 10 janvier pour compte du ministère de la guerre et à sa demande ;

5. D'un crédit de 312,500 francs, ouvert par voie télégraphique pour prix de 2,500 chassepots apportés à Marseille et qu'on me livre en ce moment ;

6. D'un crédit de 100,000 francs, ouvert par Gambetta en faveur des volontaires italiens, le 15 décembre dernier, à Bourges ;

7. Enfin d'un crédit de 10,000 francs, ouvert récemment sur le chapitre 13.

Voyez Ranc. Je vous en prie, examinez la nature de tous ces crédits, leur nécessité, leur urgence : remarquez surtout qu'ils sont pour la plus grande partie étrangers à mes besoins personnels, et donnez suite, je vous en prie, aux excellentes intentions que votre dépêche de ce soir m'assure être non-seulement vôtres, mais également celles du délégué des finances.

A. GENT.

Marseille, 30 décembre 1870, 10 h. s.

N· 7115.

Préfet à Intérieur, Laurier, Bordeaux.

Vous me laissez dans le plus cruel embarras, en n'accomplissant pas mes prières instantes et vos promesses répétées depuis le 20, relatives à la prétendue régularisation des crédits les plus urgents, même celui des canons livrés, et pour lequel j'ai engagé ma parole d'honneur sur vos dépêches si affirmatives que je remettrais trois cent mille francs au moins sur les 650 mille avant demain pour payer les ouvriers. Il faut vraiment qu'au milieu de toutes vos occupations, vous ne lisiez pas mes dépêches et que vous oubliiez les vôtres, même celle d'hier, pour me laisser exposé à une pareille responsabilité. J'en pourrais dire autant pour tous les crédits dont vous m'avez demandé la note, qui vous est parvenue cette nuit, et vraiment je n'aurais pas cru passer cette cruelle journée, sans recevoir de vous et du délégué des finances les si légitimes satisfactions, les si impérieuses exigences que je vous signalais. Je ne puis pas demain ne pas vous envoyer d'heure en heure des dépêches de rappel.

Marseille, 31 déc. 1870, 2 h. 20 m. du soir.

N. 7123.

Préfet à Gambetta, Laurier, Bordeaux.

Merci de m'avoir mis à même de dégager nos paroles communes, et soyez assurés que je toucherai à mes crédits divers avec toute la délicatesse que comporte la sensibilité du trésor. Je ne vous dissimulerai pas que la suspension des payements pour les marchés imprudents que l'intendance (1) avait

(1) L'intendant alors en fonctions était M. Vigo-Roussillon qui avait succédé, le 1er nov. 1870, à M. Airolles. (Télégramme N° 5869.)
Nous devons faire connaître que ce fonctionnaire, en se rendant à son poste, avait été brutalement arrêté à Agen pour certains propos très-sensés qu'il aurait tenus au sujet de la capitulation de Metz.

aits, a jeté alarme et désarroi sur notre place plus impressionnable que toutes les autres. Il y aurait moyen de conjurer cette panique et les sinistres qui pourraient en être la suite, en offrant des bons du Trésor à un ou deux mois pour les deux tiers de la valeur de ces marchés liquidés, et je serai certain de n'être personnellement refusé par personne dans ces réglements : vous apprécierez, vous savez que je suis tout et en tout à votre disposition, à tous ; amitiés Réponse instamment réclamée ici.

A. GENT.

Marseille, le 1er janvier 1871,

N° 22

Préfet à Guerre, Bordeaux.

On offre marché de 100 mille paires souliers, livrables huit jours après signatures, pointures demandées, au prix de neuf francs, payables moitié comptant, et moitié en bons du trésor à trois mois : ces souliers sont tous cousus avec contrefort : on déposerait vingt mille francs de cautionnement. J'ai vingt-quatre heures pour traiter et passer marché direct comme pour les hâvre-sacs. Répondez, et dites si je dois continuer mes recherches et traiter pour souliers.

Amitiés et souhaits à tous. A. GENT.

Marseille, 3 janvier 1871, 11 h. 45 s.

N. 7126.

Commandant Michel Rous à de Freycinet, délégué au ministère de la guerre, Bordeaux.

Batteries restées Marseille font possible pour retarder départ. Donnez ordre immédiatement obligatoire. Nous pouvons terminer ici rapidement leur équipement. Le décret prescrivant envoi dans artillerie des anciens cavaliers et artilleurs n'a pas été exécuté pour la légion de marche de Marseille. Nous pouvons trouver les conducteurs nécessaires. Mais la besogne n'avancera pas, si elle est confiée au Préfet.

Si le ministre charge commandant Rous de ramasser anciens artilleurs et cavaliers, certitude d'avoir six batteries montées bien composées en quelques jours.

P. le commandant Rous,
Le lieutenant,
PADEUILLES.

—

Marseille, le 6 janvier 1871, 8 h. 40 s.

N. 7325.

Préfet à Guerre, Bordeaux.

Le prix des cent mille souliers traités est de huit francs ; le premier marché a été annulé faute par le vendeur d'avoir donné garantie convenue, et je m'en suis félicité. Quant à la remise de la somme de vingt mille francs à la caisse de dépôts et consignations, le vendeur a stipulé expressément qu'elle n'aurait pas lieu, afin, disait-il, d'éviter les lenteurs du remboursement.

Cette crainte est sans raison, je le sais ; mais cela m'a fait manquer la conclusion d'un marché avantageux, et j'ai donc déposé dans la caisse de la préfecture la garantie dont s'agit. Je conclurai certainement d'autres marchés, mais il ne faut pas paraître pressé, maintenant que nous sommes quelque peu nantis.

Je dois cependant vous rappeler que, si vous acceptiez les six pointures réglementaires, dans les proportions ordinaires et même un peu plus favorables, je traiterais plus facilement dans les prix de huit et huit cinquante. La vérification sera sérieuse, intérieure et extérieure ; soyez-en sûr.

A. GENT.

—

Marseille, 8 janvier 1871, 9 h. 55 m.

N. 7378.

Préfet à guerre Lecesne, et Lahaussane, Bordeaux.

Je viens de répondre le 1er marché que je vous avais annoncé de cent autres mille paires de souliers cousus des 4 pointures supérieures, nos 29, 30, 31 et 32, livrables du 20 au 30 de ce mois, et payables moitié comptant et moitié en bons du trésor à trois mois sans intérêts avec 20 mille francs dépôt garanti, c'est-à-dire en tout conforme au marché que j'ai précédemment réalisé, à cette seule différence que le prix est de neuf francs. En signant le traité, je me suis réservé la journée pour me dédire, au cas où je recevrais de vous avant minuit une dépêche ne ratifiant pas le marché. Décidez-vous donc immédiatement, et répondez-moi, s'il y a lieu, par retour du télégraphe : votre silence comportera acceptation.

A. Gent.

Marseille, 8 janvier 1871, 6 h. 52 s.

N. 7420.

Le préfet des Bouches-du-Rhône à Intérieur, Bordeaux.

Je vois dans le *Moniteur universel* du 8 janvier, que vous avez désigné Marseille pour être le dépôt prescrit pour dépôt provisoire d'instruction d'artillerie de la garde nationale mobilisée de Vaucluse et des Bouches-du-Rhône.

Pour des raisons d'ordre public et pour ne pas laisser des canons hors de garde sûre dans cette ville toujours agitée, je vous demande de fixer ce dépôt à Avignon ou à Aix, d'autant plus qu'Avignon est en communication bien plus facile et bien plus prompte avec le camp des Alpines, où pour des raisons que je vous ferai connaître séparément, se formeront les batteries d'artillerie afférentes aux Bouches-du-Rhône.

De plus, nous n'avons à Marseille aucun champ d'instruction et cela se trouvera plus facilement soit à l'île de la Barthelasse, soit aux angles de l'autre côté du Rhône. Par toutes ces considérations je vous prie particulièrement de faire la mutation désirée.

A. Gent.

Marseille, 10 janvier, 3 h. 16 soir.

N· 7497.

*Le préfet des Bouches-du-Rhône à M. Lecesne,
Président, commission armement, Bordeaux.*

Avez-vous reçu dépêche de Vésignié vous disant l'étonnement dans lequel m'a jeté votre dépêche sur embarras causés par moi aux envois de l'usine de la Ciotat?

Mais c'est à sa demande et pour vous être utile et agréable que j'avais donné pleine autorisation de disposer de moi pour vous éviter des entraves et des retards.

Dites-moi bien vite que vous n'avez pas douté, non-seulement de mon intention, mais de ma résolution accomplie de vous aider et favoriser de toute la force de mes gros pleins pouvoirs. Ils ne m'auront servi qu'à cela, à être utile à tous. Amitiés.

A. GENT.

Marseille, le 11 janvier, 1871, 12 h. 45 s.

N· 7571.

Préfet à guerre et intérieur, Bordeaux.

Une grande maison de Marseille m'offre à forfait farines, légumes et céréales pour l'approvisionnement de Paris, s'engageant à expédier ces marchandises sans intermédiaires, ni courtiers aux destinations que vous désigneriez.

M'autorisez-vous à entrer en communication plus précise avec cette maison sur les conditions, prix, quantités, destinations et modes de paiement que vous détermineriez ? A. GENT.

Marseille, le 12 janvier 1871, 8 h. 20 s.

N. 7632.

Préfet à Intérieur, Lévy, Bordeaux.

Sans souligner aucun mot de cette réponse retardée pour des causes indépendantes de ma volonté, et pour vous donner des termes aussi précis que ceux que vous demandez avec une médiocre bienveillance (1) à un homme qui s'épuise à les obtenir lui-même, je vous annonce qu'à partir du mercredi 11, je recevrai une batterie de 4 tous les deux jours, et de plus, à la fin du mois, six autres batteries même modèle, sans renoncer à vous livrer d'ici là les trois batteries qui complèteront les vingt que vous avez demandées. Ces batteries vous seront livrées avec leur matériel roulant et de plus avec leur chargement complet. J'ajoute que j'ai livré en plus une batterie de 4 au département de l'Ardèche, et que j'ai complété les dix batteries cédées à la guerre ainsi qu'une pour Garibaldi ; voilà pour les batteries de 4 : si vous voulez connaître nos livraisons en batteries de 6, dans le courant de ce mois, à votre demande, je le ferai. A. GENT.

Marseille, 15 janvier 1871, 10 h. 22 s.
N. 7687.

Préfet à intérieur, Gambetta ou Laurier, Bordeaux.

Qui donc a pu vous dire que j'avais fait retirer de la direction d'artillerie de Marseille et livré aux ateliers de Menpenti deux cents cinquante fusils Enfield et Spring-Field, quand jamais, ni dans la direction de l'artillerie ni dans notre ville, il n'a paru ni existé un seul de ces fusils ; si la chose vous vient de Toulon, comme je le suppose, par les trois ou quatre rapports tout aussi vrais qui me tombent sur la tête depuis quelques jours, dites-le moi donc en ami, afin que, pour avoir la paix, je prenne le parti nécessaire de distraire le département des Bouches-du-Rhône de la 9me division militaire.

A. GENT.

(1) M. Gent n'avait pu, paraît il, pardonner au délégué, M. Lévy, le persiflage de son télégramme du 23 novembre, où il lui prédisait « qu'il serait peut-être un jour tonant comme Mirabeau et narquois comme Voltaire. »

Marseille, 23 janvier 1871, 11 h. 40 m.

N. 7107.

Préfet à intérieur, Bordeaux.

Le crédit de 100,000 francs ouvert, le 15 décembre, à Bourges, par Gambetta, pour *frais de transport ou réception avec armes des volontaires italiens* ne m'a jamais été envoyé et n'est encore ni régularisé ni ordonnancé. Le titre en est resté aux mains de......, à qui Gambetta m'a télégraphié l'avoir accordé personnellement, et parmi le passé dû encore, si vous voulez maintenir ce crédit pour première condition, transmettez-le moi, indiquez-moi à qui et à quoi il est destiné ; car Gambetta m'a écrit qu'il était à dessein resté obscur dans l'affectation que je souligne plus haut. Somme toute, c'est une affaire à établir tout à fait à nouveau, car votre dépêche du 29 décembre n'est qu'une promesse de régularisation en bloc pour mes crédits non spécifiés. Je regrette l'absence de Gambetta, dont les dépêches à ce relatives étaient singulièrement catégoriques ; du reste, ordonnez, ouvrez, régularisez, ordonnancez, et toutes vos instructions seront obéies à la lettre.

—

Marseille, 4 février 1871.

N 7777.

Préfet du département des Bouches-du-Rhône, à ministre guerre (de Freycinet). Bordeaux.

Mon cher Freycinet, je fais appel à votre justice : vous ne m'avez pas livré, malgré vos promesses répétées, une seule arme, et tout ce qui a été remis en fusils à percussion de tous les modèles aux légions mobilisées comme aux gardes nationales des villes, provient d'achats faits par elles et de plus que médiocre qualité. J'allais cependant, avec ceux de 1842 et des carabines Minié, commencer une transformation, système Green, pour laquelle j'avais établi deux ateliers considérables et coûteux ; un décret incompréhensible pour moi me l'a défendu.

J'avais acheté six mille Chassepots italiens ; aux

épreuves je les ai dû refuser ; et tout ce que j'ai pu faire a été de réquisitionner dix-neuf cents Chassepots anglais qui venaient du Japon. C'est dans ces circonstances que, sur un chiffre de près de trois mille Chassepots ramassés au fort St-Jean, j'ai pris pour les faire réparer à mes frais onze cents armes qui me complètent un total de près de trois mille fusils que je garde précieusement et que j'augmenterai avec mes achats personnels, afin de contenter la population très-impressionnable de Marseille, et faciliter l'armement prochain du 2e ban qui me paraît indispensable et que je serai obligé de lever, si vous ne le faisiez pas vous même tout de suite après les élections.

Dans de telles circonstances et quand vous connaissez mon vif désir de vous être agréable, en souvenir de vos promesses, et, le fallut-il par amitié pour moi, et à titre de sacrifice, je suis sûr que vous n'insisterez pas à me réclamer ces pauvres quelques fusils que vous devriez augmenter, au lieu de me les reprocher sous des inspirations plutôt toulonnaises que vôtres.

Amitiés toujours. A. GENT.

—

Marseille, 6 février 1871, 6 h. 45 s.

RÉPUBLIQUE FRANÇAISE
Liberté — Egalité — Fraternité

—

Dépêche télégraphique.

—

N. 7888.

Préfet à Intérieur et Guerre, Bordeaux.

Je vous rappelle toutes mes dépêches précédentes dans lesquelles je vous signale la situation grave qui va être créée à nos ateliers maintenant en pleine production, par l'absence de commandes venant l'alimenter.

Déjà plusieurs fonderies n'ont plus de commandes, et dans certains ateliers, le coulement des pièces diminue.

Si dans un mois on voulait reprendre une fabrication active, on aurait nécessairement une grande interruption dans la production, par suite de ce coulement, qui aurait cessé par une cause indépendante de ma volonté. Je ne puis fabriquer à découvert et vous supplie d'aviser au plus vite.

Ajoutez à cela que la suppression de ces travaux, si nécessaires à la défense nationale, causerait ici la plus mauvaise impression, et demandez-vous s'il n'y a pas nécessité urgente à nous permettre de continuer cette utile production. A. GENT.

CHAPITRE VIII.

Conflit Cotte. — Le cas des préfets Secourgeon (1) et Esménard du Mazet. — Attitude de M. Gent dans cette circonstance.
Le préfet, M. Gent, transmet au Gouvernement une dépêche du maire de Toulon, M. Allègre, relativement à la circulaire du successeur de M. Cotte, suspendant la levée des hommes de 20 à 40 ans. — Opinion de M. Gent sur le mauvais effet que produira cette mesure. — Les officiers supérieurs de la garde nationale de Toulon sollicitent par son entremise que le décret, nommant M. Secourgeon préfet du Var, soit rapporté. — M. Gent intervient auprès de M. Cotte, pour qu'il fasse sa soumission au Gouvernement. — Succès de ses négociations. — Il demande, à cette occasion, le déplacement du préfet des Basses-Alpes, M. Esménard du Mazet.

Marseille, le 10 novembre 1870, à 6 heures 35 du soir.

N. 174.

Préfet à Gambetta, Tours.

Je reçois de Toulon cette dépêche avec prière de vous la transmettre : Je vous la transmets sans réflexion aucune :

« *Mairie de Toulon au citoyen Gent, préfet, Marseille.*

« Prière de transmettre dépêche suivante aux citoyens membres du gouvernement, à Tours :

« Le comité de la défense nationale de Toulon, considérant que la démission du Conseil municipal

---

(1) Nous aurons bientôt occasion de revenir sur cette question, lorsque nous nous occuperons des dépêches du département du Var.

élu à Toulon crée une situation locale imminemment dangereuse et paralyse la défense nationale, émet le vœu que, pour mettre fin le plus tôt possible à cette situation, il soit nommé parmi les notabilités républicaines une commission civile avec pleins pouvoirs, en même temps qu'il sera fait appel au suffrage universel pour l'élection d'un nouveau conseil municipal.

« Le nouveau Préfet vient de faire imprimer une proclamation dans laquelle on lit : « Le gouverne-
« ment de la défense nationale a ordonné de lever
« les hommes de 20 à 40 ans, vœufs et mariés sans
« enfants. Je prends sur moi la lourde responsabilité
« de suspendre cette mesure.

« Avis au gouvernement (1).

« Pour le comité unanime :

Le vice-président,

« ALLÈGRE. »

Marseille, 11 nov. 1870, 11 h. 20 m.

N. 5138.

Préfet à Intérieur, Tours.

On me communique à l'instant une proclamation du nouveau préfet du Var (10 novembre), disant ainsi : « Le gouvernement de la défense nationale a ordonné de lever les hommes de 21 à 40 ans, veufs et mariés sans enfants, je prends sur moi la lourde responsabilité de suspendre cette mesure. Vos femmes et vos enfants, à qui je con-

---

(1) Antérieurement à cette date, le gouvernement avait déjà été informé par le général Rose des troubles probables qu'allait amener la nomination de M. Secourgeon. (Télégramme n° 5,122. Tours, 1er novembre 1871, justice à procureur général, à Aix De Sugny. p. 454)

Nous verrons plus tard que ce fonctionnaire ne put prendre possession de sa préfecture, et dut se démettre de ses fonctions.

Nous avons déjà fait connaître par une dépêche reproduite au chapitre de la Curée, que M. Gent qui avait visé le télégramme relatif à cette démission, s'était empressé de télégraphier le même jour au ministre qu'il pouvait nommer M. Secourgeon ailleurs, mais pas dans les Basses-Alpes, ainsi que le demandait ce dernier.

serve leurs époux et leurs pères, me dédommageront par leur affection et leur reconnaissance des ennuis d'une charge que je n'ai point sollicitée. » Qu'est-ce que cela signifie ? Le Var et son préfet ont-ils ces privilèges ? Cette proclamation ici va faire le plus déplorable effet. Ce n'était vraiment point la peine de changer l'ancienne administration.

A. GENT.

Marseille, 12 novembre 1870, 12 h. 15 m. N· 5161.

Gent à Gambetta, Tours.

Je ne crois pouvoir me refuser à vous faire passer la dépêche suivante que je reçois de Toulon, et je vous confirme ma dépêche de ce jour sur l'étrange circulaire du nouveau préfet. Il y avait autour de nous bien assez du préfet Esménard du Mazet :

« *Gent, préfet, Marseille.*

« N'ayant plus de fonctionnaires que de méconnus ou de démissionnaires dans le Var, nous prions le citoyen Gent, préfet de Marseille, de transmettre à Tours la dépêche suivante qui ne peut sortir autrement du département :

« *Maire Toulon à Préfet Draguignan.*

« Je viens de recevoir communication des documents suivants : « Les officiers supérieurs de la garde nationale s'inspirant de l'intérêt de l'opinion publique, demandent dans l'intérêt de l'ordre que le décret nommant M. Secourgeon, préfet du Var, soit rapporté, la proclamation de M. Secourgeon étant une violation du décret du 2 novembre, relatif à la mobilisation des gardes nationaux.

Ont signé : lieutenant-colonel RAMPON, BASTIDE, LURON DUROCHER, BENOIT, GUILLEN et LAPOLA, commandants.

Prière de transmettre à Tours.

Le maire, ALLÈGRE.

Pour copie conforme :

A. MAUREL.

Marseille, 12 nov. 1870, 2 h. 40 s.

N. 5180.

Préfet à intérieur, **Tours**.

Je reçois votre dépêche (1) et je m'adresse à Toulon et à Draguignan, à tous nos amis, pour leur demander en votre nom comme au mien, c'est-à-dire au nom de la République, de maintenir l'ordre, la paix, l'union et de faire cesser ces troubles, ces froissements et ces dissensions que toutes les réactions de France et de l'étranger exploitent contre nous. J'ai confiance que nous serons écoutés. Je vous tiendrai au courant.

A. Gent.

Marseille, le 13 novembre 1870, 11 h. 15 s.

N. 5233.

Préfet à Intérieur, **Tours**.

Je reçois de Cotte une dépêche (2) en réponse à mes affectueux efforts qui me réjouit ; il fera demain un acte d'adhésion et d'obéissance au gouvernement : il m'annonce une lettre ou sa visite pour demain ou après demain. Je suis heureux de voir cet autre conflit fraternellement apaisé, mais Cotte pense comme moi sur un collègue regrettable (3). Faites de tous vos collaborateurs du Midi un faisceau

---

(1) La dépêche en question figure dans le rapport de Sugny (page 36). M. Laurier, signataire de ce télégramme, demandait que M. Paul Cotte reprît ses fonctions « à la condition de faire un acte public d'adhésion et d'obéissance envers le gouvernement. — (Télégramme n. 5694.— Tours, 12 nov 1870)

(2) M Cotte, en effet, lui avait répondu qu'il ferait sa soumission au gouvernement. Il demandait seulement qu'on le débarassât de celui qui, à ses côtés (Esménard du Mazet), faisait tache au tableau. » — (Télégramme 5241. - Draguignan, 13 nov. 1870. 2 h. 38 m.)

(3) Toujours M. Esménard du Mazet, qui était devenu la bête noire de tous ses collègues. (Voir à ce sujet les télégrammes édifiants du préfet de Nice Marc Dufraisse, qui figurent dans le rapport de Sugny (pages 137 et 138).

étroitement uni et tout à vous. Je vous télégraphierai ce soir encore, car le résultat des élections n'est pas encore connu de moi, parce que tout mon service est à la gare où vient d'éclater un incendie dans celle des marchandises dont j'ignore la gravité.

L'incendie n'est rien : c'est un wagon chargé de trois-six qui a éclaté et brûlé sur la voie sans autre accident d'aucune sorte.   A. GENT.

CHAPITRE IX.

Garibaldiens et corps francs

Le préfet de Marseille M. Al. Labadié s'adresse à M. Cernuschi, redacteur du *Siècle* pour lui demander 10,000 fr. nécessaires à l'habillement de 500 volontaires garibaldiens. — Refus de ce dernier — Ouverture d'un crédit supplémentaire de 150,000 francs destiné à l'organisation des corps francs. — M. Gent représente le départ des volontaires comme indispensable au point de vue du maintien de l'ordre. — Le cas de la guérilla d'Orient. — Le corps des uhlans polonais. — Ce que l'ex-préfet Delpech, devenu commandant de la 2e brigade de l'armée des Vosges, pensait des guérillas de la Seine et des autres compagnies de francs-tireurs — Les chassepots découverts par M. Bordone. — Le Comité italien de Marseille et M. Gent. — La scission Baillehache, Frappoli, Garibaldi et Bordone. — M. Gent intervient dans ce débat et adresse de vifs reproches au chef d'état-major de l'armée des Vosges. — Le général Frappoli et le corps de l'Etoile. — La question du rapatriement des Garibaldiens.

Marseille, 16 septembre, 5 h. 25 s.

N. 3291.

Préfet à Cernuschi, rue Chauchat, 14, au Siècle.

500 volontaires garibaldiens font appel à votre patriotisme, et vous prient de leur faire parvenir la somme de 10,000 francs, indispensable pour leur habillement. Nous n'avons eu aucun crédit pour cela.   A. Labadié.

Paris, 19 sept. 1870, 10 h. 15 s.

N. 3126.

Intérieur à Préfet, Marseille.

Cernuschi est dans l'impossibilité de donner les 10,000 fr. demandés.

—

Aix, 29 oct. 1870.

N. 5905.

Sous-Préfet d'Aix à Ministre de l'Intérieur, à Tours.

Carserve, Taxy et autres d'Aix, qui désirent être autorisés à former une compagnie de francs-tireurs, sont inconnus à Aix ; l'organisation de cette compagnie est également inconnue. MARTIN

—

Marseille, 7 nov. 1870, 10 h. 45 m.

N° 63

Préfet à Intérieur et Guerre, Tours.

Le crédit de cent mille francs ouvert par votre dépêche du onze octobre est épuisé. — Pour achever l'organisation de divers corps francs et les mettre en route, un nouveau crédit de cent cinquante mille francs est nécessaire. Je vous prie instamment de l'accorder promptement, le départ des volontaires étant indispensable pour maintenir l'ordre.

—

Marseille, 8 novembre 1870, 3 h. 55 s.

N. 556.

Préfet à Intérieur, Tours.

Ci-dessous texte de dépêche réclamée par télégramme du 8 novembre, n° 5820. (Tours, 11 octobre 1870.)

4440 N. 5631. — *Intérieur à Préfet, Marseille.* —
« Ordre est donné par ministre des finances au tré-

sorier général de vous ouvrir un crédit de cent mille francs (1) pour volontaires de passage et dépenses diverses. » L'ordre a été confirmé par lettre du directeur général au trésorier-payeur général, le 12 octobre. Cela fait, ne tardez pas de m'ouvrir le crédit demandé. Je vide et revide Marseille en empruntant partout.

—

Marseille, 20 novembre, 1870, 12 h. 50 m

N. 592.

Préfet à Intérieur, Tours

Reçu dépêche 3145, ouvrant crédit de cent mille francs sur les fonds de gardes mobiles, pour complément pour l'organisation des corps francs. Cette imputation restera spéciale à cet objet. Le premier crédit du 11 octobre, épuisé avant ma prise de possession, a été moins spécial, parce qu'il était causé également pour volontaires de passage et dépenses diverses. Je reproduis ma demande d'un crédit de cinquante mille francs strictement spécial aux dépenses faites par le corps des francs-tireurs venu de Constantinople et nommé Guérilla d'Orient, attendu que des sommes très-considérables ont été versées au Trésor, par suite de souscriptions venues d'Orient et s'appliquant très-légitimement à ces dépenses ; autrement les frais faits par ce gros bataillon absorberaient la plus grosse partie du crédit de cent mille francs que vous m'ouvrez quand je suis complètement dépourvu.

Tout continue à bien aller. A. GENT.

—

Marseille, 11 nov. 1870. 6 h. 25 m.

N. 5152.

Préfet à Intérieur, Tours.

Répondez à ma demande trois fois présentée pour

(1) Ce crédit avait été demandé par l'administrateur supérieur Esquiros dans son télégramme du 11 octobre; (N 5733. — 11 oct. 12 h. 10 s.) il réclamait l'ouverture pour le même jour d'un crédit de cent mille francs, ajoutant que sa caisse était absolument vide.

former un escadron d'éclaireurs sous le nom de uhlans polonais, à Marseille. Ils sont depuis trois semaines, attendant une solution et casernés : de grosses dépenses paraissent déjà avoir été faites, et vous savez que je suis trop pauvre pour y pourvoir et pour le passé et pour l'avenir. J'attends la plus prompte réponse. A. GENT.

———

Marseille, 13 nov. 1870, 8 h. 15 soir.
N. 5229.

Préfet à Guerre.

Trois compagnies, environ 400 hommes de la Guérilla d'Orient, sont à Aix pour s'y organiser définitivement et manœuvrer. Elles avaient l'ordre provisoire de se diriger sur Lyon dans deux ou trois jours. Le bataillon de Tirailleurs algériens reçoit l'ordre de partir demain matin pour Gien. Je dirigerai les zouaves du 4e régiment sur Avignon.

———

Autun, 16 novembre 1870, 10 h. 40 m.

Commandant 2e brigade armée des Vosges à Gomot, secrétaire général, préfecture du Rhône.

Que faites vous des guérillas de la Seine et autres compagnies de francs-tireurs qui vous grugent ? — Envoyez-moi donc tout cela dans ma brigade au plus vite. DELPECH.

———

Marseille, le 25 décembre 1870.
N. 5617.

Le préfet des Bouches-du-Rhône à M. Gambetta, Lyon

Veuillez me confirmer ce que l'on m'écrit d'Autun au sujet de Frapoli, Baillehache et surtout du comité Italien de Marseille, afin que je sois certain d'accomplir vos intentions dans les mesures vives que l'on me demande d'appliquer à ce dernier.

J'espère terminer à toutes satisfactions la question d'Esquiros.

Je fais rechercher Cluseret dont la présence ici ne m'est pas encore prouvée, mais ne vous préoccupez pas démesurément de bruits exagérés qui sont allés alarmer jusqu'à vos collègues de Bordeaux. Je veille et je suffis. A. GENT.

Marseille, 25 déc. 1870, 11 h. 45 s.

N. 5656.

Le préfet des Bouches-du-Rhône à chef d'état-major, Autun.

Il respire une telle passion dans vos dépêches, surtout dans la dernière, que je crains bien que, dans tout ce qui se passe, il y ait une bonne part qui vous soit tout-à-fait personnelle. Vous savez combien j'aime Garibaldi, et, d'un autre côté, je ne connais ni Frapoli, ni Baillehache, et n'ai vu M. Panisi que deux fois, quelques minutes seulement Je suis donc impartial dans tous ces débats affligeants ou, pour mieux dire, je suis entraîné naturellement à être partial de votre côté.

Mais pour cela précisément je ne dois pas vous dissimuler que l'opinion générale, ici comme ailleurs, fait remonter jusqu'à vous la scission qui s'est produite entre Garibaldi et ses anciens amis.

S'il en était ainsi, et c'est votre conscience que j'invoque à mon tour, je considérerais comme un devoir de tenter au moins de vous arrêter dans une voie qui ne peut être que funeste à l'homme que nous aimons et à la cause que nous défendons. Dans la position qui nous est faite, à vous, auprès du général comme à moi auprès du gouvernement, nous pouvons ne pas être satisfaits des hommes qu'ils nous associent plus ou moins volontairement ; mais, notre droit de remontrance accompli, nous ne devons pas, il me le semble, mettre trop en avant nos personnalités, mais, au contraire, les effacer, ne pas imposer nos propres répugnances, et faire en notre faveur l'isolement autour de nous, en leur faisant payer ainsi trop chèrement la confiance qu'ils ont en nous, et les services que nous leur avons rendus.

Il me peine de vous voir imputer la responsabilité de ces débats affligeants, et nous avons trop d'ennemis acharnés après nous pour ne pas désirer ne pas leur donner le triste spectacle de nos dissensions intestines et de nos rancunes personnelles Pensez à ce que je vous dis, Bordone, et croyez bien que je ne suis guidé que par le désir ardent de voir mon glorieux ami Garibaldi prendre une part éclatante dans l'œuvre de notre délivrance. Combien il vous serait pénible d'entendre dire, même injustement, que c'est vous qui l'en avez empêché.

A vous et à lui, A. GENT.

Marseille, le 30 décembre 1870.

N. 7129.

Chef état-major à délégué guerre, de Freycinet, Bordeaux.

C'est d'après un vœu du Conseil municipal de Lyon, et une communication directe, que j'ai connu l'existence des chassepots de Lyon, où je repasserai demain ; enverrai détails plus complets, ai envoyé Bartholdi à Bordeaux, pour suivre et terminer cette affaire d'armes qui est indispensable.

BORDONE.

Vu et autorisé la transmisssion :

A. GENT.

Marseille, le 30 janvier 1871

N. 7544

Le préfet des Bouches-du-Rhône, général Frapoli, hôtel Paix, Bordeaux.

Commandant Duparchy vous attendit deux jours et repart à Cannes. Il y a 5 ou 600 hommes tout prêts à Barcelone et ailleurs réunis depuis quelques jours ; il faudrait bateaux et argent, répondez-lui à Cannes, et dites-moi que faire Nous attendons vos réponses et quel jour viendrez ici. Il y a urgence.

CICILE.

Marseille, le 28 février 1871.

N. 7342.

L'intendant de la 9e division au ministre de la guerre, Bordeaux.

Payer un mois de solde aux garibaldiens ne résout pas la question du rapatriement. Puis-je les embarquer aux frais de l'Etat et retenir le prix de la traversée sur le mois de solde ?

Réponse urgente.

VIGO.

CHAPITRE X.

LES ÉVÈNEMENTS DES 31 OCTOBRE, 1er ET 2 NOVEMBRE 1870.

Aix, 31 octobre 1870.

N. 922.

Procureur général à Crémieux, ministre justice, Tours.

53. — Conseil municipal en majorité évincé s'est réuni à l'état-major. Sur rappel, garde nationale, convoquée par Marie se rassemble en nombre considérable; le Conseil délibère de reprendre possession de l'Hôtel-de-Ville par la force, et se dirige vers cet hôtel, où siège une commission installée par garde civique, qui prend des résolutions révolutionnaires. — Le procureur lance des mandats d'arrêt. — A six heures, le général Marie reçoit du préfet déclaration de dissolution du Conseil municipal, et son remplacement par une commission dont la proclamation est faite par Louis Jean. Le Conseil et la garde nationale se retirent consternés. — 1er décret : 800,000 francs à remettre aux mains de la commission. 2e : arrestation de 400 personnes. — Proclamation de la Commune révolutionnaire. THOUREL.

Marseille, 31 oct. 1870, 7 h. 55 m.

N. 5144.

Préfet à intérieur, Tours.

Le général Marie m'annonce qu'il a avis officiel de l'acceptation de ma démission.

Je vous remercie d'avoir pris cette mesure, mais je me plains de n'en avoir pas reçu avis direct (1).

DELPECH.

Lyon, 31 oct. 1870, 9 h. 13 s.

N. 5830.

Velten à Gambetta, Tours.

Je vous engage à ne pas accepter la démission de Delpech, préfet à Marseille ; il est nécessaire au maintien de l'ordre.

VELTEN.

Vu : Pour le Préfet,
Le secrétaire général,
GOMOT.

Lyon, 1er novembre 1870, 11 h. 2 s.

N. 5513.

Gent, commissaire extraordinaire des Bouches-du-Rhône, à Gambetta. Tours.

Reçois en arrivant. Lyon, très tard, communication sur l'état grave de Marseille. Continuerai demain, comme était convenu. Envoyez-moi instructions ici cette nuit, et demain matin Avignon. Vous savez que je ferai tout le possible et plus.

Le préfet des Bouches-du-Rhône,
A. GENT

Tarare, 2 novembre 1870, 11 h. 40 m.

N° 140

Premier avocat général d'Aix à justice. Tours.

Le général Cluseret s'est emparé, hier, de la préfecture des Bouches-du-Rhône, et a destitué le gé-

---

(1) Par une autre dépêche, sous la date du 3 novembre (télégramme n 5854, 3 nov. 1870, 1 h. 30 s). M. Delpech annonçait au ministre qu'il quittait la « Préfecture à l'heure même, et le remerciait » de lui avoir envoyé officiellement l'acceptation de sa démission, car sans cela il allait signer l'ordre d'arrêter Marie. (Voir de Sugny, p. 106.)

néral Marie qu'il a remplacé par l'américain Train, puis coupé les télégraphes, afin d'empêcher les communications avec Tours Je crains qu'il ne coupe voie ferrée, ce qui serait désastreux pour approvisionnement de défense de Lyon. Je suis envoyé en mission à Tours par M. Thourel, et j'arriverai le plus tôt possible. DESJARDINS.

Lyon, 2 nov. 1870, 1 h. 8 s.

N. 5912.

Rouvier, secrétaire général Bouches-du-Rhône à Intérieur, Tours.

A mon passage à Lyon, reçois communication dépêches indiquant situation Marseille des plus graves. Gent, parti d'ici ce matin, ne pourra peut-être pas arriver. Obligé de rester ici jusqu'à ce soir 10 heures faute de train, vous prie me donner vos instructions bureau restant. ROUVIER.

Marseille, 3 nov. 1870, 4 h.

N. 5855.

Général Marie à Intérieur, Tours.

Je reçois votre dépêche ; j'ai fait mon devoir comme je le ferai toujours. Tous vos ordres sont exécutés exactement.

Je me conformerai à vos instructions, et serai le bras droit de Gent. Vous pouvez compter sur moi de toutes les façons.

La nuit se passe ici calme ; il y a eu des réunions très-orageuses avec menaces ; on peut craindre des émotions pour demain ; mais j'espère qu'elles ne seront pas sérieuses, car la garde nationale vous soutient.

Le général : MARIE.

Marseille, le 4 nov. 1870, 12 h. m.

N. 5217.

Le Préfet des Bouches-du-Rhône à Ministre de l'intérieur, Tours.

L'agitation s'apaise et diminue : j'espère vous dire qu'elle est complétement apaisée sans effusion de sang. De mon lit, quoique prisonnier, j'ai pris et continuerai à prendre les mesures à la fois énergiques et prudentes, pour arriver au respect de la loi, de la République et du gouvernement qui la représente. Je dois dire que j'y ai été aidé un peu par tous ; on a compris l'abîme où l'on poussait le pays et où l'on tombait soi-même; aussi vous proposerai-je d'être indulgent et clément, vis-à-vis de ceux que nul mauvais sentiment n'a dirigé. — Je ne veux pas plus de réaction que d'insurrection. Il n'est pas nécessaire de vous dire que tout a été et sera fait sans capitulation ni condition offerte ou acceptée par moi, mais je tiens à refaire l'union et la paix, et je vous demande de m'aider à atteindre ce si désirable résultat.

Je vous recommande mes amis Mangin et Dugat qui ont été délégués hier, à Tours ; quant au troisième, qui était secrétaire général ici, je ne le connais pas. On m'assure qu'Albert Baume est également parti.

Méfiez-vous de ce turbulent personnage, plus que jamais. C'est l'un des trois ou quatre auteurs de tout le mal. Je vais mieux, quoiqu'il me soit impossible de quitter le lit encore, mais j'ai la tête libre et je tâcherai avec elle de pourvoir à tout ce qui me manque. Merci.

A. Gent.

—

Marseille, 4 nov. 1870, 2 h. 45 s.

N· 5894.

Préfet à ministre Intérieur, Tours.

L'espoir que je vous donnais dans ma dépêche d'hier s'assure et se complète de plus en plus Tout est pacifié, tout se calme, tout s'efface sans effusion de sang, sans lutte civile, sans emploi nécessaire de la force matérielle et sans avoir besoin de la petite armée que votre amitié avait préparée à mon secours. Il a suffi pour cela de votre mot d'ordre loyalement pratiqué : énergie et prudence. Nous avons tout dominé par la force morale seulement, et en inspirant à tous cette conviction que, vous et moi, nous ne voulons pas plus de la révolte que de la réaction.

J'ai déclaré seulement, dès le premier moment, que je ne reconnaîtrais et ne respecterais rien du passé, et que je voulais table rase et complète; table rase et complète sera faite, même pour le Conseil municipal, que j'ai l'intention de soumettre à une élection générale, pour ne pas avoir à faire choix et lutte de personnalités et de partis ou coteries, en laissant l'ancienne mairie complète administrant jusque-là la cité.

Demain, je ferai transporter mon lit dans le cabinet et m'installerai définitivement pour m'occuper d'autres choses plus sérieuses que de ce grand vent abattu par une petite pluie de prudence et d'énergie.

Je vais de mieux en mieux et suis vraiment comblé par vous comme par tous. Je n'ai fait que mon devoir.
A. GENT.

—

Marseille, le 4 novembre 1870, 10 h. 40 s.
N. 5905.

Préfet à directeur général des télégraphes, Tours.

Je ne m'explique pas votre inquiétude ; je vous ai envoyé hier, par Avignon, une immense dépêche. Votre personnel, libéré et gardé depuis hier également, a dû vous en transmettre d'autres et vous dire avec quelle sollicitude je protège vos braves employés. Soyez donc rassuré et sur eux et sur moi. Merci à ceux qui m'aiment autour de vous. Je suis maître de la situation, et vais cette nuit dormir tranquille. J'en avais besoin. Je communiquerai demain à Gambetta. Dites-lui qu'il efface Marseille de ses préoccupations. Tous, légaux ou illégaux, ont abdiqué dans les mains du représentant du gouvernement de la République.
A. GENT.

Marseille, 7 novembre, 8 h. 15 m.

N. 5994.

Préfet à intérieur, Tours.

La journée d'hier, dimanche, a été parfaitement tranquille : malgré des bruits systématiquement alarmants, on ne me signalait à minuit dans toute la journée, ni rixe, ni rassemblement, ni désordre. Le désarmement des esprits et des bras devient de plus en plus de l'apaisement. Je suis heureux de ce résultat obtenu sans venue de troupe et sans emploi de force.

J'ai complètement vidé sans le moindre tumulte, ni au dedans ni au dehors l'auberge et la caserne qu'on avait laissé faire dans la préfecture. Je suis maître chez moi et suis gardé seulement par un piquet de cent gardes mobiles. J'en fais venir trois cents d'Avignon pour ne pas rendre ce service trop pénible au petit dépôt de Marseille. La publication de l'arrêté relatif aux élections municipales a produit un excellent effet : je vous en envoie un exemplaire par la poste ; ma place à la préfecture est conquise même sur les esprits les plus hostiles ; et c'est maintenant à faire Esquiros maire de Marseille que l'on songe dans ce groupe.

Je me lèverai aujourd'hui et vais continuer debout le travail de pacification que je n'ai pas cessé un instant, même alors que j'étais prisonnier ; je suis heureux de votre approbation (1).

A. GENT.

---

(1) Cette dépêche ne figure qu'en partie dans le rapport de M. de Sugny, nous avons cru devoir en donner le texte intégral. (Voir de Sugny. P. 124.)

CHAPITRE XI.

Municipalités. — Elections municipales du 13 novembre 1870, à Marseille. — Révocation des maires. — Délégués envoyés à cet effet dans chaque arrondissement. — Les Conseils municipaux sont remplacés par des commissions partout où les dernières élections municipales n'avaient pas été républicaines. — Dispenses de mobilisation accordées aux maires. — Ce que pensait à cet égard le sous-préfet d'Aix, M. Emile Martin. — Elections du 13 novembre 1870. — Opinion de M. Gent sur les deux listes en présence. — Il rend compte au ministre des motifs qui l'ont déterminé à empêcher l'affichage d'une proclamation prêchant l'abstention. — Il annonce au gouvernement que tout s'est passé dans le plus grand calme et que la liste du Comité républicain a triomphé.

Marseille, 12 septembre 1870, 10 h. 10 m.
N° 7062.

Administrateur supérieur à Intérieur, Paris.

D'accord avec le préfet et le conseil départemental, nous avons envoyé dans les arrondissements trois délégués (1) chargés de s'assurer par eux-mêmes du vœu des communes, nous attendons leur travail qui nous sera envoyé aujourd'hui ou demain. Les révocations de maires demandent à être faites avec connaissance de cause. Nous avons cru nécessaire de consulter les communes avant de vous proposer des résultats définitifs.

A. ESQUIROS.

(1) Il est également question de l'envoi de ces délégués dans un télégramme n° 3479, portant la date du 20 sept., 10 h. 45. (Voir de Sugny P. 458, *in fine*.)

Marseille, 29 sept. 1870, 1 h. 40 s

N· 4056.

Préfet à Gouvernement, Tours.

9549. — Partout où cela a semblé nécessaire, les Conseils municipaux ont été remplacés par des commissions municipales avec maires et adjoints. Là où les élections avaient été républicaines, j'ai maintenu sous forme de commissions les élus primitifs. Ici tout va bien. Delpech.

—

Aix, novembre 1870.

N. 188.

Sous-Préfet d'Aix au Ministre de l'Intérieur, Tours.

Mon avis est que, dans certaines localités, il sera nécessaire de maintenir maires et adjoints pour ne pas désorganiser l'administration. Il faut donc laisser subsister les dispenses.

Emile Martin.

—

Marseille, 13 novembre 1870, 12 h. 15 s.

N. 5247.

Préfet à Intérieur, Tours.

Quelques mots sur les élections municipales. Il y a deux listes : l'une, de l'ancien conseil municipal épurée et complétée ; l'autre, dite de l'*Egalité*, Delpech, Baume, etc., assez convenable. Aussi les enragés, depuis hier au soir, se disent trompés et prêchent l'abstention.

Une affiche dans ce sens avait commencé à être affichée, hier matin ; j'en ai fait suspendre et proscrire l'affichage, parce qu'elle n'était pas signée, parce qu'elle excitait à la haine, parce qu'enfin elle annonçait une manifestation à l'heure même où devait s'ouvrir le scrutin. C'était, à tous les points de vue, une pression illégale, dans ses termes, dans sa forme, sinon dans son but d'abstention, pratiquée contre la liberté du suffrage, que je veux absolue.

J'ai persisté, même quand on m'a offert de la signer, même quand on m'a offert de biffer la convocation de la manifestation. Il y restait toujours une excitation des citoyens les uns envers les autres. Je leur laisse la parole dans leurs clubs, dans leurs journaux. Je ne veux pas de provocations sur les murs, après celles qu'on n'a pas oubliées complètement : on a décrété que je n'étais pas républicain. Ainsi entendu. Je suis comptable de l'ordre, envers et contre tous je le maintiendrai. Ni réaction, ni révolte. — La manifestation, comme je le pensais, a complètement avorté. L'abstention aura quelques partisans. Tant pis pour la liste de l'*Egalité*, qui succombera.

Quant au grand citoyen Trains, je ne veux pas donner à ses paroles et à sa personne plus d'importance qu'elles n'en méritent ; le ridicule m'en débarrassera. S'il dépasse cette limite, je l'envoie se promener en Italie. Cluseret est parti, et l'on dit que Trains va le rejoindre. Bon voyage à tous deux.

Tout va donc bien.   Alph. Gent.

—

Marseille, 13 novembre 1870, 6 h. 15 s.
N. 5225.

Préfet à ministre intérieur, guerre, Tours.

Je vous avise que, pour les exigences du service que fait à la préfecture la compagnie du dépôt des mobiles de Vaucluse, composée de 300 hommes, et dont j'ai absolument besoin, j'ai dû y créer deux sections supplémentaires et nommer lieutenant M. Dufresne (Henri-Louis-Marius), sous-lieutenant au corps, et sous-lieutenants MM. Boudet Alfred et Aymé François, sergents au même.

Je vous prie de m'envoyer immédiatement les ratifications et publications de ces nominations. Ce sont des promotions légitimes pour eux et nécessaires pour moi.

Le calme le plus complet est partout, et les élections s'accomplissent dans un ordre admirable. N'avais-je pas raison de vous dire : Effacez Marseille de la longue série de vos préoccupations ; et j'espère demain vous le répéter pour le Var.   A. Gent.

Marseille, le 14 novembre 1870, 10 h. 10 s.

N. 5277.

Préfet à Intérieur, Tours.

Le dépouillement s'est achevé aujourd'hui. La liste du Comité Républicain ou de l'ancien Conseil municipal a été nommée à une grande majorité avec vingt-neuf mille voix au maximum et vingt-un mille cinq cents voix au minimum : la liste dite de l'*Egalité* n'a eu que de sept mille cinq cents à huit mille. voix. Tout s'est passé dans le plus grand calme avec la plus grande liberté et la plus parfaite régularité; comme vous le voyez, tout va de mieux en mieux.

A. GENT.

CHAPITRE XII.

DOSSIER DE LA PRESSE.

M. Gent dénonce un article de la *Décentralisation*, de Lyon, comme une véritable déclaration de guerre à la résistance nationale — La question de la vente des journaux dans les gares. — Annonces judiciaires.

Marseille, le 28 nov. 1870, 9 h. 45 m.

N. 5404.

Préfet à intérieur, Tours

Je vous signale un article qui a paru dans la *Décentralisation*, de Lyon, du 16 novembre ; cette véritable déclaration de guerre à la résistance nationale, reproduite par les journaux du Midi, produira certainement l'effet le plus déplorable dans les circonstances actuelles; ce n'est pas un délit, c'est un crime, et décidément nous avons les Prussiens de l'intérieur : voulez-vous que nous restions désarmés contre eux ?

A. GENT.

Marseille, 18 nov. 1870, 5 h. 40 s.

N. 5425.

Préfet à intérieur, Tours.

Des journaux politiques réclament la vente dans les gares. Certaines feuilles jouissent de cette franchise : d'autres en sont encore privées, par suite des traités existant avec la maison Hachette: puis-je donner ordre aux inspecteurs des gares de laisser vendre ces journaux, comme les autres ?

A. GENT.

Marseille, le 11 janvier 1871, á 10 heures 50 du soir.

N. 7604.

Préfet à Justice, Bordeaux.

Je suis partisan de la liberté, en matière d'annonces judiciaires; j'ai pris, à ce sujet, un arrêté dont voici les principales dispositions :

« Provisoirement, et jusqu'à ce qu'à ce qu'il en soit autrement décidé, les annonces légales pourront être insérées au choix des parties dans l'un des journaux du département. Le prix de l'annonce est fixé à vingt centimes la ligne entière de quarante lettres. Les annonces de faillites, quelle que soit leur longueur, seront payées selon l'usage, 1 fr. 50 l'une, etc. »

Il y a, à Marseille, neuf journaux principaux : *Sémaphore*, tirage de 4 à 5 mille environ ; *Peuple*, de 5 à 7 mille ; *Égalité*, 8 à 10 mille ; *Gazette du Midi*, 3 à 4 mille ; *Journal de Marseille*, 2,500 à 3,000 ; *Courrier de Marseille*, 2,500 à 3,000 ; *Petit Marseillais*, 30 à 40,000 environ ; *Révolution* et *Tribune*, journaux nouveaux, tirages variables.

Le *Sémaphore*, *Peuple*, *Gazette du Midi*, *Journal* et *Courrier de Marseille* ont un public d'abonnés fixes ; les autres journaux se vendent au numéro.

A. GENT.

CHAPITRE XIII.

La campagne contre les prétendus flibustiers allemands. — Amnistie Klinger. — Expulsion des Jésuites d'Aix. — Ce que pensait M. Gent de la nécessité de l'incorporation des ordres religieux.

---

§ 1ᵉʳ. — *La prétendue descente dans le port de Marseille des flibustiers allemands.*

M. Labadié s'adresse au ministre pour obtenir que le préfet maritime de Toulon mette à sa disposition des vaisseaux de croisière pour protéger le port de Marseille. - M. Esquiros télégraphie à son tour que, Toulon ne pouvant fournir aucun secours, il est résolu à agir seul vigoureusement. — Défense préparée d'urgence. — L'autorité militaire appelle à Marseille les chasseurs à pied d'Arles et le bataillon des mobiles d'Aix et d'Arles.

Marseille, le 9 septembre 1870, à 4 heures 22 m. du soir.

N. 2969.

Préfet à guerre, Paris.

Engageons ministre à donner des ordres au préfet maritime à Toulon pour mettre à notre disposition, si urgence était, vaisseaux de croisière pour protéger le port ; les bruits persistants de départs flibustiers allemands, que nous ne pouvons contrôler, nous déterminent à cette démarche ; le haut commerce marseillais serait rassuré et satisfait d'une réponse en ce sens.

Réponse ce soir.   A. LABADIÉ.

Marseille, le 10 septembre 1870, à 9 h. 30 soir.

N· 3012.

*Administrateur supérieur à intérieur et guerre,
Paris.*

Sur bruit résultant de dépêches privées que flibustiers allemands, venant d'Amérique, ont passé Gibraltar, nous avons demandé à Toulon secours éventuels : avons reçu réponse que ni cuirassés, ni navires de guerre disponibles pour couvrir Marseille; devant tel abandon, telle incurie, avons résolu agir seuls vigoureusement. (1)   A. ESQUIROS.

—

Marseille, 11 septembre 1870, 1 h. m.

N. 3021.

*Le général de division au ministre de la guerre,
à Paris.*

Flibustiers américains signalés de Gibraltar. — Préfet maritime prévenu. Défense préparée d'urgence cette nuit.

J'appelle les chasseurs à pied d'Arles, et les bataillons de mobiles d'Aix et d'Arles.

Par ordre :
Le chef d'état-major,
A. DESHORTIES.

—

§ II. — *Affaire Klinger.*

Le procureur général d'Aix sollicite une amnistie en sa faveur, en se basant sur sa belle conduite à Pesmes, le 16 décembre 1870.

(1) On se rappelle l'avis placardé à cette occasion le 10 septembre sur les murs de notre ville et par lequel M. Esquiros donnait au colonel Marie pleins pouvoirs pour requérir toute la force armée de Marseille et s'en servir immédiatement.

Marseille, 22 sep‍t. 1870, 8 h.

N. 3599.

Le procureur général à Crémieux, ministre, Tours.

La Guéronnière en liberté, parti par express : Madame (1) mise en liberté, partie pour la Corse, — vais m'enquérir.

Le nommé Klinger, membre du Conseil départemental, nommé et bientôt révoqué, comme capitaine de port, inculpé d'une grave arrestation arbitraire, doit être immédiatement révoqué ou il faut renoncer à toute justice.

Demain matin partent vos présentations convenues entre Esquiros et moi pour les Bouches-du-Rhône et les miennes pour le ressort. Urgence absolue pour ces nominations. Amitiés.

Le procureur général,

Thourel.

—

Aix, 20 décembre 1870.

N. 324.

Procureur général à Crémieux, ministre Justice, Bordeaux.

Plusieurs fois et notamment, 16 décembre, à Pesmes, suivant dépêche colonel Fischer 3e légion du Jura à administrateur supérieur, Klinger distingué sur le champ de bataille à tête de colonne sous ses ordres. J'ai ajourné sa poursuite aux assises pour arrestation de quelques heures du commissaire Michelin à Marseille. — Gouvernement, par décret exceptionnel, ne pourrait-il pas m'autoriser à les abandonner et à le dire ? Ceci serait d'un excellent effet et encouragerait beaucoup de compromis à se rendre à l'armée. Attends réponse télégraphique (2); en ces temps cela se peut. A. Thourel.

(1) Il s'agit de la princesse Pierre Bonaparte.
(2) La réponse télégraphique ne se fit pas attendre : le même jour, en effet, le ministre de la justice (télégramme

Aix, 22 décembre 1870.

N. 5357.

Procureur général à Crémieux, ministre, Bordeaux.

Les esprits très-surexcités ici et à Marseille ; voudrais beaucoup l'amnistie accordée à Klingler sur mon rapport. (1)   THOUREL.

—

Aix, 23 décembre 1870.

N. 5364.

Procureur général à Crémieux, ministre justice, Bordeaux.

Vous ai adressé par courrier avant-hier, rapport complet sur l'affaire Klinger : le croyais arrivé. En deux mots, Klinger, conseiller départemental et capitaine des ports, fit arrêter et écrouer avec la force armée, le commissaire général Michelin, qui refusait d'exécuter un ordre d'Esquiros. — Mon procureur fit élargir le commissaire Michelin et écrouer Klinger, qui pendant l'instruction obtint du tribunal sa mise en liberté sans caution. — Esquiros, de son côté, le fit élargir par la force et en vertu d'un arrêté absurde et illégal (2).

Avant l'arrêt de renvoi de la Cour, Klinger m'écrivit qu'il se rendrait au premier appel, mais qu'il partait pour l'armée, et me priait de ne pas le condamner par contumace ; peu après j'apprenais qu'il s'était distingué dans plusieurs occasions et était devenu lieutenant-colonel de la 3e légion du Jura ;

---

n° 545) demanda à son procureur général de « lui donner clairement et en bon style, et non en logogriphe de dépêche, ce qui concernait Klinger, afin de le faire amnistier, puisqu'il croyait que ce serait d'un bon effet. »

(1) Une nouvelle dépêche du ministre en réponse à celle-ci invita M. Thourel à vouloir bien préciser le crime de Klinger et les motifs de pardon (télégramme n° 5638 — 23 décembre 1871. Voir de Sugny, p. 245.)

(2) Cet arrêté, que le Procureur général d'Aix qualifiait alors sévèrement, porte la date du 11 septembre, et a été reproduit dans le rapport de Sugny, p. 39.

enfin le 17, son général adressait message au préfet du Jura, attestant qu'à la tête de quelques bataillons il avait vaillamment chassé l'ennemi de Pesmes, en enlevant la position à la baïonnette.

J'insiste (1) parce qu'on a publié par erreur que je l'avais fait condamner par contumace pour crime, alors que pas même cité.

A. THOUREL.

---

§ III. — *Jésuites et corporations religieuses*

-Le procureur général demande des instructions au gouvernement, au sujet de l'expulsion des jésuites d'Aix, que vient d'ordonner le Conseil départemental de Marseille. — Pétition demandant que tous les ordres religieux fassent partie des levées. —Opinion de M. Gent sur cette question.

Aix, 17 octobre 1870.

N. 5836.

Procureur général à Crémieux, Tours.

46. —Jésuites Aix, menacés de mesures violentes, ont reçu ordre d'expulsion et se sont soumis à partir sous trois jours ; scellés doivent être apposés chez eux. On affirme que mesures Esquiros (2) contre

---

(1) Hâtons-nous d'ajouter que l'amnistie réclamée avec tant d'insistance par le chef du Parquet d'Aix, fut accordée par le gouvernement le 24 décembre 1870.

(2) On n'a pas oublié que M. Esquiros avait déclaré formellement au ministre, que l'expulsion des Jésuites était, à Marseille, une mesure nécessaire, et que, tant qu'il serait en fonctions, il la maintiendrait. (Télégramme n° 5961. — 15 oct. 8 h. 55. — Voir de Sugny, p. 90.)

Plus tard, le préfet Delpech (télégramme n° 5412 — 23 oct, 7 h.), répondait au Gouvernement que, bien que les Jésuites pressassent beaucoup moins que l'affaire relative à la *Gazette du Midi* et qu'ils fussent très-contents de s'en être allés, ils seraient néanmoins autorisés à rester.

Il ajoutait, quelques jours après, que les Jésuites eux-mêmes « voyaient la mesure d'un bon œil. » (Télégramme n° 5550 — 26 oct. 1870, 10 h. 25 s. - Voir de Sugny, p. 97.

ceux de Marseille avaient été révoquées. Prière de me mander télégraphiquement ce qui en est ; en l'état des esprits, puis-je avoir mesures à prendre ?
A. THOUREL.

Marseille, le 18 oct., 1870, 12 h. m.
N. 5900.

*Conseil départemental séant à Marseille,
à gouvernement. Tours.*

Le conseil départemental a rendu dans sa séance du 17 octobre l'arrêté suivant :

Deuxième arrêté relatif à l'expulsion des jésuites.

« Au nom de la République, et sur demande du Conseil municipal d'Aix et du sous-préfet d'Arles,
Le Conseil arrête : La dissolution de la Compagnie des Jésuites est étendue aux Compagnies du même genre qui existent dans le département. Tous les Jésuites du département seront conduits dans les trois jours à la frontière. Leurs biens sont placés sous séquestre jusqu'à la convocation de l'Assemblée constituante.
Le procureur de la République à Marseille et les sous-préfets des arrondissements d'Aix et d'Arles, sont chargés de l'exécution du présent arrêté.
Les membres du Conseil départemental présents à la séance : Albert Baume, J.-M. Brochier, Ch. Dupont, Etienne, Léonce Jean, Leroux, Ménard et Alfred Morel.

Marseille, 19 nov. 1870, 12 h. 40 s.
N. 5448.

*Le Préfet des Bouches-du-Rhône à ministre
Intérieur, Tours.*

L'on signe depuis trois jours à Marseille une pétition demandant, entre autres choses, au gouvernement de Tours de décider que tous les ordres religieux fassent partie des levées ordonnées pour la défense nationale au même titre que les autres citoyens.

Je laisse signer d'autant plus que, comme citoyen j'approuve, mais la pétition dit en même temps que si cette mesure n'était pas adoptée, les signataires se refuseraient à partir, et ceci rend la question plus sérieuse.

J'ai défendu de laisser afficher cette pétition et la tiens et la tiendrai comme non-avenue.

Il y a là cependant un courant d'opinion considérable que je dois soumettre à votre attention : je parle bien entendu de la première et non de la seconde partie de la pétition.   A. Gent.

CHAPITRE XIII.

LES CITOYENS CLUSERET ET BUDAILLE.

M. Esquiros demande au gouvernement s'il faut mettre à exécution, contre Cluseret, le mandat d'arrêt qu'il a reçu du parquet de Lyon. — Budaille demande à se rendre à Tours. — M. Gent consulte à ce sujet le délégué de la sûreté générale. — Ranc s'oppose au voyage de Budaille. — M. Thourel se préoccupe de faire arrêter le général Cluseret.

Marseille, 30 septembre 1870, 2 h. 35 du s.

N° 4103.

Administrateur supérieur à intérieur, Tours.
(Chiffrée)

9549. — Recevons avis du préfet de Lyon de faire arrêter Cluseret et autres ayant pris part au mouvement de Lyon, qui se sont réfugiés à Marseille.

Avant d'agir, attendons vos ordres (1).

Réponse immédiate et urgente. Il y va de l'ordre public.

L'administrateur supérieur,
A. Esquiros.

Marseille, 9 oct. 1870, 6 h. 28 s.

N. 5265.

Administrateur supérieur à gouvernement, Tours.

Chiffres de l'Intérieur. — 3120. — J'ai télégraphié sans réponse au sujet de Cluseret : que faire de lui

---

(1) Ce passage, d'une importance capitale, ne figure pourtant pas dans le texte du télégramme, tel que nous le trouvons à la page 470 du Rapport de Sugny. C'est là le motif qui nous a décidé à le reproduire ici intégralement.

s'il se présente dans le département? Le mandat d'arrêt que nous avons reçu de Lyon est-il approuvé par le gouvernement? Réponse.
A. ESQUIROS.

N° 5927.

Marseille, 5 novembre 1870, 1 h. 3 s.

Préfet à Ranc, directeur général sûreté publique, Tours.

Cluseret demande à aller à Tours s'expliquer, dit-il, et se justifier. Voulez-vous que je vous l'expédie, vous pourrez y gagner quelque chose et vous m'en débarrasseriez, sans que je sois obligé de le faire arrêter ici (1). Réponse urgente. Je vais bien et le reste *idem*.
A. GENT.

Il est à peine besoin de faire remarquer la gravité exceptionnelle de ces trois dépêches. Où donc a-t-on jamais vu que, lorsque l'autorité judiciaire avait lancé un mandat contre un prévenu, il fallut à un fonctionnaire administratif l'autorisation du gouvernement pour le faire exécuter? C'est là le cas d'Esquiros : il avait, il est vrai, des motifs sérieux pour agir ainsi. Pouvait-il, en effet, faire arrêter Cluseret, alors qu'il l'avait mandé lui-même à Marseille? Nous certifions le fait; nous avons eu entre les mains l'original de la lettre écrite à cette occasion au préfet du Rhône par son chef de cabinet, Albert Baume.

---

(1) Il est difficile de concilier la teneur de cette dépêche avec la déclaration que M. Thourel prête à M. Gent, dans sa déposition devant la Commission d'enquête du 4 septembre : « Je me plaignais à Gent de ce qu'il n'eût pas « trouvé le moyen de le faire arrêter, parce que j'avais « envoyé un mandat d'arrêt contre lui et que mon collègue « de Lyon en avait envoyé un autre. Gent me dit : J'au- « rais bien voulu qu'il fût arrêté, parce que j'ai reçu une « dépêche de Gambetta qui me dit de le faire arrêter, et « sans forme de procès, de le faire fusiller à l'instant, parce « qu'il avait en mains les preuves qu'il était agent prus- « sien. »
Mais alors, s'il en était ainsi, pourquoi proposait-il au gouvernement de le lui expédier « afin, disait-il, de ne pas être obligé de le faire arrêter? »

M. Gent, lui, va encore plus loin dans cette voie, et propose au gouvernement de lui expédier Cluseret, qui demandait à aller s'expliquer. Son devoir eût été de le faire arrêter, au lieu de lui servir d'intermédiaire pour une semblable proposition.

———

Le cas du fameux Budaille mérite également une mention spéciale. Voici le morceau :

Marseille, le 6 décembre 1870, 1 h. s.

N. 5804.

Préfet à Sûreté générale, Tours.

Théophore Budaille, accompagné d'un sieur Géry, arrivant ici, demandent à aller à Tours ; que dois-je en faire ? Je les tiens, attendant votre réponse télégraphique. A. GENT.

—

Marseille, 7 déc. 1870, 11 h. 45 m.

Préfet à Intérieur (Ranc), Tours.

Répondez donc à notre demande relative à Budaille, autrement je le lâche et il ira où il voudra et pérorera dans les clubs de Marseille comme le citoyen Trains sur le martyre que la République fait subir à un de ses saints. A. GENT.

—

Tours, 7 décembre 1870.

N. 5407.

Sûreté générale à préfet Marseille (Bouches-du-Rhône.)

Théophore Budaille n'a rien à faire à Tours ; vous connaissez de réputation le personnage ; il est tout-à-fait inutile de lui donner un passeport pour Tours;

s'il veut, comme il le prétend, organiser un corps franc, il n'a pas besoin pour cela de venir ici.

A. RANC.

Aix, 28 décembre 1870.

N. 5366.

Procureur général à Crémieux, ministre Justice.
Bordeaux.

Urgence, 90. — Inquiétude grande à Marseille : il y aurait, dit-on, réunion quotidienne campagne Esquiros; avec lui, Carcassonne, ancien président commune révolutionnaire : Cluseret et Matheron, ancien capitaine des civiques, revenu et qui reconstitue sa bande, ayant armes cachées. — Ai fait lancer mandat contre Cluseret (1). Serait important que Intérieur envoyât ordres formels à préfet retenu jusqu'ici. Faudrait aussi faire envoyer de suite de Lyon ancien mandat contre Cluseret, que ferions transférer là, si arrêté.

THOUREL.

(1) A la date du 24 décembre (télégramme n. 5301), M. Crémieux signalant à M. Gent les réunions quotidiennes qui se tenaient à la campagne où résidait Esquiros, lui demandait comment il se faisait que Cluseret ne fût point arrêté. (De Sugny, p 126.)

CHAPITRE XV.

I. — Formule exécutoire des jugements. — La commission révolutionnaire de Digne pour laquelle M. Esquiros demande de pleins pouvoirs. — Manifestation à l'adresse du consul des Etats-Unis. — La sous-préfecture d'Arles et le citoyen Emile Martin. — M. Esquiros insiste sur la nécessité de remplacer les agents du régime déchu et signale la réaction qui, d'après lui, se déclare dans les campagnes. — Il rend compte de l'impossibilité où il se trouve d'empêcher les citoyens de surveiller l'envoi des armes et parle de caisses de fusils qui seraient envoyées à Marseille pour des desseins ténébreux.

Marseille, 8 septembre 1870, 10 h. m.

N° 2894.

Administrateur supérieur à justice, Paris.

Quelle doit-être la formule exécutoire des jugements et actes ? Réponse immédiate, s'il vous plaît.

A. ESQUIROS.

Marseille, 12 septembre 1870, 9 h. 40 m. du m.

N. 3060.

Esquiros à Gambetta, Paris.

Commission révolutionnaire de Digne (Basses-Alpes), nous vient annoncer que la République n'est pas établie dans le département : les autorités impériales refusent de se dessaisir (1), si vous ne nom-

---

(1) Il importe de signaler que, quatre jours auparavant, sur l'ordre de M Esquiros, le citoyen Charles Cottes s'était adressé au gouvernement, afin d'être autorisé à organiser

mez pas un préfet. Pour éviter troubles, vous devez aviser sur le champ ; donnez du moins pleins pouvoirs à la commission. A. ESQUIROS.

Marseille, le 13 septembre 1870, 8 h. 50 m.
N° 3088.

Administrateur supérieur à Intérieur, Paris.

Hier, grande démonstration, visite au consul des États-Unis : toute la population s'y est associée : il a harangué la foule en réponse à une adresse enthousiaste. Prière de nommer officiellement sous-préfet d'Arles, Émile Martin, qui nous est désigné par le conseil local et qui remplit déjà ces fonctions. Nous attendons toujours un ordre du ministre de la guerre pour savoir sur quel poste nous devons diriger les volontaires (1) : les autorités militaires de Marseille ne peuvent nous renseigner à cet égard : mesure urgente : l'argent manque pour les nourrir.

A. ESQUIROS.

Marseille, 16 septembre 1870, 9 h. m.
N° 3250.

L'Administrateur supérieur du département des Bouches-du-Rhône au ministre de l'intérieur, Paris.

5606. — Il est indispensable à Marseille et dans tout le département des Bouches-du-Rhône, de rem-

énergiquement le département des Basses-Alpes, témoin le télégramme suivant :

Digne, 8 septembre, 3 h. 25 soir.
Au ministre de l'intérieur, Paris.

Sur l'ordre de l'administrateur supérieur des Bouches-du-Rhône, je vous demande télégraphiquement pleins pouvoirs, afin de *révoquer tout fonctionnaire de l'Empire et d'organiser le département énergiquement.* Charles COTTES.

(1) Nous avons, par plusieurs dépêches reproduites antérieurement, fait connaître tout ce qui a trait à cette question des volontaires.

placer les agents du régime déchu (1). Partout des conflits existent entre l'ancienne et la nouvelle administration. La réaction se déclare déjà dans les campagnes. Après avoir consulté le sentiment public au moyen de délégués, nous vous enverrons la liste définitive des maires. Ce travail avait besoin d'être fait avec maturité.

Marseille est parfaitement calme, les seules difficultés que nous rencontrions nous viennent de l'ordre militaire. On cherche à désorganiser le comité de défense nationale en interdisant au commandant de Magalon d'en faire partie. Le comité a résolu d'agir par lui-même sans le secours du général Darricau, qui, n'ayant point été nommé président, refuse son concours.

Vous ne nous avez point signifié la nomination de Thevenin comme commandant de place ; donc Brissy continue ces fonctions. C'est le seul dans lequel la ville ait confiance, et il rend à l'ordre de grands services. Il est impossible d'empêcher les citoyens de surveiller les envois d'armes. Le bruit court que des caisses de fusils sont envoyées de Paris et de tout autre endroit pour des desseins ténébreux. Tout ce que je puis faire c'est de donner un ordre pour que les envois du ministère de la guerre soient respectés.

Cet ordre est donné.

Notez, je vous prie, que nous avons à faire à une population ombrageuse et surexcitée. On veut des armes à tout prix. Et j'ai dû satisfaire l'émotion générale en permettant la visite de quelques établissements publics dans lesquels on croyait trouver des fusils. A. Esquiros

(1) On retrouve les mêmes préoccupations et jusqu'aux mêmes phrases dans le télégramme n. 3479 (20 septembre, 10 h. 45), dont nous avons eu déjà occasion de parler, à propos de ces fameux délégués envoyés dans chaque arrondissement. On y lit, en effet, entre autres termes :
« Le régime déchu est encore debout dans les cam-
« pagnes : on murmure et on se plaint de ce que les an-
« ciens fonctionnaires de l'Empire sont encore en place. »
Et plus bas :
« Il faut se méfier des manœuvres réactionnaires, et con-
« server l'union entre les démocrates par des mesures
« énergiques. »

§ II. — Arrestation de M. de la Guéronnière et de la princesse Pierre-Bonaparte. — La question de la vente des alouettes. — M. Esquiros adresse une circulaire à tous ses collègues pour leur faire connaître *l'enthousiasme indescriptible* provoqué par sa revue de la garde nationale dans le parc du château Borelly. — M. Rouvier demande le déplacement du préfet des Basses-Alpes. — Les délégués des réunions populaires réclament du gouvernement une enquête sur la conduite du général Ulrich à Strasbourg.

Marseille, le 16 sept. 1870.

N. 3274.

Administrateur supérieur à Esquiros, 57, rue du Faubourg-Poissonnière, Paris.

Recevrez ainsi que Béliard une lettre relative à l'affaire (1) du Corps législatif dont il est question dans la lettre reçue il y a quelques jours : Tout va bien.
A. ESQUIROS.

Aix, 22 septembre 1870.

N. 3586.

Le procureur général à Crémieux, ministre, Tours.

Reçois dépêche à minuit : vais aviser (2) et agir dans le sens indiqué qui est aussi ma loi.
Le procureur général,
THOUREL.

Marseille, le 22 sept. 1870, 10 h. 55 m.

N. 3598.

Procureur général à Crémieux, ministre, Tours.

Ce matin, à la préfecture, sur la foi de la lettre

(1) De quelle affaire du Corps législatif pouvait-il bien être question ?
(2) Il s'agit de l'arrestation de M. de La Guéronnière, dont la nouvelle venait de parvenir au gouvernement.

écrite au procureur par Esquiros, qu'il laissait libre de libérer Madame (1), on m'avait répondu qu'elle était en liberté et partie. Le procureur mandé m'a dit qu'il l'avait laissée en prison, pour sa sûreté. — Sur mon ordre, il l'a faite élargir. — Si n'ai pas télégraphié plus tôt, c'est que le procureur ne m'a avisé de rien à Aix. — C'est par un ordre écrit d'Esquiros que La Guéronnière a été écroué, et ensuite mis en liberté sur ordre du procureur de la république (2). Retourne à mon poste à Aix, où vos dépêches me trouveront désormais.

Le procureur général,
Thourel.

—

Marseille, 27 septembre 1870, 8 h. 15 s.
N. 3905.

Préfet à Intérieur, Tours.

9549. — Préfet de Montauban (3) me télégraphie d'autoriser dans mon département la vente des alouettes (4), attendu que la chasse aux alouettes avec lacets est permise dans son département : autorisez-vous cette mesure? A. Esquiros.

---

(1) M. Thourel tient décidément à cette expression que nous voyons également figurer dans un télégramme subséquent, n° 3599 (22 sept. 1870, 8 h. s.) : « Madame mise en liberté, partie pour la Corse. » — Nous avons reproduit ce dernier télégramme au chapitre XIII (amnistie Klinger).
(2) Voir à ce sujet la dépêche du procureur Maurel. (Télégramme n° 3605, 22 sept. 1870, 12 h. 22 m. du soir.— De Sugny, p. 37.)
(3) Flamens, aujourd'hui rédacteur en chef du *Républicain*, de Tarn-et-Garonne.
(4) Le fameux arrêté sur les alouettes restera toujours comme une véritable curiosité. L'imagination du vaudevilliste le plus exercé ne saurait rien trouver de pareil Les considérants sur la fraternité des citoyens pour leur rappeler qu'ils sont tous égaux devant le gibier ; les Prussiens, ces envahisseurs du Nord, opposés comme antithèse aux alouettes, ces envahisseurs du Midi ; cet appel préfectoral de toutes les populations à une croisade contre les alouettes, cette invitation aux grandes villes d'ouvrir leurs portes à leurs cadavres ; ces ordres aux habitants d'en faire consommation, tout cela est d'un comique à désespérer les plus osés.

Marseille, 27 septembre 1870, 12 h. 15 s.

N° 3926.

Préfet à intérieur, Tours, et préfets Lyon, Grenoble, Valence, Le Puy, St-Etienne, Nimes, Gap, Digne, Toulon, Nice, Montpellier, Privas, Toulouse, Bordeaux et Rouen.

Administrateur supérieur a passé hier au milieu d'un enthousiasme indescriptible, la revue de la garde nationale marseillaise ; 40,000 hommes, dont les trois-quarts demandent à être mobilisés, ont défilé pendant trois heures aux cris unanimes de vive la République ! sur le champ de course du Château-Borelly, devant le citoyen Esquiros, entouré des conseils départemental et municipal, du comité de défense et des délégués départementaux de la Ligue du Midi. Une foule immense acclamait à la fois les administrations, la garde nationale et la République.

Une députation de la garde nationale est venue demander la levée en masse pour marcher contre l'ennemi et voler au plus tôt au secours de la capitale : des acclamations enthousiastes ont accueilli cette patriotique proposition. Union de tous les cœurs pour le salut de la patrie. (1)

A. ESQUIROS.

Marseille, le 2 octobre 1870, 4 h. 35 s.

N. 5187.

Secrétaire général au délégué du ministère de l'intérieur, Tours.

Les plaintes sur la situation des Basses-Alpes continuent.

---

(1) On se rappelle encore l'arrêté du 25 septembre 1870, portant que « le lundi, 26 septembre, serait considéré comme un jour férié », la proclamation placardée le lendemain sur tous les murs de la ville et les paroles adressées par Esquiros à la garde nationale à la fin du défilé : « Si l'ennemi, du haut de cette colline, pouvait assister au spectacle que nous avons sous les yeux, il en pâlirait de terreur, et, abandonnant ses projets insensés, il évacuerait le sol de la France. »

Les anciens maires et adjoints, maintenus en fonctions, entravent l'organisation de la défense nationale. La garde mobile est en partie rentrée dans ses foyers.

Le Préfet fait des promesses, mais n'agit point. Je crois nécessaire de changer ce fonctionnaire ou de nommer un commissaire de la défense, énergique et actif. ROUVIER.

—

Marseille, 3 oct. 1870, 11 h. 40 s.

N. 5251.

Administration supérieure à intérieur, Tours.

La reddition de Strasbourg cause ici une très-pénible émotion. — A la suite d'une réunion populaire, des délégués se présentent à la Préfecture et demandent que le gouvernement fasse une enquête sur la conduite du général Ulrich. Dites-nous ce que nous devons leur répondre ; la chose est sérieuse au point de vue de la tranquillité de la ville ; nous attendons un télégramme.

A. ESQUIROS.

—

Marseille, 4 oct., 1 h. 30 s.

N. 5279.

Préfet à intérieur, Tours.

Sa position n'est pas bonne ici, et je ne suis pas étonné qu'il désire partir ; toutefois, je n'ai pas reçu confidence de ce désir.

Assez mal vu par bourgeoisie, très-mal vu par travailleurs, il a manqué plusieurs fois être fortement compromis dans petites échauffourées, il a même été menacé sérieusement ; de là, peut-être, envie de s'en aller. Je doute que vous puissiez lui offrir quelque chose qui paraisse satisfaisant à son ambition, aussi malsaine que peu dissimulée (1).

(1) De qui pouvait-il bien être question dans cette dépêche ? Est-ce d'Albert Baume ou de Gaston Crémieux ? peut-être ni de l'un ni de l'autre. Toujours est-il qu'à défaut de certitude absolue, nous devons nous abstenir de citer d'autres noms.

III. — Arrivée de Garibaldi, de Menotti et de Canzio. — M. Fesneau télégraphie à M. Chenillon, délégué à Tours, de la Ligue du Midi, d'aller attendre le général à la gare et de faire de concert avec lui et M. Gent, une démarche auprès du gouvernement pour obtenir la ratification des pouvoirs de la Ligue. — M. Esquiros demande qu'une avance de trois millions lui soit consentie par le directeur de la Banque. — Arrestation Morelli opérée sur l'avis du sous-préfet de Toulon. — Renseignements fournis par M. Baragnon. — Encore la Ligue du Midi.

Marseille, le 6 oct. 1870, 9 h. m.

N° 5429.

Préfet à Intérieur, Tours

Garibaldi a quitté Bonifacio, hier, sur les deux heures : Il sera ici ce soir.   DELPECH.

Marseille, 8 oct. 1870, 5 h. 40 s.

N. 5553.

Ligue du Midi à Chenillon, délégué à Tours.

5479. — Garibaldi arrive à Tours : attendez-le, et allez le voir avec Gent, pour que tous ensemble vous puissiez obtenir du gouvernement la ratification des pouvoirs de notre ligue.   FESNEAU.

Marseille, 11 oct. 1870, 11 h. 35 m.

N. 5726

Administrateur supérieur à Intérieur, Tours.

Au nom du conseil départemental, je vous demande instamment d'autoriser le directeur de la Banque de France à nous avancer la somme de trois millions de francs : cette somme est absolument nécessaire pour nos moyens de défense, et sera remboursée par l'emprunt municipal que nous avons émis et qui s'élève déjà à six millions : urgence absolue.

—

N° 5547.   Marseille, 11 octobre 1870, 4 h. 30 s

Préfet à Intérieur, Tours.

Le nommé Morelli m'a été signalé par le sous-préfet de Toulon comme agent très dangereux, se rendant à Marseille avec le but de monter une affaire avec les anciens policiers.

Je l'ai fait arrêter.

Cet homme vient de Nice. Baragnon m'en a dit pis que pendre, ce qui ne prouve rien.

Laurier paraît le connaître. Que faut-il faire ?

DELPECH.

—

N° 5819.   Marseille, 12 octobre 1870, 5 h. 58 s.

Préfet à Intérieur, Tours.

Menotti Garibaldi et Canzio sont attendus ce soir, 9 heures, par train de Nice.

DELPECH.

—

N° 5846.   Marseille, 13 octobre 1870.

Monsieur le ministre de l'intérieur, Tours.

Arrivé à Marseille hier, me mis immédiatement en relation avec comité de défense et industriel. Je visite ce soir La Seyne et La Ciotat. Enverrai demain mon premier rapport.   VOGELI.

—

N° 6461.   Marseille, 25 octobre 1870, 10 h. 10 m.

Préfet à Intérieur, Tours.

Morelli a été arrêté à son passage à Marseille, sur

un avis du sous-préfet de Toulon, me le signalant comme un agent très dangereux.

De Tours, où j'ai immédiatement télégraphié après l'incarcération, on m'a dit de le garder jusqu'à nouvel ordre, ce que j'ai fait.

RÉPUBLIQUE FRANÇAISE   Marseille, 12 octobre 1870.

Liberté, Egalité, Fraternité,

Cabinet
de
L'ADMINISTRATEUR SUPÉRIEUR
des Bouches-du-Rhône.

Il est expressément défendu, à quiconque n'est point employé, d'entrer dans le bureau du télégraphe.
A. ESQUIROS.

IV.—M. Delpech signale au ministre le mauvais effet produit par le bruit que le général de Palikao serait appelé à prendre le commandement de l'armée de la Loire.—Gaston Crémieux rend compte à M. Esquiros de son entrevue avec le gouvernement.—M. Delpech se plaint que les décrets Gambetta, relatifs à la démission d'Esquiros, aux Jésuites et à la *Gazette du Midi*, aient été communiqués aux journaux. — Souscriptions à l'emprunt de la Défense nationale.—Ce que le procureur général d'Aix pensait de la garde civique et de la tolérance dont elle était l'objet.—Les rapports sur la Corse faits à M. Rouvier par M. Colonna. — Emotion produite par la nouvelle de la capitulation de Metz.

Marseille, 12 octobre 1870, 12 h. 25 m.
N° 5782.

Préfet à intérieur, Tours.

Une dépêche émanant d'une agence privée annonçant que Palikao va prendre le commandement de l'armée de la Loire, produit ici un effet détestable sur la population. Si, comme tout l'indique, la nouvelle est fausse, mettez-moi à même de la démentir officiellement. DELPECH.

—

Marseille, le 17 octobre 1870, 10 h. 55 s.
N. 5698.

Administrateur supérieur à Rouvier, Hôtel de Londres.

Gaston Crémieux à Esquiros.

« Ai causé longuement avec ministre Crémieux, ai expliqué faits se rapportant *Gazette Midi*, Jésuites, commerce des blés et ligue, explications favorablement accueillies. Discuterons demain avec Gambetta et Crémieux solution acceptable pour tous. Ne persistez pas dans démission (1). Si vous persistez, je me retire avec vous : nos amis en feront sans doute autant, je loge hôtel Bordeaux. Partirai mardi. » — G. Crémieux.

Telle est la dépêche qui est arrivée ce matin.

A. ESQUIROS.

—

Marseille, 23 octobre 1870, 8 h. 31 s.
N. 6410.

Préfet à Rouvier, hôtel Londres, Tours.

Colonna, qui t'a fait des rapports sur la Corse, doit-il aller à Tours pour converser avec gouvernement à ce sujet ? Vois Gambetta. DELPECH.

(1) La veille, Gaston Crémieux avait expédié une dépêche analogue à l'administrateur supérieur des Bouches-du-Rhône. Il le priait également de ne pas donner sa démission et lui demandait d'attendre « lui promettant que les tribunaux seraient bientôt organisés et qu'alors ils pourraient agir légalement. » (Voir de Sugny, p. 452. Télégramme n. 5307, 16 oct. 1870.

N. 6512.

Marseille, 27 octobre 1870, 9 h. 30 s.

Procureur République Marseille au procureur République, Tours.

L'administration du journal l'*Union* a-t-elle expédié à dame Garcin à Marseille, exemplaire ou dix exemplaires de l'*Union*, datés du 26 octobre ? Réponse.

Le procureur de la République de Marseille,

Guibert.

—

N. 6590.

Marseille, 27 octobre 1870, 1 h. 12 s.

Préfet à Intérieur, Tours.
(Confidentielle.)

Je trouve dans divers journaux le texte du décret que vous aviez proposé à notre acceptation relatif : primo, à la démission d'Esquiros ; secundo, aux arrêtés concernant *Gazette* et Jésuites.

La communication n'a pu en être faite que par une indiscrétion coupable de quelque employé à vos ministères (1). Elle nous cause des embarras que nous écarterons ; mais veillez sur vos livres de copie. Situation bonne.

Delpech.

—

N. 6586.

Marseille 27 octobre 1870, 11 h. 55 m.

Préfet à Rouvier, secrétaire-général, hôtel Londres, Tours.

J'ai envoyé plusieurs dépêches à Gambetta. Je lui ai écrit hier : Passe au Ministère. Fais lui communiquer ma correspondance. Tout va bien ici.

Delpech.

---

(1) Le décret avait été lu par M. Gambetta lui-même à MM. Ludovic Legré et Henri Olive, qui avaient été envoyés par la *Gazette du Midi* en députation auprès de la délégation de Tours.

Marseille, 28 octobre 1870.

N. 907.

Receveur des finances à trésorier général à Marseille.

EMPRUNT DE LA DÉFENSE NATIONALE DE 250 MILLIONS.
450 Obligations souscrites de...... 500 fr.
31 Obligations souscrites de..... 2.500 fr.
Obligations de..............12.500 fr. Néant.
Obligations de..............25.000 fr. Néant.

—

Marseille, 29 octobre 1870.

N° 908.

Receveur finances à finances, Tours.

EMPRUNT DE LA DÉFENSE NATIONALE DE 250 MILLIONS.
450 Obligations souscrites de...... 500 fr.
31 Obligations souscrites de..... 2 500 fr:
Obligations de.............12.500 fr. Néant
Obligations de.............25.000 fr. Néant
GAMOT.

—

Marseille, 30 oct. 1870, 10 h. 30 m.

N. 6718.

Préfet à intérieur, Tours.

Grande émotion en ville et dans tous les départements de la région. Si vous aviez la confirmation officielle de la reddition, l'annonce brutale de la vérité (1) vaudrait cent fois mieux que l'attente inquiète pour le public. DÉLPECH.

—

Aix, 31 octobre 1870.

N, 5918.

Procureur Général à Crémieux, ministre justice, Tours.

La tolérance vis-à-vis de la garde civique, ostensi-

---

(1) On sait à l'aide de quels procédés M. Delpech, le lendemain, proposait au ministre de donner le change à l'opinion. (Voir de Sugny, p. 97).

blement et plus fortement organisée sous divers titres, porte ses fruits ; elle cerne l'Hôtel-de-Ville et ne laisse pénétrer dans la salle du Conseil municipal que les quatre conseillers partisans de l'impôt forcé. Une collision sanglante est imminente, si des ordres immédiats et vigoureux ne sont pas transmis à Marseille à Marie et au général Rose ; la cité va être au pouvoir de l'émeute: il faudrait faire partir tout ce qui peut porter un fusil ; la garde civique devrait aussi partir, et ce premier élément de trouble éliminé, il n'y aurait plus qu'à se débarrasser du conseil départemental. Thourel.

V. — Le général Marie demande au gouvernement de choisir pour successeur de M. Labadié un homme dont le nom connu à Marseille lui constitue une autorité à son arrivée. — M. Delpech informe le ministre que tout est perdu si on laisse le commandement aux généraux impérialistes. — Saisie d'armes opérée par le comité départemental sur l'ordre de M. Esquiros. — Ce dernier se plaint de ne pas recevoir de fusils et accuse le gouvernement de pousser ainsi au désespoir les populations républicaines du Midi. — Enterrement du fils d'Esquiros — Le général de la 9e division proteste contre le maintien de Brissy à titre de général de brigade. — De quelles ressources disposait, au 16 novembre, l'intendance de Marseille. — Projet Dumon pour la défense de la vallée du Rhône. — M. Gent supplie MM. Crémieux et Gambetta de lui en référer relativement aux plaintes qui pourraient leur parvenir à l'encontre du sous-préfet d'Arles et du parquet de Tarascon.

Marseille, 31 oct. 1870, 12 h. 45. m.

N. 6765

Général Marie à Ministre de l'Intérieur, Tours.

Je regrette que M. Labadié ne croie pas devoir accepter : Je vous engage à choisir un homme dont le nom connu à Marseille lui constitue une autorité à son arrivée. Le préfet que vous nommerez devra avoir un décret de vous révoquant le Comité départemental. Je prends toutes les mesures pour garder les caisses publiques comme vous l'indiquez.

Le Général, MARIE.

—

Marseille, le 31 oct. 1870, 10 h. 17 m.

N. 6776.

Préfet à Intérieur, Tours.

Il devient de plus en plus nécessaire de prendre quelques mesures : la dépêche de Duportal est la tonique de l'état de l'opinion. Je suis assailli de demandes. Nous pouvons faire lever le Midi en masse, mais il faut donner satisfaction

Si vous laissez les commandements aux généraux impérialistes, nous sommes perdus (1).

DELPECH.

—

Marseille, 31 octobre 1870, 9 h. 35 m.

N° 6774.

Esquiros à Intérieur, Tours.

La garde nationale de Marseille est indignée : depuis longtemps elle réclamait des armes avec impatience et menaçait même de se dissoudre. Le comité départemental de défense fait saisir un convoi de vieux et mauvais fusils, dont on ignorait la destination. J'ai contresigné l'ordre: tous les jours nous donnons aux volontaires de passage des carabines qui ne nous reviennent jamais. Les Marseillais veulent se lever en masse pour marcher au feu ; vous ne leur expédiez pas de fusils et vous leur refusez le droit d'en acheter : c'est le moyen de pousser au désespoir les populations républicaines du Midi, et de les livrer à l'ennemi qui s'avance sur Lyon.   A. ESQUIROS.

(1) La veille, il avait tenu le même langage au Gouvernement (télégr. n. 5732, 30 oct. 1870, 3 h. 20 s. — Voir De Sugny, p. 445.

Marseille, 1er nov. 1870, 5 h. 10 s.

Préfecture Marseille à ministre guerre, Tours.

La garde mobile Djidjelli (Algérie) demande à rentrer en France pour partir « pour venger honte. » La plus grande tranquillité regne.

DELPECH.

—

Marseille, 7 nov. 1870, 12 h. 45.

N. 511.

Préfet à intérieur, Tours.

Je fais afficher votre dépêche sur refus d'armistice, et au bas j'ajoute les mots qui suivent :

Citoyens,

Ayez confiance dans le gouvernement de la Défense nationale ; ne craignez jamais de lui un acte de faiblesse qui souillerait le drapeau de notre République; redoublons tous de résolution et d'énergie; unissons-nous, serrons-nous, fraternisons tous ensemble. L'union c'est la force et la force c'est le triomphe.

Le préfet,
Alphonse GENT.

Le fils d'Esquiros vient de mourir. Je déplore ce malheur à tous points de vue. Je prends les précautions pour éviter qu'on en fasse le prétexte de nouveaux troubles. Soyez donc tranquille.

A. GENT.

—

Marseille, 8 novembre 1870, 7 h. 55 s.

N. 570.

Préfet à ministre Intérieur.

J'ai attendu la fin de la cérémonie funèbre pour vous dire qu'elle a été admirable de nombre, de recueillement et de calme. La garde nationale et autres y ont assisté sans armes, ainsi que je l'avais arrêté, sauf quelques enfants d'une garde urbaine dont le pauvre mort était le commandant.

Esquiros a quitté ce matin la Préfecture, après être venu pleurer quelques instants avec moi aux pieds de mon lit. Son état était déchirant. Il a voulu suivre le corps de son enfant jusqu'à la fosse. Il a été conduit ensuite à la campagne d'un ami dans les environs de Marseille. Nous nous sommes quittés comme deux frères.

La Préfecture, avant son départ, était complètement vide de tout et de tous ; petit à petit tout est parti, et je suis resté, reste et resterai seul.

Après elle, je m'occupe de vider Marseille de tous ces corps francs qu'on ne pouvait en arracher. Il en est parti hier, aujourd'hui, il en partira demain, et la fameuse garde civique est réduite aujourd'hui à une très simple expression que j'expurgerai, et que je fondrai dans un corps de la garde nationale, quatre fois plus nombreux que ce reste et choisi.

J'avais pris, au dedans comme au dehors, toutes les précautions nécessaires. Je suis bien heureux qu'elles aient été inutiles.

A Marseille, je n'ai qu'un ennemi, qu'un danger ; bien convaincu, je vous le dis : c'est l'*Internationale*.

A. GENT.

—

Marseille, 9 nov. 1870, 2 h. 10 s.

N. 5599.

Général commandant 9° division militaire à ministre guerre, Tours.

Tous les rapports et pièces adressés de la subdivision de Marseille sont signés Brissy. Je ne reconnais nullement ce sous-intendant comme général de brigade, n'ayant reçu de vous aucun avis à ce sujet.

Je vous adresse par courrier et comme pièce justificative, le rapport de cinq jours signé de lui. Je vous prie de me faire connaître ce que je dois faire à ce sujet.

P. O., et pour le chef d'état-major :
Le capitaine de service,
ROGER.

Marseille, 13 nov. 1870, 2 h. 30 s.

N. 5621.

Préfet à intérieur, Tours.

Faites donc annoncer au *Moniteur universel* que ce n'est pas un peu d'ordre, comme il le dit, mais l'ordre tout entier qui règne dans la ville de Marseille. Sénart me demande de Florence si l'on peut y venir sans danger avec femme et enfants ?

Il faut que cette impression regrettable et désormais injuste disparaisse tout à fait. Je le demande à l'honneur de notre France et de notre midi.

A. Gent.

—

Marseille, 16 nov. 1870, 1 h. 10 s.

Intendant à intendant chef à Tours.

Voici ressources actuelles :

Biscuits............	1240 quintaux.
Lard..............	Néant, attendu.
Avoine............	3000 quintaux.
Foin..............	150 quintaux.
Orge..............	700 quintaux.

L'intendant militaire,
Vigo Roussillon.

—

Marseille, le 16 novembre 1870, 6 h. 40.

N. 5154.

Procureur République Marseille à Procureur République, Tours.

Dites à M. Crémieux, ministre, de la part Achille Aubanel, qu'il lui rappelle projet Dumont pour défense vallée Rhône auquel adhèrent départements voisins.

Ce projet a été soumis à ministre guerre et connu par M. Freycinet.

Le procureur de la République,
Guibert.

N. 5337.
Marseille, le 16 nov. 1870, 12 h. 15. s.

Préfet à intérieur, Tours.

Certains journaux annoncent que les préfets sont autorisés à accepter les offres spontanées de cloches pour la fabrication des canons ; le fait est-il vrai ?

A. GENT.

Autun, 16 nov. 1870, 10 h. 10 m.

Commandant 2e brigade armée des Vosges, à secrétaire général préfecture, Lyon.

Dites à Compagnon, Hôtel Angleterre, de m'expédier ce qu'il aura de disponible, notamment les dix chassepots et les souliers ; pouvez-vous mettre à ma disposition quelques révolvers et combien ? J'écris à Compagnon.

DELPECH.

Marseille, 17 novembre 1870, 9 h. 35 m.

Préfet à Crémieux et Gambetta, Tours.

Je vous demande de communiquer directement avec moi pour toutes les plaintes ou dénonciations qui vous seraient adressées à l'encontre du sous-préfet d'Arles ou du parquet de Tarascon. Vous avez donné trop de confiance à des rapports, non pas seulement mensongers, mais provenant d'ennemis locaux et d'hommes dont il est bien regrettable que vous ne puissiez débarrasser le tribunal de Tarascon. Veuillez faire faire quarantaine à toutes ces accusations qui viennent de Tarascon ou d'Aix.

A. GENT.

N· 5387.
Marseille, 17 novembre 1870, 4 h.

Intérieur et Marine, Tours.

Désirant avoir l'honneur d'obtenir une audience

de MM. les ministres de l'intérieur et guerre pour affaires importantes, puis-je aller à Tours avec certitude d'être reçue ?

FERRER, femme d'un colonel (1).

Marseille, 17 novembre 1870, 3 h. 45 s.
N° 5435.

Préfet des Bouches-du-Rhône à gouvernement Laurier, Tours.

On se plaint vivement ici de ne pas avoir reçu encore les titres de l'emprunt de 250 millions : si réellement, les tiraillements entre Londres et Tours ont cessé à ce sujet, prouvez-le en m'envoyant les titres sans retard. Réponse.

A. GENT.

VI = M. Gent proteste contre l'usage que pourrait vouloir faire de sa parenté pour des affaires de spéculation, son frère, Isidore Gent. Il déclare que pour ces affaires on ne doit point avoir égard au nom que porte ce dernier. — M. Gent et ses négociations avec Figueras. — Il réclame à M. Freycinet 300 chassepots pour armer les mobiles de Vaucluse qu'il a fait appeler à Marseille afin de garder la préfecture. — Le cas du chef d'escadron d'artillerie, M. Jules d'Escrivans. — Ce que pensait M. Gent du directeur des prisons, M. Ménard. — Les élections Rabbiniques. — M. Gent se refuse à les ajourner. — Son conflit à cette occasion avec le ministre Crémieux. — M. Villeneuve de Bargemont et l'organisation des ambulances. — M. Gent signale Genève comme le foyer de conspirations bonapartistes qui agitent le Midi. — Il s'occupe de réorganiser la police. — Dissolution du Conseil général. — L'aide de camp de M. Gent et son grade de commandant d'état-major. — Le préfet demande le maintien à Marseille du commandant

(1) Ferrer, alors colonel de 2e légion du Rhône.

Pelous. — Il s'intéresse au sort de M. Chenet et reproche à M. Naquet de ne pas s'occuper de cette affaire, bien qu'il l'en eût prié. — M. Delpech propose au ministre de prendre dans le port de Toulon d'excellents officiers d'artillerie et de bons canonniers. — M. Gustave Naquet part pour la Corse et demande à être précédé à Ajaccio par un navire de guerre.— Saisie du journal le *Drapeau*. — L'ingénieur Laur demande que l'Algérie soit appelée à nommer 24 représentants. — Il promet que ce seront tous des *républicains et non des capituleux*.

Marseille, 26 nov. 1870, 12 h. m.

N° 7884,

URGENCE.

Préfet à Alfred Naquet, rue Chaptal, 7, Tours

Je vous autorise à déclarer à Tours que je ne patronne en rien mon frère aîné, Isidore Gent, avec lequel, depuis longues années, je n'ai aucune espèce de rapports, et je proteste contre tout usage qu'il voudrait faire de notre parenté pour des affaires de spéculation que je ne puis pas l'empêcher de faire, mais pour lesquelles on ne doit avoir aucun égard au nom qu'il porte. Je vous demande en grâce de communiquer, à qui vous jugerez convenable et même à lui, la présente dépêche ; c'est un service d'amitié que je réclame impérieusement de vous.

A. GENT.

Marseille, 27 nov. 1870, 11 h. 10 m.

N° 42.

Gent à Gambetta, Tours.

CONFIDENTIELLE.

Je reçois plusieurs lettres pressantes, très-pressantes sur affaire d'Espagne que, sans doute, vous vous rappelez. Voulez-vous que je continue dans les mêmes termes et fasse venir ici Figueras ? décidez et avisez-moi promptement. A. GENT.

Marseille, le 27 nov. 1870, 9 h. 30 s.

N· 107.

Préfet à Freycinet délégué à guerre, Tours.

Vous m'avez promis d'armer de chassepots les deux bataillons mobiles Vaucluse : je vous remercie de l'avoir fait ; complétez la gracieuseté ; j'ai dû faire venir 300 hommes du département, des mêmes mobiles qui me gardent à la préfecture de Marseille ; je leur ai promis que, sous trois jours, vous me feriez délivrer, de l'arsenal de Toulon ou autre, 300 chassepots pour les armer avec les munitions nécessaires et je suis sûr que vous ne me ferez pas manquer à ma parole. Si vous ne le faites ; je me livre à Gambetta ou au colonel Thoumas. Reponse télégraphique.   A. Gent.

—

Tours, 27 nov. 1870.

N· 5304.

Guerre à Gent, préfet, Marseille.

Vous savez bien que nous n'avons rien à vous refuser. Gardez donc votre *Quiquandon*.

Recevez mes bonnes amitiés pour votre belle administration.

—

Général commandant 8e division à ministre guerre, Bordeaux.

M. Jules d'Escrivans, ex-sous-officier d'artillerie, nommé lieutenant dans l'artillerie de la garde mobile, le 15 août 1870, capitaine le 12 septembre, chef d'escadron, le 16 octobre.

Ces nominations successives ont été faites par l'administrateur ou le préfet des Bouches-du-Rhône, muni des pleins pouvoirs administratifs et militaires, et approuvées par le général commandant la division.

Ratifiez-vous sa nomination de chef d'escadron, contestée par quelques officiers des batteries des Bouches-du-Rhône ?

P. O. *le chef d'état-major,*

MITAUT.

—

Marseille, 8 décembre 1870, 9 h. 20 s.

N. 5903.

Préfet à intérieur, Tours.

Monsieur Ménard, directeur, et non inspecteur des prisons ici, n'a rien qui le recommande auprès du gouvernement républicain, loin de là.

Quant à l'administrateur, je n'ai rien à vous en dire qui lui soit défavorable. A. GENT.

—

Marseille, 8 déc. 1870, 9 h. m.

N. 5864.

Préfet à justice et cultes. Tours.

Ce n'est qu'après s'être adressé à moi et sur mon refus d'ajourner les élections Rabbiniques, que l'on a eu recours à vous, et malgré votre dépêche 3145, je persiste dans l'opinion qui m'a dicté et mon arrêté et ma résistance à le retirer. Mon but a été de concilier les intérêts de cette grande élection, et de réaliser le décret que vous veniez de rendre. Pour la formation des listes, la rectification et l'élection des délégués, j'ai donné cinq semaines pour l'élection du grand rabbin ; ces premiers élus prendront le temps qu'ils jugeront convenable, et l'on arrivera ainsi a terminer un long intérim, à mettre en pratique votre décret et à accomplir dans toutes les conditions désirables une élection aussi importante. Je crains que vous n'ayez cédé à des suggestions intéressées, personnelles, et qui sont loin de représenter l'aspiration de la communauté israélite de sortir d'un intérim regrettable à tous les points de vue. Dans cette situation, je vous demande de ne pas insister pour que je retire mon arrêté et ajourne ces élections annoncées à tous. Si cet ajournement, malgré mes observations, vous paraît indispensable, ordonnez-le vous-même. Je ne désire pas en accepter la responsabilité; je suis mieux à portée que vous de voir ce qu'il y a de réel sous ces protestations.

Marseille, 12 décembre 1870, à 7 h. du s.

N. 510.

Préfet à Justice, Bordeaux.

Votre dépêche de ce jour semble une atténuation bien plus qu'une confirmation de celle que vous m'adressiez de Tours, le 8 (N· 2963), et dans laquelle vous me disiez : maintenez la date des élections rabbiniques, si vous pensez répondre aux vœux de la communauté marseillaise. Il se peut qu'il y ait une intrigue : je crois même que l'on serait plus vrai, en disant qu'il y en a deux, et je suis même ouvertement menacé d'une troisième ou quatrième intervention auprès de vous : Je ne connais pas les rabbins à élire : J'ai entendu M. Valabrègue comme ceux qui sont contraires à l'exécution de votre décret, mais je déclare indispensable de mettre un terme à toutes ces divisions, intrigues ou non, en cloturant un long intérim et en pratiquant une première élection. Vous avez qualité pour savoir, je le reconnais, mais moi j'ai qualité pour voir, parce que je suis plus près, et après avoir consulté de vos plus chers amis, après avoir reçu même une lettre du rabbin intérimaire, la cheville ouvrière de tout ce désordre, je persiste à faire faire à Marseille le premier acte de votre décret, et je vous assure que votre intervention souveraine dont je suis menacé serait à tous les points de vue d'un regrettable effet : Je suis indépendant de tout et de tous, vous me connaissez assez pour en être certain. A. GENT.

Aix, 13 décembre 1870.

N° 5256.

Sous-préfet d'Aix à ministre du commerce, à Bordeaux.

Envoyez autorisation de nous servir, dans l'école

d'arts et métiers, de tous les draps de lits qui s'y trouvent pour le couchage des mobilisés, ils doivent être casernés demain. EMILE MARTIN.

Marseille, 21 décembre 1870.

N° 5412.

Directeur général des ambulances à Monsieur le comte Lemercier, délégué à Bordeaux.

Avisez-moi aussitôt que décret sera au *Moniteur*. Si ma présence à Bordeaux n'est pas absolument nécessaire, resterai ici encore quelques jours pour organisation des ambulances fixes.

Télégraphiez-moi, réponse hôtel Luxembourg, Marseille. DE VILLENEUVE.

Marseille, le 22 décembre 1870, 3 h. 45 s.

N° 5490.

Préfet à Intérieur, Bordeaux.

J'ai gardé, en la communiquant seulement officiellement, votre dépêche sur l'événement de Lyon; mais que devais-je faire, quand celle de Justice commençait par ces mots : Faites imprimer et afficher de suite ! et qu'on me faisait signer un accusé de réception. Je suis complètement de votre avis sur l'inconvénient de cette publication, mais que devais-je faire ? A. GENT.

Marseille, le 24 décembre 1870, 9 h. 30 m.

N. 5567.

Préfet à Intérieur, Bordeaux. (Chiffrée.)

Confidentielle. — Laissez-moi régler l'affaire d'Esquiros sur les bases convenues avec Gambetta. J'aurai les fonds à l'aide d'un virement déjà fait et ce sera un grand débarras et pour lui et pour moi. Quant à Cluseret, je le fais rechercher sans avoir encore sur sa présence ici aucune certitude positive, mais il est vrai que ces deux noms, le second surtout, troublent, inquiètent, il y a longtemps.

A. GENT.

—

Marseille, le 24 déc. 1870, 10 h. 40 s.

N· 5905.

Préfet à directeur sûreté générale, Tours.

Faites surveiller Genève où paraît être le foyer de la conspiration bonapartiste qui agite le Midi.

A. GENT.

—

Marseille, 24 déc. 1870, 11 h. 10 s.

N· 5911.

Le préfet des Bouches-du-Rhône à intérieur et guerre, Bordeaux.

On m'assure que M. de Villeneuve-Bargemont est parti pour Bordeaux pour vous requérir de lancer le décret dictatorial que vous lui aviez, dit-il, promis, et pour investir l'Internationale de la direction exclusive des secours à donner aux blessés dans le Midi.

Je n'en crois rien, et d'ailleurs vous avez sous les yeux ma dépêche du 17, qui vous fait comprendre l'effet déplorable que la menace seule de ce décret a produit ici, et produirait bien plus encore aujourd'hui, que la Société internationale a pris un développement énorme par l'adhésion de tout le conseil municipal et de tous les groupes républicains ou libéraux de la population.

M. de Villeneuve n'a pas voulu la conciliation et l'égalité que je lui offrais, et je ne sais pas si je ne m'avancerais pas trop en la lui promettant aujourd'hui. C'est sa faute, mais je le regrette ; mais soyez sûrs que les blessés que vous enverrez seront soignés ici, par les uns ou par les autres, avec une fraternelle sollicitude ; et pas de décret, je vous en prie. A. GENT.

Marseille, 25 décembre 1870.

N. 1610.

Le préfet des Bouches-du-Rhône au directeur sûreté générale Ranc, Bordeaux.

Je me débrouillerai ici : je comprends votre position, et quant à l'homme de Lyon (1) il est certes fort intelligent, mais beaucoup trop compromis. Je chercherai et trouverai autour de moi ce qu'il faut. Seulement, comme mon budget départemental est vide au chapitre que vous indiquez, faites-moi ouvrir et régulariser de suite par finances un crédit de dix mille francs sur le chapitre 13.

Recommandez surtout que l'on ne s'inquiète pas démesurément à Bordeaux. J'ai ici une grande force personnelle et extérieure, et je suffirai pleinement à ma situation, qui ne mérite pas d'exciter des alarmes.
A. GENT.

—

Marseille, 27 déc. 1870, 9 h. 45 m.

N. 5710.

Préfet à Intérieur, Bordeaux.

Je reçois votre nouveau décret sur la dissolution des divers conseils et commissions du département, et je vais le faire publier en remplacement de celui qui déjà avait été communiqué aux journaux. Jugez-vous indispensable que je vous adresse mes propositions, ce qui ne pourra se faire que par lettre avec crainte très-légitime de retard par suite de l'interruption fréquente des voies ferrées ? Veuillez me répondre, car mon intention est de pourvoir immédiatement.

—

Marseille, 27 déc. 1870, 9 h. 46 m.

N. 5749.

Préfet à Guerre Freycinet, Bordeaux.

Dois-je considérer comme refusée, une demande que j'ai adressée à guerre ayant pour but de ré-

(1) Il s'agit de M. Jacomet, ex-commissaire central à Marseille.

clamer le grade de commandant d'état-major dans l'armée auxiliaire pour M. Ernest Prunier, capitaine, faisant fonctions de chef de bataillon des mobiles de la Drôme, et que vous m'avez autorisé à prendre comme un véritable aide-de-camp dans la position si difficile qui m'est faite ici ? Une réponse de M. Haca me le ferait supposer, et j'en rappelle à lui et à vous. J'avais cru pouvoir promettre que vous ne me refuseriez pas cette nomination : d'ailleurs, sur ma garantie méritée. Me suis-je donc trompé ?
A. Gent.

—

Marseille, 4 janvier 1871, 6 h. 22 s.

N. 7180.

Préfet à guerre, Freycinet, Bordeaux.

Je prie instamment de maintenir à Marseille M. Peloux, nommé, par décret du 29 décembre, chef d'escadron d'état-major et de le laisser attaché à la subdivision militaire en qualité d'aide-de-camp du général Ollivier qui, réellement, ne peut pas se passer des services d'un officier qui connaisse à fond toutes les affaires de cette subdivision. Gambetta l'avait promis au général Ollivier à Lyon et je me joins à lui pour réclamer de vous comme service public et personnel à la fois cette désignation.
A. Gent.

—

Marseille, le 5 janvier 1871, 5 h. 20 s.

N. 7243.

Intendant à ministre guerre, Bordeaux.

Voici les crédits qui me paraissent les plus pressants outre les quatre millions de vivres reçus ce matin :

EXERCICE 1870 :

Vivres, budget extraordinaire....	200.000 fr.
Habillements, budget ordinaire...	700.000
» budget extraord....	2.300 000

Indemnité de route, budget ordinaire..................... 1.000.000

EXERCICE 1871 :

Vivres, budget ordinaire 100.000
» budget extraordinaire..... 15.000.000
Habillements, budget ordinaire... 100.000
« budget extraord.... 8.000.000
Remonte, budget extraordinaire... 500.000

VIGO-ROUSSILLON.

—

Marseille, 10 janvier 1871, 10 h. 51 m.

N. 7535.

Préfet à Auguste Magin (Gironde), Bordeaux.

Un de mes amis s'intéresse beaucoup au sort du colonel Chenet ; j'avais écrit à Alfred Naquet qui ne me répond pas : je viens vous prier d'aller à intérieur et à guerre et de demander à mes amis qui sont nombreux ce qu'ils savent de plus certain sur cette affaire et sur l'issue qu'elle peut avoir : amitié pour nous deux à Margerin et à vous et merci. A. GENT.

—

N. 7537.

Préfet à Naquet Alfred secrétaire commission Etude défense, Bordeaux.

Si vous ne vous rappelez pas vous être occupé de l'affaire Chenet ou m'avoir répondu, il était bien simple, cher ami, de vous en occuper ou réoccuper et de me répondre ou rerépondre : tous vous auriez épargné à moi une nouvelle dépêche et à un ami mien de vives et longues inquiétudes ; ce qu'il y a de positif, c'est que je n'ai rien reçu et que j'ai écrit à un autre ami moins facile à égarer ses dépêches et ses souvenirs. A. GENT.

Marseille, 12 janvier 1871, 11 h. 55 s.

N· 7538.

Commandant 2e brigade armée Vosges à Guerre, Bordeaux.

Le port de Toulon pourrait nous fournir une pépinière d'excellents officiers d'artillerie et de bons canonniers. Sans rien déranger, nous pourrions y puiser le personnel dont armée des Vosges manque complètement.

Je vous demande itérativement les enseignes de vaisseau Delpech et Sort, de la *Sybille*. Télégraphiez Athénée méridional, cours Belsunce, 14.

Autorisé :

Alphonse Gent. Delpech.

—

Marseille, le 13 janvier 1871, 2 h. 45 s.

N· 7572.

Gustave Naquet, préfet Corse, à Intérieur, Bordeaux.

Je partirai de Nice, mercredi prochain, pour Corse, où arriverai jeudi matin : trouverai difficultés notables sans nulle force sous la main ; il serait important qu'un navire de guerre envoyé de Toulon ou Nice, me précédât à Ajaccio : urgent aussi informer Ceccaldi de son remplacement et savoir si autres autorités peuvent entrer immédiatement en relations avec moi ici. G. Naquet.

—

Marseille, 14 janvier 1871, 11 h.

N° 7712.

Préfet à intérieur, Bordeaux.

Pour satisfaire aux vœux de la population dans les circonstances graves où vous placent les exigences de la défense nationale et l'indignation soulevée par l'abominable bombardement de Paris, je vous demande l'autorisation de prendre un arrêté d'expulsion générale pour Marseille et le département contre tous les Prussiens et Allemands alliés, sans exception, qui n'auraient pas présenté avant ce jour une demande de naturalisation ou admission à domicile ; j'accepte même toute la responsabilité de cette mesure juste et nécessaire pour arrêter le soulèvement de l'opinion publique, et votre silence de 24 heures emportera pour moi liberté d'agir.

Ma proclamation est à l'impression : elle dit tout ce que vous sentez et tout ce que je sens, tout ce que vous voulez et tout ce que je veux. Je vous l'enverrai ce soir.
A. Gent.

Marseille, 14 janvier 1871, 2 h. 55.

N° 7729.

Gustave Naquet, préfet Corse, à intérieur Gambetta, Bordeaux.

Toutes mes mesures sont prises pour amener bons résultats et conciliation en Corse.

Il est urgent suspendre toutes nouvelles nominations judiciaires ou autres, jusqu'après mon arrivée en Corse; répondez-moi par Gent relativement à bâtiment de l'Etat demandé par moi à Ajaccio.

G. Naquet.

Marseille, 18 janvier 1871, 2 h. s.

N° 7893.

Gustave Naquet à Intérieur, Laurier, Bordeaux.

Le préfet maritime de Toulon avise Gent qu'il tient un bâtiment à ma disposition, si le ministre de la marine l'y autorise : des motifs graves et où dominent les considérations politiques nous font penser à tous les deux qu'il serait convenable pour vous et pour moi que l'offre de M. le Préfet Maritime pût être utilisée ; seulement que tout se fasse immédiatement, j'attends votre réponse avant de prendre aucune détermination.

Marseille, 19 janvier 1871, 12 h. 2 s.

N° 7941.

Gustave Naquet à Intérieur, Laurier, Bordeaux, (visée).

Je dois partir demain matin pour la Corse par vapeur ordinaire, à moins que vous ne puissiez mettre un aviso de l'Etat à ma disposition, conformément à ma dépêche d'hier ; prière urgente de me répondre en tous cas. G. NAQUET.

—

Marseille, 20 janvier 1871, 10 h. 20 m.

N. 7984.

Préfet à Procureur République, Aix et Arles.

Je reçois ordre du ministre de l'intérieur, direction sûreté générale, de faire saisir dans tous les bureaux de poste du département, une fois pour toutes, les numéros du journal le *Drapeau* qui s'imprime à l'étranger : je vous prie de prendre toutes les mesures pour que cette saisie soit opérée dans les bureaux de votre arrondissement et de me rendre compte en temps opportun du résultat de cette saisie. A. GENT.

—

Marseille, 20 janvier 1871, 10 h. 50 m.

N. 7985

Préfet à intérieur Laurier, Bordeaux.

Gustave Naquet vient de s'embarquer à neuf heures et demie sur le paquebot d'Ajaccio : il me charge de vous en avertir. A. GENT.

—

Marseille, 30 janvier 1871.

N. 8540.

Laur ingénieur, commissaire Défense nationale à intérieur, Gambetta et Laurier, Bordeaux.

Le préfet de Marseille reçoit d'Algérie la dépêche suivante qu'il me charge de vous communiquer :

« Comptons sur vous pour obtenir qu'Algérie envoie vingt-quatre représentants, je me permettrai d'ajouter en dernier que tous les représentants qu'elle enverra seront des républicains et non des capituleux, si tant est qu'on permette des élections. »
Répondez-lui.

Marseille, 1er février 1871, 12 h. 30 s.

N. 8652.

Préfet à Gambetta, Bordeaux.

Je vous avise que trois délégués choisis par les trois groupes du parti républicain de Marseille, unis dans une même pensée et dans une même résolution, sont partis ce soir pour aller vous confirmer les sentiments et les décisions manifestés dans l'adresse dont je vous ai transmis hier la copie. Je vous avise encore que demain matin le maire de Marseille et deux membres du Conseil municipal partent également, afin que la situation de Marseille, ses vœux et ses résolutions soient connus de vous. Vous y joindrez ce que j'ai eu la douleur de vous écrire il y a deux heures, et puisse votre cœur vous inspirer ; moi j'aurai épuisé le devoir de ma conscience, de mon patriotisme et de mon amitié.

A. GENT.

Marseille, 4 février 1871, 8 h. 27 s.

N. 7825.

Préfet du département des Bouches-du-Rhône à Intérieur, Bordeaux.

Affreux malheur ! Quatre wagons de poudre et munitions attelés en queue du train, parti ce matin de Marseille pour Toulon, ont fait explosion après avoir dépassé la gare de Bandol, ce matin vers neuf heures.

Les deux voies ont été labourées sur 600 mètres,

et plusieurs voitures de voyageurs ont été broyées.

On compte soixante morts et autant de blessés.

Des médecins ont été expédiés immédiatement de Marseille et de Toulon.

On ignore la cause de cette épouvantable catastrophe.

A. GENT

—

N. 731.   Marseille, 14 février 1871, 8 h. 10 s.

Secrétaire général par intérim à guerre, Bordeaux.

Farcy, sous-préfet en disponibilité et commandant d'un bataillon de mobiles, évadé pendant l'internement de l'armée de l'Est en Suisse, incorporé dans un régiment actuellement sans dépôt, me demande réquisition pour aller à Bordeaux se mettre à la disposition du ministre. — Dois-je vous l'envoyer?

FOUQUIER.

—

N. 782.   Marseille, 16 février 1871, 7 h. 35 s.

Secrétaire général par intérim à intérieur, Bordeaux.

....
....

J'attends vos instructions.

Nous continuons à manquer complétement de nouvelles politiques. Je fais de nouveau appel à votre amitié et à votre soin de l'intérêt public pour nous en donner. N'oubliez pas l'importance de Marseille et la susceptibilité du tempérament des habitants.

FOUQUIER.

———

VII. — Le cas de M. Expilly. — Ce que le préfet Gent pensait du rétablissement de son emploi.

Tours, 3 janvier 1871.

N. 3145.

Justice à préfet, Marseille.

Maintenant une note confidentielle sur Expilly. Vous écrivez à l'Intérieur : la place est une superfétation. En tout cas, ne le nommez pas à cause de l'homme. Dites-moi un mot d'explication pour cette petite phrase : Que vaut l'homme ? Entre nous deux seuls.

Amitiés. CRÉMIEUX.

—

Marseille, 4 janvier 1871, 1 h. m.

N. 7142.

Le Préfet du département des Bouches-du-Rhône à Intérieur Gambetta, Bordeaux.

(Confidentielle.)

Voilà deux dépêches que coup sur coup je reçois de Justice au sujet de Expilly, que protègent, à ce qu'il paraît, de puissantes recommandations.

A ma dépêche du 26 vous aviez pourtant répondu : il n'est pas question de le rétablir dans ses fonctions ; et en le rappelant à Crémieux, j'avais déclaré que je maintenais toutes mes conclusions, soit à cause de l'homme, soit à cause de la fonction.

Cette insistance à laquelle nul de vous ne m'avait habitué, ce doute jeté sur des appréciations qui ne m'étaient pas personnelles et reproduisaient seulement l'opinion de tous les républicains consultés ici par moi, m'affligent beaucoup, et je ne dois le dissimuler ni à Crémieux ni à vous, j'ai besoin par dessus tout de votre confiance. je fais tous mes efforts pour la conserver ; mais il faut pour cela, dans une ville sincèrement susceptible et d'opinions toujours agitées, approuver ou subir des nominations, des conservations ou des rétablissements regrettables. Je me considérerais comme impuissant à continuer l'œuvre d'apaisement que j'ai commencée.

Je fais le moins de politique que je peux dans les

circonstances où se trouve le pays, mais je ne pourrais pas me décider à en pratiquer une que je considérerais comme dangereuse. Alp. Gent.

Marseille, le 4 janvier 1871, 8 h. 30.

N° 7193.

Le préfet du département des Bouches-du-Rhône, à ministre justice, Bordeaux.

Relisez, mon ami, votre dépêche et vous verrez qu'elle ne reproduisait nullement l'intention accusée par votre dépêche de ce matin.

Dans celle que j'adressais le 30 à intérieur et que j'avais lieu de croire sous vos yeux, je disais : envoyez-le où vous voudrez, mais ne le renommez pas à Marseille, même dans son intérêt ; et j'admettais parfaitement qu'on lui eût donné une indemnité, comme on me l'annonçait dans la réponse du 31.

Vous voyez donc que je ne mets nul obstacle à ce qu'on fasse ce que l'on voudra pour un homme qui peut avoir des antécédents républicains, mais qui a eu le soin de se présenter à vous sans porter à la boutonnière la croix d'Honneur qu'il avait sollicitée de son persécuteur et sans que vous vous rappeliez qu'il avait déjà été payé par l'Empire des persécutions que ce même Empire lui avait fait souffrir. Si vous trouvez que ces compensations ne soient pas suffisantes et qu'il reste encore quelque chose de l'ancien républicain et du persécuté, employez-le, quand tant d'autres attendent, qui n'ont mendié ni croix d'Honneur, ni places ; mais ne me demandez jamais ma participation à de telles générosités, quand il y a tant de justices à satisfaire.

Mais cela dit, croyez que si vieux que nous soyons, mon amitié pour vous reste toujours jeune, que si je m'irrite quelquefois de quelques uns de vos actes, c'est parce que j'ai pour vous une respectueuse affection que je voudrais voir partagée par tous. Ce n'est pas pour moi que j'ai de la suceptibilité ; c'est pour ceux que j'aime et avec lesquels je voudrais toujours être en accord complet. Or, etc., etc.

Votre ami quoique,
A. Gent.

Marseille, 12 janvier 1871, 4 h. 20 s.

N. 8135.

Préfet à Justice Crémieux, Bordeaux.

J'ai transmis, le 20, à Intérieur une note à laquelle je croyais n'avoir rien à ajouter. Je disais : je dois vous déclarer que cette mesure de rétablissement produirait ici le plus déplorable effet à la fois à cause de l'homme et à cause de la fonction qui est une véritable superfétation. On m'avait compris; car on me répondit le 31 : Il n'est pas question de rétablir **Expilly** dans ses fonctions. Vous m'avez interrogé à votre tour, mais je vous ai répondu que je maintenais toutes ces conclusions. Vous insistez encore et cela me peine vivement, parce que j'étais habitué à plus de confiance de votre part, et dans cette situation je dois me borner à vous redire que cette mesure produirait le plus déplorable effet tant à cause de l'homme qu'à cause de la fonction. Vous êtes le maître : vous déciderez.

A. GENT.

VIII. — Inquiétude de M. Gent, au sujet des bruits alarmants répandus à Marseille sur de prétendues défaites et capitulations. Il se plaint amèrement de ne pas recevoir des nouvelles assez fréquentes du résultat des opérations militaires et de ne pas être mis à même de démentir celles qui sont colportées, surtout par le *Journal de Genève.*

Marseille, le 6 nov. 1870, 12 h. 35 s.

N. 5971.

Préfet à Intérieur, Tours.

Qu'y a-t-il de vrai dans les bruits d'armistice et de paix qui se répandent ici de plus en plus et se précisent, puisque l'on vient jusqu'à fixer le 20 novembre pour les élections générales ? dites m'en quelque chose pour moi ou pour tous. Je vous ai envoyé hier par le télégraphe ma proclamation, elle paraît avoir produit sur tous un excellent effet. Aujourd'hui paraît mon arrêté sur les élections municipales qui auront lieu dimanche prochain : votre approbation, qui me réjouit, est partagée, chose rare, par les Guelfes et par les Gibelins Marseillais. Je m'occupe de mon lit à tout régulariser.

C'était une véritable écurie d'Augias que la Préfecture de Marseille. Avec notre devise commune : énergie et prudence, j'espère parvenir à ramener ce département dans une voie régulière.

—

Marseille, 21 nov. 1870, 7 h. 40 s.

N. 5520.

Préfet des Bouches-du-Rhône à Guerre,
Tours.

Les nouvelles les plus contradictoires règnent ici sur les faits de guerre ; d'Alexandrie, on nous apprend que l'armée de la Loire est prisonnière ; d'autre part, c'est la prise de l'escadre prussienne, la délivrance de trente mille prisonniers français et l'heureux bombardement de Jahde avec les détails les plus circonstanciés ; je désirerais bien savoir quelque chose pour démentir ou confirmer ces bruit. Je ne reçois pas le *Moniteur*.

A. Gent.

—

Marseille, 1er déc. 1870, 7 h. 5 s.

N. 5635.

Le préfet des Bouches-du-Rhône à Gambetta,
Tours.

Un mot, je vous prie, sur les bruits qui courent ici d'une grande bataille sous Paris. — Ces bruits nous viennent de Lyon, de Toulouse et d'ailleurs, avec une telle concordance, sans être précis, que je vous demande quelques mots immédiats.

A. Gent.

Marseille, 12 décembre 1870, 3 h. 30 s.

N. 52.

Préfet à Guerre et Intérieur, à Bordeaux.

Vous nous laissez sans nouvelles de la guerre ; les plus alarmantes circulent ici, les affaires en souffrent, la tranquillité en est troublée, et il faut que ce soit un journal de Bordeaux qui nous donne communication de la dépêche de Gambetta à Freycinet du 9 au soir. Quelle confiance voulez-vous que l'on ait en nous, quand nous disons : il n'y a pas de nouvelles, le gouvernement ne sait rien ; on nous montre qu'il y a des nouvelles et que le gouvernement les communique à tous autres qu'à nous. Je vous en prie, ne nous négligez pas, comme vous le faites, pour des choses aussi essentielles.

—

Marseille, 15 décembre 1870, 10 h. 55 s.

N. 5145.

Préfet à Intérieur et Guerre, Bordeaux.

Vous nous laissez sans nouvelles et nous restons sous le coup des faux bruits et des dépêches prussiennes. Vous m'aviez promis des communications journalières, êtes-vous donc de l'opinion de Spuller qui prétend que Marseille n'existe pas ? on le croirait ; je vous assure pourtant que nous sommes très-inquiets et très tourmentés par tous.

A. Gent.

—

Marseille, 16 déc. 1870, 3 h. 4 s.

N. 5163.

Préfet à intérieur, Bordeaux.

Je reconnais le droit de tous les préfets à l'égalité devant les dépêches, mais il me semble que la situation de Marseille pourrait autoriser quelques priviléges en sa faveur ; je ne suis pas plus alarmé que vous n'êtes en réalité étonné, mais ce n'est pas chose facile, croyez-le bien, de démentir des faux bruits, sans autre autorité que celle du mutisme télégraphique. Vous nous promettiez, il y a trois jours, des communications journalières et nous avons fait même promesse aux inquiétudes publiques. La réserve extrême devient une nécessité aujourd'hui, nous tâcherons de la faire accepter, quelque pénible que ce soit et quel que soit à cet égard mon regret personnel ; mais ce que je ne saurais regretter, ce sont mes deux dépêches d'hier qui m'ont valu au moins d'apprendre que la situation est aussi favorable que possible ; je n'en demande pas davantage, et ce n'était pas bien difficile de me le dire amicalement et spontanément.

N. 5187

Marseille, 16 déc., 11 h. 10 du soir.

Préfet à Guerre.

Je vous renouvelle ma demande de nouvelles de Guerre ; je suis assailli dans les journaux de bruits tantôt les plus étourdissants, tantôt les plus déplorables, et je ne puis que répondre : Je ne sais rien. Cette situation n'est pas tenable ; Paris est débloqué aujourd'hui ; hier, Bourges était pris, l'armée de Chanzy avait disparu le soir ; on ne sait réellement qu'inventer, et, je le répète encore, je suis obligé de répondre : Je ne sais rien. A. GENT.

N. 7410.

Marseille, 27 janvier 1871.

Préfet à Guerre et Intérieur, Bordeaux.

Le *Journal de Genève* publie les nouvelles dont je vous avais parlé dans ma dépêche chiffrée et à laquelle vous avez répondu, hier, de la même manière. Je vous avertis qu'elle cause ici beaucoup d'agitation et que je voudrais tout de suite autre chose que vos doutes pour les publier immédiatement.

Je réclame instamment réponse immédiate. Urgent.

Marseille, 27 janvier 1871, 2 h. s.

N. 7417.

Préfet à Gambetta, Bordeaux.
(Confidentielle et très-urgente.)

Par grâce, une réponse sur les bruits de Paris. La dépêche du *Journal de Genève* est non-seulement publiée, mais affichée au coin des rues; je vais faire arrêter les afficheurs; mais cela ne fera qu'augmenter les rassemblements; il faut en finir ou par un aveu honteux ou par une protestation éclatante; d'heure en heure je répéterai ma dépêche; je ne veux pas d'une pareille responsabilité.

A. Gent.

IX. — *Dépêches d'intérêt privé transmises par voie officielle.*

—

Marseille, le 8 septembre 1870, 10 h. s.

N° 65.

Conseiller départemental à veuve Baume,
26, quai Louvre, Paris.

Je t'embrasse: sois tranquille: ai été nommé conseiller départemental près la préfecture de Marseille: tout va bien, écris moi chaque jour pour savoir ce qui se passe. Albert Baume.

—

Marseille, 24 sept. 1870, 12 h. 20 s.

N° 3149

Baume chef cabinet préfecture, à Dédaré,
26, quai Louvre, Paris.

Reçois lettre, bonne santé à tous et surtout bon courage. Le Midi compte sur une résistance énergique de Paris. Sous peu nous aurons de grandes forces pour appuyer votre résistance. Espoir et liberté. — Embrassements à tous.

Albert BAUME.

—

Marseille, 13 novembre, 1870, 11 h. 45, s.

N· 5235

Préfet à Alfred Naquet, rue Chaptal, 5, Tours.

J'écris à Gambetta pour l'affaire de nos amis, comme vous le désirez. Je suis trop pressant.

Ici tout va à merveille et moi de même. Un M. Laval, de Montdragon, ira vous voir, il veut que je vous l'adresse, je le fais par acquit de conscience.

Amitiés à Delord, Cazot, Leven, Ranc, Isambert, Cavallié, *y tuti quanti amici*. A. GENT.

FIN DE LA PREMIÈRE PARTIE

DEUXIÈME PARTIE

LE GOUVERNEMENT DU 4 SEPTEMBRE

DANS LES BASSES-ALPES, LES HAUTES-ALPES, LE VAR, L'HÉRAULT ET LES ALPES-MARITIMES.

Documents, Pièces et Dépêches officielles inédits

CHAPITRE Ier
L'EX-PRÉFET DES HAUTES-ALPES, CYPRIEN CHAIX

M. Cyprien Chaix est nommé préfet des Hautes-Alpes.

Gap, 7 septembre, 1 h. 5.

N. 573.

Le préfet des Hautes-Alpes à Monsieur le ministre de l'intérieur, Paris.

J'ai informé M. Cyprien Chaix de sa nomination qu'il accepte.   LAVALLÉE.

Gap, 7 septembre, 2 h. 27 s.

N. 575.

Préfet des Hautes-Alpes à ministre de l'intérieur, Paris.

J'accepte avec empressement le poste que vous m'avez confié,
       Salut fraternel,
          CYPRIEN CHAIX.

II. — Révocation des sous-préfets d'Embrun et de Briançon. — Etat du personnel de l'administration préfectorale dans le département des Hautes-Alpes. — Ce que pensait M. Cyprien Chaix de chacun de ses collaborateurs, et de l'opportunité de leur maintien ou de leur mise en disponibilité.

Gap, 19 sept., 2 h. 15 s.

N. 614.

Le Préfet des Hautes-Alpes à Ministre Intérieur, Tours.

3120. — Prétentions Bismark ont indigné. — On demande des armes. — Faudrait m'autoriser à nommer sous-préfets républicains. CHAIX.

Gap, 22 sept., 6 h. s.

N· 693.

Préfet à délégué Ministre Intérieur. Tours.

Dans l'intérêt de la République, il importe de remplacer les deux sous-préfets d'Embrun et de Briançon, anciens sous-préfets de l'Empire. — C'est urgent. C. CHAIX.

Gap, 17 octobre 1870, 12 h. 30 s.

N. 5924.

Préfet à Intérieur.
(Chiffre de l'administration.)

3120. — Voici état complet et exact des secrétaires généraux, sous-préfets et conseillers de préfecture du département (Hautes-Alpes).

Un secrétaire général, trois conseillers de préfecture, deux administrateurs provisoires.

Les deux administrateurs provisoires des deux sous-préfectures Briançon et Embrun, nommés par moi, le 29 septembre dernier, sont M. Meyer, avocat à Briançon ; serait excellent sous-préfet, très-intelligent, très-influent, mais ne tenant pas à rester sous-préfet définitivement ; je vous propose seulement de le confirmer comme administrateur provisoire, pour l'arrondissement de Briançon, où il peut être utile comme intelligence et comme républicanisme.

Quant à M. Long, juge au tribunal d'Embrun, il a accepté par patriotisme le poste d'administrateur provisoire de l'arrondissement d'Embrun, et on le peut confirmer provisoirement, mais ses fonctions de magistrat ne sauraient lui permettre de rester longtemps à la sous-préfecture ; d'un autre côté, il faut à Embrun un sous-préfet étranger, qui puisse équilibrer les partis.

Le secrétaire général, Delaplane, nommé sous l'Empire, avait d'abord donné sa démission; il demande aujourd'hui à être changé avec le même grade dans un département du Nord. J'estime qu'il faut à Gap un nouveau secrétaire général. Des trois conseillers de préfecture Félix Pinet, Gaduel, Doysset, nommés tous trois sous l'Empire et actuellement en fonction, le premier, Félix Pinet, a rendu des services depuis 1860, date de sa nomination, travailleur et très-honnête homme, me semble devoir être conservé dans ses fonctions, qu'il remplit avec zèle et intelligence, et avec adhésion très-sincère au nouveau gouvernement.

Les deux autres, Léon Gaduel et Doysset, sont loin d'inspirer la même confiance. Leur amour pour la république est trop tiède pour qu'on puisse compter efficacement sur eux ; en remplacement de l'un d'eux, je vous propose de nouveau, comme conseiller de préfecture, M. Adrien Aubert, avocat, très-riche propriétaire, vice-président de la commission municipale de Gap, et qui apportera à nos idées un concours énergique. C. CHAIX.

III. — Elections à la Constituante.— Première démission de M. Chaix.— Sa candidature. — Il refuse dans ce but le poste de Marseille.— Les élections étant ajournées, il reprend ses fonctions.—

Seconde démission donnée pour le même motif et retirée aussitôt par suite d'un nouvel ajournement. — MM. Blanc Xavier et Blache sont chargés cumulativement de l'intérim.

Gap, 22 sept. 1870.

Préfet à Intérieur, Tours.

.... Veuillez accepter ma démission de préfet des Hautes-Alpes, voulant me porter candidat. Profonde reconnaissance à Gouvernement et Dufraisse.

Cyprien CHAIX.

Gap, 22 sept., 2 h. 30 s.

N. 686.

Préfet Hautes-Alpes à délégué, ministre de l'intérieur, Tours.

2963. — Candidats républicains Constituante rares Hautes-Alpes. — Electeurs veulent voter pour moi en première ligne. — Je suis décidé à rester à mon poste de préfet. Quelle sera ma situation électorale ?

Cyprien CHAIX.

Gap, 23 sept., 11 h. 45 m.

N. 704.

Préfet à ministre intérieur, à Tours.

5606. — Ai adressé dépêche, hier soir, pour dire que regrettais de n'accepter poste Marseille (1) parce que présence était nécessaire (Alpes) au parti républicain peu nombreux dans lutte électorale. Donné aussi démission préfet Alpes pour être candidat. Merci et reconnaissance. Ai désigné pour intérimaire à ma place Blanc Xavier, avocat, que confirmerez momentanément.

Cyprien CHAIX.

---

(1) Il fut plus tard, proposé de nouveau pour ce poste au gouvernement par M. Labadié. (Télégramme n. 5764—31 oct. 1870, 12 h. 45 m. — Voir de Sugny, p. 98.)

En attendant successeur, ai désigné intérimaire Blanc Xavier, bâtonnier, pour administrer le département.

Gap, 24 sept., 4 h. 20 s.

N. 720.

Le préfet des Hautes-Alpes à Ministre de l'intérieur.

5125. — Elections à la constituante étant suspendues, veuillez considérer la démission du préfet Chaix comme non avenue.

Je lui remets le poste honorable que vous m'aviez confié.

Prière de répondre immédiatement.

L'Administrateur provisoire des Hautes-Alpes,

Noël BLACHE. (1)

Gap, 25 sept., 4 h. 3, s.

N. 728.

Le préfet des Hautes-Alpes à Ministre de l'intérieur, Tours.

5710. — Reçu dépêche que démission non-avenue et que restais préfet Hautes-Alpes. Ai repris poste immédiatement. CHAIX.

(1) M. Noël Blache fut successivement maire de Toulon (télégramme n° 774. — Préfet du Var à Intérieur, 15 septembre, 8 h. 15 s.) et commissaire de la défense des Alpes-Maritimes. — Nous avons rendu compte du conflit qui s'éleva à ce sujet entre ce fonctionnaire et le préfet Baragnon : nous avons vu notamment que ce dernier alla jusqu'à lui interdire l'entrée de son département. La préfecture du Var lui fut également offerte lors de la démission de son titulaire, M. Paul Cotte, mais il refusa de l'accepter afin de ne pas donner lieu à des complications fâcheuses. — C'est alors que les préfets Gent et Marc-Dufraisse insistèrent auprès du gouvernement pour qu'il allât remplacer, à Digne, le préfet Esménard accusé de modératisme par ses collègues de Marseille et de Nice. (Voir rapport de Sugny, p. 137 et 138). Nous le retrouvons encore au mois de décembre 1870, sollicitant de M. Laurier sa nomination au poste de commissaire de la guerre au Camp des Alpines. (Télégramme n° 5444 Draguignan, 21 décembre 1870, 2 h. s.)

Gap, 6 octobre 1870, 6 h.

N· 5831.

Le Préfet des Hautes-Alpes à Intérieur.

2963. — Je donne ma démission pour cause d'incompatibilité électorale.— Je désigne pour administrateur provisoire M. Blanc Xavier, que je vous prie de confirmer. CHAIX.

—

Gap, 10 octobre, 10 h. 50.

N· 5865.

Le préfet des Hautes-Alpes à intérieur.

3120. — Elections étant ajournées, démission pour cause d'incompatibilité électorale se trouve non avenue, ai repris fonctions que j'avais confiées momentanément à administrateur provisoire.

C. CHAIX.

IV. — M. Cyprien Chaix demande au gouvernement ce qu'il faudrait faire de Clément Duvernois, dans le cas où il viendrait dans le département.

Gap, 6 octobre, 4 h. 55 soir.

N· 5627.

Préfet Hautes-Alpes, à Intérieur, Tours.

2963. — Sous-préfet Briançon (1), m'avertit que Duvernois est à Turin, correspondant avec Hautes-Alpes ; il se propose de venir, a demandé si danger à venir. S'il ose venir, que faut-il faire ? Réponse.

C. CHAIX.

V. — Le bataillon des mobiles des Hautes-Alpes. — Plaintes formulées à ce sujet par le général commandant la subdivision de Vesoul. — M. Cyprien

---

(1) M. Meyer, avocat de Briançon.

Chaix en rejette toute la responsabilité sur son commandant, M. Beauny, dont il demande la révocation.

Gap, 10 octobre 1870, 3 h. 55 s.

N. 5871.

Préfet à Gambetta, Intérieur.

3120. — Général commandant subdivision Vesoul se plaint de mauvaise situation de garde mobile Hautes-Alpes actuellement à Vesoul. Cette plainte est injuste, et si les mobiles ont manqué d'effets, cela tient à bagages partis de Grenoble, perdus en route, aujourd'hui retrouvés.

Cela tient aussi sans doute à mauvais vouloir de commandant Beauny, du bataillon Hautes-Alpes. Ami de Clément Duvernois, et très-peu aimé de son bataillon républicain, plaintes très-vives des soldats. Ferai rapport là-dessus. C. CHAIX.

Gap, 13 octobre 1870, 10 h. 20 m.

N. 5887.

Préfet à Intérieur, Tours.

2963. — Lettres d'officiers garde-mobile (Hautes-Alpes), actuellement Vesoul, attestent de plus en plus profonde impopularité du commandant Beauny. Ai fait rapport avant-hier concluant à révocation. Dans l'intérêt du bataillon, je persiste.

C. CHAIX.

VI. — A la nouvelle de la capitulation de Metz, M. Cyprien Chaix demande au gouvernement de faire savoir aux populations qu'il possède assez de forces vives pour opposer une résistance opiniâtre.

Gap, 31 oct., 3 h. 40 s.

N. 540.

Préfet à gouvernement, Tours.

3120. J'ai fait afficher partout votre virile proclamation sur la capitulation de Metz. — L'effet produit est un sentiment de consternation mêlé à une profonde impression d'indignation. Il faudrait en flétrissant les traîtres faire savoir que nous avons assez de forces vives encore pour opposer une résistance opiniâtre (1) et admettre le moins d'exemptions possibles et faire appel à toutes les énergies, à tous les courages au nom de la patrie républicaine.

C. CHAIX.

VII. — M. Cyprien Chaix propose le bâtonnier de l'Ordre des avocats pour président du Tribunal civil de Gap.

Gap, 1er nov. 1870, 6 h. 34 s.

N. 548.

Préfet à Crémieux, ministre de la justice.

M. Blanc, bâtonnier, ayant rendu des services sérieux aurait droit, par son mérite, à la présidence tribunal Gap.

Le président actuel, homme très capable aussi, pourrait être nommé à un poste de conseiller à Lyon, vacant par suite décès de M. Vachon. Vous ferai rapport là-dessus.

C. CHAIX.

VIII. — Le préfet des Hautes-Alpes estime qu'après la sortie effectuée par Paris, la République est devenue désormais invincible et immortelle. — Il annonce au gouvernement que ses mobilisés vont voler bientôt au secours de Paris et qu'alors c'en sera fait des Prussiens et de la réaction — Ce qu'il pensait de la nécessité d'affranchir les maires de la mobilisation.

Gap, 31 déc. 1870, 8 h. 40.

N. 5246.

Le préfet des Hautes-Alpes à intérieur, Tours.

3125. — La grande nouvelle de la victoire du vaillant peuple de Paris est arrivée ici dans la nuit du

---

(1) A la même époque, le préfet de Marseille Delpech tenait au gouvernement un langage identique, et conseillait au ministre de l'intérieur de donner le change à l'opinion, en altérant la vérité (Voir rapport de Sugny, p. 97.)

2 décembre. Elle a réveillé tous les esprits et fortifié tous les cœurs. C'est un pas immense pour la République désormais invincible et immortelle.

C. CHAIX.

Gap, 4 décembre, 11 h. 5 m.

N° 5266.

Le préfet des Hautes-Alpes, à intérieur, Tours.

1760. — Je réponds à votre télégramme du 2 décembre, relatif aux maires, et mon opinion est qu'il ne faut point les affranchir de la mobilisation, je me suis jusqu'ici inspiré de cette idée en évitant de nommer des maires très-sympathiques, par cela seul que leur nomination à ces fonctions les faisait échapper à la mobilisation. Cette mesure n'aurait, au point de vue administratif, aucun inconvénient sérieux dans les Hautes-Alpes, où le nombre de ces magistrats municipaux, âgés de moins de 40 ans, est très-restreint, et quoiqu'il n'y ait point de protestations dans mon département à ce sujet, j'estime que les réclamations qui se sont produites ailleurs et qui pourraient peut-être se produire ici, au moment du départ des mobilisés, méritent d'être prises en considération.

C. CHAIX.

Gap, 25 décembre 1870, 2 h. 5 s.

N° 5398.

Préfet à intérieur, Bordeaux.

1710. — L'impression produite par la victoire de l'armée du Nord à Pont-Novelles, par l'abandon de Nuits par l'ennemi et la sortie vigoureuse de Belfort, est excellente ; que Paris tienne bon, nos mobilisés républicains iront en nombre à son secours avant peu : et c'en sera fait alors des Prussiens et de la réaction qui commençait à lever la tête.

Vive la République !

C. CHAIX.

CHAPITRE II.

LE DÉPARTEMENT DES BASSES-ALPES ET SES DEUX ADMINISTRATEURS, MM. ESMÉNARD DU MAZET ET CUISINIER.

I. — Le préfet de l'Empire, non encore révoqué, rend compte au gouvernement de la situation de son département au point de vue militaire. Il constate avec regret que les habitants des Basses-Alpes affectent un enthousiasme bien plus bruyant qu'efficace et que presque tous ne songent qu'à obtenir des exemptions ou des dispenses. — Le sous-préfet de Sisteron, autre fonctionnaire de l'Empire, proteste, auprès du ministre de l'intérieur, de sa ferme volonté de servir la République loyalement et avec dévouement.

Digne, le 7 septembre 1870, 1 h. 35.

N. 550.

Le préfet des Basses-Alpes à Monsieur le ministre de l'intérieur, Paris.

Je reçois par télégraphe votre circulaire du 6 septembre, 4 h. 50 du soir, et je crois de mon devoir d'y répondre par la même voie.

Les opérations du tirage et de la révision sont commencées depuis hier. Je procède moi-même à ces opérations et j'y apporte plus que jamais la plus scrupuleuse sollicitude. Je comprends trop l'intérêt que le pays doit attacher à une mise en route aussi prompte que possible des jeunes soldats de la classe 1870, pour ne pas m'en occuper avec la plus grande activité. A ce sujet, je crois devoir vous faire remarquer qu'il serait utile que les conscrits fussent incorporés immédiatement au dépôt de Digne où leur instruction commencerait sans retard, et qu'il serait urgent que l'autorité militaire reçût des ordres en conséquence. Je me suis également occupé de l'organisation de la garde nationale mobile et toutes les compagnies du bataillon de mon département sont réunies et exercées sans relâche par des instructeurs que j'ai demandés au commandant du dépôt. Six compagnies sont concentrées à Digne et deux sont détachées. Elles sont casernées dans des établissements que j'ai fait mettre à la disposition du gouvernement, et si je n'ai pas encore pourvu à l'habillement et à l'équipement, ce n'est que parce que votre prédécesseur m'avait annoncé qu'ils me seraient envoyés de Paris dans un bref délai. Je considère comme indispensable pour la discipline qu'il y soit procédé très-promptement. Si cette livraison ne pouvait plus m'être faite, je m'adresserais à des fournisseurs qui m'ont déjà fait leurs offres de services. J'attendrai vos instructions à cet égard.

J'ai le regret de dire que les habitants des Basses-Alpes affectent un enthousiasme bien plus bruyant qu'efficace ; ils chantent et crient beaucoup, mais s'engagent fort peu, et presque tous mobiles, ou conscrits, n'ont d'autre but que d'obtenir des exemptions ou des dispenses.

En ce qui me concerne, je ne saurais avoir, comme vous, monsieur le ministre, d'autre pensée en ce moment, que la lutte contre l'étranger et la délivrance du sol national.

Veuillez agréer, monsieur le ministre, l'assurance de mon respect.

Le préfet des Basses-Alpes,
FALCON DE CIMIER.

—

Sisteron, septembre 1870.

Sous-préfecture à intérieur, Tours.

C'est une infâme calomnie inspirée par d'ignobles convoitises.

Mon attitude a été celle qui convient à un homme d'honneur, nette, franche et sympathique; en voici la preuve :

J'affirme sur l'honneur avoir annoncé personnellement et publiquement, aussitôt l'arrivée des dépêches, c'est-à-dire vers une heure du matin, l'avénement de la République, et l'avoir fait publier officiellement vers neuf heures dans toute la ville par le maire et le conseil municipal ; c'est, je crois, le seul chef lieu d'arrondissement du département où la proclamation ait eu lieu avec cette solennité.

J'affirme également, que les dépêches sont affichées immédiatement après leur arrivée, quoique la plupart, ne parvenant en raison de l'éloignement que vers le milieu de la nuit, ne puissent être lues que le lendemain.

Le maire et le conseil municipal dont les opinions républicaines anciennes sont de notoriété publique, pourraient en témoigner.

Ma carrière n'a pas été heureuse, car j'ai dix-sept ans de service, mais elle a été et sera toujours honnête et irréprochable.

Quoique sans fortune, si je n'avais pas eu la ferme volonté de servir la République loyalement et avec dévouement, j'aurais demandé un successeur.

Si je prétendais être un républicain de la veille, je mentirais impudemment, mais j'ai toujours appartenu aux idées libérales les plus larges.

Telle est, monsieur le ministre, la vérité, je le jure. Maintenant si vous doutez encore de moi, retirez moi mon mandat, car dans ce terrible moment, il faut des fonctionnaires sur le dévouement desquels il ne reste aucune incertitude ; je ne m'en efforcerai pas moins de vous aider de tout mon pouvoir dans l'œuvre patriotique que vous avez entreprise.

II. — Les premières journées de la République à Digne. — Rôle dans cette circonstance de l'avocat Charles Cotte. — Le Procureur de la République envoie au gouvernement l'adhésion « dévouée » de tout le tribunal de Digne. — On demande instamment l'envoi d'un préfet pour mettre un terme à la situation intolérable créée par une soi-disant Commission départementale.

Digne, 10 sept. 1870, 5 h. 8 s.

N. 585.

A Gambetta, ministre de l'Intérieur.

Le préfet de Digne est parti ; l'administration du

département n'a pas de direction. Il existe une Commission municipale et une Commission départementale révolutionnairement instituées. Pour éviter tout conflit, il y a urgence de nommer un préfet des Basses-Alpes (1).

Le président de la commission municipale,
Le président de la commission départementale.

Ch. COTTE.

Digne, le 10 sept. 1870, 7 h. 7 s.

N° 587.

Procureur de la République à Monsieur le Garde des sceaux, Paris.

Au nom du président et des membres du tribunal de Digne, j'ai l'honneur de transmettre à Monsieur le Ministre de la Justice et aux membres du gouvernement de la défense nationale l'adhésion dévouée du tribunal entier.

Je crois devoir l'informer aussi d'un incident qui vient de se produire ici.

Une commission départementale, se disant légalement constituée, sous l'autorité de M. Cotte, avocat, a convoqué tous les fonctionnaires à la préfecture. Là ses pouvoirs n'ont pas été justifiés et la commission municipale intervenant a déclaré prendre provisoirement la direction des affaires (2) pour maintenir l'ordre, en attendant la nomination urgente d'un préfet, auquel tous prêteront un concours absolu.

Le procureur de la République.

---

(1) Nous avons déjà, au cours de cette publication, reproduit plusieurs autres dépêches relatives à cette question. Nous ne rappellerons ici que celle où M. Esquiros demandait la nomination du signataire du télégramme ci-dessus au poste de préfet des Basses-Alpes, avec Albert Baume comme commissaire (Voir également sur ce sujet les télégrammes qui figurent dans le Rapport de Sugny, pages 478, 479, 480 et 481.)

(2) Les mêmes faits se trouvent encore relatés dans les télégrammes numéros 584 (10 sept. 1870, 5 h. 15 s.), et 588 (10 sept. 1870, 7 h. 29 s. (Voir Rapport de Sugny, pages 478 et 479.)

Digne, le 13 septembre 1870, 4 h. 46 s.

N· 607.

Secrétaire général à intérieur.

La situation est de plus en plus intolérable. La soi-disant commission départementale réduite à trois ou quatre membres par le départ du peu d'hommes raisonnables qu'elle renfermait, entrave de la façon la plus absolue tous les services publics et en particulier le service de la guerre financier. Toutes les patiences sont à bout. Envoyez un préfet de suite ou donnez-moi des pouvoirs pour assurer le fonctionnement des divers services.

Pour le préfet absent :
Le secrétaire général de la préfecture resté provisoirement en fonctions,

FRANCK.

III.— Dossier de la magistrature. — Le substitut Vacher est proposé pour procureur à Digne. — La question des Juges de Paix.

Digne, 14 nov. 1870, 5 h. 40 s.

N. 200.

Préfet Digne à ministre Justice, Tours.

Je vous prie de vouloir bien donner suite le plus tôt possible à la proposition du procureur général d'Aix pour la nomination de M. Vacher au poste de procureur de la République à Digne. C'est urgent.

ESMÉNARD DU MAZET.

Digne, 18 nov. 1870, 9 h. 10 s.

N. 246.

Préfet Digne à ministre justice, Tours.

Je vous réitère la prière que je vous ai faite au sujet de M. Vacher, que je voudrais voir nommer procureur de la République au siége de Digne. Vous ne sauriez faire un meilleur choix.

Il est urgent que cette nomination se fasse sans retard.

ESMÉNARD DU MAZET.

Digne, 18 nov. 1870, 10 h. 36 s.

N. 248.

Secrétaire général Basses-Alpes à Leven, chef du cabinet du garde des sceaux, à Tours.

Préfet a déjà télégraphié à ministre de la justice pour demander la nomination de Vacher, substitut à Digne, comme procureur de la République au même siège. Vous prie de joindre vos efforts aux siens. Vacher a reçu avis indirect qu'il serait grand temps d'agir. Il désirerait vivement être fixé dans un sens ou dans l'autre. FRANCK.

Vu : le préfet des Basses-Alpes,

ESMÉNARD DU MAZET.

Digne, 8 février 1871, 3 h. 45.

N. 564.

Préfet à justice, Tours.

Prière de ne faire aucune nomination de juge de paix dans mon département sans les propositions émanant de moi et transmises par le procureur général (1). J'ai des raisons sérieuses à cause de la conduite de certains, surtout en première ligne pour Castellane. CUISINIER.

(1) Voilà le cas qu'il convient de faire des protestations indignées de M. Thourel contre l'immixtion des préfets dans les nominations judiciaires. Il s'est plaint, à ce sujet, maintes fois au Ministre, ce qui ne l'empêche pas de subir, dans cette circonstance, les propositions faites par le préfet Cuisinier et même de les transmettre au Ministre de la Justice.

Digne, 8 février 1871, 11 h. 45.

N· 566.

Préfet des Basses-Alpes, à Ministre Justice, Bordeaux.

....

J'ai reçu la nomination d'un juge de paix pour Castellane. Ce qui est fait est fait.

CUISINIER.

IV.— Nominations et révocations diverses de fonctionnaires.— Acharnement déployé contre le percepteur de Riez, Isnard. — La sous-préfecture de Sisteron et l'avocat Desseaux. — Appréciations du préfet des Basses-Alpes sur le personnel de son département.— Ce que pensait ce fonctionnaire de M. du Villars, conseiller de préfecture à Draguignan et dont la candidature pour la sous-préfecture de Forcalquier était patronnée par M. Thourel.— M. Tardif est nommé à ce poste.— Le préfet Du Mazet, à la suite de ce choix, se démet de ses fonctions. — Il explique au ministre les motifs de sa détermination et lui fournit des indications sur le choix de son successeur. — Il est question de nommer dans l'intendance le conseiller de préfecture, Embry. — Le nouveau préfet, Cuisinier, réclame des changements de fonctionnaires, et notamment celui du secrétaire-général, Franck.

Digne, le 7 octobre 1870. 4 h. 20.

N. 851.

Préfet Basses-Alpes à ministre finances, Tours.

Urgent changer de résidence percepteur Isnard, de Riez, compromis comme ardent bonapartiste dans toutes les élections ; signalé depuis proclamation de République comme ayant tenu propos hostiles. Pétitions nombreuses demandent sa révocation. J'ai fait enquête dont le résultat est que Isnard bon percepteur, mais impossible dans le canton très-républicain de Riez, doit quitter ce pays.

Il est indispensable de l'éloigner immédiatement en lui donnant ailleurs une perception équivalente. S'il se trouvait encore en place le jour des élections, ce serait très-fâcheux. Permettez-moi d'espérer que vous m'éviterez cet embarras.

Esménard du Mazet.

Digne, le 8 octobre 1870, 4 h. 28 s.

N. 862.

Trésorier général Basses-Alpes à ministre des finances, Tours.

Permutation d'Isnard impossible dans les conditions indiquées. Pas de perception dans le département d'égale valeur à beaucoup près. Vu le préfet. Allons aviser.

De Loqueyssie.

Digne, 12 octobre 1870, 7 h. 5 soir.

N° 891.

Préfet, Basses-Alpes à ministre intérieur, Tours.

Je viens vous prier de nommer M. Desseaux (1), avocat au barreau de Marseille, sous-préfet de Sisteron. Ce poste est vacant, le titulaire ayant donné sa démission. Quoique vous m'ayez autorisé à pourvoir d'office à ces vacances, je tiens à vous soumettre d'avance tous mes choix.

Esménard du Mazet.

Digne, 13 octobre 1870, 3 h. 37 soir.

N° 898.

Préfet, Basses-Alpes à Ministre Intérieur, Tours.

J'ai fait part à M. Couton de sa nomination; il va partir pour son nouveau poste. En nommant ce

---

(1) Nommé procureur à Castellane par décret du 15 octobre 1870.

fonctionnaire très-méritant et que l'Empire laissait végéter, vous avez fait un acte de justice en même temps que vous avez acquis à la République un excellent agent. Nommez-lui, je vous prie, le plus tôt possible un remplaçant. Je désirerais quelqu'un étranger au département et à la Provence.

Esménard du Mazet.

N. 901.
Digne, le 13 octobre 1870, 5 h: 15 s.

Préfet Basses-Alpes à ministre finances,
Tours.

Il serait urgent d'aviser immédiatement au changement de M. Isnard, de Riez ; la commission municipale menace de donner sa démission si M. Isnard n'est pas changé au plus tôt. Je vous ai déjà entretenu de ce percepteur.

Esménard du Mazet.

N. 927.
Digne, 15 octobre 1870, 3 h. 15 s.

Préfet Basses-Alpes à ministre intérieur,
Tours.

Je vous ai présenté, il y a trois jours, pour la sous-préfecture de Sisteron, M. Desseaux, avocat du barreau de Marseille, n'ai point eu de réponse. Il est urgent pourtant que cette sous-préfecture ne reste pas plus longtemps sans titulaire. Je vous prie donc de m'autoriser à nommer en votre nom M. Desseaux. Dans le cas contraire, envoyez-moi quelqu'un le plus tôt possible. Esménard du Mazet.

N. 934.
Digne, le 15 octobre 1870, à 9 h. du s.

Préfet Basses-Alpes, à Ministre Intérieur, Tours.

Voici renseignements demandés sur le personnel administratif du département :

Secrétaire-général : M. Franck, nommé par décret du 23 mars 1867 ;

Conseillers de préfecture : M. Embry, décret du 31 janvier 1870 ; M. de Lavier de Romani, décret du 16 mars 1870 ;

Sous-préfets : Barcelonnette : M. Donnezan, décret du 8 novembre 1869 ;

Forcalquier : M. Julien Sauve, nommé par arrêté du 22 septembre 1870 ; confirmé par décret de la délégation du......

Castellane : M. Collomp, avocat, arrêté du 24 septembre 1870 ;

Sisteron : Poste vacant ; M. Arnaud, conseiller général fait l'intérim.

Des renseignements ci-dessus, il résulte qu'il y a à pourvoir à la nomination d'un sous-préfet et d'un conseiller de préfecture.

Je n'ai pas de candidat pour le poste de conseiller de préfecture ; envoyez-moi qui vous vous voudrez. Pour la sous-préfecture de Sisteron, je vous ai proposé M. Desseaux, avocat au barreau de Marseille : je vous le recommande très-particulièrement.

Je suis satisfait des autres fonctionnaires qui composent mon personnel. Jusqu'ici il n'y a pas à y toucher.

ESMÉNARD DU MAZET.

Digne, le 16 oct. 1870, à 5 h. 10 du s.

N. 941.

Préfet à ministre Finances, Tours.

Vous rappelle télégramme et lettre relatifs à percepteur Isnard. Son changement est de plus en plus urgent. Casez-le n'importe où et au plus tôt, vous me soulagerez d'un grand embarras.

ESMÉNARD DU MAZET.

Digne, 8 nov. 1870, 10 h. 6 m.

N. 141.

Préfet Digne à intérieur.

Depuis la nomination de M. Couton dans le Cantal, je n'ai que deux conseillers de préfecture ; l'un remplissant les fonctions de sous-intendant militaire, il ne m'en reste en réalité qu'un. Il serait urgent, pour le bien du service, que cette situation prît fin au plus tôt, et je vous propose M. Firmin Izarn, avocat près le barreau de Cahors, pour le poste de conseiller à Digne. Je vous recommande chaudement cette candidature.

ESMÉNARD DU MAZET.

—

Digne, 11 nov. 1870, 3 h. 12 s.

N. 167.

Préfet Digne à Ministre Intérieur, Tours,
(Urgent.)

Le procureur général me télégraphie qu'il a fait nommer le sous-préfet de Forcalquier, M. Sauve, sous-préfet de Toulon. Je regrette beaucoup cette nomination. M. Sauve m'était nécessaire à Forcalquier jusqu'aux élections. S'il était possible de l'y maintenir jusque là ce serait à désirer. Le procureur général me propose ensuite pour la sous-préfecture de Forcalquier M. du Villars, conseiller de préfecture de Draguignan (1). Ce choix serait déplorable...... ESMÉNARD DU MAZET.

—

Digne, le 24 nov. 1870, à 10 h. 37 m.

N. 296.

Préfet à Intérieur, Tours.

Je vous rappelle l'urgence de nommer le sous-préfet de Forcalquier. — Les efforts que tentent les meneurs de Marseille pour agiter les Basses-Alpes

---

(1) A la date du 8 nov. (Télégramme n· 5566, 7 h. 50 s.), le conseiller du Villars avait télégraphié au ministre de l'intérieur pour obtenir le poste de sous-préfet de cet arrondissement. Il énumérait dans sa dépêche les services qu'il avait rendus à Toulon pour le maintien de l'ordre, et rappelait la disgrâce dont son père, alors commandant de la garde nationale des Basses-Alpes, avait été l'objet sous l'Empire, pendant qu'il était sous-préfet de Brignolles.
Nos lecteurs trouveront le texte de ce document parmi les dépêches du Var. (§ 3. — Curée des emplois.)

rendent cette nomination d'une urgence et d'une nécessité absolue ; j'ai proposé (1) M. Dambert, avocat à Gourdon.
Esménard du Mazet

N. 309. Digne, le 25 nov. 1870, 10 h. 32 m.

Préfet à Intérieur, Tours.

J'insiste, dans l'intérêt du service, sur l'urgence de la nomination de M. Dambert à la sous-préfecture de Forcalquier.
Esménard du Mazet.

N· 318. Digne, 26 nov. 1870, 2 h. 32 s.

Préfet Basses-Alpes à ministre Intérieur, Tours.
(Chiffrée.)

La nomination de M. Tardif (2) à la sous-préfecture de Forcalquier, m'oblige à donner ma démission. Je le regrette beaucoup, mais je ne puis pas faire autrement. Je vous prie donc de vouloir bien me remplacer au plus tôt.
Esménard du Mazet.

N. 324. Digne, 27 novembre 1870, 11 h. 50 m.

Préfet des Basses-Alpes à intérieur, Tours.
(Chiffrée.— Urgent.)

Votre télégramme, sans me surprendre, m'a profondément touché, je vous en remercie sincèrement.

---

(1) Il est question, en effet, de ce candidat dans un télégramme antérieur. (N 265.— 21 nov. 1870, 10 h. 23 s.) — « Esprit simple et délié, était-il dit dans cette dépêche, M. Dambert, que vous connaissez et dont vous avez pu apprécier l'intelligence, fera très bien à Forcalquier. On retrouve encore trace de cette présentation dans le télégramme n. 313 (25 nov. 1870. 11 h. 18 s.)

(2) Nos lecteurs ont pu juger, par les nombreux télégrammes relatifs à ce personnage, combien avaient été pressantes les démarches faites par M. Gent auprès du gouvernement pour s'en débarrasser.

Croyez que je répondrai toujours dignement à la sympathie et à l'estime que vous voulez bien me témoigner (1) et que vous pouvez compter sur moi en tout et pour tout.

Maintenant, dans l'intérêt du département des Basses-Alpes et par suite dans celui de la République, je ne saurais trop vous prier de me choisir pour successeur un homme modéré, ferme, étranger aux luttes de ce pays et qui prendra ses inspirations auprès de vous seul et non auprès des meneurs de Marseille : la tranquillité et la paix du département sont à ce prix, je n'ai pas besoin de vous dire que, si je n'ai pas voulu accepter M. Tardif, c'est absolument, parce que, ancien secrétaire de la Ligue du Midi, il est intimement mêlé à toutes les intrigues qui s'agitent autour de Gent, et qui ont déjà perdu Esquiros. Encore une fois merci.

ESMÉNARD DU MAZET.

Digne, 30 nov. 1870, 3 h. 45 s.

N. 354.

Préfet Basses-Alpes à ministre intérieur, Tours.

Je vous rappelle la proposition que je vous ai faite de M. Embry, conseiller de préfecture, pour le poste d'adjoint à l'Intendance (titre auxiliaire). Je vous serai personnellement reconnaissant de ce que vous voudrez bien faire pour mon candidat. Je garantis ses bons services. ESMÉNARD DU MAZET.

Digne, 12 déc. 1870, 6 h. 15 s.

N. 498.

Préfet Basses-Alpes à intérieur (Tours), Bordeaux.

J'ai à vous demander des changements de personnes pour donner satisfaction à l'opinion publi-

---

(1) Ces marques de sympathie et d'estime contrastent étrangement avec le langage que tenaient sur lui, à la même époque, tous ses collègues. (Voir télégrammes précités numéros 5241, 5602 et 5623. — Rapport de Sugny, p. 137 et 138.

que (1). Une place de conseiller de préfecture est vacante à Nîmes, me dit-on, ou autre ville du Midi : y nommer M. Embry.

Écrirai demain.   Cuisinier.

—

Digne, 23 déc. 1870, 8 h. 40 m.

N. 632.

Préfet Basses-Alpes à intérieur, Bordeaux.

J'ai besoin de donner satisfaction sur les changements et nominations demandés par mes lettres du 13.

Prière de faire ce que j'ai désiré en suite des considérations que j'ai exposées.

Réponse d'urgence.   Cuisinier.

—

Digne, 31 déc. 1870, 10 h. 40 m.

N. 722.

Préfet Basses-Alpes à intérieur (Jules Cazot secrétaire général, Bordeaux).

Prière vouloir bien nommer secrétaire général demandé aux termes de mes deux lettres du 13 décembre, rappelées par dépêche des 23 et 24.

Attends réponse télégraphique aujourd'hui. —
Urgence.   Cuisinier-Bontemps.

---

(1) M. Cuisinier avait succédé, le 5 décembre 1870, au préfet Esménard du Mazet. Voici dans quels termes M. Gambetta annonça cette nomination au préfet de Marseille : « J'ai nommé préfet dans les Basses-Alpes Cuisinier, un de nos vieux amis, homme doux, de bonne compagnie, ferme, républicain, bon administrateur qui vous prêtera un concours énergique........ » On voit par ces dépêches que le nouveau venu s'empressait de justifier son républicanisme en inaugurant une série de changements, et cela dans le seul but de « donner satisfaction à l'opinion publique. »

M. Cuisinier redevenu après le 8 février 1871, représentant d'une Compagnie d'Assurances, est décédé il y a quelques jours dans la ville de Nancy.

Digne, 25 janvier 1871.

N. 14.

Préfet Basses-Alpes à Intérieur (Jules Cazot, secrétaire général), Bordeaux.

Vous avez bien voulu m'autoriser à m'adresser à vous à l'occasion. Je viens user de votre bienveillance. J'ai demandé une position pour le secrétaire général Franck. Veuillez l'appeler à d'autres fonctions, quelles qu'elles soient, sauf à les lui donner dans 15 jours, un mois, mais il est nécessaire qu'il quitte Digne (1) et que mon proposé soit nommé (2). Je le fais attendre ici depuis 25 jours, après lui avoir fait abandonner une position très-belle. Venu avec moi par dévouement à la République et à ma personne.

Affection et respect.   CUISINIER.

V. — Le préfet Esménard félicite le gouvernement d'avoir prescrit la levée des hommes de 21 à 40 ans. — Situation des forces militaires de son département. — Il se plaint des embarras que lui suscite le commandant d'armes. — Des déserteurs italiens arrivent à Barcelonnette pour s'enrôler dans la légion garibaldienne. — Les maires des Basses-Alpes se déclarent partisans de la guerre à outrance. — Excitation produite parmi la population Bas-Alpine par la nouvelle de la capitulation de Metz. — Des armes sont réclamées afin de pouvoir donner un aliment à son exaltation patriotique. — Désignation des commandants des légions mobilisées et de quelques fonctionnaires pour le personnel du camp du Pas-des-Lanciers. — Incident relatif à l'exemption accordée à M. Buisson, directeur de mines lignites. — Le préfet Cuisinier en réclame instamment l'annulation.

(1) Le secrétaire général, Franck, était en fonctions à Digne, depuis le 23 mars 1867.

(2) S'adressant, quatre jours plus tard, à M. Gambetta (29 janvier 871, 9 h. m.) le préfet Cuisinier lui signifiait « qu'il lui fallait pour le jour même la nomination de M. Bounaud, secrétaire général : « Faites de Franck, ajoutait-il, ce que vous voudrez. »

Digne, 30 sept. 1870, 3 h. s.

N. 772.

Préfet Basses-Alpes à Intérieur, Tours.

9549. — La mesure que vous avez prise relativement à la levée des hommes de 21 à 40 ans est excellente. De cette façon vous coupez court aux tentatives des organisateurs de la ligue. Le gouvernement ne pouvait mieux faire.

Esménard du Mazet.

—

Digne, 9 octobre 1870, 11 h. 53, soir.

N° 876.

Préfet Basses-Alpes à intérieur, Tours.

Réponse à dépêche, 4 heures du soir, relative à forces militaires.

Troupes régulières : 20e de ligne, dépôt : 700 hommes dont trois quarts armés et habillés ; le reste se complète tous les jours.

Mobile : 1,400 hommes livrés à guerre, actuellement à Champagney (Haute-Saône), et 100 au dépôt à Digne. Tous 1,500 armés de fusils à percussion et équipés.

Garde sédentaire : 15,000 à l'effectif dont 1,800 sont mobilisables; ni armes, ni habillement, ni équipement.

J'ai demandé à plusieurs reprises 7,000 fusils pour armer les villes. J'ai aussi demandé sans résultat autorisation et crédit pour acheter 10,000 fusils offerts par négociant de Marseille. Voir mes dépêches à ce sujet.

Quant aux chefs militaires, je ne puis donner opinion sur major du 20e, le connaissant à peine. Le chef d'escadron de gendarmerie fait fonctions de commandant d'armes. Il est énergique, mais c'est tout; il est raisonneur et me cause beaucoup d'embarras en essayant toujours d'opposer son autorité à la mienne. Je m'en suis plaint souvent à Tours, sans résultat.

En somme, si Prussiens arrivaient dans département, je me mettrais moi-même à la tête des gardes nationaux et je réponds de défendre avec succès nos défilés. J'ai étudié cette question et suis prêt à tout événement.

Je vous adresse un rapport détaillé sur toutes ces questions. ESMÉNARD DU MAZET.

Digne, le 15 octobre 1870, 3 h. 30, soir.
N· 920.

Préfet Basses-Alpes à ministre intérieur, Tours.

Le sous-préfet de Barcelonnette me prévient que, depuis quelques jours, il lui arrive des déserteurs italiens qui demandent à s'enrôler dans la légion Garibaldienne. Que dois-je faire, et sur quel point dois-je diriger ces hommes ? Urgent.

ESMÉNARD DU MAZET.

Digne, le 29 octobre 1870, 7 h. 51 s.
N. 55.

Préfet Digne à ministre intérieur, Tours.

Les maires de mon département me chargent de vous transmettre l'expression de leur gratitude pour la subvention généreuse que vous venez de nous accorder. Ils me prient de vous assurer de leur complet et profond dévouement au gouvernement de la défense nationale, en même temps ils vous font connaître leur désir bien arrêté de continuer la guerre à outrance, si les conditions les plus honorables ne nous sont pas faites par l'ennemi.

ESMÉNARD DU MAZET.

Digne, 30 octobre 1870, 10 h. 40 s.
N. 64.

Préfet Digne à ministre intérieur, Tours.

La nouvelle de la trahison de Bazaine a soulevé dans mon département une colère terrible. Tous demandent à partir.

Voici la dépêche que m'adresse à l'instant le sous-préfet de Sisteron :

« Un grand coucours d'ouvriers et de peuple sont venus, indignés et navrés, me prier de vous écrire que le peuple de Sisteron, les hommes mariés, tous jurent de défendre, de sauver la patrie. Ils vous demandent des armes pour marcher à l'ennemi. »

ESMÉNARD DU MAZET.

Digne, 31 octobre 1870, 1 h. 38 s.
N. 68.

Préfet Basses-Alpes à ministre intérieur, Tours.

La trahison de Bazaine, loin d'abattre le courage des Bas-Alpins, a surexcité leur patriotisme. Ils demandent la levée en masse et se proposent tous pour courir à l'ennemi. — Je me fais l'interprète de leur désir en portant ce fait à votre connaissance. Je vous en supplie, envoyez-moi des armes pour offrir un aliment à leur exaltation patriotique ; les armes sont d'ailleurs absolument nécessaires pour achever l'instruction des mobilisables.

ESMÉNARD DU MAZET.

Digne, 3 nov. 1870, 1 h. 43 s.
N. 96.

Préfet Basses-Alpes à Intérieur, Tours.

Envoyez-moi d'urgence ordonnance de dix mille francs pour solder les dépenses d'habillement de garde mobile. ESMÉNARD DU MAZET.

Digne, 17 nov. 1870. 2 h. 40 s.
N. 236.

Préfet Digne à ministre intérieur et guerre, Tours.

Ordre vient d'être donné au sous-intendant de Digne de se rendre immédiatement à Nogent-le-

Rotrou. Or, il n'y a pas de sous-intendant à Digne. Ces fonctions sont remplies par un jeune conseiller de préfecture. M. Embry, qui ne demanderait pas mieux que d'être attaché à l'Intendance à titre auxiliaire, et de se rendre sur le théâtre de la guerre. Il m'a remis une demande dans ce sens, et je ne puis que vous recommander ce candidat. Télégraphiez-moi s'il doit partir pour Nogent.

ESMÉNARD DU MAZET.

N· 266.
Digne, le 21 nov. 1870, 12 h. s.

Préfet Basses-Alpes à intérieur, Tours.

Ce que je demande est, non le grade du commandant supérieur, mais le terme à employer par ses hommes en lui parlant ; dira-t-on : mon général, mon colonel, ou monsieur le commandant supérieur.

Si on dit : mon colonel, il n'y aura aucune distinction entre lui et les chefs de légion aux yeux des troupiers, et il importe qu'il y en ait une ?

ESMÉNARD DU MAZET.

Digne, 22 nov. 1870, 10 h. 38 m.

Préfet Basses-Alpes à intérieur, Tours.

Je vous propose pour commandant des légions mobilisées :

1re Légion : M. de Villeneuve de Valensole, chef de bataillon en retraite ;

2me Légion, M. Arnaud, conseiller général, déjà élu chef du bataillon de Barcelonnette.

Prière de les nommer au plus tôt pour compléter l'organisation.

Mon désir est de faire partir les légions le plus tôt possible pour qu'elles aillent compléter leur instruction dans un camp, à Sathonay par exemple. Le rassemblement de tous les Provençaux au Pas-des-Lanciers me paraîtrait dangereux au point de vue politique et pour le maintien de la discipline.

ESMÉNARD DU MAZET.

Digne, 5 décembre 1870, 4 h. s.

N° 415.

Préfet Digne à ministre intérieur, Tours.

Conformément à votre dépêche d'hier, je vous propose M. Embry, conseiller de préfecture, pour un emploi dans l'intendance du camp du Pas-des-Lanciers.

Je vous propose également M. Marcy, ancien procureur de la République à Digne (1), pour l'emploi d'administrateur. Je n'ai personne à vous proposer pour vice-président et médecin en chef.

ESMÉNARD DU MAZET.

Digne, 14 janvier 1871, 2 h. 30 s.

N. 165.

Préfet Basses-Alpes à Intérieur, Bordeaux.

Les nouvelles du bombardement abominable de Paris ont produit un très-douloureux effet. On se demande comment des hommes prêts à marcher sont encore dans leurs départements. Le grand coup devrait être frappé partout, hommes, argent, il faut vaincre. Pour le faire, demandez sacrifices sans attendre plus longtemps. CUISINIER.

Digne, 23 janvier 1871, 4 h. 20 s.

N. 281.

Préfet Basses-Alpes à intérieur, Bordeaux.

(Urgence)

Après renseignements pris sur Buisson, de Manosque, directeur de Mines lignites, mon avis est que cette exemption doit être annulée. Tout le ba-

---

(1) Etait-ce pour le récompenser de l'empressement qu'il avait mis à faire parvenir au gouvernement de la Défense nationale l'adhésion dévouée du tribunal de Digne? (Voir son télégramme n. 587.— 10 sept., 7 h. 7 s., dont le texte a été donné plus haut.)

taillon se récrie. Voici la dépêche que je reçois du maire :

« Il est absolument urgent que l'exemption Buisson soit annulée avant le départ des mobilisés. »

Je dois ajouter que l'exploitation est presque sans importance de production, au total 10.000 fr. annuellement. C'est ce que le rapport de l'ingénieur des mines, sur lequel vous avez statué, avait omis de dire. Répondez ; le bataillon doit partir le 26. Vous renvoie les papiers avec avis motivé, mais attends dépêches.   CUISINIER.

---

§ VI. — Le préfet du Mazet informe le gouvernement de l'arrivée à Digne du citoyen Albert Baume, et se déclare prêt à sévir contre lui, dans le cas où il menacerait de provoquer du désordre par des déclamations violentes.

Digne, le 8 octobre 1870, à 4 h. 5 s.

N· 861.

Préfet Basses-Alpes à Ministre Intérieur, Tours.

Le sieur Albert Baume vient d'arriver à Digne par la diligence de Marseille, un drapeau tricolore flottant au-dessus de sa tête et une écharpe également tricolore autour des reins. Le département est parfaitement tranquille, le calme le plus complet règne dans toutes les communes ; je suis très résolu à maintenir cette situation on ne peut plus satisfaisante, et je viens vous avertir que si le sieur Baume, par des déclamations violentes, menaçait de provoquer le désordre et l'agitation, je suis décidé à agir énergiquement contre lui.

Je n'ai pas besoin d'ajouter que je ne recourrai aux mesures extrêmes qu'après avoir épuisé tous les moyens de conciliation ; veuillez, je vous prie, me dire télégraphiquement si vous approuvez mon attitude.   ESMÉNARD DU MAZET.

Digne, 9 oct. 1870, à 1 h. 55 s.

Le Préfet des Basses-Alpes à ministre Intérieur, Tours.

Albert Baume (1) était venu pour poser sa candidature à Constituante ; il est reparti dans la nuit pour Marseille. La place de sous-préfet de Sisteron est vacante, le titulaire ayant donné sa démission. Je vous prie de ne nommer personne à ce poste avant les élections. Un conseiller général délégué administre provisoirement l'arrondissement.

Les élections se feront d'une façon satisfaisante : J'en réponds.
ESMÉNARD DU MAZET.

VII. — Opinion du préfet des Basses-Alpes sur les dispenses de mobilisation en ce qui concerne les maires.

Digne, 3 décembre 1870.

N. 378.

Préfet à Intérieur, Tours.

L'inconvénient relatif à la dispense de mobilisation accordée aux maires m'avait déjà frappé, et cette question a fait l'objet de ma part de deux dépêches télégraphiques (2). En tout cas dans le département et surtout dans l'arrondissement chef-lieu, cet inconvénient n'existe que peu ou point; car, prévoyant les plaintes qui éveillent aujourd'hui votre sollicitude, je me suis toujours attaché à choisir pour maires des citoyens non mobilisables.
ESMÉNARD DU MAZET.

---

(1) Notons en passant que le préfet du Var Cotte refusa plus tard de l'accepter pour son collaborateur. (Télégramme au ministre de l'intérieur, 26 décembre 1870, 2 h. 10 s.)

(2) Par son télégramme, (N. 195), (du 14 nov. 1870, 4 h. du soir), il signalait au ministre que, parmi les présidents des commissions municipales, plusieurs de ceux que leur âge plaçait hors des atteintes de la loi se retiraient pour faire nommer à leur place des jeunes gens mobilisables. Il demandait donc qu'il fût remédié à un pareil abus.

VIII. — Élections. — Attitude du préfet Cuisinier.

Digne, 31 janvier 1871, 10 h. 05, s.

N. 264.

Préfet des Basses-Alpes à Intérieur, Bordeaux.

C'est avec une vive impatience que j'attends des éclaircissements : je ne sais quels sont les moyens que l'on se propose d'employer pour faire des élections, ni si elles pourront se faire partout, si toute l'armée et la population de Paris y prendront part, ainsi que les départements envahis, mais je crois toujours qu'elles tourneront contre nous.

Quelques candidats se remuent déjà dans mon département. Ils sont de nuance pâle. Je leur dis de ne pas se presser. Le parti républicain veut la continuation de la guerre, mais les autres les élections ! Je les tiens tous en haleine pour la défense à outrance et plus que jamais.

J'ai en ce moment toute la gendarmerie du département à Digne. On ne sait pas ce qui peut arriver. Donnez-moi des instructions. En cas de besoin tout à fait imprévu, je garderai pour moi vos ordres.

Prière de vouloir bien répondre à ma dépêche, aujourd'hui, pour officiers mobilisés.

CUISINIER.

—

Digne, 3 février 1871.

N. 473.

Préfet à intérieur, Bordeaux.

Vous ne m'avez rien répondu. J'ai pris la résolution d'agir pour arriver aux meilleures élections. J'ai engagé Gent à faire comme moi et voici sa réponse :

« J'attends depuis ce matin, et j'attendrai toute la nuit une dépêche annoncée de Bordeaux, dans l'espoir qu'elle satisfasse ces navrantes anxiétés que vous me connaissez, mais je crains que le devoir du fonctionnaire, l'isolement où je suis et l'impérieuse nécessité de l'ordre ne fassent céder la conscience du citoyen. Si rien de ce que j'espère encore ne vient, je suis résigné à laisser accomplir des élections que je déplore, mais je vous le dis, ce ne sera qu'en gémissant. Merci de votre touchante confiance (1). »

Je réponds à Gent et je vous prie de me faire savoir si vous avez enfin quelque nouvelle de Paris.

CUISINIER.

Digne, le 10 février 1871, 8 h. 28 s.

N° 624.

Préfet Basses-Alpes à intérieur, Bordeaux.

Est-ce qu'il ne vous est pas possible de me donner le résultat des élections de Paris et de Bordeaux, réclamé avec instance ? J'ai celles de vingt départements, parmi lesquels il n'y a de satisfaisantes que Pyrénées-Orientales, Vaucluse, Haute-Savoie et Var.

CUISINIER.

IX. — M. Esménard du Mazet se démet de ses fonctions. — Il est remplacé par M. Cuisinier. — Rapport de ce dernier sur la situation politique de ce département.

Digne, 17 nov. 1870, 10 h. 56 m.

N° 237.

Préfet Basses-Alpes à intérieur, Tours.
(Urgent.)

La nouvelle de ma révocation a produit dans le département une émotion extraordinaire, que je ne puis calmer avant d'avoir votre réponse à ma dé-

---

(1) M. Gambetta, sous les yeux de qui était passée cette dépêche, télégraphia aussitôt à M. Gent pour l'engager à persévérer dans sa détermination de subir les élections. (Télégramme n. 7950 — 3 février 1871. — Voir rapport de Sugny, page 187.)

pêche d'hier au soir (1). Télégraphiez donc au plus tôt, je vous prie.   ESMÉNARD DU MAZET

Digne, 3 déc. 1870, 11 h. 21 m.

N· 377.

Préfet BassesAlpes à intérieur, Tours.

Je suis tout à la disposition du gouvernement, et j'attendrai mon successeur tout le temps qu'il faudra à son rétablissement.

ESMÉNARD DU MAZET.

Digne, 4 déc. 1870, 4 h. 5 s.

N· 397.

Le préfet des Basses-Alpes à ministre intérieur, Tours.

J'arrive satisfait des communications de M. Esménard du Mazet sur la situation du département.

CUISINIER.

Digne, 5 déc. 1870, 2 h. 35 s.

N. 404.

Préfet Digne à Ministre Intérieur, Tours.

Conformément à vos instructions, j'ai attendu mon successeur, M. Cuisinier, et je l'ai reçu avec toute la sympathie qu'il mérite. Je lui ai remis le service. Tout va on ne peut mieux. Après-demain je partirai pour Tours.   ESMÉNARD DU MAZET.

(1) Cette dépêche informait le minitsre qu'Albert Baume venait d'écrire à un de ses amis de Digne, pour lui annoncer qu'on avait enfin obtenu la révocation de M. Esménard du Mazet. Ce dernier demandait ce qu'il pouvait y avoir de vrai dans cett nouvelle (Télégrammes n°⁸ 227 et n. 241. — Voir de Sugny, p. 186).

Digne, le 5 déc. 1870, 2 h. 35 s.

N. 405.

Le préfet des Basses-Alpes au Ministre de l'Intérieur, Tours.

Je suis entré en fonctions. Tout me fait croire jusqu'à présent que je n'aurai pas de difficultés. Tout paraît bien marcher. Les républicains ne se plaignent pas et les réactionnaires se taisent.

Dans quelques jours je vous fixerai mieux, mais dès aujourd'hui je vois que mon prédécesseur a sagement agi (1).

CUISINIER.

X. — Le préfet Esménard félicite M. Gambetta à l'occasion de sa descente en ballon. — Il lui demande de mettre un terme aux scènes odieuses de Lyon et de Marseille, et de décréter la subordination de l'autorité militaire à l'autorité civile. — Les commissions mixtes. — Susceptibilités du préfet au sujet de la nomination de M. Marc Dufraisse. — Il se plaint de ce que les meneurs de Marseille agitent son département. — Ses protestations indignées, au sujet d'un article du *Siècle* dont il fait connaître l'auteur, Arène, ancien journaliste du *Figaro*. — Son attitude vis-à-vis des manœuvres de la Ligue du Midi. — Son successeur réclame du gouvernement la dissolution des conseils d'arrondissement. — Le sous-préfet de Castellane, M. Collomp, proteste contre l'ingérence prétendue de M. Bismark dans les affaires intérieures du pays. — Départ de M. Cuisinier pour Bordeaux : il délègue ses pouvoirs à son secrétaire général.

(1) C'est encore là un nouveau démenti, non suspect, infligé aux dénonciations intéressées dont fut constamment l'objet, de la part de ses collègues du Var et de Nice, le préfet Esménard du Mazet.

Digne, 10 oct. 1870, 7 h. 15 s.

N. 482.

Préfet Basses-Alpes à ministre intérieur, Tours.

La nouvelle de votre départ de Paris en ballon et votre proclamation ont excité dans mon département un enthousiasme indescriptible. Les Bas-Alpins sont tous républicains et républicains de la veille ; mais ils comprennent la République comme vous la comprenez vous-même : honnête, ferme, sérieuse, digne. Aussi, comptent-ils sur vous pour mettre fin aux scènes grotesques et odieuses de Lyon et de Marseille (1). J'ai pris sur moi de leur promettre que leur attente ne serait pas trompée.

Pour ce qui est des chefs militaires, il est évident qu'ils regrettent tous l'empire auquel ils tenaient comme les Prétoriens aux Césars.

Vous faites bien de faire appel aux jeunes. C'est juste et c'est adroit.

En attendant, il serait bon de placer l'autorité militaire sous l'autorité civile. Mais comme dans tout le personnel civil à peine si on trouverait cinq ou six hommes ayant les aptitudes, l'énergie et le genre d'habileté nécessaires pour commander avec intelligence à des généraux et s'en faire obéir ; peut-être serait-il bon de nommer pour dix ou douze départements agglomérés un commissaire général de défense qui aurait seul autorité sur généraux et préfets de son ressort ?

En cas de conflit entre ces deux pouvoirs, on s'adresserait à lui et il trancherait dans un sens ou dans l'autre. Esménard du Mazet.

Digne, 13 oct. 1870, 4 h. 25 s.

N. 500.

Préfet Basses-Alpes à Ministre Justice, Tours.

Il me serait plus facile de vous faire connaître les noms des personnes qui, dans mon département,

(1) On s'explique, en lisant ces déclarations et autres analogues, pourquoi ses collègues étaient animés contre lui d'une aussi grande animosité.

n'ont pas été frappées au 2 décembre, que les noms de celles qui ont été atteintes, et cela par la bonne raison que les Basses-Alpes ont été transportées en masse à cette triste époque. — Je vous enverrai par le courrier les noms des magistrats qui ont fait partie à la même époque des commissions mixtes.

Esménard du Mazet.

N. 585.

Digne, le 21 octobre, 1 h. 2 m. s.

Préfet Basses-Alpes à ministre intérieur, Tours.

Je n'ai eu aucune espèce de susceptibilité à l'égard de M. Dufraisse Seulement, il m'a semblé comprendre, par le langage que lui ont prêté les journaux de Marseille, que le gouvernement central avait des inquiétudes sur la situation de mon département, et j'ai cru dès lors qu'il était de mon devoir de le rassurer à ce sujet.

Esménard du Mazet.

Mon département est bien travaillé activement par les meneurs (1) de Marseille, mais je réponds d'y faire maintenir l'ordre et d'y faire respecter l'autorité du gouvernement de Tours.

Esménard du Mazet.

N. 595.

Digne, le 22 octobre 1870, 2 h. 25 du s.

Préfet de Digne à intérieur, Tours.

Je viens de lire l'article du *Siècle*, dont l'auteur est un certain Paul Arène, qui chantait, il y a trois

---

(1) Quelques jours plus tard, il signalait encore ces meneurs au gouvernement : « Vous pouvez être assuré, télégraphiait-il au ministre de l'Intérieur (Télégramme N° 90 — 2 nov. 1870. 8 h. 35 m., s.), que je ferai respecter votre autorité dans mon département, malgré les efforts des meneurs de Marseille. »
On retrouve les mêmes plaintes formulées dans deux télégrammes subséquents (Télégramme N° 95 — 3 nov. 1870, 11 h 46 m., s. — Télégramme N° 115 — 4 nov. 1870, 10 h. 45 m., s.)

mois, dans le *Figaro* les louanges de l'Empire. Il est déplorable que le *Siècle* se fourvoie de la sorte et se fasse ainsi l'auxiliaire des plus dangereux ennemis de la République. Quoiqu'il en soit, ses excitations n'auront aucun écho dans mon département. Je suis ici maître de la situation en dépit des clabauderies des quelques pauvres fous qui voudraient mettre le feu à nos contrées pour y rôtir leurs marrons. Ce n'est pas une espérance que vous devez avoir en mon dévouement et en ma fermeté, c'est une certitude. La mort elle-même ne me fera pas reculer, prenez en bonne note, et souvenez-vous que, quels que soient les dangers à courir, vous pouvez compter sur moi comme sur vous. Je vous écris. Esménard du Mazet.

Digne, 3 novembre 1870, 10 h. 15 s.

N. 102.

Préfet Digne à ministre intérieur, Tours.

J'ai des nouvelles relativement rassurantes de Marseille. Le gros de la population appuiera Gent ; qu'il montre de l'énergie et la situation sera sauvée. J'attends vos ordres pour savoir ce que je dois faire relativement aux événements de Paris qui ont fait l'objet de ma dépêche de ce matin. (1)

Le directeur général du télégraphe vous mettra au courant d'une nouvelle manœuvre de la Ligue du Midi. Il s'agit d'une certaine circulaire apocryphe du ministre guerre.

Esménard du Mazet.

Digne, le 7 décembre 1870, 9 h. 35 s.

N. 435.

Préfet Basses-Alpes à Intérieur, Tours.

D'après tous les renseignements qui me sont par-

(1) Le préfet, par cette dépêche, informait le gouvernement qu'à raison de la situation de Marseille, il avait cru devoir ne point faire connaître à ses administrés les événements de Paris et qu'à moins d'ordre contraire, il attendrait pour cela le résultat du scrutin de Paris. (Télégramme n° 95.— 3 nov. 1870, 11 h. 46 m.)

venus, les dépêches du 5 ont produit un effet douloureux, et même après la lecture de la seconde, on l'a commentée dans un sens peu favorable. J'ai fait parvenir aux sous-préfets des dépêches pour bien préciser l'état de notre armée, en leur donnant l'assurance que, par suite des mesures prises par le ministre, nous étions en droit de compter sur de prochains succès, en ajoutant que personnellement j'avais pu juger pendant mon séjour à Tours de l'impulsion de l'organisation et de la bonne direction données aux armées.

Les dépêches arrivées ce soir sont généralement bonnes.

Je me propose de faire une tournée dans tout le département.

J'ai ajouté quelques mots avant de signer la grande dépêche.

Demain je ferai une proclamation. CUISINIER.

Digne, le 11 décembre 1870, 8 h. 55 m.
N. 479.

Préfet Basses-Alpes à Ministre Intérieur, Bordeaux.

La tranquillité est parfaite dans le département. Les mobilisés doivent quitter leurs foyers pour se rendre dans les chefs lieux, en attendant leur départ pour le camp.

J'ai reçu tous les fonctionnaires. Ma proclamation du 9 semble avoir produit un bon effet.

Ecrirai lettre aujourd'hui. CUISINIER.

Digne, 20 décembre 1870, 10 h. 47 s.
N. 610.

Préfet Basses-Alpes à Intérieur, Bordeaux.

Jusqu'à présent aucun bruit concernant Paris n'a été répandu dans mon département ; aussi j'attendrai vos ordres pour publier votre dépêche de 7 h 30. Je m'abstiens dans la crainte de faire plus de mal que de bien. CUISINIER.

Digne, 20 décembre 1870, 11 h. s.

N. 611.

Préfet Basses-Alpes à sous-préfet, Sisteron.

Attendez pour publier dépêche du gouvernement concernant Paris ; je crains le mauvais effet. Je dis au gouvernement que j'attends des ordres avant d'afficher. Le département, ignorant les faits révélés déclarés faux, mieux vaut ne pas en parler. Vous transmettrai sa réponse. CUISINIER.

Digne, 21 décembre 1870, 10 h. 45 m.

N. 615.

Préfet Basses-Alpes à intérieur, Bordeaux.

Je fais publier dépêche sur Paris. Journal arrivant contient les faits relevés.

L'anxiété est grande. On désire voir partir les mobilisés. Veuillez vous reporter à ma dépêche hier au soir, vous disant qu'ils sont prêts.

CUISINIER.

Digne, 25 décembre 1870, 10 h. m.

Nº 656.

Préfet Basses-Alpes à intérieur, Bordeaux.

Reçu le décret dissolvant conseils généraux. Pourquoi laisser subsister les conseils d'arrondissement ? On doit les dissoudre aussi, sauf à ne pas les remplacer. Cette réflexion me paraît devoir être prise en considération. CUISINIER.

Castellane, 2 janvier 1871, 6 h. 18 s.

Nº 3.

Sous-Préfet de Castellane à intérieur, Bordeaux, et préfet Digne.

La circulaire contenant l'allocution aux Bordelais, lue à la population et aux mobilisés de l'arrondis-

sement réunis sur la place publique, a été reçue avec chaleureuse sympathie et patriotique enthousiasme. Plusieurs gardes mobilisés demandent à partir volontaires et devancer le bataillon.
Ferdinand COLLOMB.

Castellane, 5 février 1871, 6 h. 30 s.

N. 42.

Sous-Préfet à intérieur, Bordeaux.

J'ai reçu et publié vos circulaires protestant contre l'ingérence de Bismark dans les affaires intérieures du pays. Je joins mes protestations énergiques aux vôtres.
COLLOMB.

Digne, 14 février 1871, 9 h. 55 s.

N. 657.

Préfet Basses-Alpes à intérieur, Bordeaux.

Je me rendrai à Bordeaux où j'arriverai vendredi. Je délègue provisoirement mes pouvoirs, ainsi que vous me le dites, au secrétaire-général (1).
CUISINIER.

XI. — Le corps de l'Etoile cantonné à Sisteron. — Le général Frapolli et son chef d'état-major Gourieux. — Incidents relatifs au désarmement du corps de l'Etoile. — La démission du capitaine Léca ou Heca. — Indiscipline de cette légion proclamée par ce dernier. — Les intendants Harmand et Simon.

Sisteron, 15 février 1871, 9 h. 55.

N. 769.

Chef d'état-major à général Frapolli, hôtel Paix, Bordeaux.

Corps arrivé hier matin, accueil excellent, sous-préfet et commandant place parfaits. Tout le monde

---

(1) Le F... Bonnaud nommé à ce poste sur la pressante sollicitation du préfet Cuisinier.

ici et villages voisins, état-major serait, je crois, mieux près des troupes qu'à Digne.

Toutefois j'attends décision immédiate.

Le chef d'état-major,
Gourrieux.

—

Sisteron, 15 février 1871, 10 h.

N. 771.

A général Frapolli, hôtel Paix, Bordeaux.

Lacroix a reçu dépêche. Avons vu préfet, maire, commandant place et intendant de Digne. — Partout bon accueil pour état-major, mais impossible placer un homme ni un cheval, bureaux et logements presque arrêtés, sommes aujourd'hui Sisteron. Tout va bien. Demain installerons archives Digne, sauf décision ultérieure.

Visée : *Le sous-préfet,*

—

Sisteron, 15 février 1871, 5 h. 10.

N. 752.

Chef d'état-major à général Frapolli, hôtel Paix, Bordeaux.

Sur observation relative à sa tenue irrégulière, lieutenant Valloria donne sa démission avec menaces. J'attends décision immédiate et urgente.

Le chef d'état-major,
Gourrieux.

—

Sisteron, 18 février 1871, 9 h. 8.

N° 792.

Chef d'état-major à général Frapolli, hôtel Paix, Bordeaux.

Capitaine Leca, commandant 1er bataillon, donné démission hier, comprends pas motif, lui dit : Fait mal. Mais ensuite refuse service. Que faire ?

D. Gourrieux.

Sisteron, 18 février 1871, 4 h. 35.

N° 793.

Général Frapolli, hôtel Paix, Bordeaux.

Discipline méconnue, position pas tenable pour moi. Prière accepter démission par retour dépêche.

LÉCA.

—

Sisteron, 19 février 1871, 4 h. 5.

N° 794.

Chef d'état-major à général Frapolli, hôtel Paix, Bordeaux.

M. Harmand ici, que doit-il faire ? Faut-il qu'il aille vous rejoindre à Bordeaux ? Pas de nouvelles de l'intendant Simon. Pas d'argent pour nous et pour Lyon. D. GOURRIEUX.

—

Sisteron, le 20 février 1871, 2 h. 30.

N. 797.

Chef d'état-major à général Frapolli.

Héca ne veut pas reprendre service; je vous en prie, pour bien du service, consentez à sa démission, ou sinon je le mets aux arrêts, scène regrettable.

D. GOURRIEUX.

—

Sisteron, le 20 février 1871.

N. 799.

Général Frapolli, hôtel Paix, Bordeaux.

Point de réponse dépêché 19. Situation intolérable. Dois-je me transporter Bordeaux ou attendre solution à Sisteron ? HÉCA OU LÉCA.

Sisteron, le 23 février 1871, 9 h. 55.

N. 7102.

*Chef d'état-major à général Frapolli,
hôtel de la Paix, Bordeaux.*

Reçois communication de dépêche suivante :

« Toulon, 22 février 1871, 3 h. 23 s.

« *Général de division à commandant de place Sisteron.*

« C'est par ordre du ministre que le corps de l'Etoile doit être désarmé : donnez copie de ma dépêche au commandant du corps à Sisteron, et dans les environs. Rendez-moi compte des dispositions que vous aurez prises.

« Signé : MOREAUX. »

Voyez ce que je dois faire, quoiqu'il arrive. j'exécuterai vos ordres. D. GOURRIEUX.

Sisteron, le 24 février 1871, 6 h. 15.

N. 605.

Chef d'état-major à général Frapolli, hôtel Paix, Bordeaux.

Capitaine Taffin, commandant 5e compagnie (commission colonel Gay), et que vous avez vu à Lyon, demande une commission définitive datée du 10 janvier, de façon à toucher son entrée en campagne qui lui est dûe.

Dépense de huit cents francs dûe à plusieurs personnes. D. GOURRIEUX.

Sisteron, 24 février 1871, 9 h. s.

N. 7106.

Général Frapolli, hôtel Paix, Bordeaux.

Vu l'état de la situation politique et en prévision d'un licenciement, les officiers du corps de l'Etoile prient leur général de vouloir bien les autoriser à envoyer à Bordeaux trois membres délégués pour appuyer les mesures qu'il croira devoir prendre à leur égard, ainsi qu'à l'égard de la troupe, afin que leur départ et leur rapatriement se fassent d'une manière honorable. D. GOURRIEUX.

Sisteron, le 25 février 1871, 10 h. 20.

N. 7114.

Intendant Simon à Panassieu, guerre, Bordeaux.

Arrivé hier à Sisteron ; ai besoin d'y rester jusqu'à la fin du mois pour assurer la solde. Partirai ensuite pour Marseille. Quelle est actuellement la situation du corps de l'Etoile ? Il faut que je sois renseigné à ce sujet. Quelle sera ma mission à Marseille et sous les ordres de qui ? SIMON.

N. 7126.

Chef d'état-major à général Frapolli, hôtel Paix, Bordeaux.

Sous-Préfet de Sisteron a reçu, hier, avis que général commandant division Toulon se dirigeait sur Sisteron avec 900 hommes infanterie et 300 cavalerie pour désarmer par force corps Etoile. Comme sous-préfet se loue de conduite du corps, et qu'il répond de tranquillité de ville, il m'a prévenu et il *est avec nous* ; avec ordre de vous. J'opposerai énergique résistance, s'il y a lieu. — Vu gravité des circonstances, capitaine Lacroix reste et ajourne son congé. D. GOURRIEUX.

CHAPITRE III.

Les exploits du préfet Cotte et de ses acolytes racontés par leurs télégrammes.

I. — M. Paul Cotte est nommé préfet du Var. — Il informe le gouvernement que l'esprit des populations est excellent, et qu'elles veulent la guerre à outrance. — Nomination de commissions municipales — Installation du docteur Félix Brémond en qualité de secrétaire-général de la Préfecture.

N. 675.
Draguignan, 4 sept., 4 h. 50 s.

Le préfet du Var, à intérieur, Paris.

J'ai l'honneur de vous prier de me faire connaître si je dois espérer être remplacé promptement dans les fonctions qui m'avaient été confiées par le gouvernement précédent.

Je considère comme un acte de patriotisme et de dévouement de continuer à organiser les forces militaires, mais vous penserez comme moi que je ne saurais prendre d'autres mesures et traiter d'autres affaires. L'arrivée de mon successeur est donc urgente. DEVAUX.

N. 688.
Draguignan, 5 sept., 8 h. 40 s.

Préfet du Var à intérieur, Paris.

M. Paul Cotte accepte. Il a pris possession ce soir à 6 heures. Retenu à un banquet. — Je me trouve dans la nécessité de répondre pour lui. DEVAUX.

Draguignan, 7 septembre 1870, 12 h. 40 s.
N· 703.

Préfet du Var, à intérieur, Paris.

Dispositions de la population à l'endroit de la guerre, excellentes. Résistance à outrance, voilà le sentiment unanime !
....

COTTE.

—

Draguignan, 7 septembre 1870, 6 h. 30 s.
N· 709.

Préfet du Var à M. le ministre de l'intérieur.

Je me suis occupé immédiatement de la question des effectifs tant en hommes qu'en armes ou équipements. J'attends des renseignements de Toulon pour fournir un rapport sommaire.

Avant la réception de la dépêche sur le plan de conduite à tenir concernant les Conseils municipaux, j'avais déjà procédé à la nomination d'un certain nombre de Commissions municipales provisoires. Tout s'est passé le plus régulièrement possible et nous n'avons fait que rectifier des propositions faites par les citoyens eux-mêmes.

Je propose M. Chabrier-Bruno, comme sous-préfet de Brignoles et j'attends une réponse immédiate à ce sujet.   P. COTTE.

—

Draguignan, 8 septembre 1870, 11 h. 10 s.
N· 720.

Préfet du Var à ministre de l'intérieur, Paris.

La République est proclamée et acceptée avec enthousiasme dans la plupart des communes du département. L'esprit de la population est excellent.

La grande préoccupation est l'armement ; cependant lenteur pour recueillir les documents. N'avons pu répondre à la dépêche du ministre relative aux effectifs en hommes ou armements et équipements. Avons reçu ceux de Toulon.

M. de Masset, secrétaire général, ayant offert sa démission, je propose pour son remplacement, et installe provisoirement le docteur Félix Brémond.

Le préfet du Var,
P. COTTE.

Toulon, 9 sept. 1870, 6 h. 40, s.

N° 726.

Préfet du Var à Ministre de l'Intérieur, Paris.

....
....

Je rédige une proclamation embrassant un ordre d'idées plus large et plus général, appelant les citoyens aux armes, prêchant la concorde, mais respirant l'énergie et la force nécessaires à la défense de la République. P. COTTE.

II. — Nominations et révocations de magistrats. Hécatombes de juges de paix. — Le cas du maître d'école Barbaroux, nommé à la justice de paix du Beausset. — Ce que pensait de ce choix le sous-préfet de Toulon. — Le sous-préfet de Brignolles se plaint du favoritisme qui a inspiré les nominations faites dans le ressort de la Cour d'Aix. — Il réclame le changement de M. Tavernier, président du civil Tribunal de Brignolles. — Le procureur de Toulon demande à être maintenu dans son poste. — Les autorités de Saint-Tropez exigent la démission de leur juge de paix.

Toulon, 5 octobre 1870, 5 h. soir.

N° 5501.

Sous-préfet Toulon à Justice, Tours,

Barbaroux, maître d'école, brouillon, incapable, grand crieur, — malheureux, mais avec bien des fautes.

Connu tristement au Beausset d'où il est parti, il y a peu. Plein d'idées vengeance. — Le juge révoqué a droit à retraite. — Le pays a besoin de ménagements. — Demande autre poste pour Barbaroux comme secours simplement. — Justice de paix sans respect, si choix pareil (1), incapable et méchant.

Le sous-Préfet,
Auguste MAUREL.

Draguignan, 8 octobre 1870, 8 h.
N. 970.

Préfet du Var à Ministre de la Justice, Tours,

Il est indispensable de suspendre immédiatement : (2)

Les juges de paix de la Seyne, de Besse, de Comps, de Fayence, de Cuers.

Ce sont des hommes compromis par leur zèle contre les républicains en 1851, ou qui ne doivent leur nomination qu'à des services plébiscitaires. J'attends votre réponse. C'est urgent.

Le préfet du Var,
Paul COTTE.

Draguignan, 9 octobre 1870, 1 h. 35.
N. 982.

Préfet du Var à Ministre de la Justice, Tours,

Nous avons demandé hier diverses suspensions de juges de paix. Nous attendons encore réponse. C'est de la dernière urgence.

---

(1) C'est à cette dépêche que faisait allusion le Procureur-général d'Aix, lorsqu'il télégraphiait au Ministre de la Justice (télégramme n° 5759 — 6 octobre 1870, 10 h. 45 m.) « On m'avise que sous-préfet de Toulon vous demande télégraphiquement retrait du décret nommant Barbaroux, juge de paix au Beausset, remplaçant Revert : Liouville en fait autant. Voudrais que sous-préfet se fût adressé à moi et Liouville aussi, pour que j'eusse à aviser si j'avais été surpris sur remplaçant ou remplacé ».

(2) Il est nécessaire de rappeler ici que déjà, à la date du 23 septembre (télégramme 846), le préfet Cotte avait de-

Nous demandons encore les suppressions : (1)
1· du juge de paix de la Roquebrusane, Chabert ;
2· de M. Fresquiére, juge de paix de Saint-Maximin, en remplacement duquel nous proposons Rougon Paul-Frédéric, avocat.

Le Préfet du Var,
Paul Cotte.

Brignolles, 11 octobre 1870, 9 h. 5 s.
N. 330.

Chabrier sous-préfet à Ministre intérieur.

Proclamation Gambetta excellent effet sur peuple et surtout bourgeoisie. Tous soif énergique du gouvernement républcain.

Choix judiciaires généralement peu goûtés, car encore incroyable népotisme dans le ressort de la cour d'Aix et malheureux favoritisme au profit magistrats réactionnaires. — Au fait, nominations peu heureuses. Discours procureur général fort critiqué par tous, surtout lorsqu'il loue le premier président Rigaud, un des hommes les plus compromis de l'Empire.

Clément Laurier acclamé représentant du Var à Constituante par délégués réunis au Luc.

Paysans demandent armes, n'en avons que trèspeu.

Bourgeois, anciens libéraux, vont franchement au républicanisme disant que c'est salut de tous.

Anciens employés du gouvernement napoléonien, percepteurs et contributions indirectes, visiblement réactionnaires et par conséquent à changer sans retard. — De même, juge de paix et surtout prési-

mandé au gouvernement le pouvoir de révoquer ou de suspendre certains juges de paix et certains percepteurs dont il prétendait que « l'hostilité au gouvernement était un danger et un scandale ». Il promettait d'user de ce pouvoir avec prudence.

(1) Suppression ! le mot est assez joli. On ne se contente plus de suspensions ou de révocations : il faut désormais des suppressions.

dent de première instance. — Si on n'avise, ces hommes feront du mal tôt ou tard.

Citoyens veulent direction juste, mais très-énergique. — Devons signaler menées des prêtres unis à quelques orléanistes. — Les prêtres réguliers, jésuites, dominicains, etc., sont surveillés de très-près.
Bruno CHABRIER.

Toulon, 15 oct. 1870, 1 h. 55, s.

N. 5725.

Procureur de la République Toulon à M. garde des sceaux, Tours.

Je reçois une lettre de M. le procureur général d'Aix m'annonçant la nomination de M. Noble au poste de Toulon (1). Il me demande de vous prier de lui faire connaître la suite que vous avez jugé à propos de donner à la demande de maintien à Toulon que j'ai eu l'honneur de vous adresser, le 13 octobre, et télégraphiquement, s'il est possible.

Ernest LIOUVILLE,
Procureur de la République à Toulon.

Toulon, 15 oct., 12 h. 15, s.

N. 5729.

Sous-Préfet de Toulon au directeur général Intérieur, Tours.

On me dit Barbaroux, instituteur, nommé juge de paix à Beausset. Prière suspendre nomination. Ce serait un scandale, je vous l'affirme.

A. MAUREL.

---

(1) La nomination de l'avocat Noble ayant été rapportée quelques jours plus tard, le sous-préfet de Toulon informa le garde des sceaux (Télégramme N° 5261) que cette mesure serait considérée comme une protestation par la population de Toulon, et que de ce fait des désordres graves étaient à craindre. (3 nov. 1870, 5 h. 35, s.)

Draguignan, 31 oct. 1870, 11 h. 10, s.

N. 161.

Préfet du Var à Ministre de la Justice, Tours.

Toutes autorités de St-Tropez donnent démission, si juge de paix Maille n'est pas révoqué. Je me contente de le suspendre et vous prie d'aviser. Proposerai remplaçant, si vous voulez.

Le préfet du Var,
Paul COTTE.

III. *La curée des emplois.*

Le préfet Cotte demande au gouvernement des instructions sur l'étendue de ses pouvoirs en matière de révocations et déplacements.— Nominations Blache, Auguste Maurel, Bruno Chabrier, docteur Brémond et Gariel. — Révocation de M. Théas, médecin de l'hospice de Draguignan. — Le cas du percepteur d'Ollioules, M. Rigordy.—Etat du personnel préfectoral. — Le conseiller de préfecture Duvillars sollicite le poste de Brignolles. — M. Julien-Sauve est nommé sous-préfet de Toulon.— M. Anglès, maire de Draguignan, refuse une place de sous-intendant.—L'avoué Guis est proposé à sa place.— Le docteur Bremond, ancien secrétaire-général de la préfecture, mis en disponibilité, demande à être replacé.— M. Noël Blache sollicite de M. Laurier sa nomination en qualité de commissaire de guerre au camp des Alpines. — Le sous-préfet de Toulon appuie sa candidature.—M. Cotte refuse d'accepter d'Albert Baume pour collaborateur, le jugeant trop ardent.

Draguignan, 12 septembre 1870, 2 h. 5 s.

N. 740.

Préfet du Var à ministre intérieur, Tours.

J'ai adressé aujourd'hui une 2me dépêche demandant la ratification de la nomination du docteur Félix Bremond, comme secrétaire général, en remplacement de M. de Masset, démissionnaire. J'ai fait passer cette seconde dépêche parce que je n'étais pas suffisamment édifié sur l'étendue de mes pouvoirs.

Mais je lis à l'instant le passage suivant de cette circulaire, qui ne m'arrive que par la voie du journal : « Pour ce qui est de vos relations avec l'ancien personnel du gouvernement déchu, maires, adjoints, conseillers municipaux et fonctionnaires relevant exclusivement de l'ordre administratif, votre conduite est toute tracée dans les idées que je viens d'exposer: » J'interprète ainsi ce passage : « Vous avez le droit de nommer ou de révoquer tous les fonctionnaires ressortissant du ministère de l'intérieur, en vous inspirant uniquement des intérêts de la République. »

J'ai besoin d'être fixé sur ce point important pour donner une marche régulière et ferme à mon administration.

Il me reste une question importante à vous soumettre relativement à la défense nationale. A cet égard, dites-vous, je puis compter sur la ratification de toutes les mesures que vous aurez prises dans ce suprême intérêt.

De jeunes fonctionnaires, anciens militaires, ont été maintenus dans leurs services par le dernier préfet, comme indispensables.

En présence de la situation actuelle, ce qu'il y a d'indispensable c'est de chasser l'ennemi du territoire. Ces jeunes gens pourraient m'être d'un précieux concours, pour l'organisation dans le Var des corps francs ; grâce à leur énergie, à leur activité, à leurs connaissances administratives, des bataillons seraient vite organisés et instruits. Faites-moi connaître votre décision à ce sujet. Pourrais-je les utiliser ?

P. COTTE.

—

Draguignan, 25 sept., 8 h. 15 s.

N° 774.

Préfet du Var à ministre de l'intérieur, Paris.

2963. — J'allais vous adresser un rapport sur la situation du département, lorsque de nouveaux renseignements qui me parviennent m'en font renvoyer l'envoi à demain. Je crois devoir vous rappeler que vous avez ratifié les choix suivants :

Blache, maire de Toulon ;
Maurel, sous-préfet de Toulon ;
Bruno Chabrier, sous-préfet de Brignolles ;
Bremond, secrétaire-général.

Gariel vient d'être nommé par moi conseiller de préfecture.

J'ai révoqué Théas, médecin de l'Hospice, qui a quitté son poste.

Le préfet du Var,
P. COTTE.

Draguignan, 8 oct. 1870, 8 h. 5 m.

N. 825.

Préfet Var à ministre intérieur, Tours.

Il faut révoquer absolument le percepteur d'Ollioules, Rigordy, (1) dont le maintien serait un scandale. C'est urgent. Répondez-moi de suite. Je propose pour le remplacer le percepteur de Carcès, qui aurait alors pour successeur Giraud Victor, fils d'une victime de 1851 (2).

Le préfet du Var,
Paul COTTE.

N. 835.

Félix Anglès à Laurier, délégué intérieur, Tours.

Merci de votre proposition. Je reste maire de Draguignan. Félix ANGLÈS.

---

(1) M. Paul Cotte revint à la charge pour obtenir cette révocation, par deux télégrammes successifs (n° 93 et 109), en date des 21 et 23 octobre (Voir rapport de Suguy, p. 524.)
(2) Cette présentation figure également avec les mêmes termes dans le télégramme n° 109, (23 octobre 1870, 2 h. 40 m.)

Draguignan, 25 octobre 1870, 5 h. 10 s.

N. 76.

Préfet du Var à intérieur, Tours.

5125. — Personnel de préfecture demandé : secrétaire général : Félix Brémond. — Conseil de préfecture : Alexandre Gariel, Louis Dastier, Duvillard (ancien). — Sous-préfet Toulon : Auguste Maurel. — Sous-préfet Brignolles : Bruno Chabrier. Tous définitivement installés et à confirmer.

Pour le préfet :
Le secrétaire général, BREMOND.

—

Draguignan, 8 nov. 1870, 7 h. 50 s.

N. 5560.

Conseiller préfecture, sous-préfet Toulon par intérim, à ministre intérieur, Tours.

Ai exécuté vos instructions, tenu ma promesse et maintenu ordre Toulon. Mes conseils de modération ont été difficilement écoutés, toutefois suis heureux que violences n'aient pas eu lieu. — Population Var en général, et Toulon en particulier, exceptionnellement difficiles. Têtes chaudes, surexcitation grande. — Ai cherché à calmer et apaiser les esprits. Apprends remplacement préfet Var et sous-préfet Toulon ; sous-préfet Brignolles, démissionnaire ; vous demande, en récompense de mon dévouement depuis deux mois à Toulon dans situation difficile, être nommé sous-préfet à Brignolles (1), poste occupé par mon père, encore sous-préfet de République, disgracié par Empire et aujourd'hui commandant garde nationale Basses-Alpes. — Pouvez compter sur moi.

Si vous ne jugez pas à propos m'accorder demande, vu santé fatiguée par deux tournées révisions

---

(1) Une dépêche du préfet des Basses-Alpes trouvait ce choix déplorable et parlait de ce candidat dans les termes les plus sévères. (Télégramme n 167. Digne, 11 nov. 1870, 3 h. 12 m. s)

que présidais, émeutes, Toulon, et dangers courus pour maintenir ordre, un congé sans retenue de six semaines.　　　　　　　　R. DU VILLARS.

—

Draguignan, 17 nov., 8 h. s.
N. 374.

Préfet du Var à intérieur, Tours.

2369. — J'arrive de Nice, et je suis surpris de votre dépêche relative à Toulon. Vous avez nommé Jules Sauve, sous-préfet de Forcalquier, à Toulon, où il s'est installé depuis deux jours. Pour le moment, ne crois pas devoir vous faire autre proposition.

Tranquillité parfaite à Toulon.

Le préfet du Var,
COTTE.

—

Draguignan, 5 déc. 1870, 8. h. 1|2.
N. 537.

Préfet du Var à M. le ministre de la guerre,
à Tours.

M. Anglès, maire de Draguignan, regrette de ne pouvoir accepter la commission de sous-intendant du 14 nov. ; son désir étant de suivre les mobilisés du Var. Vous ferai proposition à ce sujet (1).

COTTE.

—

Draguignan, 6 déc. 1870, 4 h. 35 s.
N. 550.

Préfet du Var à M. le ministre de la guerre,
à Tours.

3120. — En remplacement de M. Anglès, nommé par décision ministérielle du 15 nov., intendant de

---

(1) Il le proposa, en effet, plus tard, pour le poste d'intendant administrateur du camp de Cavalaire. (Télégr. n° 588, — 8 déc. 1870.

3e classe, non acceptant, je propose M. Gaston Guis, avoué, licencié en droit. Recommande cette nomination.

Paul Cotte.

N· 584.

Préfet Var au directeur du personnel de l'intérieur.

J'ai demandé à guerre par dépêche du 5 le poste d'intendant pour Guis, qui remplacerait Anglés non acceptant la position. Appuyez, je vous prie pour obtenir satisfaction.

Le préfet du Var,
Paul Cotte.

N· 738.

Draguignan, 21 décembre 1870, 3 h. 30 s.

Directeur général personnel, intérieur, Bordeaux.

Bremond vous prie de ne pas l'oublier ; il a attendu un mois et désirerait sortir de cette situation (1).

Le préfet,
Cotte.

N· 5444.

Draguignan, 21 décembre 1870, 12 h. s.

Blache à Laurier, ministère de l'intérieur, Bordeaux.

J'ai demandé, il y a déjà longtemps et le premier, la position de commissaire de la guerre au camp des

---

(1) De son côté, le docteur Brémond s'était déjà plaint vivement au ministre d'avoir été mis en disponibilité : « ... Je suis, télégraphiait-il le 15 novembre 1870, ou j'ai l'air d'être mis en disponibilité. Cela fait le plus mauvais effet auprès de mes amis du Var. Mettez-moi donc immédiatement où vous voudrez pour me tirer de cette disgrâce apparente. — Cherchez : il est impossible que vous ne trouviez pas un emploi vacant, en partant des préfectures pour finir aux asiles d'aliénés.... Réponse s'il vous plaît. Préfet s'associe à ma demande. »

Alpines. Je vous supplie, cher ami, de me faire obtenir, sur le champ, ce poste de combat, le seul que je sois désormais résolu à accepter. Merci d'avance et bien à vous. Réponse à sous-préfet, Toulon.
Noël BLACHE.

Draguignan, 27 décembre, 3 h. 5 s.

N° 5569.

Sous-préfet Toulon à Laurier, ministre de l'intérieur Bordeaux.

La santé de Blache, un moment ébranlée, est maintenant complètement rétablie. Veuillez insister pour sa nomination de commissaire de guerre auprès de vous. — Il me charge de vous le dire.
Julien SAUVE.

Draguignan, 26 déc. 1870, 2 h. 30 2.

Préfet Draguignan à ministre intérieur, Tours.

Ne repousse point les ardents. Mais Baume ne serait pas bien ici, à côté de nos amis de Toulon. Merci de votre dépêche. Pensez à moi pour nomination Guis et Maurel.
COTTE.

N. 308.

A Delord, chef cabinet secrétaire général intérieur. Tours.

Attends lettre de toi.—Sais Laurier revenu Tours. Mme Laurier y est-elle? Tiens le savoir?

Vois Chaudordy ou fais le voir par Cazot pour savoir si nomination au consulat Bâle demandée télégraphiquement, le 4, par Marc Dufraisse est faite. Attends et te prie répondre par télégraphe.
PELLICOT. (1)

Vu pour être expédiée,
Par le préfet :
Le chef de cabinet délégué,
L. BRIGUET.

( ) Chef d'escadron d'artillerie en retraite.

§ IV. — *Autorité militaire.* — *Armement.* — *Garde nationale mobile et légions mobilisées.* — *Les tirailleurs toulonais.* — *Le camp de Cavalaire.* — *Personnel et organisation de ce camp.* — *Démêlés du préfet Cotte avec l'intendance.*

L'amiral Chopart informe le général Trochu de la situation militaire de Toulon et lui demande si le commandement de l'état de siège lui est maintenu. — Rapport du sous-préfet de Toulon sur l'enthousiasme patriotique de cette ville. — Le capitaine Javouhay et la question des torpilles. — Le préfet Cotte signifie au ministre de l'intérieur qu'il va suspendre tout ce qui a trait à l'équipement des mobilisés, si on ne lui ouvre pas un crédit de 200,000 francs. — Il est question de caser Baret (??) quelque part. — Le chef d'escadron, Pellicot, est proposé pour commandant supérieur des gardes nationales du Var. — Le cas du capitaine de la mobile, Allaire, attaché à l'état-major de la 9e division militaire. — Le 1er bataillon des mobiles du Var demande à procéder à l'élection de ses officiers. — Les tirailleurs toulonais et l'excès de leur enthousiasme. — Le préfet Cotte désigne successivement son secrétaire général, Auguste Maurel, pour le poste de vice-président du camp de Cavalaire; le maire de Draguignan, Anglès, pour la place d'administrateur de ce camp, et le docteur Paul Long pour celle de médecin en chef. — L'avoué Guis devient sous-intendant au 24e corps. — Récriminations de Paul Cotte contre le service de l'intendance qu'il accuse de ne pas vouloir assurer la solde des légions mobilisées. — Il menace le ministre, s'il n'est pas remédié à cet état de choses, de recourir à des moyens extrêmes et notamment de requérir de force les caisses publiques. — L'intendant rejette toute la responsabilité sur le sous-préfet de Brignolles et constate que le désordre est complet en cette matière. — Elargissement du lieutenant Toucas demandé par Cotte. Organisation défectueuse de l'artillerie mobilisée. — Incident relatif au sursis de départ pour les mobilisés du camp, sollicité par le commandant supérieur et refusé par le ministre. — Mécontentement produit par le cantonnement prolongé, chez les habitants de Draguignan, de deux bataillons de mobiles du Var.

Toulon, 7 sept. 1870, 10 h. 10 s.

N. 1873.

Vice-amiral Préfet maritime à général Trochu, président du gouvernement.

L'arsenal de la guerre à Toulon a expédié toutes les ressources pour la défense de Paris. — L'arsenal de la marine y a largement contribué.

La défense de la rade de Toulon par mer va être assurée. Il faut maintenant s'occuper avec énergie de la défense par terre. Rien n'est fait. La République peut compter sur mon patriotisme, mais il me faut l'autorité nécessaire. Le gouvernement me maintient-il le commandement de l'état de siège pour que je puisse faire concourir tous les citoyens à préparer la résistance de la ville ? Les circonstances sont graves : il faut une situation nette.

CHOPART.

Toulon, 3 oct. 1870, 11 h. 25 m.

N. 5442.

Sous-préfet Toulon à intérieur, Tours.

Steenackers passera comme tous. Attendons décret pour Constituante. — Noble, procureur république Toulon désigné, annoncé, acclamé. — L'autre envoyé à Aix ou ailleurs. — Donnez-nous le décret.

Avons 4,000 hommes infanterie marine et matelots, indignés inaction. — Manifestations patriotiques exigent partir pour combattre. — Ce sont troupes admirables. — Mobilisation sera immédiate. — Patriotisme ardent. — Officiers marine, ingénieurs, honteuse inaction : tout cela frémit : nous partant, Marseille s'enlève : nous avons forces immenses : donnez des ordres, vous seul au besoin; de Toulon frémissant partira le signal. Départ formidable.

Aug. Maurel.

—

Toulon, 4 oct., 1870, 4 h. 25 s.

N. 5462.

Le sous-préfet de Toulon au ministre de l'intérieur, Tours.

Capitaine d'artillerie se nomme Jevouhez Léopold.

Il demande 50 hommes, savoir : 1 sous-lieutenant, 1 fourrier, 1 maréchal-logis, 2 brigadiers, 5 artificiers, 40 canonniers ouvriers. Il trouvera facilement ici ce personnel.

Il demande en outre l'autorisation de prendre l'armement qui lui paraîtra convenable pour ce détachement, les munitions et artifices nécessaires pour arriver à un résultat, et en outre un mois d'avance pour chaque homme.

Il se charge avec ces moyens d'agir efficacement dans le but indiqué. C'est un homme spécial qui, depuis plusieurs années, a été appelé pour toutes les études sur les torpilles.

Il est connu de l'amiral Fourrichon, mais veut s'adresser à vous. Il est énergique et plein de dévouement. Sa demande me paraît très-sérieuse, et son action devant être très-importante. — Prenez résolution importante.

A. Maurel.

—

Toulon, 9 octobre 1870, 2 h. 50 s.

N. 5488.

Sous-Préfet Toulon à Ministre Intérieur.

Capitaine artillerie chargé de torpilles depuis trois ans, spécialiste, se met à votre disposition avec 15 hommes pour endommager voie ferrée d'Alsace-

Lorraine. Demande à vous assentiment et autorisation.

Demain entrevue avec Comités républicains pour poser ensemble candidature Steenackers, sera reçue et bien venue. A. MAUREL.

———

Draguignan, 2 nov. 1870, 10 h. 30 m.
N. 178.

Préfet du Var à Ministre intérieur, Tours.

Suspendons tout ce qui est relatif à l'habillement, équipement et campement des mobilisés, si ne recevons pas un crédit de 200,000 fr. comme avance de l'Etat. — La position est insoutenable. — Trois dépêches sans réponses. — Répondez enfin.

Le préfet du Var,
P. COTTE.

———

Draguignan, 9 nov. 1870, 4 h. 20 s.
N. 260.

Général commandant 9ᵉ division militaire à colonel Deshorties, Tours.

Je classerai Baret (1) quelque part. On me dit que je suis nommé. Est-ce vrai ? En tout cas je vous dois tout.

Pour le chef d'état-major.
MOURAUX.

———

Draguignan, 14 nov. 1870, 9 h.
N. 344.

Préfet Var à ministre intérieur et guerre, Tours.

Je vous propose pour le commandement supérieur des gardes nationales du département du Var, M. Joseph-Barthélemy Pellicot, chef d'escadron d'artil-

(1) De quel Baret entendait bien parler le commandant Mouraux ? Est-ce de Paul ou de Félix ?

lerie en retraite, officier de la Légion d'Honneur. Cet officier, âgé de 52 ans, était un des plus remarquables de son arme. Sa carrière a été entravée, parce qu'au 2 décembre il a refusé son concours au coup d'Etat, Il aura promptement donné à la garde nationale une organisation puissante et une discipline sévère.

Pour le préfet du Var :
Le chef de cabinet délégué,
L. Briguet.

N. 366. Draguignan, 16 nov. 1870, 5 h. s.

Préfet du Var à intérieur, Tours.

Le 1er bataillon des mobiles du Var vient d'être renvoyé à Draguignan pour se reformer, s'habiller et s'équiper. Ce bataillon n'a pu profiter du décret autorisant les mobiles à élire leurs chefs.

Officiers nommés par l'empire, pour la plupart incapables, sans autorité sur les soldats, quelques-uns même ennemis déclarés de la République.

Vous demande autorisation de faire procéder aux élections avant départ nouveau de Draguignan. Réponse très-urgente.

Pour le préfet du Var :
Le chef de cabinet,
L. Briguet.

Toulon, 16 nov. 1870, 8 h. 55 s.

Général commandant la 9e division militaire à colonel Deshorties, au ministère, Tours.

M. Allaire, capitaine de la mobile, attaché à la 9e division militaire, impossible ici : je demande qu'il rentre à son corps. Pas militaire du tout, et trop prétentieux. Ne sait rien du service. — Urgent de le remplacer ou de le faire partir.

Le chef d'Etat-major,
Mouraux.

Toulon, 30 nov. 1870, 4 h. 41, s.

N. 5654.

Général Division à Guerre, Tours.

La compagnie de tirailleurs toulonnais, forte de 150 hommes et 4 officiers, est prête à partir pour l'armée. Dans l'impossibilité absolue de contenir l'enthousiasme de cette compagnie, j'ai donné l'ordre qu'elle soit dirigée sur Nevers à la date du 12 du courant. Faut-il changer sa destination ?

Le général de division,
Rose.

Draguignan, 7 décembre 1870.

N° 585.

Préfet du Var à Intérieur, Tours.

Appuyez proposition que j'adresse à Guerre de Maurel comme vice-président civil du camp de notre région. Faites nommer Charvet (1) sous-intendant légion de Toulon.

Le préfet du Var,
Paul Cotte.

Draguignan, 7 décembre 1870.

N. 586.

Préfet du Var à Ministre Guerre.

Je propose Auguste Maurel, ex-sous-préfet de Toulon, actuellement secrétaire général Var, comme vice-président civil du camp de notre région. Vous le recommande tout particulièrement. Digne et capable d'un haut emploi.

Le préfet du Var,
P. Cotte.

---

(1) C'est sans doute de ce même Charvet que voulait parler le préfet Delpech, lorsqu'il télégraphiait au ministre, à la date du 7 octobre (Télégramme N° 5457 — 7 octobre 1870, 3 h. 20 s.) « Charvet n'accepte pas la sous-préfecture d'Aix » je crois qu'il vise Constituante, et ce sera crâne représentant.

Draguignan, 8 décembre 1870.

N. 588.

Préfet du Var à ministre intérieur, Tours.

En réponse à votre dépêche du 4 décembre, je propose pour l'emploi intendant administrateur du camp de notre région, Anglés, maire de Draguignan, bâtonnier des avocats, digne et capable de remplir ces fonctions (1).

Le *Préfet du Var,*
Paul COTTE.

—

Draguignan, 13 déc. 1870, 11 h. 25 s.

N. 634.

Préfet du Var à ministre intérieur, Tours

3145. Le 6 décembre vous ai proposé par dépêche à l'emploi d'intendant de 3e classe au 21e corps, en remplacement de M. Anglés, M. Gaston Guis, avoué, licencié en droit. — Vous recommande instamment cette nomination. P. COTTE.

—

Draguignan, 22 déc. 1870, 11 h. 40 m.

N. 755.

Préfet du Var à intérieur, Bordeaux.

Vous propose docteur Paul Long, maire d'Hyères, ex-médecin militaire, victime des commissions mixtes de 1851, pour médecin chef du camp Cavalaire, dont la création facilite beaucoup le départ de nos mobilisés et assure débouché à notre département.

Pour le Préfet :
Le secrétaire-général,
A. MAUREL.

---

(1) Nommé par décision ministérielle du 15 novembre 1870 sous-intendant de 3e classe au 21e corps, il n'avait pas cru devoir accepter cet emploi.

Draguignan, 23 décembre 1870, 6 h.

N. 758.

Préfet Var à Monsieur Laurier, directeur du personnel intérieur, Bordeaux.

Par rapport 21 décembre ai proposé Guis, intendant, Maurel, vice-président civil du camp Cavalaire. Vous supplie de faire agréer ces nominations. Vous me rendrez un service personnel. Soyez assez bon pour répondre d'urgence.

Paul Cotte.

—

N. 166.

Sous-intendant du 21e corps à Ministre guerre, Bordeaux.

Mon successeur vient d'arriver à Cavalaire, je pars pour le Mans, lundi 16 janvier prochain, pour être complètement à votre disposition.

Guis.

—

Draguignan, 21 janvier 1871, 10 h. s.

N. 270.

Préfet du Var à guerre, Bordeaux.

Intendance Cavalaire marche mal. Vous prie donner ordres sévères, promptement ; sinon, vivres et solde manqueront dans peu de jours. Avons à Draguignan Castellanet, adjudant, administrateur capable, 26 ans de service. Veuillez l'adjoindre à intendant Tissier. Réponse, je vous prie.

P. Cotte.

—

Draguignan, 22 janvier 1871, 10 h. 30 m.

N. 272.

Préfet à Ministre Intérieur, Tours.

Prière répondre à dépêche hier soir, 10 h. 30, intendance ne veut pas ou ne sait pas assurer service, nommez Castellanet demandé hier soir. — Urgence extrême et réponse attendue.

P. Cotte.

N· 388.
Draguignan, 29 janvier 1871, 10 h. m.

Préfet du Var à Laurier, directeur général Intérieur, Tours.

Vous prie de recevoir avec toute votre bienveillance Allégre, maire de Toulon, et ses compagnons de voyage. Lettre demandée par eux ne serait pas arrivée en temps utile.—Sauf situation intolérable (1) que fait l'Intendance à nos mobilisés, tout va bien. — Mille choses affectueuses.

Le Préfet du Var,
Paul Cotte.

N. 391.
Draguignan, 29 janv. 1871, 1 h. s.

Préfet à ministre guerre et intérieur, Bordeaux.

Malgré plaintes, supplications, point de solde pour la 2me légion en marche. Est-ce faute intendance ou trésorier ? Ne sais — peut-être mauvais vouloir. — Ai fourni jusqu'à bourse vide; plutôt que d'arriver à une débandade emploierai moyens extrêmes.

P. Cotte.

N. 424.
Draguignan, 30 janvier 1871, 11 h. 53 m.

Préfet du Var à intérieur, Bordeaux.

Quoique remises à la guerre, l'intendance n'assure pas la solde des deux légions mobilisées con-

---

(1) Le même jour (Télégramme n. 401, 29 janv. 1871. 5 h. 45 s., il écrivait au ministre de la guerre : « Intendance ne peut ou ne veut rien faire : ainsi, au camp depuis le 15, pas de solde, et cela malgré supplications de vous ; encore trois jours et prendrai de l'argent où je pourrai. »
Une heure auparavant (5 h , télégramme 395) il informait le gouvernement qu'il allait requérir les caisses publiques. (Voir rapport de Sugny, p. 531.)

centrées au camp de Cavalaire ou en marche sur ce camp. Je ne puis m'expliquer les difficultés provenant de l'intendance. Déjà j'ai dû requérir 4000 fr. à la recette de Brignolles pour le départ de la 2e légion. Hier, j'ai dû imputer sur les fonds départementaux, 10,000 fr. pour éviter les désertions et le débandement de ces troupes. Une pareille situation ne peut se prolonger. Veuillez, je vous prie, intervenir auprès de la guerre et m'aviser des mesures prises.   Paul COTTE.

Draguignan, 30 janvier 1871, 11 h. s.

N. 431.

Préfet du Var à M. Léon Gambetta.

Première légion est au camp Cavalaire, instruction suffisante. 2e légion en marche sur camp. Général, intendance refusent d'ordonnancer solde. Ai fait le possible par mes deniers. Bourse vide. Vais licencier légion ou requérir de force caisses publiques. Supplie Léon Gambetta faire exécuter ses ordres. Prière répondre d'urgence ; cela est navrant.

Le préfet du Var,
Paul COTTE.

Draguignan, 31 janvier 1871, 4 h. 40 s.

N. 450.

Intendant militaire à ministre de la guerre Bordeaux.

En réponse à votre dépêche du 30, 11 h. 1|2 soir, j'ai l'honneur de vous dire que, depuis bientôt huit jours, le sous-préfet de Brignolles paraît se complaire à ne pas répondre à mes dépêches et lettres. — Je lui avais adressé les modèles nécessaires et les instructions du 25 décembre 1837 pour établir ses feuilles d'indemnité de route, ou celles de solde des troupes en marche vers Cavalaire, de manière à ce qu'il les ordonnance.

Je n'ai pu et ne puis ordonnancer sans aucune espèce d'indication et sans qu'on me fasse même connaître au moins les sommes nécessaires. Je n'ai pu savoir même où se trouvait le chef de légion : c'est un désordre complet.

—

N° 557.   Draguignan, 5 février 1871, 11 h. 15 m.

Préfet à Gambetta, ministre guerre, Bordeaux.

Demande l'élargissement du lieutenant Toucas. Avez dû recevoir rapport. Attache grande importance à cette mesure.

Le Préfet du Var,
P. COTTE.

—

N° 724.   Draguignan, 15 février 1871, 3 h. 40 m.

Préfet du Var à ministre guerre, Bordeaux.

Nombre de mobilisés sont rentrés spontanément au camp Cavalaire. Les autres y rentrent. Commandant supérieur prie de surseoir départ jusqu'à résolution, paix ou guerre, — toutes dépenses étant faites au camp, — partage son avis et prie ministre de décider.   P. COTTE.

—

N° 7760.   Toulon, 15 février 1871, 10 h. 25 s.

Général commandant 9e division militaire à guerre, Bordeaux.

Le préfet d'Avignon ne s'est nullement occupé de l'organisation de l'artillerie mobilisée. L'intendant, après sa revue, a refusé de la recevoir : c'est un fait bien regrettable. Prière d'inviter le ministre de l'intérieur à accélérer la remise à la guerre de cette troupe qui perd son temps et ne fait rien.

P. O. *Le chef d'état-major,*
MOURAUX.

Toulon, 15 février 1871, 10 h. 26 s.

N. 7761.

Général commandant la 9e division militaire à guerre, Bordeaux.

Il y a à Toulon les gardes nationaux mobilisés artillerie qui ne font rien ; il serait urgent de les déplacer pour activer leur instruction et à la rigueur leur organisation. Prière de me donner des instructions à leur égard. P. O.

Le chef d'état-major,
MOURAUX

—

Draguignan, 17 février 1871, 11 h. s.

N. 7764.

Préfet du Var à ministre de la guerre, Bordeaux.

Suis prêt à faire exécuter vos ordres, mais commandant supérieur très intelligent, très-digne, dit qu'il répond de tout, que dépenses sont faites et qu'il offre sa démission, si on n'accorde pas sursis de départ. Veuillez vous entretenir avec lui, je vous prie. P. COTTE.

—

Draguignan, 18 février 1871, 11 h m.

N. 766.

Préfet du Var à Guerre, Bordeaux

Départ des mobilisés du camp ne me paraît pas mauvaise chose. Je prie seulement ministère d'engager commandant supérieur à retirer démission.

P. COTTE.

—

Draguignan, 22 février 1871, 2 h. 30 s.

N. 812.

Maire de Draguignan à ministre de la Guerre, Bordeaux. (Visée)

Deux bataillons mobiles Var casernés ici chez l'habitant depuis plusieurs mois. — Population obérée, refus de logement. — Soulèvement général. — Situation impossible. — Pourquoi abuser de nous et épargner tout le reste du département, Toulon surtout, qui possède forts et casernes vides ? Général de Toulon refuse de prendre des mesures. — Veuillez donner d'urgence des ordres en conséquence. F. Anglès.

V. — *Maires et Municipalités.*

A la nouvelle de la proclamation de la République, le Conseil municipal de Draguignan se déclare en permanence. — Son président, M. Anglès, informe de ce fait le ministre de l'intérieur. — La mairie de Toulon et ses candidats multiples. MM. Daumas et Blache. — Le cas du maire de Cotignac. — Nomination de commissions municipales dans toutes les communes sauf quatre. — Le sous-préfet de Brignolles dénonce au garde des sceaux le président du tribunal, M. Tavernier, pour n'avoir pas voulu condamner un maire révoqué, qui avait été traduit devant lui pour insulte à un autre maire républicain. — Le sous-préfet de Toulon admet l'exemption des maires de la mobilisation comme justifiée par les circonstances.

Draguignan, 4 sept. 1870, 10 h. 35.

N. 638.

Le président du Conseil municipal de Draguignan au citoyen ministre de l'intérieur, Paris.

Le Conseil municipal élu par la démocratie de Draguignan se déclare en permanence, et est prêt à recevoir vos ordres. Le conseil a délégué trois de ses membres installés à la Préfecture en attendant la nomination du préfet de la République.

Le président du Conseil,
Anglès (1).

(1) Proposé plus tard, ainsi que nous l'avons déjà vu, pour sous-intendant de 3e classe et puis pour administrateur intendant du camp de Cavalaire.

Draguignan, 6 sept. 1870, 4 h. 40 s.

N. 651.

Préfet Var à ministre de l'intérieur.

Pour candidats à mairie de Toulon propose Daumas ; pour sous-préfecture, Blache, avocat ; Allègre, avocat.

Les nouvelles de tous les points sont excellentes ; instructions pour municipalités nouvelles.

P. Cotte

—

Draguignan, 7 sept. 1870, 12 h.

N° 656

Préfet du Var à ministre de l'intérieur, Paris.

Blache (1) est installé comme maire de Toulon ; me donner des instructions relativement à la nomination d'Allègre que je propose pour sous-préfet.

Le Préfet du Var,

Cotte.

—

Draguignan, 7 sept. 1870, 11 h. 15.

N. 701.

Préfet du Var à ministre de l'intérieur, Paris.

Malgré vives instances, Daumas n'accepte pas mairie de Toulon.

Vu les circonstances et les nouvelles qui m'arrivent de Toulon, propose à Monsieur le ministre vouloir bien nommer : Maire de Toulon, Blache, avocat.

Situation toujours bonne dans toute l'étendue du département.

Conformément à vos ordres, nommerai dans quelques heures sous-préfets de Toulon et de Brignolles.

P. Cotte.

(1) Devenu plus tard administrateur provisoire des Hautes-Alpes et commissaire de la défense dans Alpes-Maritimes.

N° 771.

Préfet du Var à Maire de Cotignac.

Vous êtes maintenu provisoirement ; entendez-vous pour l'avenir avec le sous-préfet de Brignolles qui va recevoir mes instructions.

Le préfet du Var :
Paul Cotte.

—

Draguignan, 15 septembre 1870, 4 h. 46 s.
N. 772.

Préfet du Var à sous-préfet de Brignolles.

J'ai décidé le maintien du maire actuel de Cotignac et d'une partie du Conseil municipal.

Tenez compte, je vous prie, de cela — seulement adjoignez-y quelques-uns de nos amis.

Le préfet du Var,
Paul Cotte.

—

Draguignan, 29 septembre 1870, 2 h. s.
N. 884.

Préfet Var à ministre de l'intérieur, Tours.

Nous avions, avant la dissolution des Conseils municipaux, procédé à l'organisation de commissions provisoires (1) conformément à l'autorisation que nous avions reçue : depuis le décret du gouvernement, nous avons terminé ce travail.

Le préfet du Var,
Paul Cotte.

(1) Quelques jours auparavant (télégramme numéro 7244, 17 septembre 1870), il avait fait connaître au gouvernement que « pour avoir constitution républicaine, il fallait qu'il se réservât le droit de nommer les maires, même en dehors du Conseil municipal. »

Brignolles, 23 nov. 1870, 2 h. 25 s.

N. 454.

Sous-préfet à ministre justice, Tours.

Un ancien maire ultra-bonapartiste révoqué a insulté un maire de mon arrondissement devant la garde nationale de sa commune assemblée. Traduit pour ce fait devant le tribunal correctionnel de Brignolles, présidé par M. Tavernier, ultra-clérical qui s'est, contre les conclusions du ministère public, déclaré incompétent. Il est résulté de cela un scandale public......................................
(Suivent plusieurs mots chiffrés restés indéchiffrables). — Sans cela impossibilité de faire à l'avenir respecter nos maires que les anciens partisans de l'Empire tâchent de discréditer par tous les moyens les moins avouables.

Bruno CHABRIER.

—

Brignolles, 24 nov. 1870, 9 h. 45 m.

N. 462.

Bruno Chabrier à M. Crémieux, ministre de justice, à Tours.

Illustre et savant maître, vous me subjuguez comme toujours, mais pour cette fois vous ne me convaincrez pas. Ceci en réponse à votre télégramme du 23 nov. courant, au sujet d'un jugement du tribunal correctionnel de Brignolles. Suivant vos ordres, on va faire appel à Aix, mais notre bon ami Thourel sera-t-il plus heureux que son substitut à Brignolles ? CHABRIER.

—

Toulon, 3 déc. 1870, 4 h. 28 s.

N. 5712.

Sous-préfet à ministre intérieur.

Je réponds à circulaire du 2 décembre, n. 5606. L'exemption des maires a été généralement trouvée justifiée par circonstances : il n'en a pas été de même des adjoints pris par les maires.

Arrondissement de Toulon accepte volontiers exemption des maires qui ne désorganise pas les communes.

Il convient de s'en rapporter entièrement à votre décret pu 15 octobre—peu de maires mobilisables— avec joie les maires ont accepté l'exemption.

Peu ou point de réclamations des mobilisés.

Julien SAUVE.

—

Draguignan, 25 fév. 1871, 10 h. s.

N. 834.

Préfet du Var à intérieur, Bordeaux.

Dans le département du Var quatre communes seulement ont des conseils municipaux élus en août 1870 : Toulon, Draguignan, Peganière et Salernes.

Les autres communes du département ont des commissions municipales nommées en vertu du décret du 24 septembre 1870.

Pour le préfet :

Le chef du cabinet,

M. ANDRIEUX:

VI. — Incidents divers relatifs à la démission du préfet Cotte (1), du sous-préfet Auguste Maurel, et du commissaire de la défense, Daumas.

—

Le sous-préfet de Toulon remet le service au secrétaire général délégué. — L'avoué Hallo est nom-

(1) On n'a pas oublié que ce fonctionnaire donna sa démission à la suite de l'injonction qui lui fut faite par le ministre de la justice d'avoir à remettre immédiatement en liberté le président du tribunal de Toulon, M. Roques. (Télégramme n. 5393, 5 nov. 1870, 3 h 35 s.)

mé à sa place. — M. Secourgeon devient préfet du Var et demande au gouvernement à transporter à Toulon le siége de la Préfecture. — Le chef de cabinet de M. Cotte, M. Briguet, le chef d'escadron, M. Pellicot, et le sous-préfet de Brignolles, M. Bruno-Chabrier, supplient le gouvernement de ne pas donner suite à ces nominations et de conserver M. Cotte à la Préfecture de Draguignan. — Le sous-préfet de Brignolles offre, au besoin, d'échanger son poste contre celui de secrétaire général de la Préfecture du Var. — Le maire de Draguignan informe le gouvernement que, si le siége de la Préfecture est transféré à Toulon, et qu'on envoie un sous-préfet à Draguignan, la population s'opposera à son installation. — M. Secourgeon donne sa démission à la suite des reproches que lui adresse le ministre pour avoir suspendu la mobilisation des hommes mariés. — M. Cotte se décide à reprendre ses fonctions. — Son chef de cabinet remercie le gouvernement. — Le conseiller de Préfecture, M. Du Villars, sous-préfet intérimaire de Toulon, se plaint, à ce propos, des attaques dont les républicains du Var ont été l'objet dans les journaux réactionnaires de Marseille.

Toulon, 3 nov. 1870, 10 h. 5.

N. 5346.

Sous-préfet à intérieur, Tours.

6006. — Je remets mes pouvoirs au secrétaire-général (1). MAUREL.

(1) Le secrétaire-général en question n'était autre que le conseiller de préfecture de Draguignan, M. du Villard.
Le sous-préfet de Toulon fit connaître en ces termes sa démission au gouvernement :
« Ne pouvant faire respecter que des républicains au pouvoir ou ceux qui ne portent point de défi à la population, je me retire. (Télégramme du 3 nov. 1870, 2 h. 28 s.) »
Le conflit entre lui et le ministère provenait de ce que l'avocat Noble, nommé procureur à Toulon, avait vu son décret de nomination rapporté sur la demande du titulaire, M. Liouville. (Voir télégramme n. 5474, 6 nov. 1870, Rapport de Sugny, page 536.)

N. 261.

Draguignan, 8 nov. 1870, 1 h. 25 s.

Chef cabinet du Préfet délégué à Ministre Intérieur, Tours.

Avons reçu, à 10 heures matin, par l'entremise du sous-préfet intérimaire de Toulon à qui vous l'avez adressée, votre dépêche de ce jour, une heure matin, portant:

« Dites aux fonctionnaires qui ont donné démission que le gouvernement ne peut les accepter, mais que c'est à eux de les retirer, qu'aussitôt cette décision ils reprendront leurs fonctions. »

Nous recevons à l'instant votre dépêche de 10 h. 55, portant nomination de MM. Secourgeon et Hallo, comme préfet du Var et sous-préfet de Toulon.

Veuillez accuser réception de notre présente dépêche. Quand doivent arriver les successeurs?

Pour le Préfet du Var:
Le chef de cabinet délégué,
L. BRIGUET.

N. 5565.

Toulon, 8 nov. 1870, 8 h. s.

Sous-Préfet Toulon intérimaire, à Ministre Intérieur, Tours.

M. Secourgeon, nommé préfet du Var, demande dépêche officielle de Tours accréditant ses pouvoirs. Il me charge en outre de vous demander l'autorisation momentanée d'établir son domicile à Toulon, ville la plus importante du département.

Du VILLARS.

N. 273.

Draguignan, 8 novembre 1870.

Gambetta, Ministre Intérieur et Guerre, Tours.

Cher Gambetta,

Votre dépêche hier, une heure matin, contenant offre à Cotte, Daumas, Maurel, retirer leur démission, transmise par sous-préfet intérimaire Toulon, est parvenue ici 10 h. 50 matin.

Avant que nos amis pussent en avoir tous connaissance et prendre détermination, une nouvelle dépêche est arrivée une heure soir annonçant nomination successeur.

Pourquoi cela, sans attendre réponse de nos amis?

Populations toutes entières demandent maintien, par la voix de leurs élus, à votre patriotisme : je le demande aussi à votre amitié. Cotte absent rentre à midi.   E. Pellicot.

Vu :
Pour le préfet absent,
Le chef de cabinet délégué,
L. Briguet.

N· 278.

Draguignan, 19 nov. 1870, 3 h. 22 s.

Chef de cabinet à ministre intérieur.

Presqu'au moment même où, par l'intermédiaire du sous-préfet intérimaire de Toulon, nous recevions la dépêche laissant aux administrateurs la liberté de retirer leur démission, nous recevions nominations successeurs. Dans cette alternative impossible faire prendre décision.

Nous vous supplions, dans l'intérêt du département, au nom de la population tout entière, de ne pas donner suite à ces nominations. Tous nos amis du Var s'engagent à faire retirer démission à Cotte.

Je remplis mon devoir de républicain. Répondez-moi, je vous prie, M. le Ministre.

Le chef de cabinet délégué,
L. Briguet.

N. 2861.

Draguignan, 9 nov. 1870, 7 h. 47 s.

Pellicot à M. Gambetta, ministre intérieur et guerre,
Tours.

Répondez, je vous prie, à ma dépêche de 9 h. matin.

Les démissions seraient retirées, si réponse favorable arrive.

Connaissez raisons qui ont empêché de répondre hier à votre dépêche de 1 h. 55 minutes, adressée Toulon et remise ici à 10 h., en absence des intéressés !

Amitiés. G. PELLICOT.

Brignolles, 10 nov. 1870, 10 h. 45 m.

N° 426

Sous-préfet à Laurier, intérieur, Tours.

Je vous en prie, que notre bon ami Cotte soit conservé à la préfecture du Var ; sans cela, craignons partout désordre ; il a été mal entouré. Si vous le jugez nécessaire, je me retirerai de la sous-préfecture de Brignolles et prendrai la place de secrétaire-général à Draguignan (1), car, avant tout, pas de division avec Tours, sans cela République et peut-être France perdue. Au nom de la patrie, répondez-moi deux mots, sans cela, il ne me reste plus qu'à me retirer.

Tout à vous, *Votre ami dévoué*,

BRUNO-CHABRIER.

Draguignan, 10 nov 1870, 3 h. 30 s.

Chef cabinet du préfet du Var délégué, à ministre intérieur, Tours.

Suis toujours auprès de M. le préfet Cotte, et attends réponse à mes quatre dépêches.

Je reçois à l'instant même ordre de M. de Secourgeon, de Toulon, d'avoir à lui envoyer les affaires importantes à Toulon. Je suis dans une situation impossible. Répondez-moi, je vous prie.

Le chef de cabinet délégué,

L. BRIGUET.

(1) Notons, en passant, qu'antérieurement, il avait sollicité la place de préfet du Var (Télégramme n. 319. — Brignolles 5 octobre 1870.)

Draguignan, 11 nov. 1870, 3 h. 50 s.

N. 710.

Maire Draguignan à intérieur, Tours.

Bruit alarmant sur prétendu transfert de notre préfecture à Toulon.

Autre bruit sur affiche du nouveau préfet, à Toulon, annonçant qu'il empêchera les mobilisés mariés de partir.

Si on envoyait un sous-préfet à Draguignan, la population toute républicaine ne lui laisserait pas prendre possession.

Répondez-moi pour que je rassure population.

T. Anglès.

—

Toulon, 12 nov. 1870, 10 h. 45 s.

N. 5714.

Préfet du Var à ministre intérieur, Tours.

La mesure que j'ai prise n'est pas une désobéissance, mais une suspension provisoire dont l'urgence m'a paru absolue (1).

Puisque vous ne l'approuvez pas, quoique prise à titre provisoire et sauf approbation, je ne puis conserver plus longtemps une place que personne peut-être ne pourra accepter dans la ligne absolue que vous tracez.

Il faudrait laisser aux préfets dans ma position le soin de juger, et une initiative quelquefois nécessaire. Je vous prie d'accepter ma démission.

Secourgeon.

—

Toulon, 11 nov., 5 h. 52 s.

N. 5769.

Conseiller préfecture intérimaire sous-préfecture Toulon à Directeur général, Tours (Urgent.)

Reçois dépêche Gent Marseille, confirmant nomination Blache préfet du Var, faisant appel à con-

(1) Voir un autre télégramme relatif à cette mesure dans le rapport de Sugny, p. 541.

corde et à dévouement de tous les républicains à la cause commune. Fais appeler Allègre, Daumas et télégraphie à Cotte et à Maurel. Sommes odieusement attaqués par réaction dans journaux Marseille et Bordeaux. Peu nous importe, notre dévouement ne faillira pas. Un des derniers venus à l'idée républicaine ne serait pas le moins dévoué. Serait utile que Tours engageât conseil municipal à retirer sa démission. B. DU VILLARD.

N. 327.
Draguignan, 12 nov. 1870, 3 h. 30 s.

Préfet du Var à ministre de l'intérieur. Tours.

En présence des termes de votre dépêche que me communique mon chef de cabinet, et dont je vous remercie, et en présence des sympathies qui m'ont été manifestées par la population, je reprends, sans hésiter, mes fonctions de préfet du Var.
COTTE.

N. 333.
Draguignan, 13 nov. 1870, 9 h. 30 m.

*Chef du cabinet du préfet du Var, délégué,
à M. Laurier, directeur général intérieur, Tours.*

Merci au nom de tous les républicains du Var, au nom de vos amis, de nous avoir conservé Paul Cotte.

Le chef de cabinet,
L. BRIGUET.

N. 334.
Draguignan, 13 nov. 1870, 9 h. 40 m.

*Chef de cabinet du préfet du Var à Gambetta,
ministre intérieur, Tours.*

Paul Cotte qui a repris fonctions, absent pour quelques heures, lancera, ce soir, proclamation. Son attitude en présence de toutes les protestations et manifestations faites en sa faveur est la meilleure réponse aux accusations que les ennemis de la République ont pu porter contre lui.

Au nom de tous les républicains du Var, merci de nous avoir conservé notre préfet.

Le chef du cabinet délégué,
L. BRIGUET.

VII. — Marc-Dufraisse et son titre de commissaire extraordinaire dans le Var.

Toulon, 20 octobre 1870, 7 h. 40 s.

N. 5875.

Préfet des Alpes-Maritimes et commissaire extraordinaire à intérieur, Tours.

Veuillez informer sur le champ M. le ministre de la marine de ma nomination comme commissaire supérieur dans le département du Var. Cette notification est nécessaire pour que le préfet maritime de Toulon connaisse le caractère avec lequel je suis arrivé ici. Il y a urgence, parce que j'ai de graves questions à traiter avec cet officier général. Je suis, d'ailleurs, dans les meilleurs termes avec le contre-amiral, chargé de l'intérim, mais il faut régler ma situation vis-à-vis du préfet maritime qui vient d'arriver (1).

Le Préfet commissaire extraordinaire dans le Var.
MARC DUFRAISSE.

VIII. — La question de l'état de siége à Toulon. — Fusion des deux comités de défense. — Conflit avec l'autorité maritime.

(1) Ajoutons qu'il résulte d'un télégramme du préfet Cotte sous la date du 4 nov 1870, que M. Marc-Dufraisse avait approuvé la mise en arrestation du président Roques.

Toulon, 22 octobre 1870, 3 h. 50 s.

N. 5942.

Préfet à Intérieur, Tours.

Dès proclamation République, autorités maritimes et civiles, par affiches publiques, déclarèrent état de siége levé. — Depuis peu, dans une dépêche communiquée, état de siége affirmé inopinément. Cette mesure défiance exaspérerait population ardente, mais patriotique. Etat de guerre, oui. — Etat de siége est suspicion flétrissante. Tel est sentiment public. Prière laisser *statu quo* sans précautions inutiles ou dangereuses.

P. le Sous-Préfet,
(Signature illisible.)

Toulon, 22 oct. 1870, 11 h. 50 s.

N. 5966.

Sous-préfet Toulon à Intérieur, Tours.

Etat de siége existait au 4 septembre. — Bientôt devant exigences du sentiment public, affiches signées : Amiral Choppart, préfet maritime et commandant état de siége, sous-préfet et maire, déclarèrent état de siége virtuellement aboli par République. — Satisfaction générale. — C'était fini.

Hier, après difficultés pour travaux de fortifications déclarés utiles en ce moment, afin protéger et relier Toulon et La Seyne, importante usine de matériel roulant, une dépêche du ministre guerre est adressée au préfet maritime, le qualifie commandant état de siége et ordonne suspension des travaux.

Le préfet maritime communique cette dépêche au colonel génie chargé exécution des travaux. — Le comité défense est aussi informé. — Vive émotion. — Veut-on de nouveau proclamer état de siége, sur quelles incitations, pourquoi arrêter travaux reconnus nécessaires, exécutés sous leur direction, payés par la ville ?

Les rapports difficiles entre civils et marine aggravent ce malentendu. — Ai aussitôt télégraphié, connaissant cela.

Voici situation générale : Population en défiance des autorités et officiers de marine dont les publiques imprudences de langage sont journalieres.—Indiscipline des subordonnés qui forment corps avec population républicaine. — Incident grave et spontané résultant du moindre choc. — Avons besoin grande prudence.— Etat de siége répugne et rappelle trop ici 1851, de sanglante mémoire.

Quant à suspension des travaux fortifications, pensons que contre-ordre est nécessaire, un froissement et question de forme ne peuvent empêcher chose utile, surtout après intervention amiable et explicative de ma part avec Marc-Dufraisse.

Jusqu'à ce jour ai servi d'intermédiaire entre population et préfecture maritime malgré griefs sérieux, suis presque à bout de prudence et de forces.

Le sous-préfet : MAUREL.

—

Toulon, 24 octobre 1870, 7 h. 5 s.

Sous-préfet Toulon à Intérieur, Tours.

Vous ai télégraphié, hier, situation ici empirée par double incident, préfet maritime qualifié inopinément commandant état de siége—puis contre-ordre pour certains travaux de défense.

Nouveau préfet, amiral Didelot, comprend nécessités du milieu et du moment — le déclare — me suis immédiatement porté intermédiaire entre commissaire et comité défense d'un côté et amiral.

Après pourparlers demandant d'un accord commun fusion à nombre égal, président amiral, du comité organisé, présidé avant par commissaire défense avec conseil défense officiel antérieur présidé par amiral.

Déclaration portant état de siége n'est pas rétablie.

Prière approuver, appuyer ces accords dont amiral informe son ministre : espérons étouffer ainsi vive et réciproque méfiance.

Attendons M. Dufraisse pour certains points de mobilisation.

Le sous-préfet,
A. MAUREL.

Toulon, 26 oct. 1870, 12 h. 2 m.
N. 551.

Sous-préfet à intérieur, Tours.

Merci pour votre assentiment à fusion des comités défense. Avons besoin aussi d'une réponse favorable au sujet de l'état de siége ressuscité à l'improviste, incompatible avec l'attitude calme de Toulon et du Var, et qui répugne à tous.

A. MAUREL.

Supplément au paragraphe V, précédemment publié, relatif aux maires et municipalités.

Nous avons reproduit, dans un paragraphe précédent, une dépêche du sous-préfet de Brignoles, M. Bruno Chabrier, au ministre de la justice, en date du 23 novembre 1870. Le sous-préfet protestait dans ce télégramme contre le jugement d'incompétence rendu par le tribunal, que présidait M. Tavernier, au sujet d'un ancien maire bonapartiste, accusé d'avoir insulté un maire radical.

Une dépêche du garde des sceaux Crémieux, en date du 23 novembre 1870 et qui a déjà été publiée dans le journal la *Provence*, d'Aix, donne la clef des *lignes chiffrées* contenues dans la dépêche du citoyen Chabrier.

Le sous-préfet de Brignolles demandait à M. Crémieux la destitution du président Tavernier. A cela le ministre de la justice répondait :

Tours, 23 novembre 1870.

Cher sous-préfet,

Jusqu'au jour où le calme nous permettra de briser l'inamovibilité par une bonne organisation judiciaire, il faut malheureusement se résigner à subir les juges que nous avons. En matière de compétence, le mauvais jugement dont vous me parlez n'est pas à craindre. On le fait réformer par la Cour, en appelant dans les dix jours de la prononciation. Un peu de patience, à chaque jour son labeur.

Signé : CRÉMIEUX.

Le *mauvais* jugement, frappé d'appel, par ordre du ministre, ne fut jamais soumis à la Cour. Le procureur-général crut devoir lui-même, fort irrégulièrement d'ailleurs, se désister de son appel.

IX. — Affaire Chenet. — Le procureur de la République de Toulon et les autorités militaires de la 9ᵉ division, s'intéressent vivement au sort de ce condamné.

Toulon, 19 décembre 1870, 4 h. 40 s.

N· 5381.

Procureur de la République à Toulon, à garde des sceaux à Bordeaux.

J'appelle toute votre sollicitude et votre bienveillance sur le nommé Chenet, de Strasbourg, condamné par la cour martiale de l'armée des Vosges aux travaux forcés à perpétuité. Chenet est actuellement à la maison d'arrêt de Toulon. — Je joins mes sollicitations à celles des autorités militaires de la division pour demander la révision de la décision prise contre lui et où les règles n'ont pas été convenablement observées par des juges, étrangers d'ailleurs pour la plupart.

Le procureur de la République,
ERNEST LIOUVILLE.

Toulon, 22 décembre 1870, 4 h. 30, s.

N° 5486.

Procureur de la République Toulon à Ministre de la Justice, Bordeaux.

D'après dépêche reçue ici par l'autorité militaire, le dossier Chenet a été demandé au général Garibaldi par ministre de la guerre, je n'ai aucune pièce. Les ordres de la guerre ont fait maintenir jusqu'à nouvel ordre Chenet à la maison d'arrêt civile de Toulon. Je vous demande de m'autoriser à le conserver jusqu'à ce qu'il ait été statué. L'autorité militaire s'intéresse à Chenet, et fournira tous renseignements quand le dossier sera parvenu à Bordeaux. (1)

Le Procureur de la République,

Ernest Liouville.

—

Toulon, 27 décembre 1870, 12 h. 40, s.

N. 5660.

Général commandant 9ᵉ division militaire à ministre de la guerre.

Colonel Chenet part après-demain pour Bordeaux conformément à vos ordres. Dois-je le faire escorter par la gendarmerie ou par un officier? ou bien puis-je l'y envoyer en liberté sur parole?

Je tiens à être renseigné complètement à cet égard. Le procureur de la République à Toulon s'est entendu avec moi pour que je vous demande dans quelles conditions M. Chenet devait être dirigé sur Bordeaux.

P. O. le chef d'état-major,

Mouraux.

---

(1) Nous avons déjà vu qu'à la même époque le préfet de Marseille faisait des démarches analogues en faveur de ce condamné.

Toulon, 27 décembre 1870, 2 h. 52 s.

Chef d'état-major de la 9ᵉ division militaire à Chenet, hôtel du Parlement, rue des Espérans, Bordeaux.

Chenet part de Marseille, ce soir, 10 heures, pour Bordeaux. Venez à la gare. Il est escorté par un officier d'infanterie attaché au service du commandant Mouraux.

P. O. le chef d'état-major,

Mouraux.

X. — Le sous-préfet de l'Empire, M. Teste-Lebeau, parle de la stupeur qu'a causé à Toulon la nouvelle du désastre de Sedan. — Son successeur se plaint à M. Laurier de l'attitude du préfet maritime et réclame son renvoi. — Il voudrait qu'on sentît davantage l'action de la République et qu'on cessât de faire des appels à la conciliation. — Voyage de ce sous-préfet à Tours. — Réquisition demandée à cet effet. — Une collision éclate à Toulon entre les marins et la population. — Optimisme de ce fonctionnaire sur la vitalité de la République. — Le bâtiment, le *Caton*, est envoyé à Gênes à la disposition de M. Thiers. — Les officiers de la garde nationale de Toulon protestent de leur dévouement à la République. — Le Comité de défense de cette ville conjure M. Gambetta de prendre la dictature. — Démission du commissaire Daumas. — M. Abel est substitué à M. Allègre dans la composition de la commission départementale. — *Les gémissements du camp de Cavalaire*, d'après le secrétaire général Maurel.

Toulon, 4 sept. 1870, 3 h. 5 s.

N. 2145.

Sous-préfet à intérieur, Paris.

Stupeur et calme partout. — Mobile animée d'un bon esprit. Mais ni habillée ni équipée.

Teste-Lebeau.

Toulon, 24 sept. 1870, 11 h. 58 m.

N. 2246.

Sous-préfet Toulon au directeur général, intérieur.

Par conciliation ai délégué Daumas pour rapports avec amiral : ne puis voir un chef qui approuve officier insultant écharpe républicaine, ne crois point possible son séjour (1). La République à peine reconnue—irritation grande dans arsenal—demeure *statu quo.*

Population départementale bonne : élections sans entraves ; seulement on ne sent pas assez la République ; on la regarde chose provisoire. Cela très-fâcheux et provient trop d'appel à conciliation. Cela pourrait amener trop d'action.

Etes premier sur liste.   A. MAUREL.

—

Toulon, 26 sept. 1870, 5 h. 45 s.

N. 2724.

Sous-préfet Toulon à directeur général Intérieur, Tours.

Demandons, Blache et moi, plus délégué du Conseil municipal, à aller immédiatement vous voir. Affaires très graves. Vous prions envoyer télégraphiquement réquisition. Partirons demain matin.

MAUREL.

---

(1) Le préfet Cotte tenait le même langage au gouvernement :

« Devant l'attitude déplorable du préfet maritime, télégraphiait-il le 20 septembre (télégramme n. 827. — 7 h. 10 s.), les autorités de Toulon craignent que la population ne se porte à des extrémités, et croient qu'il serait urgent d'enlever à l'amiral son commandement. »

Autre dépêche au ministre de la marine, ainsi conçue :

« Les esprits les moins exaltés de Toulon considèrent comme nécessaire le renvoi du préfet maritime » (Télégramme n. 833. — 21 sept. 1870.)

(Voir également sur cette question, les télégrammes numéros 874 et 2388. Rapport de Sugny, p. 532.)

Draguignan, 14 oct. 1870, 12 h. 10 m.

N. 22.

Préfet du Var à ministre de l'intérieur, Tours.

Commissaire à la défense m'annonce collision entre marins et population (1). Me dispose à partir pour Toulon par train spécial. P. COTTE.

—

Toulon, 13 oct. 1870, 4 h. 30 s.

N. 5682.

Commissaire défense Var à Clément Laurier.

Ordonnez chef de cabinet remettre en mains propres toutes lettres du cabinet défense Toulon portant l'indication, personnelle.

Importance majeure. — Renseignements de guerre de bonne source. DAUMAS.

—

Toulon, 15 octobre 1870, 10 h. s.

N· 5500.

Sous-Préfet Toulon au Ministre Intérieur, Tours.

Nous vous aiderons de toute notre énergie et de toute notre prudence. Nous tiendrons tant que vous tiendrez ; le jour où vous aurez besoin de nous, faites appel : la République ici est irrésistible. Nous marchons. A. MAUREL.

—

Toulon, 17 octobre 1870, 8 h. 2 m.

N· 5763.

Le contre-amiral préfet maritime à Marine, Tours.

Sur la demande de M. Thiers, j'ai envoyé le *Caton* à Gênes à sa disposition. Ce bâtiment est parti à minuit. MARTIN.

---

(1) Voir pour l'explication de cette collision le télégramme n. 5705. (Rapport de Sugny, p. 533 et 534.)

N. 5822.   Toulon, 28 octobre 1870, 6 h. 30 s.

Commissaire défense Var à Cazot, secrétaire général ministère intérieur, Tours.

A son défenseur du complot de Lyon, souvenir affectueux et souvenir cordial.
Tout à lui.   DAUMAS.

—

N. 5854.   Toulon, 29 octobre 1870, 6 h. 5.

Sous-préfet à Intérieur, Tours.

Suis chargé, par officiers de garde nationale Toulon et partie arrondissement rassemblés à sous-préfecture, vous dire leur dévouement à la République et leur virile résolution de combattre et de ne traiter qu'après victoire. Grande énergie, les cœurs s'élèvent.

Le sous-préfet,
A. MAUREL.

—

N. 5915.   Toulon, 31 oct. 1870, 4 h. 40 s.

Commissaire défense nationale de Toulon à ministre intérieur, Tours.

Envoie par voies ordinaires adresse comité défense Toulon, concluant : Dictateur (1), sauvez la France.   DAUMAS.

—

N. 530.   Draguignan, 5 novembre 1870.

Préfet Var à ministre intérieur.

Je vous ai écrit, il y a vingt jours, pour vous prier

_____

(¹) La veille, le sous-préfet de Toulon avait télégraphié au gouvernement que la population de cette ville comprenait la nécessité d'un pouvoir dictatorial. (Télégramme n. 5179 — 30 oct. 1870, 6 h. 44 s.)

régler appointements de Daumas, commissaire de la défense. — Quel est le chiffre appointements ? Sur quels fonds seront-ils payés ? — Réponse desuite.
COTTE.

Toulon, 2 novembre 1870.
N. 5917.

Commissaire défense Var à gouvernement, Tours.

Veuillez accepter ma démission.
DAUMAS.

Toulon, 29 décembre 1870, 9 h. 35 s.
N. 716.

Préfet du Var à M. Laurier, directeur du personnel à intérieur, Bordeaux.

Dans commission départementale remplacer Allègre par Abel, juge consulaire à Toulon ; de l'avis d'Allègre et de nos amis de Toulon, ce changement est nécessaire. COTTE.

Draguignan, 12 janvier 1871, 10 h. 30 m.
N· 475.

Préfet du Var à Ministre Intérieur.

Session extraordinaire du Conseil départemental close après deux séances, vote d'un crédit pour camp Cavalaire, et de 40,000 fr. en mulets pour Garibaldi. Expression énergique et unanime de cordiale sympathie au gouvernement avec rapport de vœux. P. COTTE.

Draguignan, 1ᵉʳ février 1871, 3 h. 15 s.
N. 450.

Secrétaire-Général à délégué Intérieur, Bordeaux.

Comptez sur nous entièrement et sur résultat. — Avons cœur navré. — J'arrive du camp qui gémit.
A. MAUREL.

XI. — Le dossier des élections. — Inquiétudes du préfet Cotte, au sujet de leur résultat en ce qui concerne M. Laurier.

Draguignan, 2 février 1871, 4 h. 20, soir.
N· 502.

Préfet du Var à Laurier, directeur de l'intérieur.

Gustave reste pour élections. — Présence nécessaire. — Recevrez lettres de lui et de moi.
P. COTTE.

Draguignan, 3 février 1871, 11 h. m.
N 510.

Préfet du Var à ministre intérieur, Tours.

Ce soir, vers onze heures, je vous télégraphierai touchant question électorale (1). — En attendant confiance. [P. COTTE.

Draguignan, 3 février 1871, 10 h. 50 s.
N· 532.

Préfet Var à Laurier, intérieur, Bordeaux.

Sont nommés candidats dans l'arrondissement de Draguignan : Clément Laurier, Ledru-Rollin. Amitié. P. COTTE.

Draguignan, 10 février 1871, 5 h. 45 s.
N· 659.

Préfet au ministre de l'intérieur, Bordeaux.

Maire Draguignan a présidé bureau électoral chef-lieu ; ne peut-il pas présider aussi bureau central de

(1) Voir sur cette question les télégrammes reproduits dans le rapport de Sugny. Pag. 525, 527 et 528.

recensement? Affirmative serait naturelle et importante. P. COTTE.

Draguignan, 10 février 1871, 12 h. 35 m.

N· 668.

Préfet à Laurier, délégué intérieur.

L'écart est d'environ 500 voix à cette heure. — Le vote de quelques localités nous est encore inconnu, et peut modifier le résultat. — L'élection de Gambetta est assurée, la vôtre douteuse. Télégraphierai aussitôt recensement complet. P. COTTE.

Draguignan, 11 février 1871, 2 h. 30 s.

N· 676.

Préfet à Laurier, délégué intérieur, Bordeaux.

Les derniers procès-verbaux ne vous sont pas favorables. — Commission recensement réunie croit que vous ne serez pas élu. — Regrets.
P. COTTE.

Draguignan, 11 février 1871, 5 h. 11 s.

N· 683.

Préfet à Laurier, délégué intérieur Bordeaux.

Vous êtes élu. Félicitations et amitiés.
PAUL COTTE.

Draguignan, 20 février 1871, 10 h. 52 m.

N. 765.

Préfet au secrétaire général, Assemblée nationale, Bordeaux.

....

N'ai pu avoir que renseignements confus sur camp Cavalaire. Quelques mobilisés ont prétendu que bulletins étaient lus frauduleusement par membres bureau. De là échange paroles vives, puis voies de fait amenant le renversement des urnes. Ne puis garantir exactitude de ce dire. Ferez faire, si le désirez, enquête par commandant du corps.

Paul Cotte.

XII. — Les curiosités télégraphiques du sous-préfet de Brignolles, Bruno Chabrier ; ses dénonciations contre la réaction monarchique et les agissements des impérialistes.

Brignolles, 13 septembre 1870, 11 h. 5 m.

N° 260.

Sous-Préfet de Brignolles à ministre intérieur, Paris.

Population dans la joie de l'énergique résolution du gouvernement. — Prête à mourir pour le salut de la patrie, au moment de la bataille. Serrement de main à notre ami C. Laurier.

Bruno Chabrier.

Brignolles, 3 déc. 1870, 3 h. 30 m.

N. 488.

Sous-Préfet à ministre intérieur, Tours

Pas d'exceptions pour les maires, pour les séminaristes non dans les ordres, et pour aussi peu d'employés que possible ; c'est l'avis général dans mon arrondissement. Ce faisant, on réconciliera bien des pères de familles au gouvernement, et, dans le cas contraire, bon nombre de républicains douteront de la sincérité du démocratisme de quelques membres du gouvernement.

Chabrier.

Brignolles, 3 déc. 1870, 1 h. 10 s.

N· 474.

Sous-Préfet à ministre guerre et intérieur.

On crie partout : Vive le gouvernement de la République qui sauve la France ! Vive Gambetta ! l'organisateur de la victoire ! joie frenétique.
Bruno CHABRIER.

—

Brignolles, 6 déc. 1870, 1 h. 10 s.

Chabrier sous-préfet à Clément Laurier, directeur Tours.

Ai besoin de savoir si vous êtes à Tours. Il passe parmi les républicains des bruits étranges sur les agissements du gouvernement de Tours. Ne puis m'expliquer qu'avec vous.
Bruno CHABRIER.

—

Brignolles, 7 décembre 1870, 7 h. 20 s.

N· 505.

Chabrier à Léon-Gambetta, intérieur, Tours.

Honneur à vous grand citoyen, organisateur de la défense, de ne pas désespérer du salut de la France !

Mais ne l'oubliez pas, les traîtres nous environnent, et c'est pitié de voir combien on les ménage sans parvenir à les désarmer.

Quant à nous, vieux patriotes, nous vous le jurons, ou nous sauverons la République ou nous périrons avec elle.
CHABRIER.

—

Brignolles, 19 décembre 1870, 9 h. 45 s.

N. 645.

Sous-préfet à ministre intérieur et guerre, Tours.

Il est urgent d'édicter de fortes pénalités contre les mobiles réfractaires et même contre les gardes nationaux mobilisés et sédentaires.

La réaction monarchique se sert de la déplorable facilité qu'on a de se soustraire aux peines actuelles, pour conseiller aux ignorants des campagnes de refuser tout service.

CHABRIER.

Brignolles, 11 janvier 1871, 10 h. 50 m.

N. 747.

Sous-préfet à Gambetta, ministre intérieur et guerre, Bordeaux.

Dans plusieurs communes de l'arrondissement de Brignolles (Var), des anciens impérialistes bien connus conseillent aux mobilisés de ne point se rendre au camp. Leurs lâches conseils sont suivis par un certain nombre d'hommes. Dois-je, ainsi que ce serait mon droit, faire arrêter ces misérables ? Ce serait un moyen certain de mettre fin à leurs agissements et d'intimider ceux qui, par suite de leur impunité, se disposent à les imiter. Donnez-moi, je vous prie, vos ordres.

Bruno CHABRIER.

Brignollès, 29 janvier 1871, 2 h. 35 s.

N. 825.

Chabrier, sous-préfet, à Clément Laurier, directeur au ministère de l'intérieur, Bordeaux.

Comptez sur moi, nous sauverons la France ou périrons avec elle.

CHABRIER.

CHAPITRE IV.

LES EXPLOITS DANS L'HÉRAULT DU PROCONSUL LISBONNE.

Installation de M. Lisbonne à la Préfecture de Montpellier. — Ses premiers rapports au gouvernement sur la situation politique de l'Hérault. — Suspension du commissaire central de Cette. — M. Lisbonne demande au gouvernement quels sont ses pouvoirs relativement aux sous-préfets et aux conseils municipaux.

Montpellier, 5 septembre 1870.

Préfet Hérault à ministre Intérieur, Paris.

J'ai l'honneur de vous accuser réception de ma nomination. — J'ai déjà pris possession de mes fonctions. — L'ordre est admirable dans notre cité. — La République est universellement acclamée.

Le Préfet,
LISBONNE.

Montpellier, 7 septembre 1870, 10 h. 45.

Préfet à Intérieur, Paris.

La République est proclamée ; le gouvernement local installé. Sympathie vive et unanime des populations en général et de Montpellier en particulier. — Aucun symptôme d'opposition. — Ordre admirable.

J'ai suspendu et remplacé les maires hésitant à concourir à l'organisation de la défense, but unique du gouvernement local.

De concert avec l'autorité militaire, j'organise comité de défense nationale pour département. Il comprend des membres choisis moitié par autorité civile et moitié par autorité militaire. L'esprit public est excellent sous ce rapport. Je fais appel au concours de tous.

J'ai installé un secrétaire général intérimaire qui m'était indispensable. C'est le citoyen Paul Glaize : il a refusé titre officiel, mais il a offert son concours généreux et précieux.

Le Préfet,
LISBONNE.

—

Montpellier, 7 septembre 1870.

Préfet Hérault à ministre intérieur, Paris.

Commissaire central à Cette, Pompéani, suspendu : remplacé par Bourgoing, son secrétaire, populaire...

Le Préfet,
LISBONNE.

—

Montpellier, 7 septembre 1870.

Préfet de l'Hérault à ministre intérieur, Paris.

Quels sont mes pouvoirs relativement aux sous-préfets du département et aux conseils municipaux ?
Remplacement peut-être urgent. Ordre parfait, tout s'organise.

Le Préfet,
LISBONNE.

II.— Nominations et révocations judiciaires. — Immixtion constante du préfet Lisbonne dans toutes les mutations judiciaires. — Il insiste vivement à plusieurs reprises, afin d'obtenir pour Montpellier un procureur de la république et un procureur général de son choix. — Il réclame une compensation pour le procurieur impérial de Montpellier, M. Pompéï, révoqué sur sa demande. — L'avocat Devès est proposé pour procureur de la république à Béziers. — Les hécatombes de juges de paix (juge de paix de Roujan, de Lunel, de Servian, d'Aniane, de Durban, d'Agde, de Lestriés, de Béziers, d'Azat et d'Alaigne). — Ce que M. Lisbonne pensait de son ancien secrétaire, Bouloumie, dont son collègue de l'Aveyron voulait faire un procureur à Rodez. — Les procureurs de Prades, de Ceret, de Rodez et leurs successeurs, MM. Paul Mondot, Puech, Lucien Gilles. — Révocation du substitut de Saint-Affrique et son remplacement par un avocat de Montpellier, Alexandre Véziés. — M. Lisbonne convoite la première présidence de Toulouse et fait fi de celle de Montpellier. — Conflit entre le procureur général de Montpellier et le préfet des Pyrénées-Orientales, au sujet de certains déplacements et nominations de substituts. — Le cas du procureur de Nîmes, Melcot, et du juge de paix de Segean. — Méprise dont le nom de ce dernier magistrat est l'objet de la part du préfet de l'Aude. — La présidence du tribunal de Milhau et les justices de paix de l'Aveyron. — Le sous-préfet de Saint-Pons réclame la révocation du procureur, du substitut et du juge de paix de cette ville. — Le procureur de la république de Narbonne, Tastu, est présenté pour le poste de président du tribunal de Castelnaudary. — Le préfet de l'Aveyron, Oustri, patronne la même candidature à l'encontre de celle de l'avocat Myrs. — Impossibilité où se trouve le procureur général Agniel, de révoquer un certain Achille Bourdet qui lui est complétement inconnu.

Montpellier, 6 septembre 1870. 7 h. 45 s.

Préfet de l'Hérault à ministre justice, Paris.

Prière de ne prendre aucune décision concernant la magistrature du ressort, sans avoir reçu lettre explicative qui part à l'instant. Département marche à merveille. Ordre parfait. LISBONNE.

Montpellier, 8 septembre 1870, 11 h. s.

N. 1454.

Préfet à ministre justice, Paris,

Pour dégager ma responsabilité, je rappelle à M. le ministre de la justice ma lettre du 6 courant, relative à nomination de procureur général (1) et procureur de la République à Montpellier. — Urgence extrême.

LISBONNE.

Montpellier, 10 septembre 1870, 9 h. 36 m.

N. 1484.

Préfet de l'Hérault à ministre justice, Paris.

Attends réponse à mes dépêches relatives à la nomination procureur général et procureur de la République à Montpellier.

Il y a urgence à ce que ces deux parquets soient pourvus, à raison de la nécessité d'une action commune. Autrement je suis seul, ne trouvant autour de moi qu'indifférence ou mauvais vouloir.

LISBONNE.

Montpellier, 10 septembre 1870, 9 h. 56 m.

N. 1485.

Procureur général à Jules Cazot, secrétaire général ministère de l'Intérieur, Paris.

Vous recommande dépêche adressée par Lisbonne au ministre de l'Intérieur. Lisbonne attend impatiemment réponse à dépêche au ministre Justice. — Urgence extrême. Mes amitiés.

AGNIEL.

Vu : *Le Préfet,*

LISBONNE.

---

(1) Les deux candidats pour ce double poste, étaient Mes Verdier et Agniel : leur décret de nomination porte la date du 11 septembre 1870.

Montpellier, 10 sept. 1870, 7 h. 15 s.
N. 1506.

Préfet de l'Hérault à ministre Justice, Paris.

Urgence extrême de nommer le procureur général et procureur de la République, leur concours effectif m'est indispensable pour assurer la tranquillité publique. Le parquet actuel ne peut m'être d'aucune utilité, n'exerçant aucune influence morale. LISBONNE.

—

Montpellier, 12 sept. 1870, 9 h. 35.
N. 1532.

Préfet de l'Hérault à ministre Justice, Paris.

Si procureur impérial Pompéï, révoqué comme je le demande, je sollicite pour lui siége de conseiller à Bastia, en remplacement de Colonna d'Istria ou tout autre en Corse, à raison de ses longs services et surtout de sa situation intéressante de famille. LISBONNE.

—

Montpellier, 13 sept. 1870, 11 h. 25 m.
N. 1562.

Préfet de l'Hérault à ministre de la Justice, Paris.

Prière de procéder d'urgence à la nomination de procureur de la République, à Montpellier. Cette nomination ne saurait être différée sans de graves inconvénients.

Le procureur général : AGNIEL.
Le préfet : LISBONNE.

—

Montpellier, 13 sept. 1870, 11 h. 26.
N. 1563.

Procureur général (1) *à Cazot, secrétaire général du ministre de l'intérieur, Paris.*

Nous attendons avec une impatience extrême la nomination déjà demandée par Lisbonne pour les

(1) Une simple remarque. Le décret de nomination du Procureur général et du Procureur de la République portant

fonctions de procureur de la République à Montpellier. Faites-moi le plaisir d'insister au ministère de la justice qui ne nous répond pas. Il y a urgence plus qu'extrême. AGNIEL.

Montpellier, 15 sept. 1870.

Procureur général à ministre de la justice, Tours.

Puech, Xavier, proposé par le sous-préfet de Béziers comme procureur de la République à Béziers m'est totalement inconnu. Je propose Devès, avocat, à Béziers, excellent républicain, et jouissant de la considération générale. Lisbonne préfet appuie également cette présentation, au succès de laquelle nous avons les plus sérieuses raisons de nous intéresser.

Le procureur général,

AGNIEL.

Montpellier, 18 septembre 1870.

Préfet de l'Hérault à ministre de la justice, Tours.

Il y a urgence à déplacements, remplacements ou révocations de juges de paix. (1) Avisez.

Le préfet,

LISBONNE.

la même date (11 sept. 1870), comment se fait-il que M. Agniel fût déjà installé dans ses fonctions et que son collègue, lui, n'eût pas encore reçu avis de sa nomination qui est cependant sous la même date que celle du Procureur général ?

(1) Quelques jours plus tard M. Lisbonne revenait à la charge, mais cette fois avec le procureur général Agniel, et demandait télégraphiquement le pouvoir de suspendre tous les juges de paix de l'Hérault, à l'égard desquels la mesure paraîtrait nécessaire. Il ajoutait que ces pouvoirs étaient essentiels. (Télégramme du 4 octobre 1870. — Voir Rapport de Bugny, p. 490.)

Montpellier, 21 sept. 1870, 4 h. 36 s.

N. 1767.

Procureur général Montpellier à Justice, Tours.

Propositions contenues dans ma lettre d'hier arrêtées d'accord avec préfet, je reçois de M. Balaguier mentionné dans cette lettre demande écrite d'être admis à faire valoir ses droits à la retraite. Pourrait être remplacé sans révocation, comme démissionnaire, et admis à faire valoir ses droits à la retraite.

Préfet partage cet avis.   AGNIEL.

—

Montpellier, 24 sept. 1870, 11 h. 40 s.

N. 1865.

Préfet Hérault à Ministre Justice, Tours.
(Chiffrée.)

5125. — Sur proposition sous-préfet Béziers, procureur général et moi demandons révocation par dépêche du juge de paix de Roujan; proposerons ultérieurement remplaçant.

Le Procureur général : AGNIEL.
Le Préfet : LISBONNE.

—

Montpellier, 24 septembre 1870.

Préfet de l'Hérault à ministre de la justice, Tours.

J'apprends que le siége de procureur de la République à Rodez est demandé par le jeune Bouloumie. Il a été mon secrétaire. Je ne suis pas suspect à son égard. Eh bien ! je le déclare, cette nomination produirait le plus déplorable effet. Je vous en supplie, ne nommez pas Bouloumie. Cette mesure nous serait attribuée, et, en raison du rôle actif et effréné que Bouloumie a joué sous le ministère Ollivier, et lors du plébiscite, elle me couvrirait de confusion.

Procureur général et moi résistons de toutes nos forces. Oustry, préfet de l'Aveyron, ignore ce que chacun sait. C'est donc le cas d'attendre les propositions du procureur général. LISBONNE.

Montpellier, 25 septembre 1870, 3 h. 15 s.
N. 1913.

Préfet Hérault à ministre justice, Tours.

4597. — D'urgence, adressez-moi télégraphiquement nomination de Paul Davès (1), avocat, comme procureur de la République à Béziers ; déjà demandée par procureur général ; userai de la nomination suivant le moment. L'administration du sous-préfet y devient de plus en plus impossible.
LISBONNE.

Montpellier, 29 septembre 1870, 10 h. 35.
N. 2042.

Procureur général à justice, Tours.

Approuve remplacement de procureur de la République à Prades et de procureur de la République à Céret.

Télégraphierai dans la journée mon avis sur Puech proposé pour le poste de Prades. Je propose avec insistance pour procureur de la République à Céret, Paul Etienne Mondot, substitut à Carcassonne, ce serait un choix excellent. AGNIEL.

Montpellier, 29 septembre 1870, 12 h. 25.
N. 2045.

Préfet et Procureur général à justice, Tours.

9549. — Demandons d'urgence la révocation de Girou de Buzareingues, substitut au Tribunal de

(1) Nommé à ce poste par décret du 25 septembre 1870.

Saint-Affrique et son remplacement par Alexandre Véziès, avocat à Montpellier (1).

Le Préfet,
LISBONNE.

Le Procureur général,
AGNIEL.

—

Montpellier, 30 septembre, 4 h. 30 s.
N. 2085.

Procureur général à justice.

9545. — J'accepte Puech (2) comme procureur de la République à Prades. — Je propose pour remplacer le procureur actuel de la République à Céret, Mondot, substitut à Carcassonne. AGNIEL.

—

Montpellier, 30 septembre 1870.
N· 526.

Procureur général à Ministre Justice, Tours.

Je propose pour procureur de la République à Rodez, en remplacement de Truchard-Dumolin, nommé préfet dans la Lozère, Henri Loubers (3) substitut à Rodez, et en remplacement de celui-ci, Lucien Gilles (4) avocat à Montpellier. J'écris lettre explicative. Prière de me télégraphier la révocation de Reynaud, juge de paix à Lunel, et son remplacement par Armely Emilien. — Urgence extrême.

Le procureur général.

---

(1) Le décret de nomination Véziés est sous la date du 29 septembre 1870 : plus tard il passa en la même qualité à Lodève (décret du 10 janvier 1871.)
(2) Nommé par décret du 5 octobre 1870.
(3) Nommé par (décret du 24 septembre 1870.)
(4) Idem. (idem.)

Montpellier, 4 octobre 1870.

Préfet et procureur général à ministre justice, Tours.

Urgence de nous télégraphier la révocation de Conneau, juge de paix de Servian, neveu du médecin. LISBONNE—AGNIEL.

—

Montpellier, 5 octobre 1870.

Procureur général à justice, Tours.

Veuillez nommer d'urgence Emilien Armely, actuellement juge de paix à Lunel, juge de paix à Amiane, en remplacement de Vernière, admis à faire valoir ses droits à la retraite, et Emile Brouillet, avocat, juge de paix à Lunel, en remplacement d'Armely. J'attends avec impatience la nomination des suppléants de juge de paix à Montpellier.

AGNIEL.

—

Montpellier, 9 octobre 1870.

Procureur général à justice, Tours.

Avez nommé juge de paix à Durban, M. Bonnes qui n'est âgé que de vingt-cinq ans. J'ai invité procureur République à surseoir à son installation jusqu'à ce que vous ayez accordé dispense d'âge, si croyez le pouvoir. Suis à l'instant prévenu que, nonobstant, préfet de l'Aude réclame du procureur République que l'installation ait lieu demain. Veuillez d'urgence télégraphier instructions à procureur République de Narbonne.

AGNIEL.

—

Montpellier, 12 octobre 1870.

Préfet et procureur général à Gambetta, ministre guerre, Tours.

Nous venons de télégraphier au ministre de la justice de ne rien faire relativement à la première présidence de Toulouse avant l'arrivée à Tours d'un délégué spécial partant aujourd'hui de Montpellier. Le délégué, c'est Léandreis.

Le Préfet, LISBONNE.
Le Procureur général, AGNIEL.

Montpellier, 14 octobre 1870.

Préfet Hérault à ministre justice, intérieur et guerre, Tours.
(Chiffre spécial.)

Prière de ne donner pour le moment aucune suite à la proposition de M. le procureur général et à la mienne relativement à la première présidence de Montpellier. J'estime que ma présence au poste de préfet est trop nécessaire pour que je le déserte.

LISBONNE.

Montpellier, 16 octobre 1870.

Préfet à ministre justice, Tours.
(Personnelle.)

Dans ce moment, je me considère comme trop utile au poste de préfet pour que je donne suite, en l'état, à la combinaison relative à la première présidence. Remercîments des plus chaleureux pour vos bonnes dispositions. Je me réserve de les mettre à contribution quand je jugerai le moment opportun.

Le Préfet,
LISBONNE.

Montpellier, 18 octobre 1870.

Procureur général à justice, Tours.

Veuiller surseoir jusqu'à nouvel avis à tout ce qui concerne la première présidence de Toulouse.

AGNIEL.

Montpellier, 20 octobre 1870.

Le Procureur général à justice, Tours.

Ne puis approuver les propositions du préfet des Pyrénées-Orientales, relativement aux changements et nominations des substituts. J'insiste vivement pour qu'elles ne soient pas agréées. J'écris lettre explicative : j'approuve les propositions du même préfet relatives aux justices de paix.

Veuillez me télégraphier si la Cour devra tenir comme d'habitude l'audience solennelle de rentrée. Je suis intéressé à être immédiatement fixé sur ce sujet.
AGNIEL.

Montpellier, 22 octobre 1870.

Procureur général à justice, Tours.

Sur la demande de Laget, préfet du Gard, j'ai consenti à me séparer de Melcot mon substitut, qui vous sera présenté pour procureur République Nîmes. Si ce choix vous agrée, et je le désire pour le parquet de Nîmes, je vous prie d'attendre, pour me donner un substitut nouveau, mon rapport; j'ai un candidat nécessaire.
AGNIEL.

Montpellier, 23 octobre 1870.

Procureur général à justice, Tours.

De Niort, juge de paix à Sigean et précédemment à Axat, n'est pas le personnage dont parle le préfet de l'Aude. Ce dernier s'appelle Fondi et a pris pour annexe le nom de Niort; il était juge de paix à Belcaire, et fut révoqué après l'élection Pereire. Le juge de paix de Sigean n'est entré dans la magistrature qu'en mai dernier par sa nomination à Axat, il n'est pas même parent de M. Fondi.
AGNIEL.

Montpellier, 25 octobre 1870.

Procureur général à justice, Tours.

Prière de surseoir à toutes nominations de justice de paix dans l'Aveyron avant réception de ma lettre qui vient d'être mise à la poste.

AGNIEL

Montpellier, 28 octobre 1870.

Procureur général à Justice, Tours.

Veuillez maintenir mon mouvement, seulement en ce qui concerne Coffinhal Laprade, il conviendrait, sans recourir à révocation, d'indiquer qu'il sera appelé à d'autres fonctions. Je le comprendrai dans un prochain mouvement, AGNIEL.

Montpellier, 31 octobre 1870.

Le procureur général à justice, Tours.

Veuillez surseoir pour présidence Millau (1). Enverrai par lettre détails nécessaires.

AGNIEL.

Montpellier, 5 novembre 1870.

Procureur général à justice, Tours.

Veuillez surseoir à toutes nominations proposées ou projetées dans mon ressort jusqu'à réception d'un rapport détaillé que je vous enverrai dans le plus bref délai. Le Porquier de Vaux a été nommé à Couiza, dont il ignorait même l'existence, sur mon initiative exclusive, et je ne connais pas M. Guiraud, dont je ne tolèrerai pas d'ailleurs l'influence directe ou indirecte. AGNIEL.

(1) M. Celles fut nommé président de ce tribunal par décret du 3 décembre 1870.

Montpellier, 20 novembre 1870.

Secrétaire général à préfet, Hérault, Tours.

(Chiffre spécial.)

Sous-préfet Saint-Pons insiste pour obtenir changement immédiat du procureur de la République, du substitut, du juge de paix et du contrôleur des poids et mesures, ce dernier surtout nécessaire. Rougé réclame solution urgente ; hôpital militaire mis à la disposition des élèves facultés. Rien autre important. GLAIZE.

Montpellier, 20 novembre 1870.

Le procureur général à M. Agniel, Tours.

Contre mon attente, Uzès est indécis. Bornez-vous à pressentir les dispositions et je vais essayer de combattre de sottes irrésolutions. Remercîments sincères. LABAUME.

Montpellier, 2 décembre 1870.

Préfet Hérault à ministre justice, Tours.

Cher ministre, votre combinaison ne peut être proposée à M. Sigaudy, et d'ailleurs je ne pourrai me réduire au siége de Montpellier sans préjudice grave pour mes intérêts. Donc, si Toulouse est impossible, je reprendrai mon barreau qui m'attend, quand je pourrai abandonner le poste de préfet convenablement. Bien à vous. LISBONNE.

Montpellier, 8 décembre 1870.

Procureur général à justice, Tours.

Veuillez d'urgence nommer, juge de paix à Agde, M. Antoine-Auguste-Aimé Triol, en remplacement de M. Alliès, qui sera appelé à d'autres fonctions ; suppléant juge de paix à Béziers, M. Emile Laurès, en remplacement de M. Pourquier, révoqué, et suppléant du juge de paix à Castries, M. Edouard Despuech, notaire, en remplacement d'Etienne Lafont, démissionnaire. Veuillez aussi m'envoyer d'urgence les ampliations. AGNIEL.

Montpellier, 12 décembre 1870.

Procureur général à justice, Bordeaux.

C'est au deuxième canton de Béziers qu'Emile Laurès sera nommé suppléant juge de paix en remplacement Pourquier. Je présente président Castelnaudary Tastu procureur République Narbonne, magistrat très distingué, intègre et indépendant; Mirs (1) avocat à Castelnaudary, se présente aussi, mais je préfère de beaucoup Tastu que l'Empire a volontairement laissé dans l'oubli, et à qui la République doit une réparation. Si préfet Aude n'y met pas opposition, je propose pour juge de paix à Axat, Silvain Daron, actuellement juge de paix à Alaigne, et pour juge de paix à Alaigne, M Bezial, greffier à Alaigne, depuis trente ans. Je ne vois aucun inconvénient à nommer, selon les désirs du préfet, M. Nègre à une justice de paix, il y en a de vacantes dans l'Aude. AGNIEL.

Montpellier, 15 décembre 1870.

Procureur général à Justice, Bordeaux.

Ai demandé immédiatement renseignements nécessaires pour répondre à télégramme concernant suppléant juge de paix Monlouis, réponds par lettre aux réclamations. Préfet Aveyron apprendrait avec plaisir nomination Tastu à Castelnaudary (2).

AGNIEL.

(1) Alors sous-préfet de Castelnaudary.
(2) Les candidatures Tastu et Mirs furent éliminées par le ministère : un décret du 18 décembre appela à la tête du tribunal de Castelnaudary M. Gentil.

Montpellier, 19 décembre 1870.

Procureur général à Justice, Bordeaux.

Pouget grièvement blessé à Baume Rollande. — Impossible de révoquer Achille Bourdal complètement inconnu, vais m'informer, accepte Balarique juge-suppléant à Narbonne. Vous écris pour présenter candidat excellent en remplacement de Martin, juge à Narbonne. Envoyez immédiatement, je vous prie, ampliation décret nommant Émile Laurès juge-suppléant du juge de paix à Béziers, deuxième canton. AGNIEL.

La Curée des emplois.

III. — Nomination de M. Paul Glaize au poste de secrétaire général de la préfecture. — Révocations proposées du docteur Valette, médecin de la maison centrale ; de M. Galot, inspecteur des enfants assistés ; Junqua, commissaire de surveillance administrative à la gare de Paulhan ; du percepteur de Castries, Fouvrat ; du directeur des postes de Béziers. — Le cas du sous-préfet de Lodève, Galtier, et de son successeur M. Cristol, protégé de M. Laurier. — M. Lisbonne demande le déplacement du commissaire central de Montpellier.

Montpellier, 12 septembre 1870, 9 h. 50 s.
N· 1554.

Préfet de l'Hérault à Ministre de l'Intérieur, Paris.

Procureur général à Cazot, secrétaire ministre intérieur, Tours.

Lisbonne, préfet, a télégraphié pour obtenir révocation de Valette, médecin à la maison centrale de

Montpellier, et son remplacement par Brenguier, docteur en médecine.

Pas reçu réponse. Cependant urgence extrême. Veuillez nous donner satisfaction.

AGNIEL.

Montpellier, 24 septembre 1870.

Préfet de l'Hérault à ministre des finances, Tours.

Sur la proposition du sous-préfet de Béziers, je demande la révocation par dépêche du directeur des postes de Béziers. *Le préfet.*

LISBONNE.

Montpellier, 2 octobre 1870.

Préfet à Laurier, délégué ministère intérieur, Tours (chiffre spécial).

Nommez d'urgence le docteur et professeur agrégé Guibal, externe attaché à la maison centrale de Montpellier, en remplacement de M. Valette, relevé de ses fonctions.

Cette mesure est motivée par le favoritisme qui procéda à la nomination de ce dernier. Cette nomination fut surprise par la camaraderie oliviériste.

J'ai demandé la révocation de M. Galot, inspecteur des enfants assistés. Je modifie ma proposition, et je me borne à demander un changement à raison du milieu dans lequel il se trouve engagé à Montpellier. Cette mesure a son opportunité, si les élections de la Constituante doivent avoir lieu prochainement : je vous ferai prochainement des propositions pour son remplacement.

Je rappelle la nomination du directeur de l'école de pharmacie en remplacement du titulaire actuel, tout cela est urgent. LISBONNE.

Montpellier, 2 octobre 1870.

Préfet à Laurier, délégué du ministère intérieur,
Tours.

(Chiffrée.)

Entrevue vient d'avoir lieu dans mon cabinet entre Gaitier et Cristol. Entente parfaite, convenu que Cristol sera sous-préfet au lendemain des élections. Je suis enchanté d'avoir obtenu cet accord qui nous fait à tous une bonne et franche situation.

LISBONNE.

—

Montpellier, 6 octobre 1870.

Préfet à intérieur, travaux publics et gouvernement,
Tours.

Il y a lieu de révoquer ou de changer M. Junqua, commissaire spécial de surveillance à la gare de Paulhan, chemin de fer du Midi. — Cette mesure est vivement réclamée par la commission municipale du chef-lieu de canton, et il y a urgence. Je propose de nommer pour le remplacer Garbet de Montpellier, digne sous tous les rapports de ce poste.

LISBONNE.

—

Montpellier, 8 octobre 1870.

Préfet de l'Hérault à ministre des finances,
Tours.

Il y a urgence de changer le percepteur de Castries, sur la réclamation des populations et de tout ce qu'il y a de patriote dans le canton. Le percepteur actuel, M. Fourrat, paralyse tout espèce d'élan et est une entrave soit à l'organisation des gardes nationales des communes, soit aux votes de subsides pour la défense nationale.

LISBONNE.

Montpellier, 1er novembre 1870.

*Préfet à Intérieur et Laurier, directeurs du personnel,
à Tours.*

Déjà j'ai télégraphié à Laurier la démission de Galtier, sous-préfet de Lodève, pour faire place à Cristol, ami de Laurier, ainsi que nous en avions convenu avec Galtier lui-même, excellent républicain, d'un dévouement aussi solide que modeste. — J'ai dit que je verrais avec plaisir que le décret nommant Cristol appelât Galtier préfet d'un petit département voisin ou sous-préfet d'une sous-préfecture importante, à raison des services qu'il rend et de la solidité de ses principes. Ces dispositions concilieraient ce qui est dû à Galtier et à Cristol, à leur dévouement et à leur popularité réputées. — Urgente. *Le Préfet,*

LISBONNE.

—

Montpellier, 8 nov. 1870.

Préfet de l'Hérault à intérieur, Tours.

Tiens à changer le commissaire central. Il est équitable, à raison de ses services, de lui donner ailleurs une position à peu près égale à celle qu'il occupe : mais, à raison de sa situation politique à Montpellier, une permutation est devenue nécessaire. Je vous ferais des propositions, si je n'étais embarrassé; donc prière de prendre vous-même la résolution d'office et d'urgence.

LISBONNE.

—

Montpellier, 18 nov. 1870.

*Préfet de l'Hérault à directeur sûreté générale,
Tours.*

Ce n'est pas la révocation du commissaire central que j'ai demandée, c'est son changement : dès que vous aurez une compensation à offrir, prévenez-moi.

LISBONNE.

IV. — **Le sous-préfet de Béziers M. Vernhes, et ses démêlés avec M. Lisbonne. — M. Lisbonne dénonce ses agissements au ministre et demande son remplacement par M. Buard. — Il signale, entre autres choses, la situation déplorable dans laquelle ce fonctionnaire a mis l'arrondissement de Béziers. — Il le propose néanmoins pour préfet quelque part. — Installation de M. Buard. — Attitude M. Vernhes.**

Montpellier, 21 sep. 3 h. 15 s.

N. 1765.

Préfet à délégué au département de l'intérieur et au directeur général du personnel.

3256. — Le sous-préfet de Béziers révoque juges de paix, commissaires de police, maires de son autorité définitive, sans même prévenir ni procureur général pour juges de paix, ni moi pour autres mesures, malgré explications amicales récentes. Situation intolérable, prière d'aviser.

LISBONNE.

Montpellier, 28 sept. 1870.

Préfet de l'Hérault à ministre de la justice, Tours.

Je vous demande la nomination de Buard, que vous connaissez, sous-préfet de Béziers, en remplacement de Vernhes dont je demande la nomination comme préfet quelque part. Vernhes possible ailleurs, est devenu impossible à Béziers.

Le Préfet :

LISBONNE.

Montpellier, 5 octobre 1870.

Préfet à Crémieux, délégué du gouvernement, et Laurier directeur du personnel, Tours

Le télégramme que je vous avais adressé expliquait le télégramme que vous avez reçu de Buard. — Je demandais que Buard, républicain éprouvé et expérimenté, soit nommé sous-préfet de Béziers. Buard accepte, mais il désire que vous fassiez à Verhnes une position égale. Ce que je demandais, je le demande de nouveau dans l'intérêt de la République et de la situation. LISBONNE.

—

Montpellier, 6 octobre 1870.

Procureur général à justice, Tours.

Sous-préfet Béziers requiert du Procureur République Béziers, remise des dossiers se rattachant aux affaires politiques et aux évènements de 1851. — Procureur République a refusé, l'ai approuvé. — Veuillez me transmettre instructions définitives. Ecris lettre explicative. AGNIEL.

—

Montpellier, 10 octobre 1870.

Préfet à Laurier, directeur du personnel, Tours.
(Chiffrée).

Rendez-moi donc le service de nommer Buard, sous-préfet à Béziers, en remplacement de Verhnes. Buard est tout autant que Verhnes l'ami de Floquet et bien plus utile.

Verhnes enraie tout : organisation politique, organisation de la défense. Cet arrondissement se trouve dans un état pitoyable à la grande satisfaction de la réaction qui s'en fait un argument contre la République. Envoyez-moi directement la nomination, pour que j'en use aux jour et heure convenables.

LISBONNE.

Montpellier, 8 novembre 1870.

Préfet à Justice, à Tours.

Verhnes, sous-préfet à Béziers, arrive pour me voir ; il m'embrasse à m'étouffer, vous voyez bien que je ne puis pas prendre sur moi l'initiative de le remplacer par Buard, qui peut-être n'accepterait pas. Je suspends la mesure, dont j'userai suivant les circonstances.
LISBONNE.

—

Montpellier, 29 décembre 1870.

Préfet de l'Hérault à Intérieur, à Justice et à Laurier, directeur du personnel, Bordeaux.

Le 6 novembre, Justice me télégraphiait : « Puisque vous et votre procureur de la République ne voulez plus de votre sous-préfet, pourquoi ne le destituez-vous pas ? Gambetta dit que vous pouvez le faire vous-mêmes ? — Pourquoi ne donnez-vous pas la place à M. Buard, qui l'accepterait » ?

Il s'agissait du sous-préfet Vernhes et j'ai longtemps hésité devant la mise en demeure venant de toutes parts. Mais en ce moment, il n'y avait plus à reculer. La municipalité républicaine de Béziers n'a consenti à rester en fonctions qu'à la condition du remplacement de Vernhes par Buard : la retraite de la commission aurait été funeste. Toutes les branches de mon administration réclamaient cette mesure. Je l'ai prise, après l'avoir annoncée, hier, à la municipalité, j'en ai averti Gambetta à son passage, et j'ai eu son approbation. Prière de m'annoncer télégraphiquement envoi du décret relevant Vernhes de ses fonctions et nommant Buard en son remplacement. Buard est une des notoriétés républicaines de l'arrondissement de Béziers, considéré et accepté de tous, ami particulier de Floquet.

Le préfet :
LISBONNE.

Montpellier, 29 décembre 1870.

Préfet de l'Hérault à intérieur et à tous les délégués du gouvernement, Bordeaux.

Sous-préfet de Béziers résiste et me télégraphie qu'il attend du ministre un décret de révocation pour remettre ses pouvoirs. Il y a donc urgence extrême à ce que les deux dépêches que je vous ai adressées, aujourd'hui, soient répondues d'urgence. Télégraphiez-moi sans retard nomination Buard, sous-préfet à Béziers, en remplacement de Vernhes, et avisez-le en en même temps. — Vous ne pouvez laisser mettre en discussion une mesure que j'ai prise, après avoir été autorisée par vous expressément et itérativement. — Cette mesure est d'ailleurs indispensable.

Vernhes est depuis longtemps impossible.

Le préfet,
LISBONNE.

Montpellier, 31 décembre 1870.

Préfet de l'Hérault à intérieur et guerre, Bordeaux

Je confirme ma dépêche de tout à l'heure. Prise de possession du nouveau sous-préfet de Béziers a eu lieu sans incident, et tout va pour le mieux. Ainsi donc la mesure que j'ai prise, et que vous avez si activement secondée, sera des meilleures.

Cet arrondissement en avait besoin.

Le préfet,
LISBONNE.

L'autorité militaire et la galerie des dénonciations.

VI. — M. Lisbonne demande la révocation de M. Montségout, intendant militaire, suspect de légitimisme. — Son acharnement pour obtenir le renvoi de ce fonctionnaire. — Ce qu'il pensait des aptitudes et des opinions politiques du général de division Maïssiat. — Ce dernier est remplacé par le général Lefèvre. — Intérêt tout particulier que portait le préfet de l'Hérault au commandant Rustan et au lieutenant-colonel du génie Goury, parent de M. Glais-Bizoin et du ministre Leflô. — Attitude du préfet Lisbonne vis-à-vis du général Cambriels. — Il se plaint au ministre de la suite trop nombreuse de ce dernier et sollicite à cet effet des instructions. — Sa protestation contre le déplacement du général Lefèvre. — Il insiste vivement pour que le décret nommant à sa place le général Reynaud soit rapporté. — Il fait de cette mesure une question de tranquillité publique.

Montpellier, 2 octobre 1870.

Préfet à ministre guerre, à M. Crémieux, délégué du gouvernement, Tours (chiffrée).

1710. — Intendant militaire doit être cassé d'urgence et remplacé par un intendant énergique, résolu et dévoué.

La situation est devenue intolérable sous le rapport des subsistances, insuffisante soit sous le rapport des logements, impossibles, absolument inhabitables. Tout va à *vau l'eau*. J'ai, jusqu'à présent, agi, réagi, écrit, réécrit ; si c'était fait exprès, ce serait merveilleusement réussi. Il faut une mesure radicale pour atténuer l'effet moral que produit cette coupable négligence. Cette mesure, c'est d'abord le remplacement de l'intendant. Il est, d'ailleurs, réputé pour légitimiste. LISBONNE.

Montpellier, 3 octobre 1870.

Préfet à Crémieux, délégué gouvernement Tours. (chiffre spécial).

Ai demandé hier par dépêche au ministre de la guerre renvoi de l'intendant militaire pour cause d'inertie générale dans le service. Je reçois aujourd'hui du ministre un télégramme ainsi conçu : « C'est au général qu'il appartient de formuler les mesures de rigueur que vous proposez à l'égard de l'intendant. »

Le général me renverrait au ministre de la guerre. C'est là un cercle vicieux dans lequel je ne veux pas me laisser renfermer. Je me tiens en dehors en déclarant que je dégage ma responsabilité.

LISBONNE.

Montpellier, 9 octobre 1870.

Préfet à ministre intérieur, Tours.
(Chiffrée.)

Je réponds à la partie confidentielle de votre dépêche de ce jour. Il me serait difficile de généraliser mes renseignements, je résume ceux sur lesquels je crois être suffisamment fixé.

En ce moment pas de général de brigade à Montpellier par suite du départ du général Villeneuve pour Mascara, après un séjour de quelques semaines ici. Le général de division, Maissiat, d'un âge avancé, mis dans les cadres de réserve il y a quelques temps, me paraît être insuffisant et n'être pas à la hauteur, au niveau de la direction qu'il faut imprimer dans ce moment. La défaillance de l'âge ne me paraît pas être ravivée par l'ardeur des convictions politiques. Il est manifestement plus enclin à regretter l'Empire qu'à désirer la République. Son remplacement me paraîtrait une excellente mesure, je suppose même qu'il n'en serait pas sensiblement froissé.

LISBONNE.

Montpellier, 9 octobre 1870.

Préfet à ministre intérieur, Tours (chiffrée).

Je signale à votre attention le lieutenant-colonel du génie Goury, parent, je crois, de Glais-Bizoin et du général Leflô. Cet officier passe pour être un des plus distingués de l'armée, et il me paraît répondre a tous égards aux nécessités du moment.

Une autre mesure non moins essentielle et tout aussi urgente est le remplacement de M. de Montségout, intendant militaire, j'ai déjà demandé ce remplacement, mais il m'a été répondu par le ministre de la guerre, le 3 octobre, que c'était au général à formuler cette mesure, à quoi j'ai répondu que le général me renverrait au ministre de la guerre, et que je dégageais ma responsabilité.

De nouveau je demande le renvoi intendant militaire, l'intérim pourrait être rempli par le sous-intendant militaire, Maissens. Les motifs sur lesquels je me fonde sont la mollesse du service qu'expliquent sous le gouvernement de la république les opinions notoirement légitimistes de M. de Montségout ; son nom est un ralliement. Je réponds par la poste à l'autre partie de la dépêche. LISBONNE.

Montpellier, 10 octobre 1870.

Préfet à ministre intérieur, Tours.
(Chiffrée.)

Par addition à ma dépêche d'hier, il y a lieu de suspendre toute mesure relativement au général de division : d'après les rapports qui viennent de m'être adressés et qui vont vous parvenir, il a fait partir dans les huit derniers jours plus de cinq mille hommes organisés et équipés, et il me semble redoubler d'activité. Votre arrivée à Tours l'a réchauffé, donc à surseoir quant à lui pour le moment : j'insiste sur le sursis.

Mais deux mesures essentielles et sur lesquelles j'appelle toute votre attention et celle du gouvernement, c'est la nomination d'un général de brigade actif et vigoureux, nous n'en avons pas.

Et plus immédiatement encore remplacement de intendant militaire, urgence. LISBONNE.

Montpellier, 13 octobre 1870.

Préfet à Ministre guerre, Tours (chiffrée.)

Parmi les promotions au grade de chef de bataillon (officiers du 87e) ne figure pas le nom de **M. Rustan**, le plus ancien capitaine de ce régiment, maintenu dans ce grade stationnairement à cause de ses opinions républicaines bien connues. J'appelle sur les services de cet officier toute l'attention du ministre de la guerre et lui recommande l'examen de son dossier. LISBONNE.

Montpellier, 13 octobre 1870.

Préfet à Ministre guerre, Tours, (chiffrée.)

Certains officiers signataires de la capitulation de Strasbourg, désireux de servir de nouveau dans l'armée active et ne se croyant pas tenus en conscience par cette capitulation, m'ont prié de provoquer de votre part des instructions dans ce sens au général commandant la 10e division. J'attends votre réponse. LISBONNE.

Montpellier, 13 octobre 1870.

Préfet à Ministre Intérieur et Guerre, Tours.

Vos félicitations m'ont vivement touché, elles m'obligent d'autant plus : quant à l'autorité militaire, ce n'est pas précisément de fermeté dont j'ai besoin, car je rencontre plutôt de la mollesse et de l'inertie que de la résistance. Voilà pourquoi je vous ai télégraphié certaines mesures relatives au personnel que je recommande de nouveau à vos méditations.

LISBONNE.

Montpellier, 17 octobre 1870.

Préfet à Ministre Guerre, Intérieur et Gouvernement, Tours. (Chiffrée).

J'ai demandé plusieurs fois avec insistance le remplacement de l'intendant militaire pour cause d'hostilité notoire et scandaleuse au gouvernement de a Défense nationale : hostilité dont le service se ressent essentiellement. Son salon est *un foyer d'intrigue légitimiste*. Pourquoi tarder davantage à donner satisfaction et sécurité? Le sous intendant fera, au besoin, fonction d'intendant.

LISBONNE.

Montpellier, 23 octobre.

Préfet de l'Hérault à Ministre Guerre, Tours.

4710. — J'ai appris par communication du général Messiat, qu'il était remplacé par le général Gudin et qu'il avait confié son commandement au général de brigade Lefèvre, présent à Montpellier. — J'estime qu'il y aurait lieu de maintenir le commandement de la division à M. Lefèvre, en chargeant le lieutenant-colonel du génie Goury, de l'intérim de général de brigade. M. Goury est jeune, énergique et fort capable. Il est parent du général Le Flô et de Glais-Bizoin. J'attache à cette combinaison la plus grande importance et je vous prie de me faire connaître votre résolution. La voix publique désigne M. Goury.

LISBONNE.

Montpellier, 23 octobre 1870.

Préfet à ministre intérieur, Tours.

Je viens de demander télégraphiquement à guerre le maintien du commandement de la 10e division militaire au général de brigade Lefèvre, a qui M. Maissiat a remis ses pouvoirs. J'ai demandé aussi avec instance, si la chose est possible, la remise de l'intérim de général de brigade au lieutenant-colonel du génie Goury. Il serait de la plus grande urgence d'utiliser les services de ce jeune chef énergique, capable, que la voix publique désigne au choix du gouvernement.

LISBONNE.

Montpellier, 29 octobre 1870.

*Préfet Hérault à Gambetta, ministre guerre et
intérieur, Tours (chiffrée.)*

Personnelle. — Le général Cambriels arrive avec deux officiers ordonnance, à Montpellier, ce soir, à onze heures, pour le rétablissement d'une blessure à la tête ; ayant obtenu un congé du ministre d'après une dépêche qu'il a adressée au docteur Combal, son médecin et ami, et que ce dernier vient de me communiquer. Dites-moi mon attitude par dépêche immédiate.   LISBONNE

Montpellier, 30 octobre 1870.

*Préfet à ministres guerre et intérieur,
Tours (chiffrée).*

Personnelle. — Le général Cambriels est arrivé à onze heures du soir suivi de deux aides de camp, deux officiers supérieurs, trois ou quatre ordonnances et quelques chevaux ; cet attirail surprend quand les cadres sont en souffrance et que l'on compte à Metz les chevaux qui restent à manger. Je voudrais savoir quelle est au juste la situation du général et je tiendrai, à recevoir de vous, à cet égard, quelques mots personnels.   LISBONNE.

Montpellier, 30 octobre 1870.

Préfet à ministre Intérieur et Guerre, Tours.
(Chiffre spécial.)

La suite du général Cambriels se compose de : un médecin comme officier supérieur, le docteur Duprat, trois officiers, deux capitaines appelés : de Verdier, de Rotailles, de Villeneuve. En outre, dix militaires dont un brigadier, comme ordonnances, et onze chevaux.   LISBONNE.

Montpellier, 31 octobre 1870.

Préfet à Guerre, Tours.

Prière de m'adresser un mot de vous qui accrédite le séjour du général Cambriels à Montpellier. Deux dépêches que je vous ai adressées à son sujet sont restées sans réponse. Urgence extrême.

LISBONNE.

—

Montpellier, 31 octobre 1870.

Préfet à Guerre, Tours.

C'est la suite du général Cambriels qui émeut certaine partie de la population. Des manifestations même isolées seraient regrettables. Je crois utile que vous invitiez vous-même directement le général à éloigner sa suite militaire et ses chevaux, s'ils ne lui sont pas nécessaires. Par ces temps de légitime suspicion, le moindre nuage assombrit le ciel.
Ne négligez pas, avis rapide. LISBONNE.

—

Montpellier, 2 novembre 1870.

Préfet à Intérieur et Guerre, Tours.

Ma dépêche relative au général Cambriels n'était que préventive. Je n'aurai pas besoin d'utiliser votre avis.

Plus d'émotion. LISBONNE.

—

Montpellier, 5 novembre 1870.

Général Cambriels à Gambetta, Tours.

Le vote de Paris m'a comblé de joie ; permettez-moi de vous adresser mes félicitations les plus patriotiques, ainsi qu'aux membres du gouvernement de la Défense nationale. Depuis mon arrivée j'ai subi trois opérations douloureuses ; les médecins disent que mon état général s'améliore.

Montpellier, 1er décembre 1870.

Préfet à Crémieux, Justice, Tours.

Personnelle. — Cher ministre. — Je télégraphie au ministre de la guerre, une dépêche d'une importance extrême, elle a pour but de nous laisser Lefèvre, général de brigade, qui me va parfaitement ; qui nous va à tous, très-actif et qui serait remplacé par l'inverse. Agissez, je vous en prie, plus encore comme membre du gouvernement que comme ministre. Je crains que l'ordre de la cité ne tienne à la réussite de la démarche que je fais en ce moment. Pourquoi nous enlever le général Lefèvre? C'est probablement là une intrigue des bureaux dans l'intérêt de son successeur. LISBONNE.

—

Montpellier, 1er décembre 1870.

Préfet à guerre et intérieur, Tours.
(Chiffre spécial.)

Je vous télégraphie, désolé de la mise à la retraite du général Lefèvre qui est très-bien, dont nous sommes tous enchantés ici, qui donnait une vive impulsion à l'installation du camp comme président du comité militaire, et désolé de la nomination du général Reynaud. De grâce, ajournez cette double mesure et surtout ne nous donnez pas général Reynaud dont la ville de Toulon n'a pas voulu, dit-on. Je crains un désarroi absolu ici, un mécontentement général et des démonstrations politiques, si cette mesure tient. Le général de division avec qui je suis heureux de marcher a dit que je vous télégraphie.

LISBONNE.

—

Montpellier, 1er décembre 1870.

Préfet à intérieur, guerre à Tours.

Cher ministre. - Croyez votre préfet dévoué, donnez une autre destination au général Reynaud.

Croyez bien que pour que je vous envoie trois dépêches dans ce sens, c'est qu'il y a trois fois nécessité.

LISBONNE.

Montpellier, 2 décembre 1870.

Procureur général à justice, Tours.

Dans l'intérêt de la tranquillité publique qui serait troublée, et de la défense nationale qui serait compromise, si le général Reynaud remplaçait à Montpellier le général Lefèvre, je vous en supplie, insistez dans le Conseil pour maintenir Lefèvre et nous épargner Reynaud. AGNIEL.

Montpellier, 12 décembre 1870.

Préfet à Guerre, Bordeaux.

Prière de nous donner comme général commandant la subdivision en remplacement du général Lefèvre, nommé commandant du camp, le général Dambry regretté à Nîmes. Je suis d'accord avec M. le général de division. LISBONNE.

VI. — Le cas du commandant de gendarmerie de Montpellier, Stéphani. — Attitude du Préfet et du Procureur général. — Ils demandent instamment son déplacement. — La question des brigades de gendarmerie.

Montpellier, 4 novembre 1870.

Préfet à Intérieur et Guerre à Tours (Chiffre spécial.)

Il y a ici un commandant de gendarmerie corse, nommé Monsieur Stéphani, extrêmement hostile au

gouvernement qui succède à l'empire : il est notre ennemi effréné. Il se ferait exécuteur d'un coup d'Etat impérial, et celui qui vous écrit peut l'affirmer; son changement est une mesure de sûreté générale pour notre région. Ailleurs il serait moins dangereux : il faut le placer en Corse, par exemple ou en Algérie au plus vite. La population sainement républicaine réclame cette mesure et personnellement je la sollicite avec instance. Ce Monsieur est de plus propagateur occulte de faux bruits qui déconsidèrent la République et le gouvernement ; inutile d'agir par le colonel de gendarmerie ou par le général : c'est vous, monsieur le ministre, qui devez prendre la mesure d'office : le général est ici depuis trop peu de temps, et le colonel depuis trop longtemps ; ne consultez ni l'un ni l'autre, urgence extrême en ce moment.
LISBONNE.

—

Montpellier, 4 novembre 1870.

Le procureur général à guerre, Tours.
(Chiffre spécial.)

Je venais de vous télégraphier, quand j'ai lu dans le *Moniteur* du 3 la nomination de M. Stéphani, lieutenant-colonel de gendarmerie. Je demandais par ma dépêche le changement de cet officier. Son avancement à Montpellier est un malheur public. Il brise mon administration : je vous en supplie, détournez cette mesure ; envoyez cet officier bien loin de nous; vous venez d'honorer et de rendre plus redoutable un ennemi ardent de la République. Encore une fois, et tout au moins, pas à Montpellier.
AGNIEL.

—

Montpellier, 4 novembre 1870.

Préfet à intérieur et guerre à Tours.
(Chiffrée. — Urgence).

Avez-vous pris connaissance vous-même de deux dépêches chiffrées que je vous ai adressées dans la

journée, relatives toutes deux à Stéphani, commandant de gendarmerie à Montpellier, et qui serait nommé depuis hier lieutenant-colonel? Les deux dépêches sont de la plus grande importance ; réponse de toute nécessité pour m'assurer de leur réception.
LISBONNE.

Montpellier, 4 novembre 1870.

Préfet à *Cazot, secrétaire général d'intérieur,*
à *Tours.* (Chiffre spécial.)

Cher Cazot, j'ai télégraphié aujourd'hui trois dépêches chiffrées relatives au commandant de gendarmerie à Montpellier, appelé Stephani, qui aurait été nommé, depuis hier, lieutenant-colonel. Assurez-vous auprès du ministre, si mes dépêches ont été lues par lui ou égarées dans les bureaux. Quelle est donc cette fatalité qui donne avancement aux ennemis de la République et du gouvernement, brisant ainsi administration des préfets et ruinant leur autorité? vous ne sauriez croire le mal que cela nous fait.
LISBONNE.

Montpellier 13 novembre 1870.

Préfet de l'Hérault à Guerre, Tours.

Ai demandé avant votre arrivée à Tours, le déplacement des brigades de gendarmerie dans le département : il me fut répondu que la mesure générale était impossible, mais que je n'aurais qu'à demander des mesures partielles, le cas échéant. Prière de donner des instructions au général pour que les demandes que je lui adresserai ne souffrent pas de retard essentiel.
LISBONNE.

VII. — Mobiles et mobilisés. — Réfractaires et exemptions accordées en cette matière. — Armement. — Francs-Tireurs.— Comité de la guerre. — Organisation et personnel du camp de Salaison.

Le secrétaire-général Paul Glaize, réclame l'envoi de fusils, ne fut-ce que des manches à baïonnettes. — La question des francs-tireurs. — M. Lisbonne désigne le docteur Coste de Montpellier, pour faire partie du comité de la guerre qui pourrait être créé dans chaque division. — M. Lisbonne se plaint du peu d'enthousiasme de ses mobilisés, dont il repousse l'envoi en Algérie. — Projet de création d'un camp spécial à Salaison. — La question des appointements de Vallabrègue. — Le personnel du camp de Salaison (Rustant, ingénieur Duponchel, médecin Rouget, lieutenant-colonel de la garde nationale Loujean, Déandrais, Vallabrègue. — Effectif des mobilisés de l'Hérault, du Gard, de la Lozère, de Vaucluse et de l'Ardèche, appelés à se rendre au dit camp. — M. Lisbonne proteste énergiquement contre la candidature du directeur des fortifications, Domergue, pour commandant supérieur de ce camp. — Il lui préfère le capitaine Rustant, à raison de ses antécédents politiques, notoirement républicains. — Ce que pensait Lisbonne au sujet de la mobilisation des maires. — Il insiste pour que les nominations du personnel du camp de Salaison lui soient adressées d'urgence. — Ses recommandations successives et toujours des plus chaleureuses en faveur du capitaine Rustant. — Tableau des crédits nécessaires à l'installation et à la confection des travaux du camp. — Les commandants des deux légions mobilisées sont désignés par M. Lisbonne au choix du ministre (Lafage et Robert). — Les francs-tireurs de l'Hérault et leur fuite devant l'ennemi. — Incident relatif à la nomination de M. Bérard, comme intendant du camp de Montpellier.

Secrétaire-général à président gouvernement, Tours.

Prière incessante d'envoyer des fusils, ne serait-ce que des manches à baïonnettes ; avons dans le département vingt mille gardes nationaux tous prêts. L'organisation marche très-rapidement, mais l'élan s'arrêtera si nous ne pouvons distribuer des armes pour l'exercice. Les grands cantons démocratiques dépassent les espérances. Les communes votent partout des sommes importantes.

GLAIZE.

Montpellier, 5 octobre 1870.

Préfet Hérault à gouvernement Tours.

Si le décret sur les francs-tireurs veut dire que le ministre de la guerre peut les verser dans l'armée active, ce décret équivaut à la dissolution des corps francs.

Il serait impossible d'en créer de nouveaux, et pourtant ils sont d'une incontestable utilité ; un télégramme interprétatif ou des instructions sont indispensables.

LISBONNE.

Montpellier, 15 octobre 1870.

Préfet à ministre guerre et intérieur, Tours.
(Chiffrée.)

Bien choisi, le comité de la guerre que vous me proposez d'établir dans chaque division peut être fort utile. Si le choix n'était pas heureux, ces comités seraient une complication et un embarras. Quant à moi, je n'hésite pas à vous désigner le docteur Coste, de Montpellier. C'est un républicain dévoué, énergique et organisateur, un citoyen sûr.

LISBONNE.

Montpellier, 21 octobre 1870.

Préfet à ministre, intérieur, Tours.

Le docteur Combesaire, délégué par moi dans le département pour ramener mobiles retardataires, me signale qu'un certain nombre de gardes nationaux mobilisés de mon département se disposent à passer en Espagne pour se soustraire au service. Je télégraphie au préfet des Pyrénées-Orientales pour l'engager à faire surveiller la frontière, arrêter les réfractaires, s'il s'en présente. Ai cru devoir vous prévenir pour aviser. LISBONNE.

Montpellier, 24 octobre 1870.

Préfet à ministre intérieur, Tours.

M. Turgitaud, pasteur à Gauges d'une église protestante libre, mais dont l'existence est antérieure au décret du 6 mai 1859 et qui par suite a été naturellement autorisée, d'après les rapports Rouland et Delangle, est-il soumis au service de la garde nationale mobilisée et sédentaire ? A observer que le conseil de ladite église réclame le service religieux de M. Turgitaud, comme indispensable. Réponse télégraphique. LISBONNE.

Montpellier, 2 novembre 1870.

Préfet à guerre, Tours.

Je désirerais très-fort que les mobiles formant le dépôt de l'Hérault, soient dirigés à l'intérieur pour la défense de nos places au lieu d'être dirigés en Algérie. Cette dernière mesure va froisser le sentiment général, rencontrer des résistances qui pourront passer pour patriotiques et servir de prétexte aux gardes nationaux mobilisés dont malheureusement le zèle n'a pas besoin d'être refroidi. Je crains que la disposition de l'Algérie ne soit due aux avis personnels du commandant dont malheureusement la popularité est singulièrement compromise. Prière d'aviser d'urgence. LISBONNE.

Montpellier, 9 novembre 1870.

Préfet à Intérieur et guerre à Tours.

Puisque les fusils rayés ne vous manquent pas, donnez m'en dix mille, pour que j'exerce les mobilisés, les mobilisables, et que je ne désarme pas la garde sédentaire. Je cherche à en acheter, je n'en trouve qu'au loin plus ou moins chers, plus ou moins certains. En me livrant ce que je demande, vous me tireriez de mon plus grand embarras.

Réponse immédiate, je vous prie. LISBONNE.

Montpellier, 13 novembre 1870.

Préfet à guerre et à intérieur Tours

Havas annonce décret du 12, formant camp à Toulouse pour instructions de plusieurs départements. — Hérault n'y est pas compris. Pourquoi n'en formerait-on pas un pour armée du Sud, à Montpellier par exemple? On y comprendrait Pyrénées, Gard, Lozère, Aveyron, Vaucluse. La formation de ces camps d'instruction faciliterait considérablement la mobilisation. LISBONNE.

Montpellier, 14 novembre 1870.

Préfet à Intérieur et Guerre, Tours.

J'aurai le personnel capable d'organiser le camp. Facilitez-m'en l'exécution et encouragez-moi par un mot décisif, en groupant d'ailleurs les départements que je vous ai signalés.

LISBONNE.

Montpellier, 16 novembre 1870.

Préfet à Intérieur et Guerre, Tours.

J'ai nommé une commission qui s'occupe sérieusement et complètement de la formation d'un camp à Montpellier. LISBONNE.

Montpellier, 22 novembre 1870.

Secrétaire général à Lisbonne, préfet Hérault, Tours.

Depuis trois mois, Valabrègue donne tout son temps à l'administration de garde nationale sédentaire est mobilisée. Grande responsabilité, beaucoup de travail, pas d'appointements. Compte sur vous pour faire fixer à Tours son traitement comme intendant de l'armée auxiliaire. Service trop absorbant pour être gratuit. GLAIZE.

Montpellier, 25 novembre 1870.

Préfet à Freycinet, délégué à Guerre, Tours.

Rentré à Montpellier, je vous rappelle décret relatif au camp de Salaison près de Montpellier. Si vous avez besoin que Duponchel et Rustan se rendent auprès de vous, télégraphiez-moi.
Solution urgente. LISBONNE.

Montpellier, 25 novembre 1870.

Préfet Hérault à Guerre, Tours.

Prière de fixer moins précairement la situation du capitaine Rustan que j'ai proposé pour organisateur du camp projeté près de Montpellier. Le moyen serait d'obtenir son échange contre prisonnier prussien.

Le capitaine ne peut trop vous être recommandé à tous les points de vue. Excellent militaire et non moins excellent patriote. LISBONNE.

Montpellier, 28 nov. 1870.

Préfet à guerre et intérieur, Tours.
(chiffre spécial).

Je vous propose d'urgence comme commandant du camp de Montpellier, avec grade de général de division (armée auxiliaire), Monsieur Rustan, capitaine depuis dix-sept ans au 87e de ligne. Cette position est compatible avec capitulation Strasbourg. Ce choix politique et spécial tout à la fois me paraît nécessaire en raison de la forte autorité que le décret du 25 novembre donne au commandant du camp. Aussi permettez-moi d'insister vivement auprès de vous : vous trouveriez fidélité, capacité, activité et autorité morale.

LISBONNE.

Montpellier, 28 nov. 1870.

Préfet à guerre et intérieur, Tours.

Proposition insistante pour le camp près Montpellier conformément à votre dépêche du 25 novembre : 1· commandant du camp avec rang de général de division auxiliaire, Rustan, capitaine depuis 16 ans au 87e ; 2· chef instructeur avec rang de général de brigade ou colonel auxiliaire, Loujean, lieutenant-colonel de garde nationale, commandant en retraite, et Rustant, chef instructeur. 3· chef du génie, Duponchel, ingénieur ponts-et-chaussées. 4· Intendant : Vallabrègue. 5· Médecin en chef : Rouget, professeur de physiologie ?

LISBONNE.

Montpellier, 28 novembre 1870.

Préfet à Gambetta, guerre et intérieur, Tours.
(Chiffre spécial, personnelle.)

Prière d'accueillir dans l'intérêt politique et régional les propositions que je vous adresse aujourd'hui, relatives aux fonctionnaires du camp de Montpellier, et d'écarter le général Blouer, ex-colonel du quatre-vingt-septième, et le général de regrettable mémoire. — Méfiez-vous de leurs antécédents politiques.

LISBONNE.

Montpellier, 30 novembre 1870.

Préfet à guerre, Tours.

Il serait utile de nommer au plus tôt le commandant du camp de Montpellier et le chef instructeur, pour obvier à la lenteur possible du comité militaire. Si le général Lefèvre doit être mis à la retraite, ce que je voudrais voir ajourner, prière de le nommer commandant du camp avec le grade de général de division auxiliaire. Il est actif et vigoureux. Prière également de nommer le capitaine Rustant, déjà recommandé dans mes notes à M. de Freycinet, chef instructeur, avec le grade de général de brigade ou colonel de l'armée auxiliaire. Excellent choix, de moi connu, et que ses opinions politiques ont tenu pendant seize ans capitaine. Réponse urgente.

LISBONNE.

Montpellier, 1er décembre 1870.

Préfet à Guerre, Tours.

D'accord avec Déandrais, prière de nommer Déandrais vice-président du conseil d'administration du camp (art. 7 du décret), et Valabrègue, déjà proposé administrateur, ayant rang d'intendant. (Art. 6, du même décret). Urgence.

LISBONNE.

Montpellier, 1er décembre 1870.

Préfet à Gambetta Intérieur et Guerre, Tours.

Personnelle. — Sommes parfaitement d'accord avec le préfet. Veuillez me faire nommer vice-président du conseil d'administration du camp et faire nommer Valabrègue, administrateur. Ces nominations sont extrêmement urgentes, car l'organisation presse.

DÉANDRAIS.

Montpellier, 2 décembre 1870.

Préfet à Guérre, Tours.

Effectif premier banc mobilisé : Hérault, 8,000 hommes, habillement, équipement et campement complet pour 7,000 hommes. J'ai télégraphié collègues pour renseignements des quatre autres départements.

Gard, 10,000 hommes qui seront habillés et équipés, n'ont pas encore tout campement, marché passé par Ministre n'ayant pas été tenu, solde est assurée. Rien de fait pour les subsistances. Lozère, 4,000 hommes qui seront habillés, équipés et armés dans quelques jours. Avignon, 13,000 hommes, moitié seulement seront habillés et équipés dans vingt jours. Ardèche, 11,000 hommes ; toutes les fournitures seront commandées au complet pour 10,000 hommes et seront livrées prochainement.

Pour le second banc, nous n'avons encore que des évaluations approximatives et fort incomplètes. Je fais étudier la question des crédits.

LISBONNE.

Montpellier, 3 décembre 1870.

Préfet à Guerre et Intérieur, Tours.
(Chiffre spécial).

Personnelle. — Je maintiens mes propositions relatives au personnel du camp. Je crois savoir qu'en dehors de moi et du général commandant la division, M. Domergue, directeur des fortifications, nommé sur ma proposition commandant supérieur, puis général de brigade des gardes nationales de l'Hérault, convoite le commandant du camp. Je ne suis pas suspect à l'endroit de M. Domergue ; mais irréfutablement il n'a pas ce qu'exige le commandement supérieur d'un camp, et dans votre sollicitude pour de si hauts intérêts, croyez encore votre préfet. Faites un autre choix je vous en conjure.

LISBONNE.

Montpellier, 3 décembre 1870.

Préfet à Freycinet, délégué à guerre, Tours.
(Chiffre spécial.)

Je vous rappelle mes propositions relatives au personnel du camp, en insistant sur le choix de M. Rustant, comme chef instructeur. Avec la même insistance je vous demande d'écarter une candidature qui me paraît se produire en dehors de moi et du général de division. Celle de M. Domergue, pour commandant du camp : ce M. Domergue, directeur des fortifications, a été nommé, sur ma proposition, commandant supérieur des gardes nationales de l'Hérault, puis général de brigade d'icelles ; il ne peut se plaindre du préfet, mais il n'a pas les qualités qu'exigent le commandement supérieur d'un camp et, surtout, il ne pourrait exercer l'influence dominatrice et salutaire que ses fonctions nécessitent. Ecartez donc cette candidature. Remarquez qu'en agissant à mon insu, il reconnaît qu'il a obtenu de mes propositions tout ce qu'il pouvait en obtenir. LISBONNE.

—

Montpellier, 3 décembre 1870.

Préfet à guerre, Tours.

J'ai proposé pour administrateur du camp ayant rang d'intendant, Valabrègue. Je reviens sur ma proposition en y insistant de nouveau. C'est Valabrègue qui depuis trois mois, par dévoûment, et sans aucun traitement, fait fonction d'intendant général des gardes nationales et je compte sur lui pour le camp. Sa nomination d'officier comptable à Marseille désorganiserait mes vues. Prière de le nommer définitivement administrateur du camp, qu'il sollicite lui-même. LISBONNE.

—

Montpellier, 3 décembre 1870.

Préfet à guerre, Tours.

En confirmant mes diverses dépêches relatives au personnel du camp, je vous adresse une prière, c'est de nommer le capitaine Rustant, que j'ai proposé comme chef instructeur, avec le grade attaché à ce titre dans l'armée auxiliaire, de le nommer chef de bataillon dans l'armée active, pour qu'il ait autorité sur les officiers mobilisés et autres de ce grade. Je suis d'accord avec le général commandant la division sur ce point comme sur tous les autres, vient d'écrire au général de Loverdo ; le ministre de la République n'oubliera pas, j'en suis sûr, que Rustant est resté 16 ans capitaine, parce qu'il était notoirement républicain.

LISBONNE.

Montpellier, 3 décembre 1870.

Préfet à intérieur, Tours.

La circulaire aux gardes nationaux sédentaires me porte à faire respectueusement observer à M. le ministre que cet effectif est à peu près sans armes. Je l'ai signalé dans mes rapports, les armes ont été et sont remises chaque jour non sans peine aux mobilisés, en exécution des circulaires ministérielles précédentes. Cette circulaire nouvelle va nous faire poser par ces gardes nationaux la question préalable fort gênante des armes. Prière de m'aider à la résoudre. Jusque-là hésite pour ma part à encourir l'interpellation.

Réponse urgente pour que je publie la circulaire en toute sécurité de conscience et bien fixé sur la situation. LISBONNE.

Montpellier, 4 décembre 1870.

Préfet à Intérieur, Tours.

Vraisemblablement la mobilisation des maires, ou présidents de commissions, ou adjoints serait vue avec faveur. LISBONNE.

Montpellier, le 4 décembre 1870.

Préfet à Guerre et Freycinet au département guerre, Tours.

Le général de division me communique officieusement une note que le général Véronique a adressée au colonel Domergue, dont je vous ai entretenu par dépêche d'hier. Je ne comprends pas que par correspondance entre le général Véronique et le colonel s'additionnent des dispositions au décret du 26 novembre et la circulaire du 28, et que par exemple, avant la nomination du personnel, un commandement provisoire du camp soit donné au commandant du génie, qui est le colonel Domergue, en même temps général des gardes nationales de l'Hérault.

Tout ceci se passait d'ailleurs en dehors du préfet, du général commandant la division et du général commandant la subdivision. Je vous signale ces agissements qui compromettent la rapide exécution des travaux, confiés réglementairement au Comité militaire et en cours d'exécution, ce qui ferait naître de regrettables conflits. Raison de plus pour que je vous recommande la nomination définitive du personnel.

LISBONNE.

—

Montpellier, 4 décembre 1870.

Préfet à Intérieur, Tours.

Quel inconvénient y aurait-il à réviser les hommes mariés et autres du second ban, sauf à ne les faire appeler qu'à mesure des besoins ? Les compagnies seraient formées et les cadres composés. On aurait ainsi une réserve toute prête.

LISBONNE.

—

Montpellier, 4 décembre 1870.

Préfet à Guerre, Tours.

J'ai déjà proposé et réitéré les nominations du personnel du camp, parmi lesquelles je recommande de nouveau M. Auguste Vallabrègue pour administrateur intendant, et M. Rougé, professeur de physiologie, pour médecin en chef; Vallabrègue a été nommé récemment officier comptable à Marseille, mais il veut résigner ses fonctions et solliciter celles d'intendant du camp de Montpellier.

LISBONNE.

Montpellier, 6 décembre 1870.

Préfet à guerre, Tours.

La nomination du personnel du camp de Salaison près Montpellier, se faisant attendre, le général de division, avec qui je marche d'accord, a nommé major du camp le capitaine Rustant, que je vous ai déjà vivement recommandé et qui va s'y installer; les travaux s'exécuteront sous la direction de M. Duponchel, ingénieur en chef, désigné par le comité militaire. Je vous ai signalé M. Rustant, pour chef instructeur, et Duponchel, pour chef du génie; et vous rappelle comme administrateur intendant Vallabrègue.

LISBONNE.

Montpellier, 6 décembre 1870.

Préfet à guerre, Tours.

Revu avec intendant militaire la répartition du crédit relative au camp. Sauf un détail ajouté pour transport, n'avons pas reconnu erreur probablement attribuable à transmission télégraphique. Vous proposons répartition suivante pour dépenses présumées du mois de décembre. Effectif déclaré 46,000 hommes, budget extraordinaire, chapitre XIII, service garde nationale mobilisée, art. 1er : frais d'impression et fournitures de bureaux 1,000 fr.; art. 2 : (solde et abonnement) payable comme la solde, y compris les cadres d'officiers, deux millions : vivres 50,000, chauffage et éclairage 35,000, fourrages, paille pour le couchage 80,000, traitement des malades 1,000 ; art. 4 : convois militaires 1,000; art. 5 : indemnité de route 2,000 ; art. 6 : transports

5,000 ; art. 7 : habillement et campement militaires 1,000,000. Total : 3,175,000 fr. — Intendant militaire vous envoie état conforme. Premier bataillon arrive de Lodève, hier soir. Créditez-moi télégraphiquement. LISBBONNE.

Montpellier, 7 décembre 1870.

Préfet à guerre et intérieur et Freycinet, Tours.

Je réclame avec la plus vive insistance une réponse à mes dépêches d'hier, relatives aux crédits nécessaires à l'installation et travaux d'exécution du camp de Salaison près Montpellier. Un plus long silence entraverait la marche des travaux, et me placerait dans une situation intolérable, à raison de l'acheminement des mobilisés que j'ai commencé pour me conformer à vos décrets qui le prescrivaient du 1er au 10 décembre. Je ne saurai que faire des hommes si je n'ai de crédits d'aucune sorte ni pour les hommes ni pour le camp. LISBONNE.

Montpellier, 7 décembre 1870.

Préfet à intérieur, Tours.

Je réitère mes propositions de Laforge, capitaine des douanes, décoré à Metz, non compris dans la capitulation, pour lieutenant colonel de la première légion des gardes nationales mobilisées de l'Hérault, et de Jules Robert, ancien sous-lieutenant de cuirassiers, pour lieutenant-colonel de la 2e légion. Prière de me nommer ces deux nominations urgentes. LISBONNE.

Montpellier, 7 décembre 1870.

Préfet à guerre, Tours.

Est-il vrai que les francs-tireurs de l'Hérault auraient fui devant l'ennemi et que le commandant serait déféré à une cour martiale? Je tiendrai à démentir ces bruits s'ils étaient inexacts.
Prière de me répondre. LISBONNE.

Montpellier, 12 décembre 1870.

*Préfet à Freycinet délégué à guerre,
Bordeaux.*

N'est-ce pas une erreur que la nomination de M. Bérard, avocat à Nimes, comme administrateur du camp de Montpellier avec grade d'intendant. Une heure avant l'arrivée du *Moniteur*, M. Bérard me priait de le recommander au commandant du camp pour lui faire obtenir un emploi secondaire dans l'intendance. Sa surprise a dû être aussi grande quand il a dû lire sa nomination d'intendant. Prière de revenir sur cette mesure, s'il est possible, et de nommer M. Vallabrègue, déjà présenté par moi, intendant, et M. Bérard, sous-intendant par exemple. Je crains que le poste supérieur ne le prenne au dépourvu ; M. Vallabrègue, au contraire, est très au courant de ces fonctions qu'il remplit depuis trois mois dans la garde nationale de Montpellier et comme ancien officier comptable en Italie et en Crimée.

Lisbonne.

—

Montpellier, 13 décembre 1870.

*Préfet à Crémieux, membre du gouvernement,
Bordeaux.*

J'oubliai de vous dire que Vallabrègue a refusé le poste de Marseille. Lisbonne.

—

Montpellier, 13 décembre 1870.

Préfet à Crémieux, Bordeaux.

Si la nomination de Bérard est chose faite, ce que m'apprend Freycinet qui ajoute que la demande de Bérard était appuyé par vous, nommez Vallabrègue sous-intendant pour que le service soit assuré. Il acceptera ; que cela se fasse vite, sans cette mesure subsidiaire nous sommes fort embarrassés. Si vous pouvez encore mieux urgence.

Lisbonne.

Montpellier, 13 décembre 1870.

Préfet à Freycinet à délégué à guerre, Bordeaux.

Puisque la nomination de Bérard est chose faite, prière de nommer Vallabrègue sous-intendant, pour que le service soit au moins assuré, je sais que Vallabrègue acceptera. Crémieux ne s'y oppose pas, au contraire, je lui télégraphie. LISBONNE.

—

Montpellier, 14 décembre 1870.

Préfet à intérieur guerre et Freycinet délégué à guerre, Bordeaux.

Reçois communication du télégramme que préfet du Gard a adressé au ministère de la guerre et de l'intérieur. Toute la population de Nîmes proteste contre la nomination de Bérard comme intendant du camp de Montpellier. J'avais donc raison de vous conjurer de revenir sur cette mesure. La dépêche de mon collègue du Gard ne permet pas d'hésiter. LISBONNE.

—

Montpellier, 15 décembre 1870.

Préfet à Intérieur, Bordeaux.

Vous avez demandé notre avis sur exemption des maires et adjoints soumis par leur âge à la mobilisation. Je vous ai répondu que dans l'Hérault le sentiment presque unanime, maire compris, était pour ne pas admettre exemption. J'attends votre décision, le moment est venu d'appliquer la mesure. LISBONNE.

———

IX. — Le dossier de la presse. — Il est question de fonder à Béziers un journal républicain intitulé : *La République*. — L'avocat Crozals demande à Gambetta s'il peut en commencer la publication sans cautionnement et sans timbre. — Saisie du *Messager du Midi*, opérée par ordre du Comité de Salut public de Cette. — Instruction du ministre à ce sujet. — Plaintes du secrétaire général Glaize, au sujet des nouvelles alarmantes publiées par le journal l'*Union nationale*.

Béziers, 7 sept. 1870, 10 h. 10 m.

Au citoyen Gambetta, ministre de l'intérieur, Paris.

Nous voudrions fonder immédiatement à Béziers un journal intitulé : *La République*, pour soutenir et répandre, dans nos campagnes surtout, nos vieilles convictions républicaines, qui sont celles du gouvernement tout entier.

Pouvons-nous commencer sans timbre, sans cautionnement, sous la garantie seule de nos signatures et de nos personnes ?

Celui qui signe cette dépêche se recommande au souvenir des citoyens Crémieux, ministre de la justice; Floquet, adjoint à la mairie de Paris, et Lisbonne, préfet de l'Hérault.— Veuillez répondre.

Louis CROZALS, avocat.

Montpellier, 21 novembre 1870.

Secrétaire général à préfet de l'Hérault, Tours.

Messager avant-hier contenait votre proclamation pour emprunt cettois, article suivait contre municipalité et Comité Salut Public. Numéro de ce jour contient copie d'une plainte adressée par télégraphe à intérieur sur ordre de saisie du numéro fait hier soir par comité. Reçois à l'instant dépêche ministérielle ainsi conçue : « Quel est le comité qui a saisi des paquets journaux à Cette ? Dites au propriétaire qui se plaint qu'il sera protégé comme de droit. »

Ai communiqué cette dépêche à Cette, et télégraphié au ministre que vous renseignerez sur situation politique à Cette. Article *Messager* concluait à des décisions à Cette. Lettre insérée ce matin insiste.

Messager a porté plainte à procureur République. Je mande Gras pour lui communiquer dépêches ministérielles.
GLAIZE.

Montpellier, 21 novembre 1870.

Secrétaire général à intérieur, Tours.

Ai communiqué votre dépêche relative à la saisie d'un paquet de *Messager du Midi* à Cette à la commission municipale de cette ville. — Ai fait mander le propriétaire pour l'informer, attends plus amples renseignements. Je télégraphie l'état de la question au préfet Hérault à Tours, qui vous fera connaître situation politique de Cette.
GLAIZE.

Montpellier, 21 novembre 1870.

Secrétaire général à intérieur, Tours.

Je télégraphie à commission municipale Cette, qui doit venir fournir renseignements, demain, la dépêche suivante : « Veillez à exécution de la pensée du ministre. Maintenez pour honneur de la République tous les droits de la liberté de la presse. » Informerai de nouveaux incidents s'il y a lieu.
GLAIZE.

Montpellier, 21 novembre 1870.

Secrétaire général Hérault à préfet Hérault, Tours.
(Chiffrée.)

Journée sans autres incidents. *Union* a donné nouvelles alarmantes échec sous Paris, avons démenti dans quatre journaux.

Si situation capitaine Rustand était obstacle, demande à obtenir un échange contre prisonnier prussien grade égal pour avoir indépendance.

Attendons Cettois demain, avons télégraphié pensée ministérielle maintenir honneur de la République sur liberté de la presse.

Bruit public, ta nomination premier président Toulouse (1) et Agniel préfet sans autre Vidal.

Le secrétaire général,
Paul GLAIZE.

Montpellier, 22 novembre 1870.

Secrétaire général préfecture Hérault à préfet Hérault, Tours.

Viens de voir commission municipale Cette. Toute latitude avait été rendue à *Messager*, avant de recevoir mes instructions. Réunion publique nombreuse s'était prononcé samedi soir pour respect liberté presse. Gras abandonne poursuite civile ; affaire considérée comme terminée, mais succès emprunt peut être en question. Sabatier insiste pour obtenir promptement solde garde mobilisée ; ai reçu une circulaire ministre relative à inscription mobilisés pour attachés comme trésoriers civils aux ateliers militaires. Redoute demandes universelles, mais sauf avis de vous, prépare affiches pour suivre ces instructions.

Chazot insiste pour bourse de son fils au Lycée de Montpellier.— Appuie.   GLAIZE.

X. — Incident relatif à la nomination de Marc-Dufraisse comme commissaire général dans l'Hérault.

(1) Nous avons transcrit au titre des Révocations et Promotions judiciaires tout ce qui a trait à cette première présidence convoitée si ardemment par M. Lisbonne et qui fut donnée à l'avocat Saint-Gresse. Nous avons maintenant par cette dernière dépêche l'explication du zèle que déploya dans cette circonstance le procureur général Agniel : il aspirait, paraît-il, si la combinaison eût réussi, à remplacer M. Lisbonne à la préfecture de l'Hérault.

Montpellier, 28 octobre 1870.

Préfet Hérault à ministre Justice, Intérieur et Cazot, secrétaire général de l'Intérieur, Tours.

Je reçois décret du ministre de l'Intérieur, qui nomme Marc-Dufraisse préfet des Alpes-Maritimes et commissaire général du Var, de la Savoie, de la Haute-Savoie et de l'Hérault.

La personne de Marc-Dufraisse m'est entièrement sympathique ; mais s'il n'y a pas erreur, et que l'Hérault soit compris avec autres départements non contigus dans un commissariat général, et franchissant les Bouches-du-Rhône et le Gard, je ne puis que donner ma démission, et je la donne. — Je désire une réponse immédiate (1).

Le Préfet,

LISBONNE.

—

Montpellier, 20 octobre 1870.

Déandrais à Gambetta, ministre de l'Intérieur.

J'ai télégraphié à Spuller (2) pendant votre absence ; Lisbonne, préfet, a télégraphié à Intérieur et Justice (3) relativement à la nomination anormale de Dufraisse, commissaire de l'Hérault. Le personnage que je vous ai si maladroitement présenté,

---

(1) Cette dépêche était déjà connue ; elle figure, en effet, dans le rapport de Sugny (p. 490); mais il nous a paru indispensable de la reproduire ici pour l'intelligence des autres télégrammes.

(2) Dans ce télégramme, il était question du caractère de suspicion que semblait présenter, pour M. Lisbonne, la nomination de M. Marc-Dufraisse, en qualité de commissaire général de l'Hérault. Le signataire Déandrais y faisait remarquer au secrétaire particulier de M. Gambetta, combien la retraite de Lisbonne serait fâcheuse à plusieurs points de vue, et le priait d'aviser. (18 octobre 1870. — Voir rapport de Sugny, p. 491).

(3) M. Lisbonne avait, en effet, télégraphié au ministre de la justice : « Je ne puis accepter d'être mis à l'index d'une tutelle spéciale. Si vous devez me doubler de quelqu'un, doublez-moi de moi-même, en élargissant mes pouvoirs. » (18 octobre 1870. — Rapport de Sugny, p. 491.)

a travesti scandaleusement, dans son journal, notre entretien. Veuillez vous faire communiquer ma dépêche à Spuller ; celles de Lisbonne auxquelles je me réfère, et l'article dudit journal ; consultez surtout Cazot, qui a reçu détails consciencieux du Procureur général (1) par courrier. Dans un intérêt gouvernemental, je vous engage à donner télégraphiquement satisfaction au préfet sur les deux points, même avec désaveu du journal en question. L'affaire est pressante et digne d'intérêt, malgré nos immenses préoccupations. Amitiés respectueuses.

DÉANDRAIS.

Montpellier, 21 octobre 1870.

Préfet à ministre Justice, à Tours.

De plus en plus impatient d'être fixé sur les pouvoirs Marc-Dufraisse me concernant, je vous supplie avec reconnaissance de me dire un mot aujourd'hui par télégraphe. La question a-t-elle été ou non résolue ? Elle devait l'être hier.

LISBONNE.

Montpellier, 22 octobre 1870.

Préfet à ministre, justice, Tours.

Je vous remercie de tout cœur de votre excellente dépêche. Je me garderais bien de demander une satisfaction, après le témoignage de confiance et de bonté que vous m'y donnez et je m'en rapporte complètement à vous tous. Laget et Pinchinat sont ici et vous serrent la main. LISBONNE.

---

(1) Le procureur général Agniel, qui était devenu en quelque sorte l'*alter ego* de M. Lisbonne, ne pouvait manquer de prendre dans l'espèce fait et cause pour lui : « Cette mesure, écrivait-il au ministre, le 18 octobre, aurait un caractère blessant pour la dignité de Lisbonne, et il ne pourrait l'accepter. S'il se retirait, ce serait un désastre pour la République et un deuil pour les vrais républicains. Il faut l'éviter à tout prix. »

XI. — Le cas du docteur Maffre, parent du maréchal Bazaine. — Le procureur général Agniel et le préfet Lisbonne signalent sa présence à Castelnaudary et demandent s'il faut procéder à son arrestation. — M. Lisbonne sollicite l'autorisation de saisir au télégraphe toutes les dépêches adressées aux parents et affidés des maréchaux félons.

Montpellier, 1er novembre 1870.

Préfet à guerre et intérieur, Tours.
(Chiffrée.)

Autorisez-moi à requérir du directeur du télégraphe la communication de toute dépêche adressée aux parents et affidés des maréchaux félons — Urgence.
LISBONNE.

—

Montpellier, 5 novembre 1870.

Procureur général à justice, Tours.

Veuillez me transmettre la réponse à ma dépêche relative au chirurgien-major de Metz, actuellement à Castelnaudary.
AGNIEL.

—

Montpellier, 6 novembre 1870.

Procureur général à justice, Tours.

J'avais télégraphié, le 4 novembre, que Maffre, médecin-major à l'armée de Metz, ami personnel du maréchal Bazaine et neveu par alliance du général Coffinières, était arrivé à Castelnaudary, et que je l'avais fait inviter à ne pas s'éloigner jusqu'à nouvel avis.

Je demandais s'il fallait, le considérant comme faisant partie de l'état-major du maréchal, le faire arrêter ? Prière de me télégraphier.
AGNIEL.

Montpellier, 9 novembre 1870.

Procureur général à Justice, Tours.

Je suis prévenu que Maffre, médecin major à l'armée de Metz, ami personnel du maréchal Bazaine, et neveu par alliance du général Cofinières, est arrivé à Castelnaudary, faut-il le faire arrêter ? Il a été invité à ne pas s'éloigner jusqu'à nouvel ordre (1).

AGNIEL.

XII. — Prétendu enthousiasme produit dans l'Hérault par le résultat du vote de Paris. — Le préfet Lisbonne et la commission municipale de Montpellier émettent le vœu que la France entière soit appelée par oui ou par non à manifester sa confiance dans le gouvernement de la Défense nationale.

Montpellier, 3 novembre 1870.

Préfet à Intérieur, Tours.

Votre circulaire relative au décret de Paris a été affichée. L'impression générale est excellente, et elle se manifeste par le désir de donner, par un vote dans toute la France, une adhésion solennelle au gouvernement de la Défense nationale. Je suis

(1) Nous devons ajouter qu'à la date du 5 novembre, M. Maffre avait déjà été interrogé par M. Mir, sous-préfet de Castelnaudary, assisté de M. Grouvelle, procureur de la République. Il fut dressé procès-verbal de ses déclarations et explications ; ce document, qui offre un certain intérêt, a été publié par la commission d'enquête, nommée par la Commune, à l'effet de classer tous les documents relatifs aux actes des hommes du 4 septembre. Nous l'avons retrouvé dans le troisième fascicule de cette publication. (Pages 23, 24, 25, 26, 27 et 28.)

d'avis que le gouvernement de Tours décrète (1) le vote par oui ou par non pour dimanche prochain. Pas d'autres nouvelles de Gent. — Cependant amélioration marquée dans son état. LISBONNE.

Montpellier, 3 novembre 1870.

Préfet à intérieur, Tours.

Je ne me trompais pas dans mon appréciation. Voici l'adresse que me remet la commission municipale de Montpellier. La commission municipale de Montpellier émet le vœu que la France entière soit appelée au plus tôt à manifester sa confiance dans le gouvernement de la Défense nationale par un vote régulier sur la question suivante : Le peuple français maintient-il oui ou non les pouvoirs du gouvernement de la Défense nationale.

LISBONNE.

(1) Cette proposition avait obtenu l'adhésion de plusieurs des collègues de Lisbonne. Nous citerons entre autres le préfet de Digne qui, le même jour (télégramme n 104, 3 novembre 1870, 10 h. 41 s.), télégraphiait au gouvernement : « J'adhère complètement à l'idée du préfet de Montpellier de faire voter les départements comme Paris sur la même question ; si on se contente du vote de Paris, la province protestera. Le gouvernement peut être sûr du vote de la province. » Esménard DU MAZET.

Après le plébiscite impérial, le plébiscite républicain. Cela est dans la logique des choses. MM. Lisbonne et du Mazet ne s'en montraient aussi enthousiastes que parce que le résultat leur en paraissait sûr ; sans cela, ils se seraient répandus en récrimination contre les réactionnaires qui eussent parlé de consulter le suffrage universel même par voie d'élections générales, eux qui avaient dissous tous les conseils électifs.

De son côté, le procureur général, qui ne pensait et n'agissait que par Lisbonne, s'était rallié à sa proposition. Voici, en effet, ce qu'il écrivait au ministre de la justice : « Chacun est convaincu qu'à une formidable majorité Paris affirmera sa confiance envers le gouvernement

« Si pareil appel était adressé aux départements, le gouvernement obtiendrait une adhésion unanime et enthousiaste, qui lui donnerait les pouvoirs nécessaires pour sauver la République des pervers et des traîtres. » (3 novembre 1870.)

Montpellier, 5 novembre 1870.

Préfet à intérieur, Tours.

Félicitations, mais non surprise personnelle. Les populations qui nous entourent sont enthousiasmées du résultat (1).

Bonne journée pour la République, mauvaise journée pour la Prusse. LISBONNE.

—

Montpellier, 6 novembre 1870.

Préfet à intérieur, Tours.

Sur la prière de la commission municipale de Pézenas, je vous adresse la dépêche suivante : La commission municipale de Pézenas, interprète fidèle de la population, s'associe avec bonheur au vote de confiance des Parisiens. Elle accepte avec enthousiasme la levée en masse de 20 à 40 ans. Elle adjure le gouvernement de compléter cette mesure en décrétant l'impôt sur le capital, seul moyen pratique de pourvoir à l'organisation convenable d'un contingent aussi nombreux. Le président de la commission. LISBONNE.

XIII. — Dissolution des Conseils généraux et des Conseils d'arrondissement. — Ce que pensait de cette mesure le préfet Lisbonne.

Montpellier, 9 octobre 1870.

Préfet à Laurier, directeur du personnel, et Crémieux, délégué du Gouvernement, Tours.

La dissolution des conseils généraux et d'arron-

(1) Le procureur général tenait également le même langage : « Notre population a reçu avec enthousiasme la nouvelle du vote de Paris. Elle comprend que ce vote intelligent et patriotique sauve la République en donnant au

dissements est de première nécessité politique et de la plus grande urgence (1).   LISBONNE.

Montpellier, 25 novembre 1870.

Préfet Montpellier à ministre intérieur, Tours.

Vous vous devez à vous-même et vous devez à la République de décréter la dissolution des Conseils généraux et d'arrondissements. Permettez-moi de revenir souvent à la charge.

Montpellier, 26 novembre 1870.

Préfet de l'Hérault à Ministre Justice, Tours.

Le congé du recteur expire dimanche 27. Avisez d'urgence. Il a fait avertir ses gens qu'il sera de retour lundi. Et les conseils généraux ? vous savez : *Carthago...*

LISBONNE.

Montpellier, 27 novembre 1870.

Préfet de l'Hérault à Crémieux, justice, et à Gouvernement, Tours.

Ariège vient de dissoudre son conseil général. Quand donc le gouvernement de la défense nationale

gouvernement l'autorité morale et la force matérielle nécessaires pour triompher de toutes les aggressions, *Caveant consules.* (5 nov. 1870).

(1) M. Lisbonne n'était pas le seul à réclamer cette dissolution ; son collègue de Vaucluse, M. Poujade, était également partisan de cette mesure qui devait lui permettre de nommer des Commissions départementales triées sur le volet, témoins les deux télégrammes ci-après :

5,606. — Conseil général à dissoudre. — Est-ce par décret ou par simple arrêté ? Naquet est-il là ? (Télégramme n° 54. — Préfet Vaucluse, à ministre intérieur, pour Cazot, 21 octobre 1870, 2 h. 20 s.)

3,120. — Le 26 octobre, j'ai expédié à Tours l'arrêté portant dissolution du Conseil général et nomination d'une Commission départementale. Je vous prie autoriser par télégraphe et par décret cette nomination. (Télégramme n° 5,140. — Préfet Vaucluse à ministre intérieur, Tours. — 31 octobre 1870, 8 h. 31 m.)

Le préfet de l'Hérault,
LISBONNE.

et républicaine aura-t-il la virilité d'un préfet et quand dissoudra-t-il en principe les conseils généraux, auxiliaires de l'empire ? (1)

LISBONNE.

XIV. — **Les élections municipales et à la Constituante.— Attitude scandaleuse du préfet Lisbonne. — La candidature officielle. — De quelle façon le préfet de l'Hérault manipulait la matière électorale.**

Montpellier, 20 septembre 1870.

Préfet de l'Hérault à ministre intérieur, Tours.

Tout mûrement examiné, je crois qu'il est essentiel de renvoyer les élections municipales, après les élections de la Constituante. Ces dernières auraient lieu le 2 octobre, et les élections municipales huit jours après. De cette façon, les municipalités provisoires qui ont été nommées, fonctionneraient jusqu'aux élections de la Constituante. Différemment, je crains le trouble dans les esprits, ce qui compromettrait les élections générales.

Le préfet,
LISBONNE.

—

Montpellier, 23 septembre 1870.

Préfet de l'Hérault à directeur général du personnel, à Tours.

Votre candidature et celle de Floquet sont annoncées.

---

(1) Le préfet Lisbonne revint de nouveau à la charge le 18 décembre, et déclara au gouvernement qu'il ne comprenait pas ses hésitations en cette matière. La dépêche se terminait par ces mots significatifs : « Votre préfet tenace, mais véridique. »
Voilà comment ces gens-là entendent le respect pour le suffrage universel

Il est question de celles de Picard et de Simon.
Le préfet,
LISBONNE.

Montpellier, 24 septembre 1870.

Préfet à gouvernement, Tours.

Je signale l'hostilité manifeste au gouvernement et au préfet de l'ancien conseil municipal, reproduisant, après sa suspension et dissolution, son entière liste aux élections.

Cette liste est patronnée par journal légitimiste et le journal de l'Empire. A la tête de cette coalition les deux doyens : M. Germain, faculté des lettres, et M. Buisson, faculté de médecine.

Il est nécessaire de les révoquer comme doyens aujourd'hui même, par dépêche à moi adressée, pour effet moral et apaisement, en attendant autres mesures auxquelles cette liste donnera également lieu, et proposition de remplacement.

Le préfet,
LISBONNE.

Montpellier, 24 septembre 1870.

Préfet Hérault à intérieur et gouvernement Tours.

L'ajournement des élections a produit un excellent effet ; Montpellier est calme et a le sentiment de la situation. Le département le partage.

Le préfet,
LISBONNE.

Montpellier, 24 septembre 1870.

Préfet de l'Hérault au ministre de l'intérieur, Tours.

Élections ajournées. Je serai juge du moment où je devrai appliquer la mesure qui a fait l'objet de ma dépêche d'hier. Une des personnes dont il est question, s'amende sensiblement.

Le Préfet,
LISBONNE.

Montpellier, 27 septembre 1870.

Préfet de l'Hérault à ministre de la justice, Tours.

A cause du renvoi des élections, de la situation actuelle, je surseois à l'exécution de la mesure relative à la révocation des deux doyens. La mesure serait en ce moment inopportune. Ainsi que je vous l'ai télégraphié, je me réserve d'user, selon les circonstances, de l'une ou de l'autre des deux révocations, ou de toutes les deux à la fois.

Le Préfet,
LISBONNE.

Montpellier, 2 octobre 1870.

Préfet à Laurier, directeur du personnel, Tours.

J'apprends par votre circulaire que les élections pour la Constituante sont fixées au 16 octobre ; qu'en est-il ?

Votre candidature est assurée dans notre département; mes délégués, revenus de Tours, sont enchantés de vous. Amitiés. LISBONNE.

Montpellier, 6 octobre 1870.

Crouzet à Cazot, délégué ministre intérieur, Tours.

Dire à Dumarest : rien décidé; congrès Béziers dimanche; conversation intime; candidature Dumarest, vive opposition ; Baumes propose les quatre candidats obligés, plus quatre membres gouvernement provisoire, adhésion du groupe Sabatier. Chatamaule, Baumes, négociant avec dissidents, inertie générale, défaut d'une main virile. (Officielle réponse à une dépêche du ministre de l'intérieur.)

CROUZET.

Montpellier, 9 octobre 1870.

Préfet à gouvernement, Tours.

Gambetta est-il arrivé? Les élections sont-elles ajournées? Ce seraient deux excellentes nouvelles. Une réponse télégraphique je vous prie.

LISBONNE.

—

Montpellier, 3 février 1871.

Secrétaire général préfecture Hérault à ministre intérieur, Tours.

Comment faire pour avertir nos mobiles à Paris, à Langres et en Algérie, nos mobilisés à Lyon et dans l'Est? Par quels moyens leur faire passer les listes des candidats, circulaires, etc.? Ils représentent 8,000 votants. La réaction, aidée de Bismark, aura sur eux une action certaine.

Votre silence à cet égard nous met dans un grand embarras : nous n'avons que quatre jours devant nous. *Le secrétaire général:*

Paul GLAIZE.

—

Montpelliar, 3 février 1871.

Prefet Hérault à Laurier, directeur général du personnel, Bordeaux.

Hier, congrès à Béziers. Séance orageuse. Assemblée par 77 non contre 17 oui, décidé qu'il ne faut pas faire d'élections.

Cependant a arrêté éventuellement la liste des candidats : Floquet, Ledru-Rollin, Baille, Ballue, Louis Blanc, Victor Hugo, Rochefort, Delescluze.

Nos amis les républicains arrêteront leur liste aujourd'hui. Votre nom y sera certainement.

Le préfet,

LISBONNE.

Montpellier, 3 février 1871.

Préfet Hérault à Gambetta et Jules Simon, membres du gouvernement et Clément Laurier, directeur général du personnel, Bordeaux.

Le comité républicain de l'Hérault a adopté ce soir la liste suivante de candidats : Gambetta, Jules Simon, Clément Laurier, Castelnau, Charles Floquet, Achille Baille, François Oustrin, Charles Rouget.

Le préfet de l'Hérault,
Lisbonne.

—

Montpellier, 4 février 1871.

Préfet de l'Hérault à intérieur, Bordeaux.

J'insiste pour que vous donniez moyen d'aller à Paris faire voter mes 4,000 mobiles.

Le préfet,
Lisbonne.

—

Montpellier, 4 février 1871.

Préfet Hérault à intérieur, Bordeaux.

Nous avons envoyé la liste des candidats en Algérie, à Lyon et à Bourg. Mais donnez-nous un moyen pour les mobiles à Paris et à Langres où je voudrais envoyer un délégué.

Le préfet,
Lisbonne.

—

Montpellier, 5 février 1871.

Préfet Hérault à Steenackers, directeur des postes et télégraphes à Bordeaux.

Nous attendons vainement l'avis que la communication télégraphique est rétablie avec Paris.

Cependant les élections ont lieu aujourd'hui : prière de faire parvenir, au nom du Comité républicain, aux mobiles de l'Hérault à Paris, la liste électorale suivante : Gambetta, Albert Castelnau, Laurier, Floquet, Achille Baille, Jules Simon, Oustrin et Charles Rouget. Réponse :

Le préfet de l'Hérault,
LISBONNE.

—

Montpellier, 7 février 1871.

Secrétaire général préfecture Hérault à Jules Simon Gouvernement, Bordeaux.

Depuis votre première lettre n'ai reçu ni numéro *Gironde*, ni lettre, ni télégramme : ne puis me l'expliquer. Partage tous vos sentiments. L'état de l'opinion publique est très-satisfaisant, mais ici la scission faite par le journal des *Droits de l'Homme* peut compromettre le succès. Nous agissons en amis sincères de la liberté radicale. Tout à vous. Télégraphiez-moi pour mes Parisiens la liste de Paris que vous préférez. Aucune liste n'est parvenue.

Le secrétaire général,
PAUL GLAIZE.

—

Montpellier, 7 février 1871.

Préfet Hérault à MM. Arago, Gambetta et Laurier, Bordeaux.

J'ai reçu votre dépêche : vos trois noms réunis dictent ma ligne de conduite. Je reste. La détermination que j'avais prise ne sera connue que par la réponse que vous y avez faite. J'ai du tout fait l'affiche suivante dont l'effet moral sera des meilleurs. L'ordre est profond, la tranquillité parfaite : si le journal les *Droits de l'Homme* ne semait pas la division, le succès électoral serait assuré.

Le préfet de l'Hérault,
LISBONNE.

XV. — Le drapeau rouge est promené dans les rues de Montpellier par une bande d'individus venus de Cette. — Intervention de la gendarmerie. — Le préfet Lisbonne fait remettre en liberté les personnes arrêtées. — Incident Léon Marès, délégué dans le département en qualité d'inspecteur de la garde nationale. — Ce dernier est chassé du cabinet du sous-préfet de Béziers.— Explications de Lisbonne sur cette mésaventure. — Il dénonce au gouvernement le commandant de place de Cette, M. Rossi, et sollicite d'urgence son déplacement. — La question de prorogation du paiement des loyers. — M. Lisbonne parle de recourir à des emprunts ou impôts forcés, l'emprunt départemental récemment émis ne se couvrant pas. — Sa polémique à ce sujet avec M. Michel Chevalier. — L'évêque de Montpellier est l'objet auprès du gouvernement de ses chaleureuses félicitations. — La capitulation de Metz et l'interdiction proposée de la publication de toute dépêche de source prussienne. — La prétendue mission Leverrier et les inquiétudes de M. Lisbonne. — Ce dernier denonce tout le personnel des percepteurs et plus particulièrement le trésorier-payeur général de Montpellier.

Montpellier, 12 septembre 1870.

Général commandant la 10e division militaire à ministre de la guerre, Tours.

Hier, l'ordre a été troublé à Montpellier par une bande d'individus venus de Cette pour promener un drapeau rouge surmonté d'un bonnet phrygien. La gendarmerie a voulu s'emparer de cet emblème séditieux, puisque le drapeau tricolore est seul reconnu par le gouvernement (1). Elle n'a pu le faire,

(1) On se rappelle à ce sujet la dépêche de Gambetta au maire provisoire de Marseille, Bory : « Le drapeau tricolore est le drapeau de la nation : nous en interdisons formellement tout autre ; c'est avec le drapeau tricolore que nous repousserons l'ennemi. » (Paris. 5 sept. 1870. — Télégramme n. 325.)

mais le drapeau a disparu. La gendarmerie a dû dégaîner pour se retirer, mais sans faire usage de ses armes. Le capitaine qui la commandait a eu son ceinturon et son sabre enlevés, une basque de son habit arrachée.

Sur un autre point de la ville, le chef d'escadron de gendarmerie a été assailli, il était seul et a été blessé au front d'un coup de bouteille. Il est au lit.

Dans la soirée, la garde mobile a fait des patrouilles et a arrêté une trentaine d'individus dont la plupart ont été relâchés sur l'ordre du préfet. Onze ont été maintenus en état d'arrestation.

Le chef d'état-major,
COLLIN.

Montpellier, 21 septembre 1870.

Préfet de l'Hérault au ministre de l'intérieur, Tours.

Voici une dépêche que je reçois du sous-préfet de Béziers :

« M. Léon Marés s'est présenté ce matin à mon « cabinet. Son attitude a été telle que j'ai dû le « chasser immédiatement. Si ce dernier séjourne à « Béziers, je ne réponds pas de la tranquillité pu- « blique. »

M. Marés remplit dans ce moment une mission spéciale du comité de défense pour l'inspection de la garde nationale. Appréciez. Cette sous-préfecture désorganise l'administration.

Le préfet,
LISBONNE.

Montpellier, 23 septembre 1870.

Préfet de l'Hérault à intérieur, Tours.

Léon Marés a eu le tort grave de descendre à Agde chez M. Coste Floret, suspendu comme maire. Cette circonstance atténue et explique la réception qui lui a été faite à Béziers. J'en ai tenu compte et j'ai interrompu son inspection de la garde nationale.

Le préfet,
LISBONNE.

Montpellier, 27 septembre 1870.

Préfet de l'Hérault à ministre de la justice, Tours.

Je recommande à votre patriotisme changement demandé par moi du commandant de place à Cette. Place importante commandée par M. Rossi, Corse dévoué à l'Empire déchu. La ville de Cette s'émeut. La mesure que je sollicite est urgente.

Le Préfet,
Lisbonne.

—

Montpellier, 27 septembre 1870.

Préfet de l'Hérault aux membres du gouvernement provisoire à Tours.

J'ai demandé le changement de M. Rossi, commandant de place à Cette, pour cause de nécessité politique. Le général ne s'y opposait pas.
Le ministre de la guerre me répond :
« Une autre destination ne pourra être assignée au capitaine Rossi que sur la demande du général. »
Je doute que le général le demande. Il se bornera à ne pas s'y opposer, parce qu'il est moins pénétré que moi, préfet, de la nécessité de la mesure. Ce qui presse, c'est le remplacement du capitaine, dévoué comme Corse à l'Empire déchu. Urgence.

Le Préfet,
Lisbonne.

—

Montpellier, 8 octobre 1870.

Préfet à ministre Justice, Tours.

Le commerce réclame énergiquement l'interprétation des décrets de promulgation des échéances. J'ai l'intention de proroger l'échéance des loyers ; que pensez-vous de cette mesure ? Lisbonne.

Montpellier, 9 octobre 1870.

Procureur général à ministre de la justice, Tours.

Prière de prendre en considération le rapport du procureur général sur les cinq personnes condamnées par le tribunal correctionnel de Montpellier en juin dernier, et d'ordonner leur élargissement immédiat. Cette mesure sera d'un très-bon effet.

Le procureur général : AGNIEL.
Le préfet : LISBONNE.

—

Montpellier, 11 octobre 1870.

Préfet à intérieur, guerre, finances, Tours.

Je prévois que l'emprunt départemental et les emprunts des communes, par les mêmes raisons, ne se couvriront que difficilement par des souscriptions volontaires, pour cause de pénurie de numéraire d'un côté, aggravée par l'absence de coupures dans notre département, ou pour cause de mauvais vouloir auquel la politique n'est point étrangère. En prévision de ce, suggérez-moi ou autorisez mesures exceptionnelles, telles que emprunts ou impôts forcés : la situation l'impose, et ne peut être éludée.

J'appelle sur ce point spécialement l'attention du gouvernement et attends vos communications ; faute de ces mesures exceptionnelles, la défense nationale est enrayée parmi nous. Ne pourrait-on pas prescrire l'anticipation de l'impôt ? Agissez.

LISBONNE.

—

Montpellier, 14 octobre 1870.

Préfet à ministre Intérieur, Tours.

L'emprunt départemental que j'ai émis, il y a quelques jours, a pris, depuis hier, un certain essor. Je commence à espérer qu'il sera couvert. Je signale, parmi les souscripteurs les plus empressés, Monseigneur l'Evêque dont j'ai déjà eu l'occasion de constater le concours non équivoque.

LISBONNE.

Montpellier, 28 octobre 1870.

Préfet à ministre Intérieur, Tours.

Michel Chevalier, dont je vous ai communiqué la lettre, vient de la publier dans le *Messager du Midi*. Je veux répondre, mais m'enrichir de vos observations. Au besoin télégraphiez-moi quelques mots.
LISBONNE.

—

Montpellier, 28 octobre 1870.

Préfet à ministre Intérieur, Tours.

Pas du tout. — Je parle de la lettre de Michel Chevalier, relative à mon emprunt départemental. Il critique amèrement le virement, parce que le conseil général n'est pas intervenu ; mais il oublie qu'un décret de Tours, avant votre arrivée, a approuvé le virement. Je vous ai adressé par poste, avant-hier, copie de cette lettre. — Cazot doit être au courant. Un mot de vous ou de lui, je vous en prie, la chose en vaut la peine. Mes souscripteurs sont inquiets. J'ai hâte de répondre.
LISBONNE.

—

Montpellier, 29 octobre 1870.

Préfet à ministre Intéricur, Tours.

L'emprunt national a recueilli pour un million cent cinquante-six francs de souscriptions à Montpellier. Vous voyez bien que le moral de la population que j'administre, est excellent.
LISBONNE.

—

Montpellier, 29 octobre 1870.

Préfet à Ministre Guerre, Tours.

J'ai publié votre dépêche relative à Metz : consternation et irritation générales, inutile de dire que les nouvelles sont attendues avec la plus extrême anxiété.
LISBONNE.

Montpellier, 30 novembre 1870.

Préfet à Guerre Intérieur et Justice, Tours.

Pourquoi le gouvernement n'interdirait-il pas la publication des dépêches prussiennes, tout au moins sans le visa des préfets. Ce sont en général fausses nouvelles et toujours alarmantes. LISBONNE.

Montpellier, 2 décembre 1870.

Préfet à Intérieur, à Tours.

J'ai lu quatre fois votre bulletin dans la cour de la Préfecture, immense effet. Vive la République ?
LISBONNE.

Montpellier, 14 décembre 1870.

Préfet à Intérieur, Bordeaux.

M. Leverrier est ici : a-t-il une mission quelconque du gouvernement ou de quelqu'un de ses membres, M. Glais-Bizoin par exemple ! Est-il chargé de rechercher un système de correspondance par signaux lumineux, particulièrement pour la défense du département ? Réponse télégraphique. LISBONNE.

Montpellier, 19 décembre 1870.

Préfet à Justice et Intérieur, Bordeaux.

Puis-je prendre un arrêté disposant que les loyers seront payés terme échu au lieu de l'être d'avance, selon l'usage du pays ou les stipulations des baux ? Réponse urgente. LISBONNE.

Montpellier, 20 décembre 1870.

Préfet à Justice, Intérieur et délégué de l'Instruction publique, Bordeaux.

Puisque une Faculté de Droit est institué à Bordeaux pour remplacer Paris et Strasbourg, pourquoi le gouvernement ne transférerait-il pas momentanément à Montpellier la Faculté de théologie protestante de cette dernière ville. Montpellier serait heureuse de lui donner l'hospitalité.

LISBONNE.

Montpellier, 20 décembre 1870.

Préfet à intérieur, Bordeaux.

Je n'ai pas encore oublié article 1244, et je sais bien que le gouvernement en a décrété l'application aux effets de commerce. Il était besoin qu'il en étendît l'application aux loyers rentrant dans le droit commun. Ma question avait portée sérieuse et exclusivement politique ; aussi après que justice m'a répondu *non*, intérieur m'a répondu *oui* en me disant : « Je ne vois aucun inconvénient à ce que vous preniez un arrêté portant que les loyers seront payés au terme échu au lieu de l'être d'avance. Mais n'entrez dans cette voie contraire à l'usage qu'en cas de nécessité absolue. »

J'aurais tort de dire que je ne suis pas embarrassé, à moins qu'entre *non* de justice et *oui* d'intérieur je ne prenne un parti moi-même.

LISBONNE.

Montpellier, 12 janvier 1871.

Préfet de l'Hérault à finances, Bordeaux.

Tous les fonctionnaires de l'administration des finances se sont gravement compromis sous le régime déchu; une liste me semble inutile, seulement il y a telle mesure plus immédiatement urgente que d'autres, à savoir la révocation du receveur municipal d'Agde et du receveur municipal de Lodève, déjà suspendu.

J'ai écrit, le 10 courant, pour le changement du percepteur de Méze. Vous rendrez un grand service en provoquant ces mesures tout de suite. Je suis extrêmement mécontent du trésorier-payeur général. Il semble vouloir entraver mes dispositions de défense nationale par des difficultés sans nombre et sans raison.

J'écrirai par la poste. Mais les trois mesures sollicitées par moi sont brûlantes.

Le préfet ,
LISBONNE.

Montpellier, 15 janvier 1871.

*Préfet de l'Hérault à ministre de l'intérieur,
Bordeaux.*

Je vous signale que le trésorier-payeur général m'oppose depuis quelques jours une sorte d'inertie systématique qui paralyse mon administration, au point de vue des dépenses nécessaires à la mobilisation. Je ne puis obtenir qu'avec grande peine et grande lenteur que mes mandats sortent à effet sur des crédits régulièrement ouverts, quand je l'obtiens.

Prière de l'avertir sévèrement. Il paraît très hostile à la République, et il y a évidemment mauvaise volonté. » *Le Préfet*,
Eugène LISBONNE.

XVI. — Dépêches d'intérêt privé, transmises par voie officielle.

Montpellier, 14 novembre 1870.

Préfet à Crémieux Justice, Tours.

Projet de partir vendredi pour aller vous voir. Je désirerais amener mon ami procureur général (1); mais il ne désire partir que si vous n'y voyez pas d'inconvénient. Veuillez me télégraphier.
LISBONNE.

(1) Ce voyage était motivé par le désir du préfet Lisbonne d'obtenir la première présidence de Toulouse.

Montpellier, 17 novembre 1870.

Préfet Hérault à Secrétaire général d'Intérieur (Jules Cazot), Tours.

Prière faire retenir deux chambres pour Agniel et moi. Arriverons dans la nuit de samedi à dimanche. Veuillez me télégraphier l'hôtel.

LISBONNE.

—

Montpellier, 13 décembre 1870.

Préfet à M. Dorian, membre du gouvernement, à Paris.

(Par pigeons de Bordeaux.)

Tout à souhait à Lunel et à Ribérac. Pauline belle et bonne.

LISBONNE.

CHAPITRE V.

LE DÉPARTEMENT DES ALPES-MARITIMES SOUS LE PRÉFECTORAT DE PIERRE BARAGNON ET DE MARC-DUFRAISSE.

I. — Les premières journées de la République à Nice et dans le département des Alpes-Maritimes (1).

Nice, 5 septembre 1870, 9 h. 45, s.

Colonel de la 25e légion gendarmerie à ministre de la Guerre Paris.

Hier soir, j'ai lu à la population la dépêche officielle annonçant la proclamation de la République. La nuit a été très-calme. Ce matin, délégué par le commandant de l'état de siége, je suis allé faire le tirage et la révision aux environs. Je rentre et apprends des désordres assez graves. — Préfet a dû partir clandestinement. — La mobile, élément momentané de troubles, a dû être renvoyée. — Des commissaires de police ont vu leur mobilier brûlé sur la place. — Des prisons ont été ouvertes. — On a voulu brûler aussi le drapeau de la gendarmerie. Le commandant a dominé la situation par son énergie. — Le commandant de la subdivision a pris des mesures rigoureuses. — De fortes patrouilles mixtes garde nationale sédentaire, gendarmerie à pied et infanterie parcourent la ville.

(1) Nous avons reproduit dans un chapitre précédent une série de dépêches extrêmement curieuses sur les démêlés du préfet Baragnon avec le ministère.

Je monte à cheval avec mes officiers à la tête de 30 cavaliers. Nous serons maîtres et maintiendrons l'ordre sans retour possible de désordre. Mais les petites localités sans ressources militaires vont être très-embarrassées. Les hommes de cœur et d'initiative sont plus rares qu'on ne le pense. L'élément italien est un danger dans ces parages. Il y a urgence de donner à tous des instructions précises, ne fut-ce que de proclamer que le drapeau tricolore et non le rouge est le drapeau de la France. Cette erreur, je l'ai constaté, sera cause de troubles. Il y a urgence à fixer tout le monde et à donner du cœur à beaucoup.

Le colonel commandant de la 25e légion,
PETIT-JEAN.

Nice, 6 septembre 1870, 3 h. 40 s.

Commission départementale à ministre de l'intérieur, Paris.

Des bruits qui circulent en ville et qui sont confirmés par le commandant de la subdivision militaire, tendraient à faire supposer la prochaine arrivée de Garibaldi à Nice. Nous croyons que la garde nationale, quoique parfaitement disposée pour le maintien de l'ordre, n'opposerait pas de résistance.

Le conseil de révision fonctionne activement.

Nice, 7 septembre 1870, 10 h. 50 m.

Commission départementale à ministre de l'intérieur, Paris.

Il y a eu des troubles à Nice et à Cannes qui ont cessé sans répression : troubles aussi à Menton où le commissaire de police a été blessé (1). Nous avons

---

(1) A quand des poursuites contre les auteurs de ces sévices ? Des individus coupables de mêmes actes ont été poursuivis à Lyon et à Marseille, pourquoi en serait-il autrement dans les Alpes-Maritimes ?

envoyé un détachement de troupes, et nous espérons que l'ordre sera rétabli dans la matinée. Toutes les communes demandent des armes pour la garde nationale sédentaire. A Nice même, il faudrait au moins 2000 fusils. La majorité de la population paraît désirer le prochain rétablissement de la paix. (1)

II. — Incident Baragnon et Blache. — Arrestation Morelli. — Ce qu'en pensait le secrétaire général de la préfecture des Alpes-Maritimes. — Opinion de ce dernier au sujet de l'ajournement des élections et des accusations portées par M. Sénard contre le préfet Pierre Baragnon.

N. 5748.   Marseille, 11 octobre 1870, 4 h. 40 s.

Préfet Marseille à intérieur, Tours (confidentielle pour Gambetta.)

Je reçois de Nice par exprès les deux dépêches suivantes que je crois devoir transmettre, sans en accepter à aucun point de vue la responsabilité.

DELPECH.

—

Nice, 10 octobre 1870.

Le secrétaire général des Alpes-Maritimes à Pierre Baragnon, Tours.

Accusation Baragnon par Florence Sénard contre Laurier dépasse le but : choses personnelles de côté, raison dans tout.

---

(1) Nous nous étions toujours un peu douté que les sentiments outranciers dont les émeutiers du 4 septembre firent alors grand bruit, n'avaient guère existé que dans l'imagination des anciens buveurs de chopes du café Procope ou des notabilités radicales toujours en quête de fonctions bien rétribuées.

L'abus, c'était élection le 16 — ineptie. Présence de 600 mille ennemis, absence de 600 mille jeunes gens.

A Tours, affaire italienne incomprise, — affaire niçoise inconnue. Mettre au courant, évitez conflit, restez digne de la République.

Trouvez combinaison pour Alpes-Maritimes. Aidez au concours italien qui est chose touchante. Affaire Morelli (1) odieuse. — Me désintéresse de tout, — rappelez M. Blache.

Le secrétaire-général des Alpes-Maritimes,
TAVERN.

—

Nice, 10 octobre 1870.

Secrétaire-général préfecture Alpes-Maritimes, à Léon Gambetta, Tours.

Sortie de Gambetta acclamée ; l'ajournement des élections approuvé de tous. Décret d'ajournement applaudi à outrance ; département calme ; marche régulière des choses administratives et politiques. Rappelez Blache (2), affaire Morelli funeste.

Le secrétaire-général,
TAVERN.

---

(1) Nous avons déjà fait connaître en son temps que l'arrestation Morelli avait été opérée sur la foi des renseignements fournis par M. Pierre Baragnon qui, pour employer l'expression même de la dépêche Esquiros « en avait dit à celui-ci pis que pendre » sur le compte de cet individu.

(2) Le nom de ce fonctionnaire a été cité maintes fois au cours de cette publication : cela n'a rien d'étonnant, quand on se rappelle les nombreuses fonctions par lesquelles nous l'avons vu passer successivement. D'abord maire de Toulon, il administra plus tard provisoirement le département des Hautes-Alpes au moment où M. Cyprien Chaix dut démissionner pour poser sa candidature à la Constituante. A la fin du mois de novembre 1870, il fut fortement question de le placer à la tête de la préfecture de Digne; mais ce poste ayant été confié à M. Cuisinier, M. Gambetta lui promit, comme fiche de consolation, un siège dans la magistrature. (Télégramme n° 5285. — Tours, 30 nov. 1870.)

A l'époque où se place la dépêche qui nous occupe actuellement, il remplissait les fonctions de commissaire de la défense dans les Alpes-Maritimes. Sa présence importunait,

III. — M. Marc-Dufraisse est nommé préfet de Nice. — Départ pour Tours de son prédécesseur, M. Pierre Baragnon. — M. Gambetta père l'y accompagne. — Le nouveau secrétaire général de la préfecture, M. Carré. — M. Marc-Dufraisse se plaint à Cazot des difficultés inextricables que soulève l'application du décret sur la mobilisation, en date du 29 septembre 1870.

Marseille, 8 octobre 1870, 11 h. s.

N. 5510.

Préfet Alpes-Maritimes à Crémieux, Tours.

J'arrive avec Gambetta père, qui a voulu absolument m'accompagner : son fils est-il auprès de vous ? Nice très-tranquille : quittons Marseille demain matin. Vu Esquiros.   Pierre BARAGNON.

paraît-il, le préfet Baragnon qui était allé, ainsi que nous l'avons vu plus haut, jusqu'à lui interdire l'accès de son département. Ce fut là une des causes qui, jointes aux plaintes réitérées de Sénard, motiva la révocation du préfet Baragnon.

Voici d'ailleurs ce que pensait de la situation le commissaire de la défense Blache :

Commissaire de défense dans les Alpes-Maritimes à intérieur, Tours.

5,606. Merci de votre dépêche.

Mais vous dois vérité sans passion. Préfet Nice impopulaire par mesure de rigueur militaire. Etat de siége épouvante Nice et département ; empêche étranger de venir, ruine pays ; inquiétude générale. Mon arrivée a été accueillie avec soulagement, préfet Cotte, cela explique sa dépêche : en somme, situation mauvaise.

Comptez sur moi pour éviter nouveau conflit. Préfet Nice pas candidat, pour cause, dans Alpes-Maritimes.

           BLACHE.

Ajoutons encore que, quelques jours auparavant, M. Gambetta, télégraphiant à M. Laurier, le priait de calmer Baragnon et de lui recommander le sang-froid. (26 sept. 1870, 10 h. 20 m. — Voir de Sugny, p. 476.)

Marseille, 9 octobre 1870, 4 h. 25 s.

N. 5514.

Préfet à intérieur, Tours.

Gambetta père en route pour Tours avec Baragnon (1), parti à 11 heures en parfaite santé.

Le préfet,
DELPECH.

—

Toulon, 20 octobre 1870, 12 h. 44 s.

N. 5863.

Préfet des Alpes-Maritimes, commissaire dans le Var, à Intérieur, Tours.

Je vous ai demandé de Marseille la nomination d'Eugène Carré au secrétariat général de la préfecture de Nice. — Veuillez me répondre ici, si vous avez satisfait à mon désir, et envoyer la commission de Carré à Nice, afin que nous l'y trouvions à notre arrivée.

MARC DUFRAISSE.

—

Toulon, 21 octobre 1870, 10 h. 20.

N 5887.

Préfet des Alpes-Maritimes, commissaire, à M. Cazot secrétaire général, intérieur, Tours.

Votre décret du 25 septembre sur la mobilisation de la garde nationale donne lieu à d'inextricables difficultés. Peut-on porter sur les listes de la garde nationale mobilisée les hommes qui figurent sur les rôles de l'inscription maritime ? Cette catégorie de

---

(1) Le successeur de M. Baragnon ne fut nommé que par décret du 14 octobre 1870. — L'intérim fut rempli par M. Noël Blache, qui s'était fait à cette époque une spécialité de ces surnumérariats administratifs.

M. Marc-Dufraisse, qui joignait à sa qualité de préfet le titre de commissaire général de la République dans le Var, l'Hérault, la Savoie et la Haute-Savoie, n'arriva à Nice que dans la journée du 23 octobre.

citoyens est en ce moment suprême dispensée de tout service militaire dans l'armée de terre sous prétexte qu'elle peut être appelée à un service maritime. Les Frères de la Doctrine chrétienne nous sont aussi un grave embarras. Il y aurait péril à les laisser jouir du bénéfice de l'exemption édictée en leur faveur par le décret du 12 courant, d'autant mieux qu'ici l'exaltation est vive contre eux. Il vaudrait mieux les mobiliser que de les exposer à des sévices.   Marc DUFRAISSE.

IV. — Troubles divers et manifestations séparatistes.

Marseille, 8 nov. 1870, 9 h. 10 s.
N. 5667.

Général de division à guerre, Tours.

Le commissaire général de Nice télégraphie : « Nice menacée d'une manifestation italienne qui peut présenter graves dangers. — Pas de forces ici pour repousser. — Envoyez-moi un millier d'hommes solides demain soir au plus tard. » Je dispose, moi général à Toulon, au plus de quatre compagnies de 100 hommes chacune.

L'amiral ne peut rien donner comme troupes de débarquement ni artillerie.

Le *Caton* sera mis en route dès qu'amiral aura reçu ordre du ministre de la marine.

P. O. le chef d'état-major,
MOURAUX.

Marseille, 11 nov. 1870, 4 h. 22 s.
N. 5702.

*Général commandant la 9e division militaire
à ministre de la guerre, Tours.*

J'avais envoyé des troupes à moitié équipées à Nice pour éviter une manifestation sérieuse faite contre la France par le parti italien, fort nombreux. J'ai été obligé sur votre dépêche de faire revenir aujourd'hui ces troupes.

Il est indispensable qu'un navire de guerre croise devant Nice jusqu'à nouvel ordre, si on veut conserver cette possession; car il faut que la tranquillité y règne pour que l'étranger puisse y venir, s'y installer et y faire vivre les habitants.

P. O. le chef d'état-major,
Mouraux.

—

Toulon, 10 février 1871, 9 h. 30 m.

N. 7557.

Vice-amiral préfet maritime à ministre marine, Bordeaux.

Le préfet de Nice me demande des renforts pour une émeute qui vient d'éclater. J'envoie le *Louis XIV* à Villefranche. Je pourrais disposer en outre d'une centaine d'hommes, dois-je les y envoyer ?

—

En terminant, nous devons rappeler l'attitude au moins étrange du préfet Marc Dufraisse, lors de la démission de son collègue du Var, Cotte, et les négociations auxquelles il s'associa pour obtenir le maintien de celui-ci et le déplacement du préfet de Digne, Esménard du Mazet.

« Il faut, télégraphiait-il, le 13 nov. 1870, au préfet de Marseille, « que ce dernier coin du Midi (il s'agit des Basses-Alpes), soit à nous, afin que le pays soit préservé de la réaction qui nous menace et des exagérations qui peuvent compromettre le gouvernement que nous défendons. »

Le même jour, il télégraphiait encore au même fonctionnaire : « ......Il faut de toute nécessité que le gouvernement de Tours envoie Blache à Digne le plus tôt possible. Je télégraphie dans ce sens, faites-moi le plaisir de joindre à toutes les miennes vos instances les plus énergiques. Cela fait, nous répondrons à la République du Midi de la France. (Télégramme n° 5,602. — Nice, 13 novembre 1870, 12 h. 15 m. s.) »

Le lendemain, nouveau télégramme ainsi conçu :

« Il faut nous assurer dans les Basses-Alpes le concours d'un préfet républicain, connu dans le pays, et qui puisse soulever les patriotiques population de la Montagne. (Télégramme n° 5,623. — Nice, 14 novembre 1870, 6 h. 5 m. s.) »

Nous n'avons pas non plus oublié l'approbation donnée par M. Marc Dufraisse aux arrêtés de M. Esquiros, relatifs à la *Gazette du Midi* et aux jésuites. N'eut-il pas, en effet, à cette époque, le triste courage d'écrire à la délégation de Tours que « si le gouvernement connaissait mieux l'es-
« prit de Marseille, il se relâcherait de la rigueur
« des principes à raison de la force des choses et
« de la nécessité des circonstances locales ». (Télégramme n° 5,111. — Nice, 17 octobre 1870, 11 h. 35 m.)

Il applaudit également à l'arrestation du président Roques. (Télégramme n° 216. — Draguignan, 4 nov. 1870, 7 h. s. Préfet à justice, Tours. — Voir *de Sugny*, p. 520.)

Déjà, au mois de septembre précédent, son influence avait été prédominante dans la Dordogne où aucun choix de magistrats n'avait été fait sans son assentiment. Les nombreux télégrammes du préfet Guilbert nous édifient pleinement à ce sujet.

Enfin, sous le gouvernement de M. Thiers, le fils Dufraisse est devenu percepteur à Paris.

FIN DE LA DEUXIÈME PARTIE

ANNEXE

Nous avons cru devoir ranger sous cette rubrique quelques dépêches empruntées à diverses publications et qui ne figurent pas dans nos *Révélations*. On verra qu'elles offrent de l'intérêt pour Marseille et les départements limitrophes. Cette série de documents achèvera d'édifier nos lecteurs sur la valeur et les exploits du personnel républicain de cette époque néfaste.

I. — La mission du citoyen Fouquier et la visite de ce dernier au préfet du Rhône, Challemel-Lacour. — Opinion de ce fonctionnaire sur ce délégué. — Il déplore amèrement de ne pas avoir fait arrêter Cluseret, alors qu'il le tenait entre ses mains. — Il se déclare prêt à sévir contre ceux qui seraient tentés d'imiter Marseille. — Arrestation à Lyon de l'américain Train et d'Esdras Crémieux, de Montpellier. — Challemel-Lacour demande l'expulsion du territoire français du citoyen Train et l'expédie à Tours — Le colonel Deshorties est nommé chef d'état-major du 24e corps d'armée. — A son arrivée à Lyon il informe le gouvernement que des troubles se préparent à Marseille où Cluseret serait de retour ; il ajoute que les Bouches-du-Rhône ne veulent pas prendre part à la défense nationale en dehors du département. — Encore l'aide-de-camp du préfet Gent. — Le colonel Deshorties ne voit aucun inconvénient à ce que le capitaine Prunier soit détaché à Marseille pour remplir ces fonctions. Eliacin Naquet, substitut à la cour de Lyon, recommande à son frère Alfred Naquet, Gautier, avocat à Aix, pour une place d'avocat-général. — Le cas du lieutenant-colonel Roux, commandant les batteries de la garde mobile des Bouches-du-Rhône.

Lyon, 24 sept. 1870, 10 h. 30 s.

N. 100.

Préfet du Rhône à Laurier, délégué de l'intérieur Tours.

Fouquier (1), que je ne savais pas républicain, a passé ici chargé par vous d'une mission pour Marseille. Il m'a été impossible de comprendre ce qu'il me voulait. Tachez de me l'expliquer. Lisez la lettre que je vous écris aujourd'hui.

Le préfet du Rhône,

CHALLEMEL-LACOUR.

Lyon, 3 nov. 1870, 6 h. 55 s.

N. 5543.

Le préfet du Rhône à Gambetta, ministre de l'intérieur et de la guerre, Tours.

J'ai fait afficher le décret du gouvernement de Paris sans explication. Le gouvernement se retrempera par cette mesure qui sera, je l'espère, approuvée généralement.

Les affaires de Marseille sont lamentables; je ne me consolerai jamais d'avoir tenu le héros de cette orgie entre mes mains et de n'en avoir pas débarras-

---

(1) M. Fouquier devint plus tard secrétaire-général de la préfecture des Bouches-du-Rhône, et remplit même les fonctions de préfet de Marseille par intérim. On n'a pas oublié l'étrange dépêche (n. 7276) qu'il adressait au gouvernement, le 25 février 1871, sur les prétendus troubles qu'entrainerait la nomination à Marseille d'un préfet clérical. — (Voir le télégr. Chap. II. La Curée, par. IV.)

sé la France ; puisse t-il revenir ici ! Je suis résolu à frapper quiconque voudrait imiter Marseille ; il n'y a jusque-là que de timides velléités. Je désire que Gent sache que je m'associe à tous vos sentiments pour lui.

Le préfet du Rhône,
CHALLEMEL-LACOUR.

Lyon, 19 novembre 1870, 4 h. 5 s.

N. 5721.

Préfet à intérieur, Tours.

J'ai fait arrêter, il y a plusieurs jours, l'américain Train, et l'avocat Crémieux, associés de Cluseret, deux agitateurs de Marseille, qui venaient à Lyon pour y provoquer, sous prétexte d'organiser la défense, une nouvelle agitation. Je vais vous envoyer cet étranger fort turbulent et son secrétaire. Il importe de les expulser du territoire. Réponse télégraphique. CHALLEMEL-LACOUR.

Lyon, 25 novembre 1870, 5 h. 55 s.

N. 5790.

Préfet à intérieur et sûreté générale, Tours.

Je vous ai dit que je détenais un américain, venu de Marseille après la chute de Cluseret, pour soulever nos canuts, et que je ne voulais pas lâcher dans Lyon.

Je demandais son expulsion de France par mer. Vous n'avez pas répondu. Je vous enverrai demain ce Lafayette américain. CHALLEMEL-LACOUR.

Lyon, 17 décembre 1870, 5 h. 10 s.

N° 5,626.

Chef d'état-major de l'armée, à guerre, Bordeaux.

Arrivé ce matin, j'ai vu général Bressolles.

J'espère avoir divisions de mobilisés, Drôme, Hautes-Alpes, Savoie, Haute-Savoie et Isère. Drôme enverrait 2,000 à 3,000 en trois jours. Bouches-du-Rhône qui a beaucoup, ne veut rien donner pour munir camp des Alpines ; défense absolument localisée, ne prendra point part à la défense nationale en dehors du département.

Troubles se préparent à Marseille. — Les précédents fauteurs, en fuite depuis les derniers événements, sont rentrés. Cluseret y est, dit-on caché. Je vous informe à cause de la bonne source de nos renseignements. Le gouvernement de la défense nationale méconnu même en haut. J'ai lu. Ecrirai ce soir mes observations et le plan à suivre après conversation avec le général Bressolles.

DESHORTIÉS.

Lyon, 18 décembre 1870.

Général de division à guerre, Bordeaux.

M. Gent, préfet des Bouches-du-Rhône, demande le capitaine Prunier, des mobiles de la Drôme, pour l'employer comme aide de camp dans ses relations avec autorité militaire.

Je ne vois aucun inconvénient à ce que cette autorisation soit accordée. M. le capitaine Prunier serait placé hors cadres, et remplacé dans son bataillon qui est à Lyon.

Par ordre :
Le chef d'état-major général,
A. DESHORTIES.

Lyon, 1er janvier 1871, 3 h. 45 s.

N. 734.

Procureur général à Alfred Naquet, secrétaire du comité de défense.

Alfred Gautier, avocat, docteur en droit, s'est présenté au concours d'agrégation, a été admissible et l'un des premiers parmi les refusés ; il aurait certainement été nommé agrégé provisoire sans le concours de candidats injustement protégés. Ses études juridiques ont été très-sérieusement conduites. C'est un esprit juste et pratique, républicain modéré mais sincère, appartenant à une famille cléricale, mais personnellement libre-penseur, homme de courage et d'énergie. Demeure sur le cours, Aix. Acceptera certainement (1). Je lui télégraphie.

Pour le procureur général,
E. NAQUET. (2)

Marseille, 27 janvier 1871, 4 h. 15 s.

N. 7,303.

Michel Roux à de Freycinet, guerre, Bordeaux.

Ai été nommé lieutenant-colonel le 19 janvier. La cinquième batterie est partie pour Dijon, comme batterie à pied, la première montée, part pour Bourg avec pièces de 12 de siège. Général Pelissier voulait m'emmener à Bourg. Général Couzat a refusé; il doit me donner demain 400 fantassins pour compléter mes batteries. Il dit avoir absolument besoin de moi pour préparer défense de Lyon où tout est à faire.

En résumé, à tes ordres, décide et j'obéirai immédiatement.

Roux,
lieutenant-colonel commandant les batteries
de la garde mobile des Bouches-du-Rhône.

11, montée de Choulans.

---

(1) Ce télégramme nous donne l'explication de cet autre déjà reproduit et qui était ainsi conçu :

Bordeaux, 8 janvier 1871.

Naquet à Gautier, docteur en droit, sur le Cours, à Aix.

Oui ou non, acceptez-vous le poste d'avocat général à Bastia? Télégraphiez moi de suite, 30, rue Vital-Carles
Alfred NAQUET.

(2) Eliacin Naquet, frère du député de Vaucluse Alfred Naquet, actuellement professeur à la Faculté de droit d'Aix.

II. — M. Thourel découvre un grand complot. — Il propose un brave pour sous-préfet. — M. Tardif dénonce aussi une conspiration ténébreuse. — M. Baragnon se plaint de l'état des mobilisés du camp des Alpines. M. Gaston Crémieux est délégué à Avignon. — Le préfet Labadie demande un crédit. M. Emile Thomas constate le désordre de Marseille. M. Joly de Brésillon recommande M. Deshorties pour maîtriser l'anarchie. M. Esquiros explique l'arrestation du père Tissier. Le ministre Crémieux recommande le calme à Gaston Crémieux de Marseille.

Aix, le 21 janvier 1871, 9 h. du soir.

Procureur-général à Intérieur et Sûreté générale, Bordeaux.— (Chiffrée.)

Nous croyons être certain présence Marseille : Chambord, Nemours, Paris et peut-être Aumale, venant de Toulon à Aix, où aujourd'hui service religieux; on voit au Palais foule de légitimistes sous prétexte d'une affaire séparation grande famille (deux chiffres faux). On espère bientôt découvrir retraite et faire arrêter. Donnez instructions éventuelles.   THOUREL.

L'éveil étant donné les farouches républicains restèrent plusieurs jours sur le qui-vive et en armes pour déjouer le complot.

Aix, 7 novembre 1870, 7 h. 40.

Procureur général à Crémieux, Tours.

... Pour sous-préfet, propose le brave Hallo, avoué à la Cour, qui, sous le préfet Héraud Degeorge, fut sous-préfet à Toulon, et y a laissé les meilleurs souvenirs. Il est ici conseiller de la sous-préfecture et y fait tout. — Beau frère de M. Bessat.

N. 794.   ~~Apt(1)~~ 6 février 1871, 11 h. 29.

Sous-préfet à intérieur, Bordeaux.
(Chiffrée.)

Le clergé s'agite fort. Une pétition à l'adresse du ministre prussien colportée secrètement par les curés se couvre de signatures.

Pour les obtenir, ils emploient toutes sortes de stratagèmes et agissent avec beaucoup de réserve. — Ils disent que c'est une adresse aux puissances étrangères pour demander leur intervention en faveur de la paix. Au fond, c'est une simple adresse au ministre prussien, sorte de contre-partie des élections pour lui demander de placer au trône Henri V.

J.-A. TARDIF.

N. 7,470.   Avignon, 28 (?) janvier 1871, 3 h. 55 soir.

Baragnon à guerre, Bordeaux.

Sans mettre le pied au camp des Alpines, je viens de parcourir plusieurs villages, où sont cantonnés des mobilisés. — Les chaussures et les vareuses sont déjà dans un triste état. — Les exercices sont incomplets, les réfractaires trop nombreux. — Je compte bien sur le patriotisme de notre ami Gent pour agir et organiser des départs.

Serai ce soir à Marseille.   Pierre BARAGNON.

N. 7,518.   Avignon, 1er février 1871, 6 h. 5 soir.

Préfet à intérieur, Bordeaux.

M. Gaston Crémieux, délégué de Marseille vient à Avignon et à la préfecture pour réclamer contre les élections. Il parle de dictature prise par vous

(1) Il s'agit, sans doute, d'~~Aix~~ et non d'~~Apt~~.

Forcalquier

et d'un comité de Salut public gouvernant avec vous. Ce mouvement est l'écho affaibli de la Ligue du Midi. Une réponse est nécessaire. POUJADE.

Marseille, 7 septembre 1870, 7 h. s.
N. 42,475.

Préfet à Intérieur, Paris.

Les circonstances actuelles obligent à des dépenses exceptionnelles telles que nourriture des citoyens préposés à la garde de la préfecture, frais de voitures, etc., pour lesquelles le préfet ne dispose d'aucun fonds ; il serait nécessaire d'ouvrir un crédit provisoire de 10,000 fr. pour cet objet ou d'autoriser l'imputation de ces dépenses sur les crédits affectés à la garde nationale mobile, laquelle participe aux dépenses dont il s'agit.

Marseille, 5 septembre 1870, 5 h. 50 s.
N. 41,222.

Au citoyen J. Favre, ministre Affaires étrangères, Paris.

Marseille est dans un désordre absolu qui peut devenir périlleux cette nuit même. La lie monte. — On délivre des fusils par brassées, jusqu'à des filles publiques. Envoyez immédiatement un commissaire énergique. E. THOMAS.

Marseille, 13 septembre 1870, 12 h. 25 m.
N. 45,195.

Joly de Brésillon, hôtel des Phocéens, à de Kératry, préfet de police, Paris.

Ai vu Marseille de près. Esquiros est une nature excellente, mais annulé absolument par le comité révolutionnaire. Labadié, préfet, et Brissy, sous-intendant, hommes que réprouve la population, ne sont pas à la hauteur de la situation. — Anarchie complète du pouvoir. — Un seul homme peut sauver la situation, c'est le commandant Deshorties, nature énergique qui mettra tout en place ; réfléchissez. Le comité révolutionnaire de Marseille attend l'interruption des communications avec Paris pour commettre tous les excès. Il est grand temps de l'arrêter et même de le dissoudre au besoin par la force. — Donnez instructions positives, cela sera fait aussitôt.

Marseille, 12 septembre 1870, 7 h. 45 s.

N. 3,084.

Administrateur supérieur à Justice, Paris.

Mon cher Crémieux, le P. Tissier, jésuite, a été arrêté avant mon arrivée à Marseille, c'est la foule indignée qui s'est saisie de sa personne ; il avait organisé à Marseille la réaction du 2 décembre.

Dans son propre intérêt, nous croyons utile de le garder en prison jusqu'à nouvel ordre ; c'est une mesure de sûreté prise par l'administration.

22 novembre 1870.

M. Crémieux à Gaston Crémieux, Marseille (pour Mme Noëmi).

Que Gaston se tienne calme et se fasse oublier en ce moment.

III. — Challemel-Lacour. — Garibaldi et les garibaldiens.

C'était en 1871. Garibaldi, après ses exploits en Bourgogne, se dirigeait vers Lyon.

A cette nouvelle, M. Challemel, préfet du Rhône, télégraphie à M. Gambetta :

Lyon, 1er février 1871, 6 h. 25 s.

N. 7,616.

Préfet à Guerre, Bordeaux.

On annonce de tous côtés la venue de Garibaldi à Lyon. Dans les réunions publiques, on décide qu'il sera proclamé général en chef des armées de la république; plusieurs veulent l'associer à Cluseret. — Sa venue à Lyon serait le signal de l'anarchie immédiate.

Veuillez donner des ordres pour qu'il demeure à Chagny. CHALLEMEL.

Le même jour, 1er février, M. Challemel, dont les craintes augmentent à la vue des garibaldiens qui commencent à inonder Lyon, télégraphie de nouveau à Gambetta :

Lyon, 1er février 1871, 1 h. soir.
N. 7609.

Préfet à Gambetta, Guerre, Bordeaux.

Les garibaldiens, ayant évacué Dijon cette nuit, viennent jusqu'à Lyon, et nous commençons à en être inondés. Grave péril en ce moment. — Ordonnez au général Garibaldi de s'arrêter aux lignes de Chagny et de retenir ses hommes. Quant à moi, je ne puis ni les recevoir ni les garder ici. Très urgent.
CHALLEMEL.

Dans un très grand nombre d'autres dépêches nous trouvons l'expression des mêmes craintes, et, disons le mot, du même mépris à l'endroit des garibaldiens. Citons :

Lyon, 16 novembre 1870, 3 h. 18 s.
N. 5694.

Préfet à Guerre, Tours.

Veuillez donner l'ordre à tous les prétendus garibaldiens qui sont ici d'aller s'organiser ailleurs. Il faut à tout prix que Lyon soit purifié de cette engeance. CHALLEMEL-LACOUR.

Lyon, 11 novembre 1870, 1 h. 05 s.
N. 5634.

Préfet à Gambetta, Guerre, Tours. (Chiffrée.)

J'ai payé jusqu'à présent 300,000 fr. pour armée des Vosges, mais il y a bien des désordres et bien des aventuriers autour de Garibaldi. — Epurez-moi cela. Je ne payerai plus rien jusqu'à nouvel ordre. — Frappoli part et vous dira ce qu'il en est.

P. CHALLEMEL-LACOUR.

Le préfet de Lyon a, il est vrai, cherché à tirer le voile sur les désordres et les excès des garibaldiens ; mais, après l'avoir tiré, il lui arrive d'y faire de petites déchirures par lesquelles on glisse l'œil. Exemple, la dépêche que voici :

Les Italiens qui errent à Lyon depuis six semaines, sous prétexte de former l'armée de Garibaldi, se livrent à tous les désordres.

Ils viennent d'assassiner deux hommes dans la même nuit. Lyon ne peut être plus longtemps leur lieu de rassemblement. Je demande qu'on m'en débarrasse. CHALLEMEL-LACOUR.

Telle est l'idée que M. Challemel nous donne des bandes garibaldiennes, et de leur chef par conséquent. Cette idée, venant d'une telle source, n'a pas besoin de confirmation ; néanmoins nous croyons devoir, pour la mettre dans tout son relief, reproduire la dépêche suivante du général Bressolles qui commandait la place de Lyon :

Lyon, 3 décembre 1870, 6 h. 40 s.

Général de division à Guerre, Tours.

Reçois dépêches de tous les côtés m'annonçant fuyards en désordre de Garibaldi et autres corps francs. Ils viennent encore inonder la ville, y porter le désordre et l'indiscipline alors que j'avais ramené ordre et discipline. Les chefs m'écrivent qu'ils viennent se réorganiser, c'est-à-dire vider encore les magasins de l'état. Je serais bien d'avis de ne leur rien donner et de traduire en cour martiale tous les chefs. BRESSOLLES.

IV. — M. Challemel-Lacour malmène le colonel Bordone. — M. Gambetta n'est pas plus tendre. Mais M. Bordone n'entend pas plier. Son casier judiciaire.

Lyon, 5 décembre 1870.

Challemel-Lacour à Gambetta.

La conduite de Bordone à Autun est l'objet des plaintes de tous, une cause de découragement, un péril très-grave. Elle méritera un conseil de guerre : Vous devez en savoir plus que moi ; mais ce que je sais m'oblige à dire que le maintien d'un tel chef d'état-major est un scandale ; Garibaldi est aveugle ; vous ne pouvez pas l'être. N'y a-t-il pas moyen d'éloigner Bordone sans blesser Garibaldi ? En tout cas, tout doit céder à l'intérêt du salut public.

CHALLEMEL-LACOUR.

M. Gambetta se trouvant à Lyon télégraphiait de cette ville, le 24 décembre, à M. Freycinet :

Depuis quelques jours je lis un grand nombre de dépêches signées Bordone. — Cet homme, vous le savez, est chef d'état-major du général Garibaldi. — Vous n'ignorez pas tout ce qu'on en dit. — Et il y a lieu de procéder avec lui sans se départir des règles de la prudence. — C'est lui qui signe toutes les dépêches. C'est lui qui commande, taille, tranche, fait tout auprès de Garibaldi. — Je fais d'abord une première remarque, c'est que les dépêches signées Bordone sont écrites dans une forme souvent inacceptable. — Nul ne parle et n'écrit comme lui ; on dirait vraiment qu'il est omnipotent Il donne des ordres aux préfets, il prescrit des mesures, il ordonne des arrestations ; il n'y a rien enfin qu'il ne fasse partout, chez lui comme hors de chez lui. De pareilles façons d'agir ne peuvent engendrer que de graves abus, et je tiens encore une fois à vous mettre en garde contre des prétentions démesurées, que nous ne pouvons accepter.

Puis, après être entré dans quelques détails relativement à un conflit dont Bordone faisait en ce moment une question sérieuse, M. Gambetta, ministre de la guerre, ajoute :

Avisez donc à réduire les prétentions de M. Bordone. Je n'ignore pas les ménagements que la situation comporte, mais il y a moyen de ramener M. Bordone à son véritable rôle, et je vous prie avec votre habileté accoutumée de n'y pas manquer.

Léon GAMBETTA.

—

Autun.

Bordone à délégué de la guerre, Bordeaux.

Je n'ai fait qu'exécuter, en les modérant (il parlait des actes extra-abusifs dont M. Gambetta s'était plaint), les ordres précis et formels du général, dont les termes se résument en ceci : « Ou eux ou moi, qu'on choisisse. » Je m'étonne qu'on puisse croire à une animosité personnelle, lorsqu'au contraire j'ai toujours été modérateur. J'attends votre réponse avant de transmettre votre télégramme à Garibaldi.

—

Bordeaux, 9 h. 50 soir, 3 janvier 1871.

Le ministre de la guerre à colonel Bordone, à Avignon.

J'ignore quelle réponse vous attendez de moi (on voit que M. Bordone avait demandé des explications), mais si vous avez voulu prouver l'utilité militaire de votre personne, et si vous n'avez pas craint de faire cette preuve au détriment des intérêts de votre pays, je m'en affligerai sincèrement pour vous, que je croyais incapable d'un tel calcul. La France, colonel, doit passer avant les rivalités de personnes. Je m'attends que vous allez retourner d'urgence à votre poste et y réparer le tort que votre absence prolongée a pu causer aux opérations militaires de votre légion (sic). Je ne veux plus recevoir d'autre dépêche de vous qu'au lendemain d'une victoire.

DE FREYCINET.

—

Avignon 23 novembre 7 h. 20 m. s.

Le procureur de la République à Avignon, au ministre de la justice à Tours.

Copie du casier judiciaire de Bordone.
13 mars 1857.— La Châtre.— Coups 10 d'amende.

2 juillet 1858. — La Châtre. — Détournement d'objets saisis, 50 fr. d'amende.

24 juillet 1860. — Cour de Paris. — Escroquerie, 2 mois de prison, 50 fr. d'amende.

Le procureur de la République,
M. CLAISE CRIVELLI.

V. — M. Gambetta grand électeur. — Il veut créer des catégories d'inéligibles. — M. Spuller accepte avec gratitude une candidature qu'on ne lui offre pas. — Il est encore question des flibustiers. — On voudrait pour les Bouches-du-Rhône un nouveau trésorier-payeur. — M. Deshorties se plaint de Brissy. — M. Gent nuit à Avignon. — Les troubles à Marseille.

Le 4 novembre 1870, M. Gambetta, qui s'était bravement sauvé de Paris pour imposer la république sous prétexte d'organiser la victoire, télégraphiait ce qui suit à ses collègues du gouvernement de septembre :

Nous avons reçu hier, dans la nuit, par le ballon de M. Cézanne, la nouvelle de la journée du 31 octobre, et du plébiscite singulier auquel vous vous êtes laissés acculer.

... Je persiste plus que jamais à considérer les élections générales comme *funestes à la République*, et puisque vous n'admettez pas le correctif essentiel de *l'inéligibilité*, portant sur toutes les catégories de personnes visées par ma dépêche, je continue à vous dire que je me refuse à les accepter et à y faire procéder. En conséquence, veuillez recevoir ma démission de ministre, dans le cas où l'armistice serait accepté et où les élections générales auraient lieu. Vous pouvez dès à présent disposer du portefeuille.

Je ne doute pas que le scrutin, auquel procède Paris à l'heure où je vous écris, ne vous donne une grande majorité. Mais je ne peux pas accepter la déclaration par laquelle vous me dites que « l'acclamation populaire du 4 septembre ne suffit plus. »

Vous m'enlevez toutes mes illusions...

16 novembre. — Je n'ignore pas que les élections sont impliquées dans l'armistice, puisque l'armistice n'est demandé que pour les faire. Mais ces élections mêmes ne pourraient créer une force véritable, qu'à la condition d'être vraiment et solidement républicaines, auquel cas elles seraient souhaitables. Les conditions nécessaires pour former une Assemblée nationale, composée de républicains, et en position de jouer le grand rôle que commandent les événements, sont toujours à mes yeux celles que je vous ai indiquées, l'inéligibilité de certaines catégories de personnes comprises tout naturellement, et par une loi de justice inattaquable, dans la déchéance même du régime impérial...

27 novembre. — Vous connaissez les conditions d'inéligibilité particulière qu'il faudrait préalablement décréter et établir pour assurer d'une manière définitive l'établissement de la république et terminer la révolution sans violence.

Le 5 février, M. Spuller adressait de Bordeaux à M. Gent, préfet des Bouches-du-Rhône, ce télégramme ému :

Je lis dans votre dépêche d'hier soir, adressée à notre ministre, cette simple et courte ligne : « *Citoyen, je vous recommande Spuller,* » et rien de plus. Cela veut-il dire que vous verriez avec plaisir mon élection par Marseille? Je suis fondé à le croire, et je veux vous dire, mon cher ami, la profonde reconnaissance que je vous garde de ce témoignage d'estime. Je serais payé bien au-delà de ce que je mérite, si, pour prix des services que j'ai pu rendre à la France et à la république, en assistant Gambetta depuis le 4 septembre, une grande et républicaine cité comme Marseille me choisissait pour son représentant.

Je n'ose espérer tant de faveur, mais à vous qui avez eu l'idée d'une pareille élection pour moi, je puis déclarer dans le secret de l'amitié que ma vie entière n'épuiserait pas ma gratitude, et que, si un tel honneur m'était fait, je ne croirais pouvoir m'acquitter envers Marseille qu'en lui dévouant, à elle, à son magnifique et riche avenir, à la démocratie vive et intelligente qu'elle contient dans ses murs, tout ce que j'ai d'intelligence, de dévouement sans réserve, avec le plus inaltérable attachement. Ecrivez-moi, je vous prie. Je vous laisse juge de mon émotion contenue depuis hier. E. SPULLER.

Comme c'est touchant ! Comme c'est éloquent ! Comme c'est bien le cri du cœur d'un candidat !

Mais, hélas ! M. Spuller aussi a perdu ses chères illusions. M. Gent n'avait aucunement songé à lui offrir la députation. M. Spuller avait mal lu. M. Gent n'avait point écrit à M. Gambetta : « Citoyen, je vous recommande Spuller, » mais bien : « Vous êtes malade, je vous recommande à Spuller ! »

Voilà comment M. Spuller, avec une « émotion contenue, » s'est cru candidat pendant vingt-quatre heures, et finalement ne l'a pas été.

—

N° 45,772. Marseille, 14 septembre 1870, 8 h. 50 m.

Administrateur supérieur à Intérieur, Paris.

La frégate cuirassée, la *Normandie*, arrivée dans le port avec 550 hommes. Bruit de flibustiers persiste. L'armement du port est confié au comité de défense qui a pris toutes les précautions. On s'attendait à ce que la République rendît, comme en 1848, les objets de peu de valeur engagés au Mont-de-Piété. L'état de guerre nous prescrivant une stricte économie, avons décidé en conseil qu'une souscription serait ouverte à cet effet parmi les riches. — Ordre parfait, tous les partis se rapprochent et se groupent autour de la République.

—

N° 46,480. Marseille, 15 septembre 1870, 12 h. 5 s.

Administrateur supérieur à Finances, Paris.

Conseil départemental me propose le citoyen Brochier, conseiller général des Bouches-du-Rhône, comme trésorier-payeur général du département, en remplacement de M. Gamot.

Je vous prie d'accepter immédiatement cette nomination.

Réponse urgente, attendu qu'il faut plusieurs mois pour la reddition des comptes.

Marseille, 15 septembre 1870, 11 h. 35 s.
N· 3,244.

Général commandant la 9e division militaire à général Exéa, Paris. — (Chiffrée.)

Vous demande aller voir ministre pour moi. Menacé de mise à la retraite d'office.

Dénoncé par comité socialiste et Brissy sous-intendant à ministre de l'intérieur.

DESHORTIES.

Avignon, 14 septembre 1870, 9 h. 25 m.
N. 552.

Préfet à intérieur, Paris.
(Chiffrée.)

Vous devriez appeler M. Gent à Paris, il le désire. Ici il nuit.

POUJADE.

Nîmes, 3 novembre 1870.

Inspecteur télégraphe à directeur général, Tours.

M. Hermand me fait remettre par un employé de Marseille la dépêche suivante :

« Marseille, 2 h. 30 s.

« *Sous-inspecteur à directeur général et à intérieur.*

« J'ai pu faire remettre par une voie indirecte, mais sûre, vos dépêches à M. Gent lui-même, qui a pleuré de joie en les lisant.

«Garde nationale se rassemble pour rétablir l'ordre. —Carcassonne, président de la Commune révolutionnaire, convoque électeurs pour le 6 novembre, à l'effet d'élire un administrateur du département et un général de la garde nationale — Proclamation d'Esquiros annonçant qu'il se retire. — Les quatre colonels de la garde nationale ont été appelés, vers les deux heures, à la Commune, qui chercherait à s'entendre avec eux.

« Armand Elbert, secrétaire général de la préfecture, parti aujourd'hui, à 2 heures 30, par train spécial pour Tours. Vos trois dépêches pour l'Algérie remises au bureau du câble qui fonctionne depuis ce matin. Je vous tiendrai au courant aussi souvent que possible de ce qui se passe. Comptez sur notre dévouement à tous. »   C. ROUVIER.

Tours, 3 novembre 1870, 6 h. 30 s.

Guerre à préfet Var, Draguignan, et à préfet Gard, Nimes.

Un corps d'environ 10,000 hommes se réunit à Avignon sous le commandement du général de division Lallemand. Il est destiné à rétablir l'ordre troublé momentanément à Marseille. Je vous informe pour que vous secondiez cet officier dans les mesures qu'il doit prendre.   GAMBETTA.

VI. — Encore les Alpes-Maritimes. — M. Baragnon demande de grands pouvoirs et se décerne lui-même, sous la signature de M. Gambetta père, un brevet de génie. — Il s'avise de faire de la haute diplomatie. — M. Gambetta père donne son avis sur la marche des choses. — Les sollicitations de M. Blache.

Le préfet, M. Baragnon, au ministre de l'intérieur.

10 septembre. — Trois points frontières commandent nos routes sur l'Italie : Menton, Fontan et Isola, nous y avons de petits postes. Les commissaires de Menton et de Fontan m'ont signalé ce matin isolément quelques mouvements de troupes....

J'aurai des rapports détaillés du littoral, et je demande au ministre des affaires étrangères, s'il n'est pas opportun de provoquer une explication amicale avec Florence. On craint en Italie l'arrivée de Garibaldi à Nice ; ici nous ne le redoutons pas ; Gariribaldi a reconnu la République ; s'il venait, je le recevrai avec la popularité immense dont notre République jouit, et il acclamerait notre autonomie. Y a-t-il quelque autre but ? Ma prudence est extrême, mais j'ai besoin de grands pouvoirs et de grand appui......

M. Gambetta père à M. Gambetta fils.

11 *septembre.* — Position grave, mais dont Baragnon se tire admirablement, confirmez hardiment tous ses pouvoirs, et il nous sauvera.
Réponse immédiate.
(L'original est écrit tout entier de la main de M. Baragnon.)

M. Baragnon au ministre des affaires étrangères.

11 *septembre.* — Au milieu des préoccupations de Nice, et tandis que le cabinet élargit aujourd'hui même mes pleins pouvoirs, je demande à M. Malaret à Florence (après vous l'avoir fait connaître), des éclaircissements sur agglomérations troupes. J'attends impatiemment avec troupes pareilles. Il se dérobe dans la hiérarchie ! Je demande énergiquement, citoyen ministre, qu'il reçoive l'ordre de me répondre, sans passer par Paris, quand cela est nécessaire.

Du même au même.

12 *septembre.* — L'aviso *Caton* surveille côte avec instructions très-pacifiques, mais vigilance. Malaret ne me répond pas, frappez-le et autorisez-moi à agir à Florence. Donnez-moi crédit exceptionnel pour mobile.... Merci de vos encouragements, soyez tranquille, si l'on viole la frontière, je prends comme gage l'enclave Monaco.

Du même au même.

13 *septembre.* — Malaret et Jérôme Napoléon ensemble à Florence — connexité entre intrigues dangereuses qui enveloppent mon département avec présence à Monaco, à Gênes, à Florence, à Bologne,

d'anciens fonctionnaires ou membres famille Napoléon.

Voilà pourquoi ai agi et voudrais pouvoir agir directement, car ici j'ai connaissance complète situation, véritable autorité et un ordre mal interprété de Paris ou retardé peut me rendre victime d'un coup de main et ouvrir à la réaction une porte impossible à refermer.

Réponse.

12 *septembre*. — Les ambassadeurs ne peuvent connaître les préfets, et nous nous étonnons de votre démarche près de M. de Malaret avec qui vous n'avez pas qualité pour communiquer.

Je vous recommande de considérer que vous n'avez de pleins pouvoirs que sur les fonctionnaires de l'ordre administratif

---

Du même au ministre de l'intérieur.

17 *septembre*. — Département des Alpes-Maritimes oublié dans le décret. Base de la population quatre représentants. Nécessaire écarter question d'incompatibilité, attendu que tous hommes en fonction provisoire, Esquiros, Pereira, Laribière, Peigné-Crémieux, etc., éléments indispensables dans une Chambre, expérience et honneur du parti.

En cas de silence, consentement tacite du gouvernement. En cas contraire, instructions formelles.

17 *septembre*. — Décidez si, oui ou non, voulez utiliser les forces révolutionnaires de Garibaldi. Si oui... il faudrait un crédit provisoire d'au moins 3 millions, et ma mise en rapport avec Caprera pour tenir et diriger. Très grosse question, embarrassante et lourde.

24 *septembre*. — Garibaldi quitte Caprera. Intention de venir et passer par ici. Bandes nombreuses attendent à Gênes et ailleurs.

Vive République française.

Nice séparatiste et prussienne.

Instructions, pouvoir et crédit. Réponse immédiate.

25 septembre. — Je prie le ministre de considérer que je ne crée, certes, ni ne patronne la question garibaldienne à Nice, patrie de Garibaldi. Je la combats au contraire corps à corps, et je lutte contre elle littéralement sur terre et sur mer. Mes instructions aux frontières à ce sujet sont radicales. Mais la question s'impose...

3 octobre. — ..... On parle déjà d'envoyer ici des fondés de pouvoir pour organiser la défense : c'est à n'y rien comprendre. J'ai quitté Paris avec des pouvoirs civils et militaires, au moyen desquels j'ai pu étrangler, en quarante-huit heures, une conspiration séparatiste aujourd'hui avouée par ses auteurs mêmes. J'ai expulsé, non sans péril, une bande corse, qui tenait pied ici pour l'empire et les intrigues Gavini. Si une intervention quelconque devait diminuer, en pleine tranquillité, l'autorité qui m'est indispensable pour garder la position, elle ne serait plus tenable...

4 octobre. — Je suis arrivé ici avec des pouvoirs civils et militaires signés par Gambetta et Ferry, et ils m'ont été télégraphiquement confirmés depuis. Je les considère comme indispensables pour garder un département exceptionnel.

Blache arrive comme commissaire de la défense. S'il est placé sous mes ordres, c'est une force sympathique et utile que vous m'envoyez. — Dans le cas où cette situation ne serait pas ainsi définie, je serais forcé de quitter le département où mon autorité, dans les circonstances actuelles, ne peut souffrir sans danger aucune diminution.

—

MM. Al. Karr, Petitjean, Gambetta père à Madame Crémieux.

5 *octobre.* — Laurier a envoyé à Nice le citoyen Blache, prière à M. Crémieux de lui donner au plus tôt une autre destination

Sa présence crée déjà des conflits inévitables et fait naître des bruits dangereux pour notre département, dont le calme est parfait.

M. Baragnon suffit ici.

M. Baragnon à MM. Crémieux, Glais-Bizoin et Lefort.

6 *octobre.* — Très urgente, dépêche personnelle dont on attend la réponse cette nuit. — Je suis menacé dans mes pouvoirs par Blache, commissaire à la défense, qui prétend que je suis en insurrection contre vous, et qui, revenant du Var demain matin, va, à ce titre, provoquer, dans un département pacifié, d'effroyables désordres contre lesquels, entouré des autorités du pays, je défendrai mon mandat. Blache est à Draguignan sans préfet. Il ne veut même pas y attendre une décision de Tours. S'il rentre dans les Alpes-Maritimes, un conflit est inévitable. Agissez-donc, télégraphiez-lui cette nuit.

—

M. Gambetta père, à MM. Crémieux et Laurier.

7 *octobre.* — Personne ne peut m'influencer, je connais pays ; intérêt de la république seul guide. Donne concours dans la mesure de mes forces. — Notoriété publique que ma popularité personnelle a tenu le département du 4 au 8 septembre.

Délégation de Tours mal informée sur l'état Alpes-Maritimes. Affaires Blache et Morelli déplorables ; elles troublent calme, entravent armement. Fautes jugées sévèrement, attribuées au voisinage du Var.

Regrette que mettiez Crémieux, Glais-Bizoin, Fourrichon là-dedans.

Indiquez-nous l'autorité, la personnalité non froissée de ces actes incohérents !!!

C'est incompréhensible ou beaucoup légèreté. Si Paris pas bloqué, rectifierais tout.

—

M. Blache, second préfet, à M. Laurier.

8 *octobre.* — Arrivé à deux heures, ai pris immédiatement possession du service..... Suis au regret pour Baragnon de vous annoncer qu'hier ordre a été donné par lui de me faire arrêter partout.

—

Du même au même.

9 *octobre.* — Complète renseignements ; hier, pendant que préfet me disait de venir, il donnait or-

dre de me faire arrêter, plusieurs gendarmes et commandant m'attendaient à gare Golfe-Juan. Cette mesure inouïe a causé une émotion profonde ici. On avait répandu bruit que j'étais porteur de fausse commission.

Reçois en même temps dépêche d'ambassadeur à Florence, déclarant inexplicable dépêche du préfet que vous connaissez. Ai dit de considérer non-avenue et de référer à Tours...

M. Laurier à M. Blache.

11 *octobre*. — Soyez sans inquiétude, cher ami, M. Baragnon ne retournera pas à Nice. La présence de Gambetta ici est une raison de plus, pour qu'un tel préfet ne soit pas rétabli. J'écris à directeur du télégraphe d'arrêter ses dépêches pour couper court à toute intrigue. Soyez plein d'égards pour M. Gambetta père...

M. Blache à M. Laurier.

12 *octobre*. — Famille de Baragnon me crée ici des embarras sérieux. Insultes pour vous vont m'obliger à sévir. Comme tout va très-bien, voudrais me soustraire à ces intrigants par une dépêche officielle à leur communiquer.

Du même au même.

16 *octobre*. — La venue de Marc Dufraisse me comble de joie. Mais croyez à mon dévouement comme chose publique. Je pense utile, nécessaire que le titre de préfet me reste. Ce n'est pas là une gloriole de titre. Vous me connaissez trop bien pour en avoir un instant la pensée.

Préfet sous les ordres de Marc Dufraisse, commissaire général de plusieurs départements, je peux être très-utile. Une autre combinaison produira un fâcheux effet sur l'esprit d'une population qui m'a déjà donné des preuves non-équivoques de confiance et de sympathie, et qui va être en peu de jours à son troisième préfet.

Mon titre de commissaire à la défense ne sera pas

compris ici et sera regardé, grâce à certaines intrigues, comme une mesure de défiance envers moi.

M. Thourel, ex-procureur général à Aix, occupant une large place dans ce recueil, il est juste de terminer par une mention qui le concerne personnellement. On était encore sous l'Empire. M. Thourel, désireux d'être nommé député dans l'Hérault à défaut des Bouches-du-Rhône, se présente dans l'arrondissement de Béziers. Le parti radical avait déjà choisi M. Floquet et l'Administration M. Roulleaux Dugaze comme candidat officiel. M. Thourel se met entre les deux comme libéral. Espérant plutôt détacher des voix conservatrices que des voix républicaines, il envoya cette dépêche à l'*Union Nationale*.

Thourel à Union Nationale, Monpellier,
Mai 1869.

Gouvernement répand bruit que je suis protestant. Donnez démenti énergique. Je suis catholique.
THOUREL.

On voit que M. Thourel n'avait pas attendu le 4 septembre pour faire bon usage des dépêches; il est télégraphiste de la veille.

FIN.

www.ingramcontent.com/pod-product-compliance
Lightning Source LLC
Chambersburg PA
CBHW070208240426
43671CB00007B/587